早期中國研究叢書

先秦秦漢思想史研究

[日]谷中信一 著
孫佩霞 譯

上海古籍出版社

早期中國研究叢書編委會

總策劃：朱淵清　陳　致

編委（以姓氏筆畫爲序）：

| 朱淵清 | [美]李　峰 | [英]汪　濤 | [美]張立東 |
| 陳　致 | [日]高木智見 | 唐際根 | 曹　峰 |

叢 書 序

　　"早期中國"是西方漢學(Sinology)研究長期形成的一個學術範疇,指漢代滅亡之前(公元 220 年)的中國研究,或是佛教傳入之前的中國研究,此一時期的研究資料和研究方法都自成體系。以吉德煒(David Keightley)教授於 1975 年創辦 *Early China* 雜誌爲標誌,"早期中國"這個學術範疇基本確定。哥倫比亞大學近年設置的一個常年漢學講座也以"早期中國"命名。

　　"早期中國"不僅是西方漢學研究長期實踐中形成的一種實用分類,而且是探求中國傳統文化之源的重要的實質性概念。

　　從最初的聚落發展到廣大地域内的統一的中央集權專制主義的秦帝國建立,并且在漢代走上農業文明之路、確立起帝國社會的價值觀體系、完善科層選拔官僚制度及其考核標準,早期中國經歷了從文明起源到文化初步成型的成長過程,這個過程實際上也就是中華民族的形成過程。可以説,早期中國不僅奠定了中華文明的基礎,也孕育、塑造了此後長期延續的傳統中國文化的基本性格:編户齊民自給自足的小農經濟長期穩定維繫;商人的社會地位始終低下;北方遊牧民族入主中原基本都被漢化,帝國疆域的擴張主要不是軍事征服而是文化同化的結果;各種宗教基本不影響政治,世俗的倫理道德教化遠勝超驗的宗教情感;儒家思想主導的價值觀體系以及由此造就並共同作用的强大的官僚制度成爲傳統中國社會的決定性力量，等等。追源這類基本性格形成伊始的歷史選擇形態（動因與軌跡），對於重新審視與釐清中華文明的發生發展歷程，乃至重新建構現代中國的價值觀體系，無疑具有至關重要的作用。

早期中國研究不僅是西方漢學界的研究重心，長期以來，也是中國學術研究中取得巨大進展的重要方面。早期中國研究在中西學術交流的大背景下，形成了獨特的研究風格和研究方法。這就是：擴充研究資料、豐富研究工具、創新研究技術，多學科協同不斷探索新問題。

1916 年，王國維以甲骨卜辭中所見殷代先公先王的名稱、世系與《史記·殷本紀》所記殷代先公先王的名稱、世系一一對照，發現《殷本紀》所記殷代先公先王之名，絕大部分出現在卜辭中。王國維把這種用"紙上材料"和"地下新材料"互證的研究方法稱爲"二重證據法"："吾輩生於今日，幸於紙上之材料外更得地下之新材料。由此種材料，我輩固得據以補正紙上之材料，亦得證明古書之某部分全爲實錄，即百家不雅馴之言亦不無表示一面之事實。此二重證據法惟在今日始得爲之。"

出土文獻資料在現代的早期中國研究中顯示出越益重要的作用。殷墟甲骨 100 年來約出土 15 萬片，其中考古發掘出土的刻辭甲骨有 34 844 片。青銅器銘文，1937 年羅振玉編《三代吉金文存》，著錄金文總數 4 831 件，其中絕大部分爲傳世器。《殷周金文集成》著錄資料到 1988 年止，共著錄了金文 11 983 件。此後到 2000 年，又有約 1 350 件銘文出土發表。最近二三十年，簡帛文獻資料如銀雀山簡、馬王堆帛書、定州簡、阜陽簡、郭店簡、上博簡等都以包含大量古書而深受關注。

嚴格地說，王國維所說的地下材料，殷墟甲骨、商周金文都還是文字資料,這些發現當時還不是考古發掘的結果,研究也不是從考古學的角度去研究。真正的考古學提供的是另外一種證據。傅斯年提倡"重建"古史,他主張結合文獻考證與文物考證,擴充研究"材料"、革新研究"工具"。1928年,傅斯年創立"中央"研究院歷史語言研究所,並立刻開始發掘殷墟。傅斯年在申請發掘殷墟的報告中說:"此次初步試探,指示吾人向何處工作,及地下所含無限知識,實不在文字也。"從1928年10月開始一直到1937年夏,"中央"研究院歷史語言研究所在殷墟共進行了15次發掘,發掘地點共11處,總面積46 000餘平方米,這15次發掘收穫巨大:在小屯北地發掘了53座宮殿基址。在宮殿基址附近還發現了大量甲骨。在小屯村北約1公里處的武官村、侯家莊北地發現了商代王陵區,發掘了10座大墓及一千多座祭祀坑。在小屯村東南約1公里處的高樓莊後崗,發掘出了叠壓的仰韶、龍山和殷三種文化層關係,解決了華北地區這三種古文化的相對年代。在後崗還發掘了殷代大墓。在殷墟其他地區,如大司空村等地還發掘了一批殷代墓葬。殷墟王陵的科學發掘舉世震驚。中國考古學也從開創之初就確立了鮮明的為歷史的特色和風格。為歷史的中國考古學根植於這塊土地上悠久傳承的豐富文化和歷史知識的積澱,強烈的活的民族情感和民族精神始終支撐着中國考古學家的工作。近50年來,中國考古學取得了無比巨大的成就,無論是新石器時代城址還是商周墓葬的發掘,都是早期中國文明具體直觀的展示。

不同來源的資料相互檢核,不同屬性的資料相互印證,提供我們關於早期中國更加確切更加豐富的信息,能夠不斷地解決舊問題提出新問題,又因為不斷提出的新問題而探尋無限更多的資料,而使我們對早期中國的認識不斷深入愈益全面。開放的多學科協同的綜合研究使早期中國研究取得了輝煌的成績。對其他歷史研究和學術研究來說,早期中國研究的這種研究風格和研究方法或許也有其可資借鑒的意義。

　　王國維、傅斯年等人是近現代西方科學思想和知識的接受者、傳播者，他們的古史研究是現代化的科學研究，他們開創了中國歷史學和中國學術的新時代。現代中國學術的進步始終是與西方學術界新觀念、新技術、新方法的傳播緊密相連的。西方早期中國研究中一些重要的研究課題、重要的研究方法，比如文明起源研究、官僚制度研究、文本批評研究等等，啓發帶動着中國同行的研究。事實上，開放的現代學術研究也就是在不同文化知識背景學者的不斷交流、對話中進步。我們舉最近的一例。夏商周斷代工程斷代的一個重要基準點是確認周懿王元年爲公元前899年，這是用現代天文學研究解釋《竹書紀年》"天再旦於鄭"天象資料的一項成果。這項成果的發明權歸屬韓國學者，在斷代工程之前西方學界已確認了這個結論。將"天再旦"解釋成日出前發生的一次日全食形成的現象的假說是中國學者劉朝陽在1944年提出的，他和隨後的董作賓先生分別推算這是公元前926年3月21日或公元前966年5月12日的日食。1975年韓國學者方善柱據此假說並參考Oppolzer的《日月食典》，首次論證"天再旦"記錄的是公元前899年4月21日的日環食（《大陸雜誌》51卷第1期）。此後，1988年美籍學者彭瓞鈞、邱錦程、周鴻翔不僅也認定"天再旦"所記是公元前899年的日環食，並對此次日食在"鄭"（今陝西省華縣，$\lambda=109.8°E$，$\varphi=34.5°N$）引起"天再旦"現象必須滿足的天文條件，第一次做了詳盡理論分析和計算，並假設食甚發生在日出之時，計算得出了表示地球自轉變化的相應的ΔT爲$(5.8\pm0.15)h$，將"天再旦"的研究又向前推進了一步。夏商周斷代工程再次確認了"天再旦"這一成果，並爲此於1997年3月9日在新疆北部布網實地觀測驗證。

　　本叢書不僅是介紹西方學者一些具體的早期中國研究的成

果，引進一些新的概念、技術、思想、方法，而且更希望搭建一個開放性的不斷探索前沿課題的學術交流對話的平臺。這就算是我們寄望於《早期中國研究》叢書的又一個意義。

只有孤寂的求真之路才能通往獨立精神、自由思想之境。值此焦躁不安的文化等待時刻，願《早期中國研究》叢書能夠堅定地走出自己的路。我們歡迎所有建立在豐富材料縝密分析基礎上、富有獨立思考探索成果的早期中國研究著作。

著述和出版是長久的事業，我們只要求自己盡力做得更好一些。希望大家來襄助。

朱淵清
2006/12/2
寫於學無知室

目錄

序言 　　001

莊子何故夢中化蝶
——先秦諸子的另面

寓言中的"物化"思想
　　——莊子夢蝶新解 　　003
被忽視的晏子
　　——最早的現實主義政治家 　　018
致命的缺陷
　　——墨家"空泛"人性論的背後 　　031
性善非簡單
　　——最早的人權思想家孟子 　　044

老子與《老子》
——二重證據法視角下的《老子》形成新論

新出土資料的發現與疑古主義的走向 　　065

郭店《老子》與今本《老子》 　　082
郭店的斷簡殘篇
　　——《大一生水》考釋 　　097
上博竹簡初探
　　——《恒先》宇宙論析義 　　112

1

128	上博竹簡再探
	——楚地出土文獻所見"執一"思想
147	上博竹簡三探
	——《凡物流形》中的先秦道家思想
172	從《莊子·天下》篇看《老子》經典化的過程
193	從黃帝之言看《老子》經典化的過程
211	"執一"思想在《老子》經典化過程中的作用

齊楚之間
——從黃老道到大一統

229	探析《管子·勢》中的黃老思想
	——范蠡的從越到齊
248	稷下"道法"思想的形成過程
	——《管子》中的秩序與和諧
271	上博簡《魯邦大旱》的思想及其形成
	——黃老道影響下的"刑德"說
291	銀雀山漢墓竹簡《晏子》資料價值的探討
	——從出土文獻看傳世文獻
314	齊地之現實主義的思考
	——從魯仲連和劉敬的儒家身份談起

從齊到秦
　　——《春秋公羊傳》中"大一統"主義的思想與實現　　327
從齊到楚
　　——《淮南子·兵略訓》成書的地域考察　　345
齊楚之間
　　——竹簡中的齊楚文化交流　　374

消失的墨家
——墨家極盛而衰探秘

最早的宗教？
　　——墨家宗教與宗教結社傾向的考察　　407
理想主義的現實窘境
　　——墨家非攻思想在大一統中的式微　　422
消失的墨家
　　——墨家盛極而衰探秘　　439

後記　　448
譯後記　　454

序　言

　　大約十五年前,在某一國際會議的會場上,龐樸教授將近年來的出土資料所激發出的研究先秦思想的熱潮稱爲"炒冷飯",現在回想起來,仍覺此言真乃當時之"灼見"。然而,這一熱潮未曾間斷地持續到今日,現在所"炒"的已經不再是"冷飯",可以説"炒"的是全新的先秦思想史研究的"熱飯"。之所以如此説,是因爲中國考古學的不斷發展,使無比珍貴的文獻資料從兩千餘年的沉睡中被唤醒了,並使我們可以期待其今後還將爲研究者提供新的發現。不過,另外還必須指出一種危險的存在,那就是"僞造物"的跳梁和横行,我們不能使這類"僞造物"危害世界的學術界。

　　日本對中國的研究歷史非常悠久,尤其是所謂"漢學"曾盛行於江户時代。當時,文學、歷史學和哲學是不加區别而兼修並進的。明治維新後,近代科學占據了主流,以前的"漢學"這一學問體系漸漸解體,文、史、哲亦分開,成爲分别以各自的方法論進行研究的不同領域。然而,儘管"漢學"研究隨着近代化的進展,其勢漸衰,但也就是同時,仍有優秀的學者不斷涌現。本書中也積極地使用了半個世紀前的優秀漢學家的研究成果,因爲優秀的研究是經得起時間考驗的。

　　第二次世界大戰後的半個多世紀裏,科學技術的飛速發展使人們對於古典學問的熱情驟減,對於傳統"漢學"(現稱爲"中國學)的關注尤爲低下。

　　不過,目前對現代中國的關注雖較少,但是,對於古代中國的熱情卻非此前可比。或許這也是時代的不得已的趨勢所在吧。這一事實告誡我們:日本的"漢學"研究必須比以往任何時代都要更加國際化。即,如果我們不與中國和歐洲等學者進行積極而日常化的學術交流,我們先人鑄就的"漢學"的輝煌傳統,將消失於歷史的發展中。本書切盼能夠有助於防止這一情況的發生。

谷中信一

莊子何故夢中化蝶

——先秦諸子的另面

春秋戰國時期號稱中國傳統文化的軸心時代,先秦諸子們引領的思想高峰一直讓我們高山仰止。耽於思想史或哲學角度的研究有時讓人望而却步,但谷中先生却從一些全新的角度,爲我們解讀先秦諸子少爲人知的另面。

　　莊子夢蝶,可能是中國哲學史上最瑰麗的一則寓言,千百年來一直引人遐想。"莊生曉夢迷蝴蝶"是詩人的理解,"梁祝化蝶"是寓言文學化的延伸,那麽莊生何故化蝶?化蝶的寓意何在,這一有趣却有玄奧的問題,作者將以全新的視角予以解答。

　　相對於輔佐齊桓公的管子,春秋末期的晏子是一個容易被忽視的人物。雖然《晏子使楚》耳熟能詳,但文中的晏子却給人以雖然聰明但却有些"狡黠"的印象。真實的晏子是一個現實主義的政治家,心懷社稷、心懷百姓,即便身在困局之中也不忘初心。

　　從"世之顯學"到湮没於歷史的塵埃,墨家思想可謂經歷了先秦其他學派都未有過的極盛極衰。對於墨家的衰落雖然見仁見智,但很少有人能從"人性論"的角度直指墨家的致命缺陷。

　　孔曰成仁,孟曰取義,孟老夫子從來都是給人以一副大義凛然的樣子。那個好辯不服輸的老夫子,有着"雖千萬人吾往矣"的决絶勇氣,更有着"民貴君輕"這一貫穿千載直照當今的卓絶智慧。性之善惡,也許無關乎科學,而在於精神。孟子,可謂是中國乃至世界最早的人權思想家。

寓言中的"物化"思想

——莊子夢蝶新解

序

　　被置於《莊子·齊物論》篇末尾的"蝴蝶之夢"的寓言，因其卓爾不凡的思路，自古以來就引起很多人的興趣，即使在日本，也是倍受文人墨客關注的焦點之一，甚至成爲繪畫、俳句等創作的題材。從這個意義上來説，這則寓言已經游離於《莊子·齊物論》篇之外而獨立存在了。

　　爲了行文方便，現將寓言全文以及我的理解抄録如下：

　　　　昔者莊周夢爲胡蝶，栩栩然胡蝶也，自喻適志與！不知周也。俄然覺，則蘧蘧然周也。不知周之夢爲胡蝶與，胡蝶之夢爲周與？周與胡蝶，則必有分矣。此之謂物化。（從前，莊周做夢變成了蝴蝶；蝴蝶翩翩飛舞——化作蝴蝶時的心情是喜悦而滿足的，完全不知道自己是莊周；當他從夢中醒來，卻發現自己是正在環顧四面的莊周。於是他懷疑起自己來：究竟是莊周在夢中變成了蝴蝶？抑或是蝴蝶在夢中變成了莊周？毋庸置疑，莊周與蝴蝶是不同的存在，這種互變就叫作

"物化"。)

目前日本出版的兩三種《莊子》注釋本的解釋與本人的理解似無大異,因爲文意就是如此簡單,至於其中含有什麼寓意,正如後文將介紹的那樣,似乎也已有成説定論。言歸正題,本文的論題是"莊子何故夢中化蝶?"。

如果僅僅是作爲一則寓言來創作的話,夢中所見之物,鳥類中的鵬也好,獸類的虎也好,都無不可,爲什麼偏偏是比這些都要原始的昆蟲蝴蝶呢?據管窺所見,迄今爲止,尚無任何相關注釋書籍談及這個問題。然而,依我淺見,如果能够深入探究這個問題,關於莊周的"蝴蝶之夢",可能出現與此前既有之説全然不同的解釋。下面就是我關於這個問題的一些思考。

一、關於"蝴蝶之夢"的既有解釋

在本節中將簡單回顧迄今爲止"蝴蝶之夢"是如何被解釋的,尤其是其主題所在是如何被把握的。

1. 傳統的解釋

目前對於《莊子》思想的解釋采用的是嚴密的文獻實證主義的方法,因此,雖然並非不加批判地全盤繼承了3世紀末4世紀初晉朝郭象的注或7世紀初唐朝成玄英的疏,但反過來看,這些作爲最傳統的解釋至今仍然擁有着相當的權威,是無法等閒視之的。因此,本節就從這兩者的解釋入手,一覽其説。

郭象認爲這則寓言中的覺與夢的寓意就是生與死,即"世有假寐而夢經百年者,則無以明今之百年非假寐之夢也"。他的這種解釋認爲:覺與夢並無本質的差異,自然,"知夫在生而哀死者誤也"——就是説,在生死之間設立差別是錯誤的;而且由"愚者竊竊然自以爲知生之可樂，死之可苦，未聞物化之謂也"得出結論，認爲若能懂得"物化"，即萬物隨時間的變化而不斷變化，當然就能夠達到所謂生死一如的境界①。成玄英則提出一個大前提，認爲"夫生滅交謝，寒暑遞遷，蓋天地之常，萬物之理也"——變化纔是貫穿天地之理。在此前提下，覺與夢就是生與死的比喻。自(=莊周)與他(=蝴蝶)既是這種無盡的變化——即"物化"的象徵，僅僅是"生死往來，物理之變化"而已，並由此引出"何爲當生慮死、妄起憂悲"的教誨。

要而言之，上述兩者都認爲這則"蝴蝶之夢"的寓意是：應該舍棄"喜生而哀死"的愚見，纔能達到生死一如的境界。所謂"物化"被解釋爲若要達到這種境界所必須依據的天地之理法。這些見解不是將"物化"作爲直接的寓意來解釋"蝴蝶之夢"，而是將其寓意解釋爲由"物化"這一貫穿於天地萬物的真理必然演繹出的生死一如的道理。

的確，如果將《齊物論》作爲大前提推而論之的話，必然推導出這種生死觀；而且，實際上，在《齊物論》篇中也確實闡述了這種生死觀②。不過，位於《齊物論》篇結尾處的"蝴蝶之夢"是否可以完全同樣地加以解釋呢？這裏還是存在疑問的。

2. 日本的解釋

首先來看一下牧野謙次郎所著《漢籍國字解全書・莊子(上)》(早稻田大學出版部，1914年)的解釋。

---

① 的確在本篇稍前之處，有一節論及這樣的思想，即"夢飲酒者，旦而哭泣，夢哭泣者，旦而田獵。方其夢也，不知其夢也，夢之中又占其夢焉，覺而後知其夢也。且有大覺，而後知此其大夢也。而愚者自以爲覺，竊竊然知之。君乎，牧乎，固哉！丘也，與女皆夢也。予謂女夢，亦夢也。是其言也，其名爲吊詭。萬世之後而一遇大聖知其解者，是旦暮遇之也"(引自金谷治譯注《岩波文庫・莊子(第一冊)》81頁)，或許是以此爲據而作出這種解釋的。

② 例如"予惡乎知說生之非惑邪！予惡乎知惡死之非弱喪而不知歸者邪！麗之姬，艾封人之子也。晉國之始得之也，涕泣沾襟；及其至於王所，與王同筐牀，食芻豢，而後悔其泣也。予惡乎知夫死者不悔其始之蘄生乎"一文就與之相當。

其《大意》中談道:"作者講述了自身的經歷,以證明所謂彼我之分,就是原本同一之物不過因場所和時間的不同而產生的別樣的感覺。"(197 頁)

其《解義》中認爲:"蝴蝶之夢"的寓意在於陳説"物化"之理,它"昭示了萬物之根本即由一變二,由二返一的真理……所謂物化就是萬物的變化。萬物變化時,例如魚變爲鳥時,則不再知道此前其爲魚;而鳥化爲魚時,也不知此前其爲鳥。與之相似,不論是莊周化蝶,抑或是蝶化莊周,亦不復相知。此正可謂物化之一例證……"(197 頁)他没有將覺與夢作爲生與死的寓意來論述,是妥當的。因爲没有任何理由必須將這一段作爲直接談論生死觀的寓言來理解。在這一點上,牧野的解釋與上文所揭示的傳統觀點不同。不過,可否將這則寓言當作"作者自身之經歷"則留下疑問。若説夢見蝴蝶,或許還可理解,但若説夢見自身變成了蝴蝶,則很難想象這是真實的夢境體驗。

下面一篇不是譯注本,而是前田利鎌的《宗教的人》中所收録的《莊子》(岩波書店,1932 年),讓我們來看一下。書中對這則寓言的解讀重點仍然放在"物化"的問題上,認爲"因物無不可,物無不然之故,隨時隨地樂其變化——莊子以此爲樂在物化。……對莊子而言,所謂夢和現實都不過是道的一種持續。……生死亦然,順化而已"。(178 頁)需要補充説明的是,此處並未將這則寓言作爲闡述"物化"之理的寓言來理解,而是認爲其歸根結底仍在於闡述莊子的人生觀、處世觀——正如樂在物化所表明的那樣。當然,這裏也含有生死觀。很明顯,這種解讀是與傳統解釋相通的,也與下面所示的福永光司的《中國古典選·莊子内篇》(朝日新聞社,1966 年)的見解基本相通。

福永認爲:"實存的世界中,夢即是現實,現實即是夢。……一切存在突破常識上的區别的束縛,自由自在地相互變化的世界,即所謂物化的世界,纔是實存的真相。人只是在這個'物化'——萬物無盡的輪轉中,將被付與自身的現在,作爲被付與的現在盡情享受和逍遙而已。夢醒則作爲莊周而生,入夢則作爲蝴蝶起舞……將所有境遇都作爲自己被付與的境遇而強勢地加以肯定,纔有真正自由的生活。"(108頁)

福永在此展示了一種非常豁達的解釋,看上去幾乎沒有理論上的破綻。然而,這則寓言的結語是"此之謂物化",那麼"此"就是指向"蝴蝶之夢"這一寓言整體的指示語,不可能有其他意思,那麼就應該說其主旨還是在於論説"物化"之理。由此看來,前田和福永各自的説法就出現了疑問。也有人提出了更加難解的看法。例如大濱皓所著《莊子的哲學》(勁草書房,1966年)對"蝴蝶之夢"進行了如下解釋:

>……雖然莊周是莊周,蝴蝶是蝴蝶,而統合兩者之不同境界的超越力量,就是"道"之必然變化的作用;同樣,"覺"就是確確實實的"覺","夢"就是實實在在的"夢",統合並容納兩者而變化無窮的就是"道"的必然作用。這則故事中的夢與覺,主體與客體的區別的抽象化,不是夢與覺,主體與客體的混同。當"相對"被統合並被絶對容納時,"相對"就是不分之分了。(317頁)

在這裏,以"覺"與"夢"、"主體(=莊周)"與"客體(=蝴蝶)"的相互關係爲契機,將"物化"解讀爲道之作用的具體體現——即主和客與覺和夢的相對性"被統合並被絶對容納",這是非常重要的。就是説,他將這則故事看作是借助寓言以解説莊子的核心思想"道"(=貫徹於萬物的真理)。可以看出大濱此説雖與上述兩位的解釋不同,但是"物化"之理本身還是被置於後位,而作爲容納此理的終極之理"道"卻被提到前面。

在這種解釋之上又加以生死問題來理解的,是市川安司所著的

《新釋漢文大系・莊子(上)》(明治書院,1966年),其《餘説》中寫道:

>……在夢的世界裏,蝴蝶翩翩起舞,顯得無限快樂,没有任何憂慮——多麽平和的樣子。然而,那不過是莊周這個現實中的人的夢境。對於現實中的人來説,未必所有的事都像蝴蝶那樣快樂,相反,由於人類貪婪的智慧而被歪曲的世界,纔是現實的世界。拼争勝敗,拘泥利害,苦惱生死……無論哪種,都是由於人爲地刻意製造區别而生出的心靈的煩惱。不加小聰明,不刻意設置區别,將一切委順於自然,就無所謂煩惱。既便是被稱作人生最大煩惱的生死問題,當人們沉浸於超越生死的自然之道時,也很容易解決。大概這纔是莊子的想法。(186頁)

此處的理解是將"物化"與生死聯繫起來,認爲這則寓言的主旨在於論説應該超越生死地活着。由此可以認爲,它也是站在傳統解釋的立場上的。不同的是,他没有將覺與夢作爲生與死的比喻來理解,而是認爲寓言以樂而無憂的夢的世界(=蝴蝶)爲契機,旨在明確人們(=莊周)活在充滿争鬥和苦難的現實中的悲劇性。這樣一來,似乎是説"物化"的概念僅僅是作爲論説遵循自然之道的生存方法的一個契機纔被提出來的。

另外,赤塚忠在《全釋漢文大系・莊子(上)》(集英社,1974年)中,認爲這則寓言"將人生比喻爲夢境的構思,唤起了厭倦人生、感歎其虛無的人們的共鳴"。在肯定了夢的創意的新奇性之後,他又寫道:

>……在這則寓言中,第一,通過對比現實的固陋和夢境的自由,探討人類如何從對狹隘小世界的執着中得到解放和超越;第二,通過將蝴蝶的快樂和人類的煩惱並列於同一次元,探索天地之間的萬物因之而生滅的唯一法則。

此説與前述的市川先生的觀點相同，認爲"蝴蝶之夢"的構思，是爲贊美與現實相對的夢境的意義，其結果便是"將人生比擬成了夢"。不過，這種見解與傳統的解釋，即：將覺與夢作爲生與死的比喻，並從生死一如的角度出發達到超脱的解釋，似乎不盡相同。由此推論的話，"物化"似乎被理解爲"天地之間的萬物因之而生滅的唯一法則"了。如果按照赤塚所説，"蝴蝶之夢"是産生於"將人生比喻爲夢境的思路"，就只能認爲這是一則教誨寓言，要人們把原本非常深刻的苦樂看作如同覺與夢的關係一般。如此觀之，就難以將此寓言理解爲是對上文所引"物化"之理的説明了。

關於"物化"，以上不厭其煩地交替引述了各種觀點，現將它們梳理一下，可分爲如下兩大類：

（1）與郭注、成疏同樣，認爲這則寓言是從生死一如的角度論説悦生悲死之愚蠢的教誨，"物化"未必是寓言的核心。

（2）認爲這是借"蝴蝶之夢"，闡述萬物變化無窮的真相——也包含人的生死——實在是自在無拘的，這一點始終是寓言的核心。

關於寓言的主題覺與夢的解釋可分爲如下兩種：

（1）作爲生死的比喻來看。

（2）論述如何面對人生的苦樂，將現實與非現實進行對照。

在中國，關於這則寓言的解釋似乎也沒有超出上述諸見解之廣狹。

3. 中國明清以後的解釋

首先我們以"物化"爲焦點，以焦竑的《莊子翼》爲中心，從明代的解釋看起。

劉須溪的《點校莊子》①："夢覺齊人物，齊小大，齊是非，齊生

---

① 引自《莊子翼》。

死。齊盡矣。"

陸長庚的《南華副墨》①："物化言古今夢覺混融爲一。"

褚伯秀的《管見》總論②："蓋極論物我生死覺夢之不齊而終歸於物化。"

焦竑則在自己的《莊子翼·筆乘》中寫道："齊物篇……以參古今,一生死,同夢覺,千變萬化而歸於一致。……況死生爲去來之大變,苟非其人,欲無輪溺於造化,得乎哉。雖然苟能早悟於夢覺,則生死之去來,亦不足道也。"

雖然他們表明了各自不同的觀點,但卻可以看出他們的共通之處,即認爲此則寓言作爲《齊物論》篇的終篇,是從齊物論的角度將覺與夢比喻爲生與死,其意在於闡述由生死一如所代表的某種觀念性的(＝齊物論)境界。這種觀點可以説仍然是繼承了傳統的解釋③。

與之相對,郭良翰的《南華經薈解》④寫道："物變化,其理無窮,非人意想所能知識。故曰,此之謂物化。"他認爲"蝴蝶之夢"的寓言,目的在於闡明"物化"之理,與此前的解釋略顯不同,值得關注。

下面看一下清代的觀點。

釋德清的《莊子內篇注》⑤認爲："視死生如夢覺,萬物一觀,自無是非之辯矣。物化者,萬物化而爲一也。……萬物混化而爲一,

---

① 引自《莊子翼》。嚴靈峰編《莊子集成》初編 7 内收載。
② 引自《莊子翼》。原本爲《南華真經義海纂微》(藝文印書館版《正統道藏》26 内收載)。
③ 以下也顯示出同樣的解釋傾向:
朱得之《莊子通義》卷一(《莊子集成》續編 3 内收載):"使物論不待齊而自无不齊。所謂死生無變于己者,殆非空言矣。《金剛經》曰,一切有爲法如夢幻泡影。此篇足以盡其義"可謂與之相同。
林希逸《南華真經口義》中將"物化"解讀爲"謂萬物變化之理也"。也許因其無意以"物化"爲核心來進行詮釋,所以不能說對這一點的關注較少。
④ 收載於《莊子集成》初編 13。
⑤ 收載於《莊子集成》續篇 25。

则了无人我是非之辩,则物论不齐而自齐也。"他力图从与齐物论的关联上对"物化"进行诠释。但是,其中仍旧有死生云云,似乎还是将此则寓言理解为整体上是为了阐述基于齐物论的某种境界。如此看来,它更近于传统的解释。

王夫之的《庄子解》①写道:"梦也觉也,周也蝶也,孰是而孰非,物化无成之。……奚有不齐哉。此以夺儒墨之所据,而使荡然於未始有无之至齐者也。"显然,他以"物化"为关键词,认为其寓意在于:万物皆处於无穷变化之中,即便给它们加以不同的价值定位亦毫无意义。王敔为此增注道:"鲲化鹏,蛣蜣化蜩,鹰化鸠,田鼠化斥鴳。大者化大,小者化小。至於庄周化胡蝶,胡蝶化庄周,则无不可化矣。当知物化有分,天均自一。"他对"物化"之理,通过具体例子进行了说明。但是,如此以鲲化鹏、鹰化鸠等为例来解说,"物化"之理反而会因之产生不能自圆其说之嫌。不过,他并未将寓言作为生死一如思想的比喻,而是作为与齐物论有着密切关系的"物化"之理的比喻,固应予以关注②。

近代以後,对《庄子》的研究也未曾间断,在此仅就管窥所见,

---

① 收载於《庄子集成》初编 19。
② 以下诸说也显现出同样的解释倾向。
陈治安《南华真经本义》(收载於《庄子集成》续篇 26)认为:"彼我顿化,是一身中之天倪,无不和,无不化,而造化之化亦何以异是。但物化之化,境近而梦寐短。造化之化,境远而梦觉长。"所谓"物化"基本上与造化的作用相同。也就是说值得注意的是:在这裏,"蝴蝶之梦"不是作为生死一如之境界被解释的。
宣颖《南华经解》(收载於《庄子集成》续篇 32)认为:"周可为蝶,蝶可为周。可见天下无復彼物此物之迹,归於化而已。……我与物皆物也。然我与物又皆非物也。故曰物化。"与上述例子相同。
此外,王先谦《庄子集解》解释为:"谓周为蝶可,谓蝶为周亦可。此则一而化矣。现身说法,五证。齐物极境。"
周拱辰《南华真经影史》卷二(收载於《庄子集成》续编 22)解释为:"夫周为蝶,周方死,蝶方生。蝶为周,蝶方死,周又方生。……死生生死,是非非是,两忘而化,究竟觅周与蝶,了不可得。觅齐物之我,与所齐之物,亦了不可得。此之谓真齐物也。"

介紹兩例如下。

蔣錫昌的《莊子哲學》齊物論考釋①認爲："……宇宙中隨時隨地只有物化之現象呈於吾人之眼前，並無決'是非'之問題生於其間。故儒墨之辯，根本不能成立。而至人看透此理，要當唯化所適，隨遇而安。"可以説仍然是繼承了清代的解釋。

陳鼓應的《老莊新論》（香港中華書局，1991 年）將"物化"作爲"主客體合一的境界"，認爲："假借莊周夢蝶的一段美妙物語，由夢覺不分説到'物化'，以譬喻物我界限的消解融和。……以蝶化象徵主體與客體的會通交感，達到相互泯合的境界。……此境界實爲最高藝術精神之投射。"（168—169 頁）他將覺夢作爲主體和客體的比喻來理解，認爲所謂"物化"就是主客兩者化爲一體時出現的精神境界，這與既有的解釋明顯不同。

由此可見，"蝴蝶之夢"在中國的解釋與在日本一樣，可以分爲兩大類：

（1）認爲覺與夢是比喻生死一如的境界，將這則寓言作爲論述獲得這種境界的一種認識論。

（2）根據與齊物論的關聯性，認爲寓言的主題是論述"物化"這一萬物存在的真相，將其作爲一種存在論。

另外，根據以上爬梳可得知：前者大致與明代之前的傳統解釋相吻合，而後者則與清代以後出現的解釋偶合。這也是令人頗感興趣的地方②。只是，雖然現代陳先生的解釋屬於認識論的範疇，從這個意義上來説是近於明代的解釋，但是沒有將夢覺當作生死，而是當作主客的比喻這一點，使人感到其解釋的近代性③。

---

① 收載於《莊子集成》初編 27。
② 微妙地反映了明清兩代思想學術的傾向。
③ 我以爲所謂主客對立也有近代德國觀念論的影響。

二、爲什麽是"蝴蝶"夢

在本節中,將就上節提起的問題闡述一下我的淺見。

人,無論是誰都會做夢,但是恐怕沒有人會夢見自己化作了自身以外的別種生物。也許在夢中出現時的境遇、年齡可能不同,但一定是我們自身。經驗告訴我們是這樣的。從這個意義上來說,那個"邯鄲黄粱一夢"雖然相當誇張,但作爲可能性還是有的,然而,將"蝴蝶之夢"作爲實際的經驗則不可能。很明顯,這是虚構,是創作。應該將其看作是爲解說"物化"之理而構想的寓言。《莊子》的寓言中,正如其《應帝王》篇末尾的"混沌"寓言那樣,在爲某種意圖而虚構時,反而存在着作爲寓言纔有的妙趣和含蓄。牧野先生將"蝴蝶之夢"作爲實際體驗未必妥當。

赤塚先生認爲這則寓言與"邯鄲黄粱一夢"同樣,是將人生比擬爲做夢的。但是,莊子不是夢見了"蝴蝶",而是夢見自己變作了蝴蝶——很顯然,我們必須承認這兩則寓言是產生於不同的思路的①,所以應該避免將兩者置於同一層面處理。

那麽,"蝴蝶之夢"究竟是在何種意圖下被構思的呢?揭開這一問題的鑰匙,自然在於蝴蝶本身。

在《逍遥遊》篇中,作者一開始便駕馭起無與倫比的宏大想象,讓鯤和大鵬這樣的超級生物出場,寓於其中一種超越卑俗無比的人世後遊於逍遥自適的境界;之後,又反覆使各種鳥獸登場,將作者的思想表現於寓言中。統觀這些寓言,此處的蝴蝶與之相較,不免過於渺小。豈止渺小,讓自己在夢中變形,即便是寓言,也未免

---

① 周拱辰《南華真經影史》卷二作了與此類似的論述:"蓋夢中見蝴蝶則真夢也。夢爲蝴蝶,迺夢中化爲蝴蝶,并其夢而失之矣。譬人夢喫飯,則真夢也。夢化而爲飯,飯中豈有夢哉。周爲蝶時,周即是蝶,更無夢蝶之周。蝶爲周時,蝶即是周,更無夢周之蝶。"

過於非現實。正如本文序言中已經談到的：夢中變爲鵬或燕飛舞於長空，抑或變成老虎或駿馬奔馳於大地，或者化爲大魚在水中暢游，不是都更好一些嗎？何故偏偏要變成小小的蝴蝶呢[1]？是否因爲蝴蝶自古以來就被看作是人的靈魂之化身呢？如果是這樣的話，這個寓言則過於常識化，其奇特的創意也因之大大減色。更嚴重的是，這種既成觀念會妨礙對寓言中莊子獨特的"物化"思想的解讀。

的確，蝴蝶實在是不可思議的生物。因爲它並非一開始就以那美麗的姿態誕生於世———一邊跳着華麗的舞蹈，一邊往來於花叢中吸食花蜜。其前身不要說那對翅膀，甚至連手足都沒有，是個只能趴在葉子上啃食樹葉的、與蝴蝶的美麗截然相反的十分醜陋的毛蟲。就是這樣的毛蟲，經過蛻變而成蛹，進入了短暫的休眠。但是，當其從休眠中醒來時，竟然令人震驚地化身爲與曾經的毛蟲毫無相似之處的特別美麗的蝴蝶。能完成如此華麗劇變的生物此外還有嗎？那個醜陋的毛蟲究竟到哪裏去了？而這隻美麗的蝴蝶又是生於何處呢？

蝴蝶和蛹不是在休眠期間被調包了，而是毛蟲在休眠期間變成了蝴蝶。那麼毛蟲和蝴蝶哪一個是虛假的暫時的，哪一個是真實的呢？如果毛蟲不過是暫時的虛假的形態的話，那麼蝴蝶纔是其真實形態嗎？如果是這樣的話，毛蟲是否知道自己本來的形態是蝴蝶，而現在的形態是暫時的虛假的呢？抑或一切是正相反的？這應該說是一種無意義的追究吧。毛蟲不會羞愧於自己的醜陋而羨慕蝴蝶的美麗，一定始終作爲毛蟲努力地活着，然後進入深深的

---

[1] 《大宗師》篇中有"……若化爲物，以待其所不知之化已乎！且方將化，惡知不化哉？方將不化，惡知已化哉？……且也，相與吾之耳矣，庸詎知吾所謂吾之乎？且汝夢爲鳥而厲乎天，夢爲魚而没於淵，不識今之言者，其覺者乎，其夢者乎"，這段文字有引申"物化"之理的內容，所以此處所舉的例子便是鳥類、魚類。

休眠。由此也可以説毛蟲變成蛹時,就是在那一時刻進入了休眠(=進入了夢的世界),並且再也不會作爲毛蟲醒來,所以也可以説是"毛蟲死了"。於是,此後不久蝴蝶誕生了,恰似從夢中醒來。當然,也應該可以説:在這一時刻,蝴蝶"誕生"了。

對於觀察蝴蝶如此細緻入微的莊子來説,毛蟲和蝴蝶的形態是如此截然不同,當然無法説它們是相同之物(所謂"周與胡蝶,則必有分",就是説的這個意思。若像林希逸的《南華真經口義》那樣,抓住這句話進行議論説"似結不結。卻不説破……便是禪家做話頭相似",則只能説是對寓意内涵的誤讀造成的附會)。但是,如果説它們是完全無關的存在,同樣不夠正確,因爲就是那隻毛蟲變成了這隻蝴蝶,而這只蝴蝶曾經就是那隻毛蟲。這樣説不算錯誤吧。

那隻毛蟲一心一意作爲毛蟲而生存,恐怕完全沒想過自己只是化作蝴蝶前的暫時的假借姿態吧。即便是這隻蝴蝶,一定從誕生時刻起就毫無疑問地作爲蝴蝶而生存,也完全沒有想到自己曾經是那隻毛蟲吧(所謂"不知周之夢爲胡蝶與,胡蝶之夢爲周與"就是這個意思,決不會是陳先生所説的"主客體合一之境界")。

當莊子經過這樣的思考之後,再看廣闊的世界時,便確信:"世間萬物一定都與此同樣地在生滅變化着。"莊子難道不是從蝴蝶經歷的"昆蟲蜕變"這一自然現象中,發現了萬物齊同之理嗎?森羅萬象的一切,重複着生滅變化,一刻都不曾停止,但是它們的根源,即在超越了我們的知覺的領域(就是前述的元素這個層次),是"一"。就是説,本篇末尾的"物化"之理正是本篇的主題齊物論的哲學依據。而且,也許是以這種自然觀察推導出的認識作爲基礎,那則實屬奇幻的"莊周夢爲蝴蝶"的寓言纔被構想出來。如果説齊物論在這個意義上是一種認識論的話,"物化"之理可以説是支撐它的存在論。因此,即便從這個寓言中發掘出有關立於生死一如之境的教誨並不算錯誤,那麽,這則寓言也並不是以這樣的教誨爲目的而被構想出來的,這一點應該是確實無誤的。妥當的理解應該是:這則寓言的主題歸根結底還在於"物化",覺與夢不過是這一思路的組成部分而已。這樣分析下來的話,可以說與上節列舉的所謂傳統解釋相比,清代多見的解釋方法遠比前者更切中肯綮。

結語、觀察自然的達人莊子

通過上述内容,本文明確了"蝴蝶之夢"因何是蝴蝶,並就寓言構想的經過和寓言的真正含義闡述了個人的淺見。由此進而推想,可知作者莊子實際上非常擅長從對身邊的自然的觀察中推導出極其宏大的哲學。不僅是"蝴蝶之夢",以本篇爲首,《莊子》中還有很多動植物登場,而且它們都昭示了某種深刻的教誨或哲理。這種情況之多,只要與同時代的文獻稍加比較就會知道。下面針對這一點,略加論述,以爲結語。

我覺得莊子從未把人類與自然割裂開來,而是一直將其作爲與自然渾然一體的存在來加以考察——考察人類與考察自然是一體的。

例如《逍遥遊》篇就是以寓言寫起,以鯤、鵬與蜩、學鳩的鮮明對照開始,然後有朝菌、蟪蛄與冥靈、大椿的對比;在許由與堯讓國的傳說中,通過許由之口講述了鷦鷯、鼴鼠自由自足的生活。另外,將樗、犛牛與狸狌相對比,論説"無用之用"等。如果没有對自然界的生物的細緻觀察,《逍遥遊》篇本身就不能成立。

這一點在《齊物論》篇中也是同樣的。有開篇處非常寫實地描寫的風以及由風引發的地籟、人籟、天籟之説;有狙公和衆狙的所謂朝三暮四的故事;有通過民、鰌、猨猴的"正處",民、麋鹿、蝍且、鴟鴉的"正味",人、魚、鳥、麋鹿的"正色",論説齧缺和王倪的問答中出現的價值判斷的相對性，闡明事物的價值難有定論的故事；還有"魍魎與影子"的寓言，以及這裏所探討的"蝴蝶之夢"等等。

古希臘《伊索寓言》中的故事，是將人類社會投影於現實中絕不會存在的動物社會，在其虛構的世界中寄托某種寓意，傳達給人們各種教誨。與這部被稱作寓言集的古典作品相比，《莊子》寓言的手法顯然不同。它是力圖通過對自然的觀察，得到普遍存在於天地間的真理，並不是僅以人類社會爲考察對象的。由此我們也可以看出莊子作爲自然觀察者的卓越才能。因此，見於《莊子》的寓言，有時不能斷言它只有作爲比喻的單純寓意，就是說，僅僅着眼於它構思的巧妙、寓言的奇特是不夠的。

另外，《莊子》一書中大放異彩之處，基本上以這些寓言爲主的內容居多。稍感意外的是，這類寓言主要見於《內篇》和《外篇》的一部分，至於《雜篇》，則幾乎沒有。似乎這個問題可以與《莊子》一書的成書過程，即著述者和著述時間聯繫起來考慮。關於這一點，有待今後的研究。

被忽視的晏子
——最早的現實主義政治家

序

　　本文的目的在於考察《晏子春秋》中所表現出的晏嬰的政治思想特色。就這個問題,我將從晏子的出身、人物特徵、生存時代,以及身處具有何種傳統的國家,如何作爲一國宰相施展才能等幾個方面,全方位地進行闡述。

一、齊國宰相晏子

　　1. 晏子的出身

　　據《史記·管晏列傳》説,晏子是"萊之夷維人"。所謂萊是指東夷之古國。其歷史比晏子終身任職的齊國還古老。公元前 11 世紀,太公望吕尚因爲輔佐周武王討伐商紂王有功,被封於齊時,先已有之的萊國,爲其都邑營丘(後來的齊國之都臨淄)的所有權曾與齊軍交戰而被打敗。也就是説,土著勢力被外來的勢力征服了。從那以後,萊便不得不臣服於齊,公元前 567 年終被晏子的父親晏弱率領的齊軍滅掉。夷維後來稱爲夷安,位置在現在的山東省高密市。

關於萊國,有這樣一個故事:公元前 500 年,齊景公和魯定公在夾谷會面時,景公想讓萊人持兵器脅迫定公,然而,作爲輔佐官隨行的孔子卻出色地粉碎了齊的陰謀。孔子將齊、魯歸於"華""夏"一方,把萊稱爲"裔",即"邊鄙之地",稱萊人爲"夷",即野蠻人;蔑視萊人爲"裔夷之浮",即邊鄙的俘虜,認爲華夏君王會面時,讓夷狄同席是非禮至甚,逼迫齊景公令萊人立即退下(《左傳·定公十年》)。由此可見,萊人是作爲異於齊人魯人的種族被置於劣等地位的,是被看作具有異質文化和傳統的人種的。而晏子卻出身於這種萊人,這一事實令人頗感興趣。夷狄文化爲其文化之根的晏子,在華夏文化中獲得極高評價,這件事本身證明了:在齊國,雖然剛開始時,這種異質文化與華夏是對立的,但不久便隨時代的進步而融合爲一體了。

2. 晏子的年代

晏子的父親去世於公元前 556 年,距管仲輔佐桓公爭霸中國名震天下的時代已有近九十年的歲月。晏子所處的正是齊國黃金時代結束,晉取而代之,作爲中原盟主號令諸侯的時期。當時的景公,在位年數雖長,但作爲一國之君,卻是無法與桓公相比的凡庸之君。並且對於齊來說,威脅不只來自於晉,南方的吳楚也不可小覷;在西面的秦國,正卓有成效地養精蓄銳,充實國力;鄰國魯雖然弱小,卻也不斷施展巧妙的外交戰略,與齊國相對抗而不屈從。不僅如此,各國諸侯的權力已轉移到大夫手中,實質上,君主的權力正在成爲徒有虛名的空殼而已。魯國即是其中典型一例,正所謂"世衰道微,邪説暴行有作。臣弑其君者有之,子弑其父者有之"(《孟子·滕文公下》)。衆所周知,結果雖是徒勞一場,但孔子仍不遺餘力地試圖從臣子手中奪回君主的實權。

這時,戰國七雄爲生存而互相征伐的"戰國時代"就要到來了。

所謂春秋時代，其實質可以說與戰國時代毫無區別。就是在國內外形勢如此嚴峻的情況下，晏子作爲宰相爲齊國嘔心瀝血的。不過，他並非出於像管仲那種强大齊國稱霸天下的野心，而是來自對苦於嚴酷時代的民衆的無限同情。

3. 晏子其人

《史記·管晏列傳》中有這樣的記載：

> 以節儉力行重於齊。既相齊，食不重肉，妾不衣帛。其在朝，君語及之，即危言；語不及之，即危行。國有道，即順命；無道，即衡命。

在此我們可以看到一位淡泊、謙遜、率直，但信念堅定的人物，而且是與同一卷中描繪的管仲完全相反的宰相。管仲作爲桓公的輔佐者，其能力不容置疑，而其依仗權勢的豪奢也是令人瞠目的。如孔子一方面說：

> 管仲相桓公霸諸侯，一匡天下。民到於今受其賜。微管仲，吾其被髮左衽矣。(《論語·憲問》)。

將抵抗外族、保住中華作爲他的功績給予極高的評價，另一方面，又說：

> ……管仲之器小哉。或曰，管仲儉乎？曰：管氏有三歸，官事不攝。焉得儉？曰：然則管仲知禮乎？曰：……管氏而知禮，孰不知禮？(《論語·八佾》)

認爲管仲是最不知"禮"的典型而加以責難。與管仲同樣，晏子在仕途中也不曾被挫，一生保全了其宰相地位。雖說晏子出身士大夫之家，但決非名門望族。爲什麽晏子能任職宰相，且從未喪失其位呢？從《晏子春秋》來看，就在於對君主言行中專橫無道輕率之處，或是不顧民衆之苦，横徵暴斂亂用國庫的作法，晏子不惜身家性命據理強諫，從不諂媚君主以邀寵，或中飽私囊，擴張自己的勢力。一言以蔽之，他是本着一種無私的愛民思想。而且他決不同於以堯舜之世爲理想，執拗地遊説仁義之道的孟子，也不同於爲復興周文王、周公旦的周初社會而犧牲了一生的孔子，可以説他是在從事現實政治的實踐中，身體力行合乎禮儀的言行，以堅決不爲奢侈所動的高潔態度，一心只爲國民謀福利的。

在崔杼弑莊公，將齊國大權掌控於手中時，反對派相繼被肅清，對晏子也毫無例外地曾以死相威脅，逼其同流合污。但晏子卻毫無懼色，終於使崔杼明白晏子是不會屈從他的意志的，最後，崔杼因爲知道晏子深受國民愛戴而沒敢輕下毒手。當時的社會，無論如何有才能，只因遭同僚嫉恨就被誣陷，或因觸怒君王便被疏遠，壯志未酬而突遭貶斥的事屢見不鮮，在這種時代中，晏子可以説是極稀罕的特例。

晏子雖没有向遙遠的過去尋求理想，但也決不贊成被現實的污垢所沾染。他憂國憂家更愛其子民，於是，從他的言行裏，我們看到一位不沉溺於理想，總是牢牢地把握現實的賢臣形象。

事實上，往往是人格越高尚，信念越堅定的人，越會被現實疏遠，因爲在中國，當自己的理想和現實相衝突時，便毫不留戀地隱遁於鄙野的傳統自古有之。然而，晏子對隱者不作任何肯定，甚至不能容忍其存在。這一點似乎與齊地傳統有關，因爲並非晏子一人，自從齊太公望以來，在齊國就是尊崇賢人而不贊賞隱者。①

---

① 請參照《內篇問上》第十三"景公問晏子曰：莅國治民，善爲國家者何如？晏子對曰：舉賢以臨國，官能以救民，則其道也。舉賢官能，則民與若矣。公曰：雖有賢能，吾庸知乎？晏子對曰：賢而隱，庸爲賢乎，吾君亦不務乎是，故不知也。（轉下頁）

晏子作爲"賢者"的聲譽不僅大振齊國，而且遠播異國，從其出訪晉、越等國時，與當地君主宰相的問答中，可以詳細地看到這一點。

（接上頁）公曰：請問求賢。對曰：觀之以其游，説之以其行，君無以靡曼辯辭定其行，無以毀譽非議定其身，如此，則不爲行以揚聲，不掩欲以榮君。故通則視其所舉，窮則視其所不爲，富則視其所不取。夫上士，難進而易退也；其次，易進易退也；其下，易進難退也。以此數物者取人，其可乎"。另外有關否定隱者的談話在《内篇問上》第十四"景公問晏子曰：爲君身尊民安，爲臣忠事治身榮，難乎，易乎？晏子對曰：易。公曰：何若？對曰：爲君節養其餘以顧民，則君尊而民安；爲臣忠信而無踰職業，則事治而身榮。公又問：爲君何行則危？爲臣何行則廢？晏子對曰：爲君厚藉斂而託之爲民，進讒諛而託之用賢，遠公正而托之不順，君行此三者則危；爲臣比周以求進踰職業，防下隱利而求多，從君不陳過而求親，人臣行此三者則廢。故明君不以邪觀民，守則而不虧，立法儀而不犯，苟有所求于民，而不以身害之，是故刑政安于下，民心固于上。故察士不比周而進，不爲苟而求，言無陰陽，行無内外，順則進，否則退，不與上行邪，是以進不失廉，退不失行也"，以及《問下》第二十"叔向問晏子曰：事君之倫，徒處之義奚如？晏子對曰：事君之倫，知慮足以安國，譽厚足以導民，和柔足以懷衆，不廉上以爲名，不倍民以爲行，上也；潔于治己，不飾過以求先，不讒諛以求進，不阿以私，不誣所能，次也；盡力守職不怠，奉官從上不敢隋，畏上故不苟，忌罪故不辟，下也。三者，事君之倫也。及大夫賢，則徒處與有事無擇也，隨時宜者也。有所謂君子者，能不足以補上，退處不順上，治唐園，考菲履，共恤上令，弟長鄉里，不夸言，不愧行，君子也。不以上爲本，不以民爲憂，内不恤其家，外不顧其身游，夸言愧行，自勤于飢寒，不及醜儕，命之曰狂僻之民，明上之所禁也。進也不能及上，退也不能徒處，作窮於富利之門，畢志于畎畝之業，窮通行無常處之慮，佚于心，利通不能，窮業不成，命之曰處封之民，明上之所誅也。有智不足以補君，有能不足以勞民，俞身徒處，謂之傲上；苟進不擇所道，苟得不知所惡，謂之亂賊；身無以與君，能無以勞民，飾徒處之義，揚輕上之名，謂之亂國。明君在上，三者不免罪。叔向曰：賢不肖，性夫。吾每有問，而未嘗自得也"，《問下》第二十五"叔向問晏子曰：進不能事上，退不能爲家，傲世樂業，枯槁爲名，不疑其所守者，可謂能行其道乎？晏子對曰：嬰聞古之能行道者，世可以正則正，不可以正則曲。其正也，不失上下之倫；其曲也，不失仁義之理。道用，與世樂業；不用，有所依歸。不以傲上華世，不以枯槁爲名。故道者，世之所以治，而身之所以安也。今以不事上爲道，以不顧家爲行，以枯槁爲名，世行之則亂，身行之則危。且天之與地，而上下有衰矣，明王始立，而居國爲制矣，政教錯，而民行有倫矣。今以不事上爲道，反天地之衰矣；以不顧家爲行；倍先聖之道矣；以枯槁爲名，則世塞政教之途矣。有明上可以爲下，遭亂世不可以治亂。説若道，謂之惑；行若道，謂之狂。惑者狂者，木石之樸也，而道義未戴焉"，以及《問下》第二十八"曾子問晏子曰：古者嘗有上不諫上，下不顧民，退處山谷，以成行義者也。晏子對曰：察其身無能也，而託乎不欲諫上，謂之誕意也。上惛亂，德義不行，而僻辟朋黨，賢人不用，士亦不易其行，而從邪以求進，故有隱有不隱。其行法，士也，酒夫議上，則不取也。夫上不諫上，下不顧民，退處山谷，嬰不識其何以爲成行義者也"等篇章中也可看到。

晏子如此的人品及業績,到了漢初時,在司馬遷的著作中與管子相比並,廣爲傳閱。

不過,那個時代各國中都是英才輩出,與晏子一樣,作爲一國宰相,其偉名流傳於後世的人物亦不少。但遺憾的是,關於這些人物的傳說只是斷片的東西,很少有像《管子》《晏子春秋》這樣完備的文獻得以保存。我試將《漢書·藝文志·諸子略》中,曾經以宰相的身份寫下並流傳下來的著述作簡略整理,可分爲以下六種:

《晏子》八篇

《李克》七篇　子夏弟子,爲魏文公相。

《管子》八十六篇

《李子》三十二篇　名悝,相魏文公,富國強兵。

《商君》二十九篇　名鞅,姬姓,衛後也,相秦孝公。有列傳。

《申子》六篇　名不害,京人,相韓昭侯,終其身諸侯不敢侵韓。

其中,《李克》七篇和《李子》三十二篇佚失,《申子》六篇也僅存其殘缺不全的逸文。在六種著述中,被冠以齊宰相之名的有兩種,而且被傳承至今,實在是極罕見之事。這大概與齊國的氣質有很大關係。再舉一例來看,例如關涉齊的建國者太公望的書《太公》二百三十七篇也被收錄於《漢書·藝文志》中。如此,在齊國,參與現實政治較深的人物,其思想得以流傳後世,長久被人們談論。我們通過這些,則可以看到齊國重視現實,尊重賢者的傳統。

二、現實主義思想家晏子

1. 勇于"進諫"

上面已經談過晏子對於擁有最高權力的國君決不諂媚,以是非分明、嚴正中立、公正無私的態度相對待,因而,如《淮南子·要略》所述:

　　　　齊景公内好聲色，外好狗馬，獵射亡歸，好色無辨。作爲路寢之臺，族鑄大鐘，撞之庭下，郊雉皆呴。一朝用三千鐘，贛梁丘據子家噲導於左右。故晏子之諫生焉。

其特色就在於一個"諫"字。一般來説，所謂"諫"是臣下向主君指出其過失，説服其改過，但此處卻是指當行而難行之事。"良藥苦口，忠言逆耳"，一旦觸怒君主，則有可能像曾經勸諫紂王的大臣們那樣被殘酷地殺害，甚至身遭醢刑，被剁成肉醬。所以，"進諫"是以生命爲賭注的行爲。另外，也有忠諫不納，被君主逐出朝廷，遠謫鄙野的可能。那麼，在這種情況下能够不向現實妥協，仍頑强進諫的行爲當然要給予肯定。當晏子勸諫莊公而不被接納時就是這樣做的：晏子將全部俸禄退還給朝廷而深居家中。也幸虧如此，纔没有卷入不久就發生的崔杼弑莊公，擁立景公的政變之中。至今還有當時的詳細記録。但是退居自守的清高並非真實的晏子。實際上，他總是通過無所顧及地切中要害地直言事理，旨在使君主自覺地意識到自己的錯誤，所以諫言並不是批判。依仗自己的正當性而攻擊對方的過失的批判，必然招惹對方的反駁或憤怒。而諫言在於將君王的愚蠢、過失毫無保留地揭示出來，並讓君主自己醒悟到自身的愚蠢和過失。這正像一面拂拭的干干净净的鏡子。鏡子可以照出任何東西，但其本身卻只能是鏡子而已。也就是説，必須無私、公正、客觀。景公因爲晏子的諫言大概屢屢暗自羞愧吧。然而那也是通過晏子這面鏡子照出的不容置疑的自己的本來面目，因此，也無法將其醜陋的責任轉嫁到他人身上。不能歸罪於鏡子，只能自己接受這一事實。這也是晏子無論發出何種"諫言"終不曾被問罪的原因所在。然而，莊公雖然擁有晏子這面出色的鏡子，卻没有像景公那樣以此來反觀自己，因此纔招致崔杼政變的悲劇。

以上也許不能算作晏子的思想，但卻是我們以"諫言"爲主題，討論以宰相論爲主旨的《晏子春秋》時不可忘記的重要一點。

2. 愛民思想

晏子思想中，首先應提到的是愛民思想。他爲使民衆避免成爲政治的犧牲品而遭受飢寒，曾多次勸諫君王。當然，民衆若離反，國家安定必受威脅，也是其理由之一吧。何況愛民政策最終是合於使君主的地位安穩這一目的的。晏子主張君主治國的首要條件是要被民衆敬慕如同父母，不是靠暴力強權，而是溫暖地將民衆籠絡過來以治之，得到他們深厚的信賴和支持是最重要的。至於將其歸爲諸子學派中的哪一派，這一問題幾乎沒有什麼意義。但可以肯定，他的思想是不能與戰國時代後期漸成優勢的法家思想連在一起的，而與儒家和墨家思想則都有相通之處。

3. 節儉思想

晏子思想中，其次應指出的是節儉思想。晏子自身努力節儉自不待言，而且諫君主戒奢侈的言論爲最多。君主本人有時並沒察覺到自身的奢侈，不知不覺地便沉湎於奢侈中了。這也許是可以隨心所欲的特殊環境使然。對此晏子總是以民衆的疾苦作對比，使君主明白其奢侈如何造成了國家財力的浪費，並且如何使民衆陷入勞苦之中。雖然可將這種節用思想看成墨家思想，但節用本身是對爲政者的理所當然的要求。可以說作爲支撐愛民思想的一個實際行功，就具體體現在節儉這一形式中。

4. "禮"的思想

第三點要提到的就是"禮"的思想。晏子將"禮"作爲區分人與禽獸的一個標準，認爲君臣上下的秩序應該由此而得到保證。所以，他認爲"禮"若崩潰，國家也將隨之而滅亡（《諫上》篇第二）。

另外，景公曾經師從晏子，整日聽其關於"禮"的講義。① 由此也可以看出，晏子相當熟悉"禮"，並希望通過最大限度地遵守傳統的"禮"的規範來求得國家的秩序和社會各階層的安定，並指出"不守禮法"是擾亂社會秩序和安定的最大敵人。在此，明顯可以看出儒家思想的傾向。下面，還有必要言及與"禮"的思想相關的"法"的思想。晏子時而將法與理對峙起來，強調其重要性，有時也將其與"教"相對比。晏子的"法"，不是以賞罰爲前提的實定法，而是維持國家秩序的、理念規範意義上的法。故此，他提出"法必須是爲民衆所接受的法"②，"愛民就是法"③。

這種思想的提出，是因爲其"法"的概念不是以實證主義的法律制度中完備的"法"爲前提的。如果說"禮"的規範以維護國家的秩序爲目的，晏子的"法"則與"禮"成互補的關係。"禮""法"的這

---

① 請參照《內篇諫下》第二十五"景公登射，晏子脩禮而侍。公曰：選射之禮，寡人厭之矣！吾欲得天下勇士，與之圖國。晏子對曰：君子無禮，是庶人也；庶人無禮，是禽獸也。夫勇多則弑其君，力多則殺其長，然而不敢者，維禮之謂也。禮者，所以御民也，轡者，所以御馬也，無禮而能治國家者，晏未之聞也。景公曰：善。迺飾射更席，以爲上客，終日問禮。"

② 請參照《內篇問上》第十二"景公問晏子曰：謀必得，事必成，有術乎？晏子對曰：有。公曰：其術如何？晏子曰：謀度于義者必得，事因于民者必成。公曰：奚謂也？對曰：其謀也，左右無所繫，上下無所縻，其聲不悖，其實不逆，謀于上，不違天，謀于下，不違民，以此謀者必得矣，事大則利厚，事小則利薄，稱事之大小，權利之輕重，國有義勞，民有如利，以此舉事者必成矣。夫逃人而讓，雖成不安，傲民舉事，雖成不榮。故臣聞義謀之法以民事之本也，故及義而還，信民而動，未聞不存者也。昔三代之興也，謀必度其義，事必因于民。及其衰也，建謀不及義，興事傷民。故度義因民，謀事之術也。公曰：寡人不敏，聞善不行，其危如何？對曰：上君全善，其次出入焉，其次結邪而羞問。全善之君能制；出入之君時問，雖日危，尚可以沒身；羞問之君，不能保其身。今君雖危，尚可沒身也"。

③ 請參照《內篇問上》第十八"景公問晏子曰：明王之教民何若？晏子對曰：明其教令，而先之以行義；養民不苛，而防之以刑辟；所求于下者，不務于上；所禁于民者，不行于身。守于民財，無虧之以利，立于儀法，不犯之以邪，苟所求于民，不以身害之，故下之勸從其教也。稱事以任民，中聽以禁邪，不窮之以勞，不害之以實，苟所禁于民，不以事逆之，故下不敢犯其上也。古者百里而異習，千里而殊俗，故明王脩道，一民同俗，上愛民爲法，下相親爲義，是以天下不相遺，此明王教民之理也"。

種關係定位在《管子》中也可以看到。這也許來自齊國的傳統,因爲齊歷來將禮和法作爲統治的重要手段。

5. 合理主義

晏子思想的第四要點是合理主義。也可以說是一種反咒術的重人智思想。晏子否定在國家政治發生困難時靠咒術解決的做法。他認爲這種咒術不能解決實際問題,其結果只能是給臣民帶來痛苦,所以堅決拒絕相信巫師的預言,或由某種自然現象占卜吉凶。然而當君主不是以自己的智慧和悟性,而是想靠巫術來解決某個事情的時候,臣子要從正面反對是很不容易的。本來,要從人類社會排除咒術類的要素,不僅是很困難的,而且也許應該說是不可能的。即便是自然科學發達的今天都不例外,更何況當時巫術的影響之大是不可估計的。儘管如此,晏子將巫術作爲非常應該懷疑的行爲,毫不猶豫地加以排斥。在這一點上,可以看出其與敬遠鬼神的孔子具有相通的思想觀念。

6. 尊賢思想

第五點是尊賢思想。本來,晏子自身就享有賢者之譽,而應積極擇用賢人也正是晏子的主張。這一思想與其說是晏子特有的,不如說是齊國多年的傳統。擇用居於齊國的賢者這一傳統,曾典型地表現於管仲身上。把弓箭射向桓公而應被判爲反亂者的管仲,因爲有才能,而被擢拔爲桓公宰相。而就在相鄰的魯國,孟孫、仲孫、季孫所謂三桓,獨攬政治大權,賢人孔子因爲不屬於任何門閥而沒有機會被擇用進入朝廷,因此,不得不專心致力於弟子的教育。好不容易被擇用,可以發揮其罕見的才能時,結果還是受阻於三桓未能成就其大志。

兩者不是非常鮮明的對比嗎?後來,人們往往以齊爲"尊賢上功",而魯爲"親親尊尊",以此說法將兩者加以對比。這也最有力地證明了兩者之間的差異。

以上是《晏子春秋》中主要的政治思想,但從中可以看出晏子與管子最大的差異,就在於晏子沒有管子那樣的野心,沒有研究如何可以富國強兵稱霸天下。

的確,景公也曾想模仿桓公成爲天下霸者,卻被晏子諫阻。① 當然,景公亦非可成就霸業的君王,但從書中內容可以看出晏子從一開始就沒有稱霸的野心。

將晏子作爲與管仲完全成對照的人物來描寫,這也許是後世齊人有意的操作。有意使如此有才能而性格截然相反的兩位宰相並立,使我們能夠察覺到其目的在於將齊國政治思想史上的雙璧傳於後世。因此,在《晏子春秋》中,雖然孔子、墨子都出現了,但並沒被賦予重要的意義。始終只是强調晏子本人的政治思想。不如説孔子、墨子只是充當了襯托晏子的偉大政治思想的角色。《晏子春秋》可以説闡述了儒家和墨家都無可比擬的高明的政治思想。

---

① 請參照《内篇問上》第七"景公問晏子曰:昔吾先君桓公,有管仲夷吾保乂齊國,能遂武功而立文德,糾合兄弟,撫存翌州,吴越受令,荆楚惛憂,莫不賓服,勤于周室,天子加德。先君昭功,管子之力也。今寡人亦欲存齊國之政于夫子,夫子以佐佑寡人,彰先君之功烈,而繼管子之業。晏子對曰:昔吾先君桓公,能任用賢,國有什伍,治徧細民,貴不凌貧,富不傲貧,功不遺罷,佞不吐愚,舉事不私,聽獄不阿,内妾無羨食,外臣無羨禄,鱞寡無飢色,不以飲食之辟害民之財,不以宫室之侈勞人之力;節取于民,而普施之,府無藏,倉無粟,上無驕行,下無諂德。是以管子能以齊國免于難,而以吾先君參乎天子。今君欲彰先君之功烈,而繼管子之業,則無以多辟傷百姓,無以嗜欲玩好怨諸侯,臣孰敢不承善盡力,以順君意? 今君疏遠賢人,而任讒諛;使民若不勝,藉斂若不得;厚取于民,而薄其施,多求于諸侯,而輕其禮;府藏朽蠹,而禮悖于諸侯,菽粟藏深,而怨積于百姓;君臣交惡,而政刑無常;臣恐國之危失,而公不得享也。又惡能彰先君之功烈而繼管子之業乎",以及《問下》第三"景公問晏子曰:昔吾先君桓公,從車三百乘,九合諸侯,一匡天下。今吾從車千乘,可以逮先君桓公之後乎? 晏子對曰:桓公從車三百乘,九合諸侯,一匡天下者,左有鮑叔,右有仲父。今君左爲倡,右爲優,讒人在前,諛人在後,又焉可逮桓公之後者乎"。

結語、《晏子春秋》——晏子學派的宰相論

孟子來齊國時,曾與公孫丑就政治問題作了如下對話:

> 公孫丑問曰:夫子當路於齊,管仲晏子之功,可復許乎?孟子曰:子誠齊人也。知管仲晏子而已矣。(《孟子·公孫丑上》)

孟子之時,齊國政權已從姜姓轉移到田姓手中。當時的齊王是宣王,距管子去世已近三百年,距晏子去世兩百年,卻可以看出曾輔佐姜姓君王的宰相管子和晏子的名聲依然非同一般,在齊國內,兩者似乎已被理想化傳說化。對於齊國的人們來說,實現理想政治,不必與堯舜相比,他們期待着如管仲晏子這樣的後繼者的出現,再次營造出理想的盛世。那麽可以肯定,《管子》和《晏子春秋》是在這樣的時代裏應運而生的,而不是僅僅爲紀念歷史中的偉人纔收集各種傳承資料彙編成册的。這兩本著作應該與所謂的小説之類是截然不同的。還應看到其中所描繪的理想政治的模式,理想宰相的典型,因而其不可能與政治思想没有關係。

儘管如此,其中與莊公、景公的問答以及與越王、晉賢臣叔向的對話的記録如此詳細,令人不能不驚歎。由此可以認爲《晏子春秋》的原本,應該是晏子身邊能够毫無遺漏地聽到這些對話的人所作的記録,或是以記憶爲其底本雛形。後來,隨着晏子被奉爲傳説中的人物,其内容也不斷地被加工潤色。但肯定不全是虛構。今天我們所見到的《晏子春秋》的骨骼的形成,最早也應該是田氏篡奪了齊國大權之後的事。因爲《晏子春秋》中對晏子所輔佐的三位姜姓君王的無道荒唐、平庸無能的批判,和對晏子的高度評價成爲極好對照,以至顯得他們面目可憎,甚至有預言田氏終將取而代

之,君臨齊國之處。正是這個預言,可以看作是這部著作成書於田齊之後的明確證據。因爲就算是深受景公信任的晏子,也很難想象會被允許大肆宣揚自己奉職的公室將要滅亡。

這樣一來,可以認爲本書與所謂管仲學派的人們著述的《管子》,無太大時間差異。齊國成爲田齊之後,就在威王(前356—前320年在位)、宣王(前319—前301年在位)、湣王(前300—前284年在位)時代的第二個黃金時代期間,在齊國國都,由各地聚集而來的思想家們相互展開論戰,這同時也促進了不同學派思想的融合,迎來了所謂稷下學最繁盛的時代。通過對其思想傾向的考察,認爲《晏子春秋》就是産生於這個時代背景之中的觀點,應該説是最妥當的。

致命的缺陷
——墨家"空泛"人性論的背後

序

　　戰國諸子百家之一的墨家主張"兼愛"和"非攻"。在古代中國,尤其是弱肉強食的戰國時代裏,這無疑是提出了一個燦然醒目的偉大口號。這是來自於其旨在以博愛精神建設一個和平社會的思想。而且作爲人類共同的理想,它超越了兩千餘年的時空,至今閃爍着不朽的光輝。

　　遺憾的是:墨家所標榜的理想,不僅沒有實現,而且其思想本身不久就產生了質變,並一蹶不振,最後終於從歷史舞臺上消失。在其剛剛提出自己的理想之後便告湮滅。畢竟,其提倡的理想社會歸根到底不過是畫餅充飢而已。

　　如果歷史事實也確實如此的話,那麼就有必要探討一下,什麼原因使墨家剛剛滿足於畫餅的理想的提出,便退出了歷史舞臺呢?

　　現存的《墨子》,作爲中國古典經典,其中除了提出與儒家思想對立的"兼愛"這一基本的政治理念之外,還提出了"墨辯",即論辯應在各種概念定義的嚴密性之上來展開這一邏輯學問題,以及以"非攻"的角度來研究的《備城門》篇等工學思想——將所謂專爲防守論應用於實際戰爭的學說。墨家思想在戰國諸子百家思想中，以其擁有的多樣性而別具一格。其中以兼愛説和非攻論爲主的所謂墨子十論，是墨子思想的核心這一點應是不易之論。

其實，無論政治思想以何種政治體制爲目標，或如何實現其目標，都必然關涉如何看待人性的問題。即任何理念在以政治爲主體的同時，又都是關於客體的人的問題①。

例如，在談及孟子、荀子、韓非子等的政治思想時，一般都要將他們的人性論一併論述。孟子的理想主義要素濃厚的"仁義王道論"與其"性善論"互爲表裏；荀子將統一天下納入視野的"富國論"、"禮法論"與其"性惡説"不無關係；韓非子的法家思想，尤其是表現了作爲其思想特徵的"形名參同思想"，也是與其繼承了荀子的"性惡説"有關係的。然而，墨子的情況是：人們即使注意到了其政治思想，卻很少與其人性論聯繫起來加以考慮。這大概是因爲《墨子》篇章裏幾乎看不到其有關人性的看法。

本文在深知缺乏足夠的史料這一困難的前提下，對這個問題試作粗淺的探討。可以説：墨家沒有成熟的人性論是使其思想缺乏現實性，進而使其本身的存在不得長久的原因之一。

筆者在此前的論述中，曾對墨家思想急劇衰退的原因作過考察，得到的結論大致如下：

> 墨家無論何時都只是追求一種普遍性——作爲其理論必然得到的一個結論。墨子認爲人是應該面向一種普遍性而生存的；所謂理想，其本身必須具有普遍意義的。那麼爲這一理想的實現，人就要傾注其全部的理性、情感和意志。人是爲實現其理想而生，所以有礙理想實現的人情部分就必須以意志

---

① "人性論"即可以換言爲"人性觀"，也可以用當時的概念説成"性説"。

的力量來排除。這種也可稱爲獨善思想的理論。即使在一開始曾受到廣泛的認可,但其結局必然是不久就被人們所厭棄。因爲"人們"並不是何時都只朝向理想而邁進的。再者,"利於萬民"的事情實際也不可能存在。現實的情況是人們都是在爲一點點利益而爭鬭不休。因此也纔稱之爲利益,即有利與不利是相即同在的。説到底,墨家所根本缺乏的是對人性的深刻洞察。其實這應該是議論"興天下之利而除害"的前提即人性論的問題。

然而,是否可以説正因爲這一不足,使追求普遍意義的努力,剛似有所收穫,便與時代大潮的實際情況相脱離,成爲偏執一面的特異思想而被人們所厭棄,結果被冷落在中國思想史的一隅。

上文中雖然説到墨家無疑是缺乏對於人類本性的洞察,但也不是説其完全没有自己的人性論。因爲没有對於人類本身的洞察的話,就無法談及任何人類社會的理想。當然也無法談及人類社會的現實①。

一、人、天、鬼

也有人説墨子是工人集團的領袖,證明其推測的是因爲在《法儀》篇第四中,曾談到如同工人工作時必不可少規矩、準繩之類的

---

① 今天,這種可稱爲"傳統的人性論",已經作爲"人類的本性"這一進化心理學的課題,從不同的角度引起了人們的注意。因爲人類的本性纔是所有立足現實進行決策時必須考慮的基礎理論。請參照 Steven Pinker 著《關於人類本性的思考(上中下)》(NHKブックス,2004 年。原題《THE BLANK SLATE》)。該書作者認爲:迄今爲止有相當影響力的"BLANK SLATE"之説是錯誤的。人類無論是整體還是個人都有"與生俱來"的屬性。

工具一樣,治國是需要治國之具體法儀的。但其中又說到即便是這樣,"父母、妻、君"三者是"莫可以爲治法"的。那麼以何爲"法儀"呢,墨子的結論是"天",其理由是只有"天"纔是無私欲的。

例如:

> 天必欲人之相愛相利。
> 天欲人相愛相利而不欲相惡相賊也。

這樣的話也說明了其觀點。

另外,《天志上》篇第二十六中的"天欲義而惡不義……我爲天之所欲"也可作同樣解釋。

這樣一來,"天意"是合乎"公義"的,而"人欲"只合於"私利",是"不義"的。那麼,人應服從於"天意"的思想,反過來說就是"人不可以服從私欲"。

毋庸贅言,墨子是追求具有普遍意義的理想社會的思想家之一。故此,他力圖論證自己的思想是具有普遍性的真理。然而,其普遍意義的實踐,即爲實現理想社會而采取的行爲,不也是靠"人"來實行的嗎?墨子爲了保證自己思想的正當性、普遍性,排斥"人",而屢屢利用被人崇拜的超現實的"天",或是祖先信仰這一環,即鬼神信仰。事物的"義"與"不義"由天定,人只要按天之所欲而行動就行了。在此,顯而易見,對於人類原本是否是能夠承擔天意,來實踐這種具有普遍意義的行爲的主體這一問題,墨子則完全沒有加以考慮。我們不得不說:在這一點上,墨家怠慢了對人類本性的分析和洞察,而正是這種怠慢的結果,使其思想中缺少了現實性。

在《天志》篇中,墨家不是以人爲決定善惡利害的基準,卻以作爲超人的絕對存在的天爲基準。這也意味着其輕率地無視了人的存在。其實,所謂聽取天意宣布天意的,歸根到底只能是某人的特定意志。那麼將某特定人物的意志宣布爲天意時，這裏就已有潛藏欺騙的可能性了。

又例如：

> 天下有義則生，無義則死。有義則富，無義則貧。有義則治，無義則亂。然則天欲其生而惡其死，欲其富而惡其貧，欲其治而惡其亂。此我所以知天欲義而惡不義也。(《天志上》)

我們知道天下是不可能充滿"生、富、治"的，相反，苦於"死、貧、亂"纔是人世的現實。這種現實用墨子的話來說，是没有充分實現天意，是現實世界存在不義的證據。

墨家通過攻擊"不義"而強調"正義"常在自己一方，而保證墨家"正義"的即是"天意"，那麼反對墨家的人同時也就要作爲逆天道者被嚴厲問罪。

《天志上》篇中亦有"順天之意者，義之法也"一句。看上去此句似乎毫無問題，但如果將其置於現實社會中考慮的話，那麼何爲天意呢？何種行動纔順和天意呢？其實在將"順天之意"斷言爲"義之法"時，它就已成爲毫無反省修正餘地的觀念了。因爲除此之外的一切選擇都是脱離"義之法"的，即"違背天意"的。對於將自己的"正義"與"天意"聯繫在一起，以保證自己的主張的絕對性的墨家來說，其他任何思想都只能是劣於自己的、敵對的思想，與儒家思想也必然是針鋒相對的了。

二、欲望論

我們知道荀子在論述"人性本惡"的時候，是以人生而有利己之心爲理由的。就是説他是着眼於人的欲望而對人性作了分析。

姑且不談人性之善惡與否。人生來就有各種欲望，這是無法否認的事實,因此,關於人性的議論的核心必然要有欲望論。那麼墨家對於這個核心是如何把握的呢？本小節將對這個問題進行剖析。

正如我們所了解的那樣,墨家不認爲"義"與"利"是相矛盾的。他們認爲利於他人決不會以自己的利益爲犧牲,並試圖調和"義"與"利"的關係。這一點是與儒家認爲義利是相矛盾的觀點相對立的。兩者相較可知,在墨家看來似乎對公利的追求要容易得多;儒家將"義"與"利"作爲一對矛盾,是因爲其看到追求利益是與人生而有之的欲望深深相關的,而義是不能不與這種利己的欲望相矛盾的①。

墨家用以調節"義"與"利"的理論是：抑制自己的欲望來滿足他人的欲望,就會喚起他人的共感,其結果也就從他人那裏,獲得了愛護。進一步說,也就是通過他人來滿足私利的一個迂回的過程。那麼,如果施利與人而不見回報呢？繼續其利他行爲而最後自己可能還是以不得利益而告終。

利己,毋庸贅言其動機的根本是欲望。欲望是無止境的,這種欲望如上所述是利己的欲望。那麼,即便是其利益擴大而兼及他人,充其量也不過是在以自我爲中心擴大的同心圓上,使家國沾光受益而已。因此,墨子所提出的"兼愛交利"的口號,只能說是無視人類的無止境的私欲而提出的。我們說墨子缺乏對人性的觀察,也就是指其對於人的欲望没有充分的思索。這一點與下面將要談道的墨家對於克己之心的強調是直接相關的。在墨家看來,利己的欲望是必須克制,而且是可以克制的。例如,篇首的《親士》中,有如下一段,強調克己之心的内容：

---

① 孟子對"仁内義外"説持批判態度,認爲"仁""義"都是由内心發揚出來的。在此對這個問題不作探討。

吾聞之，曰：非無安居也，我無安心也。非無足材也，我無足心也。

就是說要去掉貪欲之心，需持有知足之心。

另外，又說到"君子進不敗其志，內究其情"，強調要堅持初心並貫徹始終，且要反省私欲，排除私心，始終向理想的實現努力。

同樣，"君子自難而易彼，衆人自易而難彼"這一條，也不外乎是說，衆人易流於安逸，而君子善於克制，強調君子首先要克制私心。

再同樣，"是故爲其所難者，必得其所欲焉。未聞爲其所欲，而免其所惡者也"一條，也就是說敢於知難而進纔能成功。若隨心所欲，終將失義背德。這也是強調克己之心。

由此可見，在《親士》篇中仍是否定追求私利，要求克己之心。《修身》中也是同樣。例如"君子力事日彊，願欲日逾"，也是強調君子的價值在於不爲私欲而動，每日要勤勉不息。所謂修身首先是要有克制私欲的涵養。

"思利尋焉，忘名忽焉，可以爲士於天下者，未嘗有也。"就是說，心懷私欲而不顧名聲的人是不能成爲天下名士的。在這裏墨子提倡的還是徹底排除私利和欲望。換言之就是禁欲無私。那麽作爲人，自然具有的欲望是完全被否定的。

墨家爲什麽會認爲這種可以說與生俱來的欲望私心可以通過修身加以克服呢？其答案在下面《所染》中可以看到。

該篇開頭便提到"子墨子言，見染絲者而歎曰：染於蒼則蒼，染於黃則黃。所入者變，其色亦變。五入必而已則爲五色矣。故染不可不慎也"。

這是"交朱則赤"的諺語的來源。這個命題是說人的性質是由後天的環境來決定的。用《所染》篇中的話來說，就是人之善惡取決於其所處的環境"當"與"不當"。可以理解爲：無論善惡，人是受外界刺激和環境影響而形成人性的。本篇中雖全然不見"性""情"之類的詞語，但可以從人性論的角度，將其思想劃爲"性無善惡"論①。

那麼下面我們再來探討一下墨家是如何看待人的性情的。

三、性情觀

在《辭過》中有如下一段話：

> 古之民，未知爲衣服時，衣皮帶茭。冬則不輕而溫，夏則不輕而凊。聖王以爲不中人之情。故作誨婦人，治絲麻，捆布絹，以爲民衣。

這是説人因爲生來就要求冬暖夏涼，故聖王便教誨女人製作衣服以適"人情"。如果是這樣的話，照下面墨家的思想來看，則不能稱之爲人情，而一定要作爲一種浪費加以否定了。

> ……女工作文采，男工作刻鏤，以爲身服。此非云益煖之情也。單財勞力，畢歸之於無用。

這裏的所謂"煖之情"應該理解爲討厭過度的寒暖。渴望舒適的環境這一人的自然屬性吧，也就是與"性情"的含義是相通的。因此，這種要求冬暖夏涼之類的極樸素的，幾乎是生物的自然屬性，與社會生活中的是非善惡，或與人際交往中産生的種種感情是毫無關係的，這裏並非是分析人類的社會屬性，論述其道德判斷能力有無的依據。另外，

---

① 《所染》中"行理性於染當"這一句可以看作"本性"的用例。根據孫詒讓的見解來看，此處並非指人性，而應該解釋爲"生"。

聖人有傳。天地也則曰上下，四時也則曰陰陽，人情也則曰男女，禽獸也則曰牝牡雌雄也。真天壤之情。雖有先王，不能更也。

這一段内容，是説天地有上下，四時有陰陽，人情分男女，動物分雌雄，這實在是自然之道，即便是先王也不能更改的。如上文所述，人分男女是"天地之情"，是没有任何外力使然的"天然之情"，因此，這裏所説的"人情"也就是專指男女相愛，换言之即性欲的意思。這樣一來，不妨説墨家作爲人的欲望能够容忍的唯有"性欲"而已。同理，在本篇中幾乎没有論述人的喜怒哀樂與這一欲望的關係的問題。不過，在這裏雖然是極少的内容，（根據其主張統治者的節儉是合於人情而豪奢是有害人情的論述）仍然可以看出墨家試圖以人情爲基礎來闡發其政治主張之一的節用論。然而，其節用論是要排除一切裝飾，只追求其實用性，即以"排除文飾，唯質唯用"爲當然的前提的節用論，能否作爲真正合乎人的性情的理論加以肯定呢？

只能説他不過是在關涉人與生俱來的欲望時，提出了一個可以幫助他自圓其説的便利的主張而已。

另一方面，在《三辨》中，可以看到别的學派對墨家性情論提出的批判，即"今夫子曰：聖王不爲樂，此譬之猶馬駕而不税，弓張而不弛，無乃非有血氣者之所不能至邪"。對墨家提出疑問，認爲墨家的非樂論，與只讓馬奔跑而不讓其休息，弓只有張没有弛一樣。作爲血肉之軀的人恐怕很難做到。另外，僅僅將音樂作爲解除疲勞的休養手段，否定其娱樂效用的墨家，是否是將本來不可能的事情强加於人呢？墨家的非樂論的根據是因爲音樂與奢侈相通，所以要加以排斥。針對墨家的這種主張，有人指出：音樂未必是奢侈，從王公到庶民各自享受與其身份相符的音樂未嘗不可。可以推論，墨家所説的"聖王無樂"應是違反事實的。對此墨家的辯解是：聖王的音樂不是爲享樂而有的音樂，而是如同飢則求食一樣，以很少的音樂解除疲勞，所以與其説"有樂"，不如説"無樂"。這不過是將理論的辯論偷换成了語言表述問題的一種曲解。以反對非樂論人們來看，這種詭辯是終難接受的，即使是墨家自身，如果以其性情論來看的話，非樂論亦不成立，顯然這是非樂論的破綻。這一點與墨家在與義戰論者的争論中無法堅持非攻論，便以"誅"的説法來偷换概念是相同的。

《耕柱》中，墨子與巫馬子的問答引人注目。兩人的問答中有關兼愛的内容有兩則，有關鬼神的兩則，有關尚古的一則①。在此我們來看看巫馬子對兼愛説的批判。

> 巫馬子謂子墨子曰：我與子異。我不能兼愛。我愛鄒人於越人，愛魯人於鄒人，我愛鄉人於魯人，愛我家人於鄉人，愛我親於我家人，愛我身於吾親。以爲近我也。擊我則疾，擊彼則不疾於我。……

巫馬子批判墨子兼愛説的根據，一言以蔽之，那就是"人是不能兼愛的"。對於人來説，愛是以自我爲中心，然後擴大到父母、骨肉、鄉里、祖國乃至他國這樣的同心圓，是有親疏遠近之差别的，即只能是"有區别的愛"。另外，"自己無法代替他人承受痛苦"也是其依據之一。

對此，墨子當然要加以反駁。其要點是：同意巫馬子之説的人，因爲其要捐人利己，所以巫馬子本人勢必也成爲被害者。另外，反對巫馬子之説的人，因爲巫馬子論調大逆不道，也可能想殺

---

① 關於巫馬子，或許是《史記》孔子弟子列傳中的巫馬期，或其子孫。總之，有"子"的敬稱，可見是一個人物。

掉巫馬子。總之,墨子所強調的是:無論贊成或反對巫馬子的意見,對巫馬子本人來說其觀點都是很危險的。這顯然是一種詭辯。因爲不爲他人謀利未必直接危害自己。兩者的對立之處不外乎一點:主張兼愛的墨子提出要"興天下之利而除害",故要克服愛的差別意識以達到兼愛。對此,巫馬子認爲:即便這一目的是善意的,但是要人克服感情上的差別是根本不可能的。

另外一則有關兼愛的對話也是同樣的。巫馬子對墨子說:

> 子兼愛天下,未云利也。我不愛天下,未云賊也。功皆未至。子何獨自是而非我哉?

你兼愛天下尚無其利,我不愛天下也未見其害,你我皆未見結果。你怎麼能自以爲是而批判我爲非呢?這是揶揄諷刺墨子之説根本不能通行天下。大概巫馬子認爲"愛天下"之説原本就是畫餅充飢而已吧。巫馬子雖未提出性情論,但其主張無疑是由此而發的。而墨子認爲人性中的這一特質是理所當然地應加以克服的。但是,如果這種愛的差別是來自人的本性的話,那麼想克服它而達到兼愛,就像巫馬子所説的那樣,是"不可能"的。在此,墨子已受到儒家致命的批判。

接下來的《貴義》中,還有如下一段:

> 子墨子曰:必去六辟。……必去喜去怒去樂去悲去愛而用仁義,手足口鼻耳,從事於義,必爲聖人。

墨子認爲爲實行仁義,必要去除六項邪惡,即喜怒樂悲愛①。這等於說如果不先去除人類自然的感情和心理的活動則不能實行仁義。這種事情究竟可能嗎?我們很容易看到,墨子的理想總是在

---

① 俞樾在五項中增一個"惡",説成"六辟",應該給予尊重。

對人類本性毫無反省的情況下提出的。

結語

綜上所述,墨子的人性論是極淺薄的這一點毫無疑問。衆所周知,早在《莊子·天下》中就有如下的批判:

> 今墨子獨生不歌,死不服,桐棺三寸而無槨,以爲法式,以此教人,恐不愛人。以此自行,固不愛己。……雖然,歌而非歌,哭而非哭,樂而非樂,是果類乎。……使人憂,使人悲,其行難爲也。……墨子雖獨能任,奈天下何……
> 以自苦爲極曰:不能如此,非禹之道也,不足謂墨。

另外,津田左右吉氏也指出:

> 可以作出推論:墨子的兼愛說中最多的是空泛的抽象論,缺乏實踐的可能。如"夫愛人者人必從而愛之,利人者人必從而利之",《兼愛》篇中,那種以自身對他人的愛心感化他人,使他人愛自己的想法的確有,但是也有相反的事實。從實際情況來看,墨子的想法過於樂觀。(《道家の思想とその展開》第三編第五章《墨家の思想》)

津田氏還指出作爲現實問題,兼愛說和節用說都過於高調,遠離現實,故而不爲政治家所理睬。墨子一派中,出現過自耕自足的人,或許正是因爲節用主義不能在社會上被廣爲接受,所以只好在自己的生活中加以實現,並試圖通過個人的實例,推廣至社會。這就是說墨子的思想沒有現實性。如果勉爲其難則只能在個人的範圍内實踐,作爲一種思想,其推廣以及對社會的影響必然是有限的。

另外，渡邊卓氏也曾提出：

> 對於人類普遍的一些問題，墨家沒有像儒、道、法家那樣去作周到的省察，而是停滯在樸素的天人合一論上。以主觀努力萬能的思想對待萬事……對於與人的情操涵養有着微妙關係的音樂、葬儀等問題，用一種粗糙教條的理論極草率地處理……這種無視人性的作法，促使其理論迅速瓦解。（《古代中國思想の研究》第二編第一章《結言》）

可以説墨家只注重現實政治的論辯，對於人性這一根本性問題卻幾乎毫不關心。而且，在爭論中，對關於其沒有充分理解人性的批判，墨家只是以詭辯加以反駁，沒有將這種批判在内部消化以促進自身思想的深化。實際上毋庸贅言，政治是以人治人的行爲，歸根結底，如果缺乏對人的正確理解，那麽其思想無論多麽美好，終究沒有實際效果，勢必成爲畫餅充飢的思想，不久就會被世人遺忘。

性善非簡單

——最早的人權思想家孟子

序

迄今爲止,那些孟子思想的批判者認爲:孟子的思想過於理想主義,缺乏客觀性,是自以爲是的主觀主義的産物。的確,將荀子的性惡説與孟子的性善説相比較,抑或讀《孟子·告子》中孟子與告子的問答,都難免會得出這樣的印象:荀子、告子的理論在條理性上更爲通暢,孟子的理論則明顯缺乏説服力,所以被貶斥爲詭辯家也屬事出有因。

然而,孟子爲了實現其理想中的仁義而力排衆議地勇往直前。孟子的這種激情給予讀者以極大的震撼,並産生了頗多的成語故事。即便是在日本,以《孟子》爲典故的故事成語亦不勝枚舉。總之,在種種的褒貶聲中,《孟子》作爲四書之一,最終在儒學史上占有了重要的地位,這是任何人都無法否認的嚴肅的事實。

今天,重讀《孟子》全篇,可以發現其與現代"人權"的共通思想隨處可見。我認爲,孟子是世界上最早發現"人的尊嚴",並大聲疾呼人權思想的第一位思想家。

衆所周知,孟子是民本主義者,這大概是没有任何異議的。但是,如果僅限於民本主義思想而言,那麼源於齊桓公的宰相管仲的《管子》,景公的宰相晏嬰的《晏子》,甚至還可以遠溯到《史記》《漢書》中與齊國的建國功臣太公望呂尚有關的記述等,也都可以發現相同的思想傾向。因此,從中國古代的民本思想的範圍來看的話,孟子並非占有特別顯著的地位。但是,進一步分析孟子的思想就會感覺到,其民本主義思想與管子、晏子又有着不同的一面。這源於他的性善説。而其性善説正是與現代理念相通的"人的尊嚴"的理論,我想,這不也就是現代的人權思想嗎?

當然,"人的尊嚴""人權"等概念,是現代的產物,是起源於近代歐洲的,中國古代沒有這樣的概念,這是毋庸置疑的。的確,若以人們到目前爲止的理解來看,如果説孟子所主張的並非是君權,而是民權的話,尚可勉强接受。但如果説孟子提倡的是人權的話,則令人感到有些唐突,難免招致牽强附會之譏。因爲孟子對建立在嚴格的階級制度上的禮樂體系是贊成的,他並未否定當時以君主爲頂點,卿大夫士爲輔佐而君臨於廣大民衆之上的政治體系。

正如人們所周知的,作爲人性論的性善説,以及作爲其政治思想的仁義王道論、民本説、革命説是孟子思想的特徵。本稿將以既有的對孟子的理解爲綫索,通過現代的"人權"、"人的尊嚴"等理念,對孟子的人性論和政治思想進行再評價。

金谷治先生曾這樣闡述道:"在'作爲人的意識'的確立上,孔子的思想具有劃時代的意義。"[《中國的人性論》第二節《人性的覺醒》,《金谷治論集(中卷)》269頁(平川出版社,1977年)]他同時還與近代思想相比較,指出其局限性,即"將人類本身的存在抽象出來,與人類以外的自然相對峙來考慮,並且意識到作爲個人的基本尊嚴性。這種近代以後的人性論在中國的歷史上是難以找到的"。但是,正如本文將詳細闡述的那樣,在中國思想史上,孟子在對人類自身的思索過程中,儘管尚不完善,但是畢竟他已經意識到了

"人的尊嚴"的問題,顯然,孟子是一個獨樹一幟的思想家①。

一、孟子的人性觀——既善且良的人類

最好地表述了孟子性善説的是所謂"四端"之説。即:

> 孟子曰:人皆有不忍之心。……無惻隱之心,非人也。無羞惡之心,非人也。無辭讓之心,非人也。無是非之心,非人也。惻隱之心,仁之端也。羞惡之心,義之端也。辭讓之心,禮之端也。是非之心,智之端也。人之有是四端也,猶其有四體也。……(《公孫丑上》)②

在這裏,孟子鮮明地提出:人所具有的道德價值,是先天所賦予的,而並非是通過後天的學習修養獲得的。生而為人的,無一例外都是具有固有道德價值的。他毫無保留地認為:人,只因其為人,就有其道德價值。這著實是令人震驚之説。在戰國時代,能創立這樣的學説,實在令人耳目生疑,也難以想象一時間能有贊同者。

即便是孟子極為尊敬的孔子,能如此自堅其信,從價值意義上來把握人的存在嗎?不能。因為倘若依照孟子的説法,非但舜、堯以及孔子,就連那些無名的庶民,甚至惡人,也都必須承認他們具有作為人的道德價值。

因此,可以説這種性善説,雖然繼承了孔子的思想,但更多地

---

① 總之,東方的哲學思想未把人和自然對立起來看,認為人不過是自然的一部分。人類至上主義、以人類為中心的思想並不為東方哲學所取。但是,儒家較之道家思想,則更為明確地標榜以人為中心的思想主張。
② 《盡心上》篇中有"人皆有所不忍,達之於其所忍,仁也。人皆有所不為,達之於其所為,義也。人能充無欲害人之心,而仁不可勝用也。人能充無穿窬之心,而義不可勝用也"一節,與此處的闡述大致相同。

則是出自孟子自身的信念。孟子本人試圖以落井孩子爲比喻,來證明自己的說法正確,但以不完全而告終。實際上,人的本性原本是不能從道德價值這一側面來客觀地證明的。儘管如此,孟子還是把自己提倡的性善說視爲客觀真理,執着地堅持到底。

孟子還這樣說:"人之所不學而能者,其良能也。所不慮而知者,其良知也。孩提之童,無不知愛其親也。及其長也,無不知敬其兄也。親親,仁也。敬長,義也。無他,達之天下也。"(《盡心上》)

這就是所謂的"良知良能"說。作爲人,都先天具有卓越的智能。孟子的這一思想,在肯定人都無前提無條件地有生而爲人的道德價值這一點上,與前面的"四端"說是相同的。那麼,這種人性觀是依據怎樣的思想推導出來的呢?我們似乎可以從下面的話裏窺其一斑:"盡其心者,知其性也。知其性,則知天矣。存其心,養其性,所以事天也。……"(《盡心上》)即人的道德價值天生就有,既然天是充滿了尊嚴的存在,那麼與天相關聯的人的天性,當然也必定是有尊嚴的。正因爲如此,"人的内在皆被賦予了先天的道德價值"的這種思想,對於孟子來說並非是個可以客觀證明的命題,而只不過是其多年的思想經營所最終形成的人性觀。因此,爲了使其作爲真理而得到認同,孟子認爲只要能成爲全社會的共識即可。但這在當時的社會條件下是不可能的,所以孟子是孤獨的。

二、尊嚴
——人之所以爲人

那麼,我們來檢析一下一般意義上的所謂"人的尊嚴"會在哪些層面上被使用。首先是關於"人的尊嚴"的表述。(1)"根據約翰·邁斯納(Johanenes Messne)①的説法,這似乎是於三四世紀前後纔出現的……"(Jose Llompart②《人之尊嚴和國家之權力》59頁,成文堂,1990年)。(2)在……文藝復興時期,伯克·德拉·米蘭德拉(1463—1494)從肯定人的自由意識中,發現了人的尊嚴的依據之後,在其理論的基礎上,近代德國的哲學家康德,認爲具有意志自律能力的人性是有尊嚴的。他在《道德的形而上學的基礎奠定》(1785年)中闡述道:"人啊,你要這樣去行動,將存在於你的人格中,同時也存在於所有其他人的人格中的人性,無論何時都要同時作爲你的目的來使用,而絶不僅僅作爲手段來使用。"他主張不是將人作爲手段,而是應該將其作爲目的來對待。[上田浩《倫理學——人的自由和尊嚴》214頁(世界思想社,2004年)]一般認爲這一思想在歐洲,並且大概是從中世紀纔開始被提出,由近代哲學家康德第一次對其加以嚴密的定義。

　　這裏所謂的"具有意志自律能力的人"應該與《論語》中的"匹夫不可奪志也"是異曲同工吧。就是説,人無論是多麽卑賤,都有其獨立的意志,是他人不能隨意左右的,並且,此處的志與人的自尊心相通。

　　而尊嚴,用上文康德的語言來説,即是"具有意志自律能力的人性"。"意志的自律"其實就是指自己作自己的主人,因而支配自己的並非他人,而是其自身。換言之,也就是從他人的支配下解放出來,自己作自己的主人公,而只有這一事實得到他人的承認時,尊嚴纔得以維護。

　　如此一來,孟子與告子的"仁内義外"説的争論便能够在這一

————

① Johanenes Messner(1891—1984),德國的自然法學家、倫理學家。南山大學法學部教授山田秀氏著有《約翰·邁斯納的生涯和著作》一書。
② Jose Llompart,1930年生於西班牙。法哲學家、神父。日本上智大學法學部教授。

理論的延長綫上加以理解了。告子主張"食色,性也。仁,内也,非外也。義,外也,非内也"(《告子上》)。與其相反,孟子則反駁道:"何以謂仁内義外也?"(《告子上》)孟子認爲仁、義都存在於天性之内。可是,實際上他的論據是極欠説服力的①。此外,其弟子公都子在被孟季子問到同樣的問題時,也不能作出令人滿意的回答,於是便向孟子請教,當時孟子試圖用比喻加以説明,然而,仍然缺乏説服力②。儘管如此,孟子對此卻仍是深信不疑。

　　孟子認爲仁義是人類内在的先天的品性,與此相反,告子則認爲,即便仁是如此,義則是在社會的約束力下纔得以形成的。如果按孟子的學説,仁義兩者都是人自身先天所具有的品性的話,那麽在此前提下,與有無學問修養無關,人們都被先天賦予了道德價值,那麽任何人也就都應當受到尊重。即"仁義禮智,非由外爍我也。我固有之也"(《告子上》)。這種人性觀,明顯是與"人的尊嚴"意識相通的,並且充分地包含了與以"人的尊嚴"爲基點的基本人權概念相通的要素,這是毋庸置疑的。

　　孟子始終獨自堅持並倡導這種人性觀,然而卻無人接受。其原因就在於:如果容忍這樣的"人的尊嚴"論,必然就要容忍平等思想,容忍了平等思想,當然就會向民權發展,這很容易導致君權

---

　　① 告子曰:食色,性也。仁,内也,非外也。義,外也,非内也。孟子曰:何以謂仁内義外也。曰:彼長而我長之,非有長於我也。猶彼白而我白之,從其白於外也。故謂之外也。曰:異於白馬之白也,無以異於白人之白也。不識長馬之長也,無以異於長人之長與。且謂長者義乎,長之者義乎。曰:吾弟則愛之,秦人之弟則不愛也。是以我爲悦者也,故謂之内。長楚人之長,亦長吾之長。是以長爲悦者也,故謂之外也。曰:耆秦人之炙,無以異於耆吾炙。夫物則亦有然者也,然則耆炙亦有外與。

　　② 孟季子問公都子曰:何以謂義内也? 曰:行吾敬,故謂之内也。鄉人長於伯兄一歲,則誰敬? 曰:敬兄。酌則誰先? 曰:先酌鄉人。所敬在此,所長在彼。果在外,非由内也。公都子不能答,以告孟子。孟子曰:敬叔父乎? 敬弟乎? 彼將曰:敬叔父。曰:弟爲尸,則誰敬? 彼將曰:敬弟。子曰:惡在其敬叔父也? 彼將曰:在位故也。子亦曰:在位故也。庸敬在兄,斯須之敬在鄉人。季子聞之,曰:敬叔父則敬,敬弟則敬;果在外,非由内也。公都子曰:冬日則飲湯,夏日則飲水。然則飲食亦在外也!

抑制論。

此外，孟子還有多處關於"人的尊嚴"的論述，例如：

> 生，亦我所欲也。義，亦我所欲也。二者不可得兼，舍生而取義者也。生，亦我所欲，所欲有甚於生者，故不爲苟得也。死，亦我所惡，所惡有甚於死者，故患有所不辟也。如使人之所欲莫甚於生，則凡可以得生者，何不用也。使人之所惡莫甚於死者，則凡可以辟患者，何不爲也。由是則生而有不用也，由是則可以辟患而有不爲也。是故所欲有甚於生者，所惡有甚於死者。非獨賢者有是心也，人皆有之，賢者能勿喪耳。一簞食，一豆羹，得之則生，弗得則死，嘑爾而與之，行道之人弗受。蹴爾而與之，乞人不屑也。（《告子上》）

在這裏孟子認爲：人，無論是誰，都有比自己生命更爲寶貴的東西。爲什麽呢？這是因爲無論是誰，其心中都有作爲人的尊嚴，這一點並不僅限於賢者。即便是饑餓將死的人，也不會接受嗟來之食。這或許就是人們認爲接受這種施與是一種侮辱，無論何人都有其作爲人的驕傲和尊嚴。的確，尊嚴就是這樣的東西。

對此，宇野説："'人皆有之'。如果没有，人的社會生活就不會存在，人的尊嚴也正在於此。"（宇野《全釋漢文大系·孟子》379頁）儘管是简略的解説，但宇野能在此言及"人的尊嚴"的問題，這是很重要的。

荷塞·約巴爾特在下面的一段話中，雖然語言的表述不同，但與孟子關於生和義兩者必擇其一時，人會舍生取義的觀點卻是相同的。現將原文引用如下：

> 在人世間，沒有比"人的尊嚴"更珍貴的了。所以説，它具有最高的價值……"人的尊嚴"應該無條件地加以尊重。事實上，與其相對的"生命"卻不能無條件地加以珍重。……當被

> 强制去做良心不能接受的事情時,有相當多的人不惜犧牲自己的生命(例如殉教者)進行抗爭。這些人不僅不是無視"人的尊嚴",而恰恰是他們珍惜自己的良心和"人的尊嚴"甚於自己的生命。因此,從這簡單的事例就可以得出:儘管承認生命是珍貴的,但與最高的價值,即"人的尊嚴"是無法比擬的。……(《約翰·邁斯納的生涯和著作》242頁)①

因此,當孟子説到"仁人之心也,義人之路也"(《告子上》)時,並非是將此作爲客觀的科學真理來闡述的,不過是從理論上宣揚了人天生具有内在的道德價值這一觀點而已。至於没有稱其爲是的認同者是無可如何之事,而孟子也只能無奈地接受這一現實。

孟子又曰:"欲貴者,人之同心也。人人有貴於己者,弗思耳。"(《告子上》)認爲無論何人,其自身必有與生俱來的彌足珍惜之處。這種説法,也就是對"人的尊嚴"的宣言吧。他告訴人們:人首先必須對自我的尊嚴有所覺悟,其次就是必須思及他人的尊嚴。但是,現實却與願望相去甚遠。所以孟子曰:"食而弗愛,豕交之也。愛而不敬,獸畜之也。"(《盡心上》)無敬愛之心,無疑是將人類視爲禽獸。换言之,"人的尊嚴",只有在人們認識並接受了它的時候,纔真正具有其意義,否則的話,人就會很容易地失去與禽獸的差别。

---

① 除了此處,同樣的觀點還有《約翰·邁斯納的生涯和著作》243頁的"具有人格的人,依據情况不同,爲了更高的價值,有時甚至可以犧牲生物學意義的生命。因此,可以説,人類具有在動物身上看不見的,超越了生物學的生命的境界"、66頁的"歸根結底,對於不正當的要求,人的良心是無法認可的;有時甚至爲了他人也會犧牲自己的自由和生命。可以説:這種情况證明了單純的自由或生物學意義的生命對於人來説並不是最高的價值。總之,如果把'人的尊嚴'看作與道德律無關,那麽這個定義也就成了不具有規範内容的無意義的語言"。這些闡述反復强調了與此處相同的觀點。

三、康德的"人的尊嚴"

哲學家康德首先將"人的尊嚴"加以了嚴密的定義,這一點已在前面講過了,在此,我想把作爲其理論基礎的道德法則和孟子的"四端"說聯繫起來進行思考。

法學家高內壽夫,在《續·人權之說》這一論文中指出:

……康德說,"我心自有道德法則"。這就是後來人權思想形成的基礎,即"人的尊嚴性"。那麼,爲什麼康德把"我心自有道德法則"稱爲"尊嚴"呢?康德是這樣闡述的:"因此,只有道德性,而且是只有具備了道德性的人性纔有其尊嚴。"

這一點與孟子的"仁義的實現對於人來說,並非手段,而必須是目的"這一想法相一致,即:

仁,人心也;義,人路也。舍其路而弗由,放其心而不知求,哀哉!人有雞犬放,則知求之;有放心,而不知求。學問之道無他,求其放心而已矣。(《告子上》)

王亦曰仁義而已矣,何必曰利?(《梁惠王上》)

可以認爲,這些言論都是這一觀點的高聲宣言。

下面,我們再參照一下高內的觀點:

……"心自有道德法則"裏對尊嚴性的認識,與"我的頭上星光閃爍的天空"裏對尊嚴性的認識,又是怎樣的關係呢?"星光閃爍的天空"裏的尊嚴性,進一步思索的話,就是對宇宙的統一性、法則性所表達的敬意,可以說是對宇宙秩序的創造以及對其創造者所表達的一種尊敬之心吧。……換言之,所謂尊嚴的情感,歸根結底可以說就是對親自創造宇宙,並賦予了它一定的法則的存在,即創造者的敬畏之心①。……我們的道德性,即"内在良心的聲音"就是這種尊嚴的感覺,可以説是與對這個世界秩序的創造,或者説,是與對這個創造者的尊嚴相關聯的情感吧。

從這裏可以看出康德和孟子的共通性。孟子將尊嚴的依據求之於天。也就是説,人的品性是内在的天然,因此也就是具有尊嚴的真實存在。同樣,遵循天之法則的萬物,在這一意義上也都有其尊嚴。孟子認爲人並非是接受人爲加工所産生的人工製品,其自身從一開始就是内具道德價值的天成的存在,故此,人是有尊嚴的。孟子的"萬物皆備於我矣"(《盡心上》)不外乎强調了這一觀點。

四、"人的尊嚴"的發現
——禽獸和人的區別

孟子最傑出地繼承了孔子的思想。在儒家的人性觀中應該大書特書的,如:

> 厩焚,子退朝曰:傷人乎? 不問馬。(《論語·鄉黨》)
> 三軍可奪帥也。匹夫不可奪志也。(《論語·子罕》)

這就是强調了:人命較之於禽獸更爲重要。此外,人的内心世界,是不允許他人干涉的。可以説這是依據人的精神能力,無條件地認同其價值根源。這種觀點直接發展成爲孟子的將人類與犬馬根

---

① 荀子將"天"與"人"截然分離,因此没有這種想法。孟子明顯地有敬天的想法,所以通過他的這種崇拜"天"的意識可以加以説明。

本區別開來的思想①。存在於孟子的人性觀和人類認識論的根底的這種思想，用今天的話來説，就是對"人的尊嚴"的發現。本節將從這一視點出發進行闡明。

孟子將人具有不同於禽獸的價值的觀點作過如下議論：

> 人之所以異於禽獸者幾希，庶民去之，君子存之。（《離婁下》）

宇野説"認爲人與禽獸的差別僅是一點點，這種看法有些怪異，然而，僅就仁義的有無而論的話，也可以説是如此"［《全釋漢文大系・孟子》282 頁（集英社，1973 年）］。因爲孟子是從人類天生內具仁義這類道德價值的角度來闡述人獸之別的。

此外，從以下他與告子的對話中也可以看到這一觀點：

> 告子曰：生之謂性。孟子曰：生之謂性也，猶白之謂白與？曰：然。白羽之白也，猶白雪之白，白雪之白，猶白玉之白與？曰：然。然則犬之性猶牛之性，牛之性猶人之性與？（《告子上》）

從這一段對話中應該把握的並非是判定哪一方的説法在科學方面具有正確性，在理論方面更勝一籌。孟子與告子不同，他堅信人終歸是不能等同於禽獸的，而其理由就像我們已經論述過的那樣，是由他的人性本善這一信念所支撐的。再如：

> 雖存乎人者，豈無仁義之心哉。……人見其禽獸也，而以爲未嘗有才焉者，是豈人之情也哉。……（《告子上》）

孟子認爲：無論人采取了什麽極端的行爲，無論他是多麽邪惡與禽獸無異的惡人，其天性中原本也是有作爲人的仁義之心的。也

---

① 見與告子的問答。

就是説，無論多麽"不是人"的人，他畢竟還是人。孟子似乎在主張人不會失去與生俱來的"人的尊嚴"這樣的觀點。

然而，無法否認的嚴峻的事實是現實中確實存在與禽獸無異的人。孟子必須面對自己的思想和現實之間的巨大差距。對於這種情況，他留下了如下的論説：

> 有人於此，其待我以橫逆則君子必自反也：我必不仁也，必無禮也，此物奚宜至哉！其自反而仁矣，自反而有體矣，其橫逆由是也，君子必自反也：我必不忠。自反而忠矣，其橫逆由是也，君子曰：此亦妄人也已矣！如此，則與禽獸奚擇哉？於禽獸又何難焉？(《離婁下》)

儘管孟子對"橫逆"不已者抱以"與禽獸奚擇哉"的態度，但不應把這句話看成是其性善説的破綻，這分明是他對本應有別於禽獸，而其行爲卻無異於禽獸並不以爲恥的人的極大憤慨。就是説孟子認爲：姑且不論現象上如何，人原本都是與禽獸界限分明的。

緊接上述的論述，孟子又説：

> ……是故，君子有終身之憂，無一朝之患也。乃若所憂則有之。舜，人也，我亦人也；舜爲法於天下可傳於後世，我由未免爲鄉人也。(《離婁下》)

這是説雖然有與禽獸無異的人存在，而另一方面又有如堯舜那樣以聖人之譽而不朽的人。這意味着他在界定人獸之別的時候，並没有把人類本身劃分出高下。當然，這並不是説他主張消除等級差别，不過是説人在皆有善良天性這一點上是完全同等的。

然而，這並不妨礙它成爲一種劃時代的思想。荀子的性惡説則不然。荀子認爲：不斷加深學問修養者，可以克服自身的劣根性成爲君子。但是，不以君子爲榜樣、毫無進取之心、只是本能地任意妄爲者則與禽獸毫無差異。人是可以分爲兩大類的：一種是不修身積學養德，依本能而胡作非爲並很快就陷於邪惡的人；一種是認識到人性本惡，因此便注重克服，很快成爲善人的人①。後者能夠得到人們的尊重，而前者只會被厭惡被蔑視，所以也不值得國家保護。不僅如此，他們會成爲威脅和平社會、造成治安混亂的因素，應當嚴加取締。這種觀點引發出以下的主張，即：沒有受到過相應的學問修養方面教育的人，應該從人類社會中隔離、排除甚至抹殺掉。

從孟子以下的言論中也可以看到有關"人的尊嚴"的內容：

> 告子曰：性，猶杞柳也。義，猶桮棬也。以人性爲仁義，猶以杞柳爲桮棬。孟子曰：子能順杞柳之性而以爲桮棬乎？將戕賊杞柳而後以爲桮棬也？如將戕賊杞柳而以爲桮棬，則亦將戕賊人以爲仁義與？率天下之人而禍仁義者，必子之言夫。（《告子上》）

那麼究竟仁義是人的本性？抑或人的本性本來與仁義無關？這是無法作爲科學事實來進行證明的問題。孟子站在人之天性本有仁義這一前提上，主張應該將人作爲善的存在給予肯定②。

在此，讓我們再次參考一下高内的觀點。高内認爲：

---

① 參照《荀子·性惡》。
② 現在的基本的人權，也並非作爲科學事實得到了證明，這是一種人心所向的想法。如果說基本的人權是僅限於滿足一定條件的人纔能享受的話，也就等於說有"不值得給予人權"的人。那麼基本人權的說法本身也就不準確了，也就等於說對待"不值得給予人權"的人可以與對待禽獸一樣了。

……"人的尊嚴性"是對人權的根本,即"人"的一個看法,也就是人類觀。這種人類觀崩潰的話,人權思想也就同時崩潰了。如果這種人類觀不過是對可悲的人類的安慰而已的話,那麼,"人權"實在不過是建立在薄弱的基礎上的沙上樓閣。(高内壽夫《續・人權之說》,《白鷗法學》第19號,2002年)

孟子的政治理念仁義王道論也是以性善論爲基礎的,性善論不成立的話,自然仁義王道論也將無法成立。高内所說的"人的尊嚴性"和"人權"的關係,實際上是並行的關係。性善說毋庸贅言是以良知良能說和仁義内在說爲其内容的,因此也纔成爲易姓革命說、民本主義得以成立的思想依據,所以,性善說崩潰的話,這些學說也就同時失去了其意義。

五、孟子的"危險"性

歸根結底,孟子的性善說、仁義王道論,因其過於主觀而近乎空論,沒有戰國諸侯可利用之處,而且,也沒有人能理解其性善說具有的先進性。相反,他的學說被後來出現的荀子視爲謬誤,並從現實主義的角度,從理論上逐一地加以了駁斥。

甚至直到後世,無論是中國還是日本,事實上,對孟子思想嚴加批判的儒者未曾斷絕。其中應該注意的是:他們是在接受了作爲孟子思想基礎的性善說的同時,卻將由平等主義演繹而來的民衆的抵抗權,即革命思想部分從中割裂開來,並加以否定的。例如:

王曰:吾何以識其不才而舍之?曰:國君進賢,如不得已,將使卑踰尊,疏踰戚可不慎與?左右皆曰賢,未可也;諸大夫皆曰賢,未可也;國人皆曰賢,然後察之。見賢焉,然後用之。左右皆曰不可,勿聽;諸大夫皆曰不可,勿聽;國人皆曰不可,然後察之。見不可焉,然後去之。左右皆曰可殺,勿聽;諸大夫皆曰可殺,勿聽;國人皆曰可殺,然後察之。見可殺焉,然後殺之。故曰:"國人殺之也。"如此,然後可以爲民父母。(《梁惠王下》)

這是說國君在決定臣下進退之際,要事先聽取左右、諸大夫、國人等所有人的意見,然後纔能作判斷,也只有這樣纔能成爲民之父母。其宗旨在於排除親信政治,倡導重視民意的政治。對此,宇野一方面提出了有所保留的看法,認爲:孟子歸根結底還是主張判斷之權歸於君主一人,所以可以說這是他的局限所在;一方面又指出這是"可以稱之爲尊重民意的一種民主態度"(《全釋漢文大系·孟子》74頁)。因爲孟子的這種理論和主張,在國君進退的問題上也貫徹如一。在接下來與齊宣王的問答中他說道:

齊宣王問曰:湯放桀,武王伐紂,有諸?孟子對曰:於傳有之。曰:臣弑其君可乎?曰:賊仁者謂之賊,賊義者謂之殘。殘賊之人,謂之一夫。聞誅一夫紂矣,未聞弑君也。(《梁惠王下》)

這也就是承認對於喪失了仁義的君主,人民擁有放逐的正當權利,即人民的抵抗權。但是,認同這種反映民意的革命也只是對仁義王道論的一種反面解釋而已。它是孟子民本思想的一個要素。宇野說:"這是對先王的忠告。同樣的話,如果是說給人民聽的,他則降格爲煽動政治家了。"(《全釋漢文大系·孟子》75頁)換種說法,就是革命思想家。宇野接下來又說:

……而且《孟子》中還有一些與此處相同的過激言論，以至過去就有"携帶《孟子》乘船，船就會翻"的傳說(《五雜俎》)。江户時代的學者中，有人在講授《孟子》時，會把不穩妥之處用墨塗掉。(《全釋漢文大系・孟子》75頁)

　　的確，在孟子的民本思想裏，有認爲破壞既成秩序，驅逐君主也是不得已而爲之的内容，因此，站在維護現有體制立場上的學者及政治家，當然認爲這樣的思想是危險的。

　　現在的民主主義制度以不遵從民意的政治家在競選中落選爲原則，那麽孟子的思想根本無所謂"危險"可言，他不過是説出了"天經地義之理"。曾幾何時，在我們日本之所以也有過否定孟子的言論和行爲，其實恰好證明了《孟子》思想裏有其可能破壞當時的封建等級制度的"危險"的民主主義的一面。然而，正如我們從上述内容中已看到的那樣，這原本是孟子周密而自成體系的政治思想的一個組成部分，僅把此處割裂出來加以否定或抹殺，是不能真正理解孟子思想的。

　　下面，筆者將再度探討孟子的"危險"思想與現代相通的先進性。

　　前面提到的荷塞認爲："人的尊嚴是不可侵犯的。尊重並保護它是所有國家權力行使時應盡的義務。"這是波恩基本法中著名的一句。如果行使國家權力的人不僅不履行義務，反而侵害人的尊嚴以及建立於其上的權力[①]的話，那麽應該如何對待呢？由於這種行爲，使國家權力成爲不當的權力，隨之也就產生了抵抗的權力這一問題。這裏面還包括以下兩個難題：第一，誰能來判斷國家權力被不當使用？第二，就算這個判斷可能得出結論，但由誰如何

---

① 或許是"權利"的語誤。

地對此進行抵抗？這些就是問題的關鍵。(Jose Llompart《人的尊嚴和國家的權力》310頁)

這裏所説的抵抗的權力就是與上述孟子的認同革命相通的。而孟子認爲這種抵抗權的根據來自於天，所謂天命不過是民意的另種説法。以下這段話就是生動的説明：

> （萬章）曰：敢問：薦之於天而天受之，暴之於民而民受之，如何？曰：使之主祭而百神享之，是天受之，使之主事而事治，百姓安之，是民受之也。天與之，人與之。故曰：天子不能以天下與人。……《泰誓》曰："天視自我民視，天聽自我民聽。"此之謂也。（《萬章上》）

就是説堯舜的禪讓也並非堯因自己的意志而禪讓於舜，是民（即天意）使然。也就是：無論禪讓或廢黜都是順遂了民意而已。在當時，對民心和民衆力量給予如此肯定的思想家，唯有孟子。對於這一點，宇野説："認爲民心向背就是天意表現，根據民意察知天意的想法是非常接近民主主義思想的。不過，認爲民意本身並無意義，只有將其作爲天意的反映時纔有了意義，這正是天命思想的特色所在。"(《全釋漢文大系・孟子》326頁)我以爲完全正確。由此纔引發出了"民爲貴，社稷次之，君爲輕"(《盡心下》)這一衆所周知的名言。這是將民視爲社會根本的思想。如果對照上述引文來思考一下，可以認爲這就是公開宣稱民衆有選擇國家選擇君主的權利。的確，管子也具有同樣的民本主義思想，但没有如此徹底。而且，孟子之所以產生了這種思想，就在於他發現了"人的尊嚴"的問題。因而，緊接上節的"得乎丘民而爲天子"一語，毫不含糊地表明：天子之位要以民衆的支持爲前提。也就等於説：天子的正統性繫之於民衆的認可與否，與現在的民主主義制度下的選舉相同。

結語
——孟子的先進性

與先秦時代的其他思想家的人類觀相對照而言，很顯然，認爲牛馬、人類天性相同的告子之流的思想中是不會產生孟子這樣的思想的，莊子視萬物的價值爲同等的齊物思想也是同樣，至於荀子的性惡論更不必説。孟子性善説，如上述中已多次指出的那樣，其產生顯然是先於"人的尊嚴"論、"人權"論的。那麽，兩者之間有何不同呢？

在近現代，通過多年的歷史經驗，"人的尊嚴"和"人權"的理念已經被多數人所認同。而孟子卻沒有一個理解其思想的同時代者。換言之，孟子的性善説，因爲時代的强大制約而無法獲得普遍認同。與之相對，現代的這些理念，除一部分專制主義國家、獨裁國家外，已經爲世界大部分國家所共有，基本上具有了普遍性。我們只能感歎孟子的"生不逢時"了。

我們可以從衆所周知的"四端説"中發現：是孟子最早地覺察到了"人的尊嚴"，站在擁護"人權"的立場上的。因此，還有觀點認爲：孟子的"惻隱之情"由來於尊重"人權"的意識，所以不避冗長介紹如下：

……蹣跚學步的嬰孩獨自在庭院中玩耍，庭院一隅有一口井。於是，嬰孩摇摇晃晃地向井口走去，並且眼看就要掉下井去。"危險！"目睹這種情况的人，無論是誰都會"啊"地把心懸起來，哪怕他是個壞透了的惡棍，也會如此。這種"啊"的一聲就是"惻隱之心"。這是孟子在説明儒家的根本思想"仁"的理論時使用的著名比喻。這個比喻非常生動地表明了：無論何人都有關心他人如自己的一種感情。"珍惜自己"，這種對人的尊嚴性的主張,直接引發出"別人也是無法替代的存在,必須珍惜,必須尊重其心情和想法"的思想①。珍惜這種心情,倘若没有"自己是那個人的話怎麽辦"的情感在内是不可能産生的。以這樣的自然情感爲起點,將人權的思想推及他人就叫作"尊重人權"或"擁護人權"。(高内壽夫《人權之説》,《白鷗法學》第 18 號,2001 年)

目的在於闡述"不忍之心"即"仁之端"爲人所共有的上述比喻,被認爲是孟子性善説的重要依據,且具有重要意義,高内先生則將其作爲闡説人權思想的比喻給予高度的評價。

確實,孟子的性善説不過是一種人類觀,但正是因爲有這種人類觀爲基點,仁義王道説纔可能倡導,民本説、革命説纔可能得到認同。它可以與近現代基於"人的尊嚴"的倫理思想而倡導"人權"這一社會政治思想,確立民主主義政治體制這一歷史思潮相比擬。

如果認爲孟子的性善説不過是没有科學根據的單純的主觀主義人類論而加以批判的話,那麼同樣也可以認爲現代的"人的尊嚴"論也不過是没有科學根據的單純的主觀主義人類論而加以否定。就像曾經將孟子以這種主觀的人類觀爲基礎而倡導的仁義王道思想批判爲只是樂觀的空論一樣。

---

① 《論語》中有"夫仁者,己欲立而立人,己欲達而達人"(《雍也》),又有"己所不欲,勿施於人"(《顔淵》)。孔子也是説:人都是珍重自分的,因此應該將這種心情用於對待他人。

老子與《老子》

——二重證據法視角下的
《老子》形成新論

在一般人的印象中,洋洋五千餘言的《老子》是"從來就有"的。竹簡帛書等出土文獻在證實《老子》可信性的同時,也提出了新的疑問——老子與《老子》關係何在,原初的《老子》面目爲何,《老子》何時成書……

　　谷中先生可謂深諳"二重證據法"的精髓,他從疑古主義的視角出發,通過對出土文獻與傳統文獻的梳理比對,在考訂《老子》一書形成的同時,形成了自己研究的一種新的範式。

　　而以下的内容,既有對傳統文獻的新解讀,也有對新出土資料的利用,更有二重證據法之下的比對考證。通過這些考證研究,一個全新而立體的老子形象出現在我們眼前,而《老子》是如何完成的,也有了新的答案。

新出土資料的發現與
疑古主義的走向

序

　　以"古史辨派"爲代表的疑古主義,它的歷史使命已經結束。這是近年來,隨着包括文字資料在内的大量考古資料相繼發現,使人們得到的印象。明確表示出這種學術傾向的,則是李學勤教授的《走出疑古時代》(遼寧大學出版社,1994年)。筆者在與中國學者交流時也有同樣的感受,覺得疑古主義正漸漸被人淡忘。難道疑古主義的歷史使命果真休焉? 這是筆者在中國訪問期間一直考慮的問題。

　　隨着中國新出土資料的發現而取得的學術成果,業已涉及各種研究領域。筆者稍早時已經認識到利用出土資料開展研究的必要性,慚愧的是,迄今亦未能全身心地投入其中。而今,在中國得到的直接的感觸是,這個問題已然不是可以輕描淡寫而處之的了。

一、問題之所在

　　如何看待中國先秦文獻的真僞和有關它們的成書年代的問

題,這是筆者長久以來的疑問。據説"先秦文獻的使用一定要非常的慎重,因爲没有成書年代明確、真正可以信賴的文獻"。對於一直受這樣教導的人來説,怎樣確認並保證作爲研究大前提的文獻的可信度是極其重要的,同時也是一個極其麻煩的難題。

擺在我們面前的嚴峻的事實是,不能確定文獻的成書年代,就無法將研究進行下去。另一個同樣嚴峻的事實是,能確定成書年代的文獻極少。基於以上的理由,要歷史地、系統地構建先秦思想史就變得極其艱難,以至于最後形成懸而不決的狀態。也許可以説,正是由於研究者之間圍繞成書年代的見解不同,因此對於重新構築先秦思想史,至今都缺少明晰的展望。

然而,看看近年來中國學者的工作,或是積極地使用《左傳》、《國語》來研究春秋時代的思想史;或是果敢地研究僞書嫌疑甚重的《鬼谷子》,取得成果;還有曾被當作僞書而無人問津的《文子》、《鶡冠子》也引起了研究者們的關注,在思想史研究上呈現出空前活躍的局面,堪稱是迎來了先秦思想史研究的第二個黄金時代①。不過這些研究中也有令人難以釋懷的疑問,甚或令人憂懼嚴密的文獻考證的傳統的喪失。更令人費解的是,如此不甚嚴肅的風潮何以突然之間盛行起來。

以《老子》爲例。一般認爲,《老子》成書最早也就在公元前300年左右,但是近年來在中國學術界,《老子》爲春秋末年確已存在的著作之説正在成爲定論。

就是説,疑古的一貫立場被動摇了。還不僅限於《老子》,將先秦文獻成書年代盡量推向古遠的同時,對以往的僞作説多加排斥,把先秦文獻基本都看作了可信賴的文獻。深受徹底的疑古立場的津田左右吉博士學説影響的筆者,對這種學術風潮實在不敢苟同。

---

① 第一個黄金時代,應是編纂《古史辨》的民國時期。

因而，如何正確對待學術界的這種風潮就成爲亟待解決的問題①。

毋庸贅言，相繼發現的出土資料加速了學術界的這種發展趨勢。因爲這些新出土資料並未能證明疑古派的主張，反而不斷地揭示了疑古派曾經的懷疑實爲錯誤。例如最具代表性的是1972年在山東省臨沂縣（現臨沂市）銀雀山漢墓發現的記有孫武、孫臏兵法的木簡，以及同時發現的《晏子》、《六韜》、《尉繚子》等。這些發現可以説是出土資料給疑古派的最早的打擊之一。

1994年3月，李學勤的《走出疑古時代》出版，可説是宣告疑古時代終結的一件劃時代的大事。李學勤是中國社會科學院歷史研究所所長，清華大學國際漢學研究所所長，兼任西北大學、南開大學、吉林大學等大學的教授，而且還是中國先秦史學會的理事長。他積極與以日本爲首的海外研究者進行交流合作，是中國現在最具影響力的學者之一。

1996年4月，我作爲日本學術振興會選派的研究員來到北京大學。其後不久，5月17日的《人民日報》大篇幅報道了爲向國慶50周年獻禮，作爲國家的科研項目的"夏商周斷代工程"的全面啓動。我對這篇報道感到十分驚異，便將它剪下保存起來。

在報道上也出現了作爲主要成員之一的李學勤的名字。他所提倡的"走出疑古時代"成了推進這個專項的基本理念。這是欲把《史記》年表的起點從公元前841年一下遠遡到公元前2000年的一項宏大的研究計劃。

我通過研究《逸周書》而認識了西北大學文博學院的黄懷信副教授，他是李學勤的弟子。聽説他也參加了"夏商周斷代工程"，研究課題是弄清西周的年代和曆法。他使用的主要文獻是《尚書》和《逸周書》。據他所言，《逸周書》，如果慎重對待，基本上還是"可

---

① 例如，《道家的思想及其展開》、《〈論語〉與孔子的思想》等可看作是其典型。

靠"(足堪信賴)的。他是反疑古派。

那麼,代表疑古派的所謂"古史辨派"現在又怎樣呢？古史辨派的領軍人顧頡剛先生的藏書,現在在北京市建國門附近的中國社會科學院的一個藏書室,由他女兒顧洪女士管理。經老朋友、社科院歷史研究所的研究員孫開泰介紹,我拜訪了顧洪女士。雖然是短時間的訪談,卻給我留下了很深的印象：由於人手不足、預算不足,許多書只是一捆捆用繩子繫了堆放着,並沒有得到很好的管理。顧洪感歎,連全部藏書的目錄都還沒有編完。

看到這些情況,使我深感疑古主義已經完成了它扮演的角色,正從歷史舞臺上退下來,或者應該説,正從舞臺上被拉下來。

所謂疑古,我的理解是,只要没有可信的合理證據就應該持懷疑的態度,這一點即使現在也不能説是錯誤的。與此相對,提倡"走出疑古時代"的李學勤的立場大概是,只要没有值得懷疑的合理證據就應該持信任的態度。這的確也是一種見識,但看上去有點太輕率地拋棄了疑古主義立場。

我所質疑的是,他們走出"疑古"後將去向何方。如果僅僅是簡單到過去的信古,就變得毫無價值了。在此,我們必須再次認真回顧民國時期風靡當時的以古史辨派爲代表的疑古主義究竟是什麼内涵。

二、什麼是疑古主義

關於這個問題,金谷治博士曾以《疑古的歷史(一)—(九)》(《武内義雄全集》月報 1 - 10 期,1978 - 1979 年)爲題簡潔地總結過,不妨參照此書,梳理一下問題所在。金谷治博士認爲:"在近代中國的學問史中,科學的批判精神必然以疑古的形式迸射出來。" 1926 年,顧頡剛等人所創刊的雜誌《古史辨》,正是它的具體體現。

而在此之前，作爲先驅性的成果，清末思想家康有爲所著的《新學僞經考》，論述了《左傳》實乃被劉歆竄改的僞書。今文經學派與古文經學派嚴重對立的背景，這是廣爲人知的（參見《疑古的歷史（一）》）。

金谷還講到，疑古的歷史雖然可追溯至孟子，但"因爲那種疑古是孟子的主觀判斷"，這裏就不作探究了。而司馬遷的"實證的事實主義"，則實質性地直接與疑古精神相聯繫。"可見，那種僅僅因爲傳承古老就堅信不疑是愚昧的，必須辨析真僞，甄別傳承的內容。"這種疑古思維，在漢代就已存在。

到唐代以後，柳宗元的作品"數量雖少，卻有閃耀着光輝的疑古作品"，如他對《列子》、《晏子》、《論語》、《文子》、《鬼谷子》、《亢倉子》、《鶡冠子》等提出的質疑。關於這些文獻的真僞，直到今天也仍然還沒有結論。可以說，唐代的疑古，歷經 1200 年直接可與現代的疑古主義相聯繫（參見《疑古的歷史（七）》）。

集"思辨哲學"的宋學之大成的朱子，正是"疑古第一人"。也就是說，所謂宋學是"與疑古立場緊密相關的，換言之，是立足於實證科學立場的思想之學"（《疑古的歷史（九）》）。而在連載的最後，金谷博士作了如下總結：

> 在中國，對有關疑古的優秀成果全然無視，對古傳說不加任何論證就作爲依據而進行研究，近來屢屢出現。傳說作爲傳說固然應當尊重，但是，對其真實性提出質疑當更爲重要。不言而喻，科學的進步要依靠研究的積累。不能因爲疑古稍過，就全然無視所疑，又返回傳說的世界，其成果另作別論，這種態度就絕不是科學的態度。新的思想史研究或者哲學研究，應在講求實證的疑古成果的基礎上，與疑古相結合來發展。（參見《疑古的歷史（九）》）

從以上金谷博士的論述看,"疑古"應是:
(1) 在中國的學問土壤中產生並長期被繼承下來的一種學術方法論。
(2) 是合理主義、批判主義、實證主義等的產物。
(3) 是科學的學問賴於成立的必要條件。
(4) 這種精神今後是必須繼承的。

對上述見解應該没有異議。但是,與這種對疑古主義肯定的評價相對立,否定的論述有鄭良樹的《續僞書通考》(臺灣學生書局,1984年)。在這本書中,對民國時代發自古史辨派而流行的疑古主義,他發表了與金谷全然不同的見解。關於這一點,可以看看該書《代序——論古籍辨疑學的新趨勢》來探討一下。他認爲:

> 到了清代,古籍的辨僞幾乎脱離了常軌,造成這種風潮的是今文學派。

這裏所謂的"脱離常軌",是指"没有像樣的憑據就急於作出結論"(參見19—20頁)。而且,他把繼今文學派之後的古史辨派更定罪爲對古史作"激烈的批判與破壞"(參見25頁),總之他認爲顧頡剛等人"繼承了"清朝末期今文學派康有爲、崔適等人的"荒誕無稽的態度和作風"(參見28頁)等等。

他還認爲,這數十年來,學界在古籍的辨僞方面有進步,輕率淺薄的作風逐漸變爲謹慎,出現了以非常周到的立場對古籍進行考訂的新趨勢,這是古史辨派未曾做到的,是"學術界的一大進步"。歸根結底,可以看出他對否定古史辨派的現在學術界的趨勢是極力稱贊的。這一點與金谷博士的"不能因爲疑古稍過了,就全然無視所疑,又返回傳説的世界"的認識大相徑庭。當然,鄭良樹也説到,最近在學術界確實存在對古史辨派過度疑古行爲的抵制傾向,但毋庸贅言,那也是爲警戒過頭的信古行爲,而決不是希望疑古派復活(參見47-49頁)。

鄭良樹不僅如此徹底地批判了古史辨派,而且,他還高度評價了後來與古史辨派決裂的胡適。

我認爲,鄭良樹忽視了古史辨派打破傳統經學的過分的權威,力求把古籍作爲純粹的學問進行批判研究的貢獻;不能只從康有爲等的今文經學派與古文經學派的對立的構架來看待古史辨派;古史辨派意欲通過疑古打開中國近代之門,是具有進步意義的,這是不容懷疑的事實。

如前所説,胡適對疑古主義逐漸産生懷疑,並最終分道揚鑣,也許是因爲胡適嗅到了古史辨派的某種特質,而那是僅用具有近代意義的嚴密的文獻實證主義、批判主義無法説明的。關於這一點,我想必須用胡適方面的資料作充分的分析。我認爲胡適所嗅到的那種"特質",大概就是鄭良樹所説的"以破壞古史系統爲快,驚世駭俗,只求私心自用"(參見38頁)。我想,可能胡適認爲這就是古史辨派的真實吧。

下面,我們通過被公認爲、本人也自認爲繼承了顧頡剛的疑古主義立場的中國社會科學院歷史研究所研究員劉起釪的《古史續辨》,從側面考察一下疑古主義。

劉起釪在其序文中介紹了美國史奈德(L. A. Schneider)的見解,即顧頡剛的疑古主義是"破壞儒家偶像、推進史學改革之見"。他針對徐旭生的《中國古史的傳説時代》認爲疑古主義是"受西洋影響而起"的見解,一方面提出"比西洋影響更重要的是中國的學術背景"的見解,另一方面在保留了部分徐旭生之説的同時,認爲顧頡剛的疑古主義實爲"救國之大用",是"反封建學術",而批判它是"對於古史的虛無主義"等等,可以説完全是"無知妄説之流"。他以此斷言由《古史辨》開始的"反封建學術考辨",絶不是過去了的事情,今後也必須長期地繼續下去(參見《古史續辨·序言》1-3

頁)。這種見解，可以說與前引的金谷觀點稍微相近。

於是，他對近年(1977年)來出現的有人利用金文材料和文獻材料，準備要確定炎帝、黄帝、少昊、顓頊、帝嚳、堯、舜、禹這些"聖帝明王"世系一事，進行了批判(參見劉起釪《古史續辨》689－719頁)。他指出，完全按自己所需解讀金文，結果是在缺乏科學態度的情況下，再一次犯了將儒家僞造的東西作爲事實加以擁護的錯誤(《古史續辨》709頁)。由此可見，"疑古"主義和"信古"主義的對立到現在還存在，這一點似乎沒有疑問。

下面的話好像也不能忽略，即"衆所周知，作爲確切的歷史的夏、商、周三代的年代，共和元年以前是無法解明的，共和元年以後，中國歷史纔開始根據確切的記載傳承下來"(參見《古史續辨》718頁)。關於這一點，正如本文開始時所介紹的那樣，在"走出疑古時代"的口號下，復原共和元年以前歷史已成爲國家的研究課題，由此以觀，可以認爲古史辨派已經失勢。

另外，劉起釪强調了顧頡剛不是今文學家，不贊同今文學家相當一部分的說法，不過是對今文學家關於《左傳》的說法給予了全面肯定(676頁)。這一點，似乎可以認爲是對於鄭良樹等人批判古史辨派是今文學家繼承者的反駁。但是，如果看看《古史辨》第七册童書業的《自序二》中，把對於這册書作出最大貢獻的呂思勉贊賞爲"今文學的大師"就可以明白，古史辨派對今文學派有親近感，應該是沒有疑問的。劉起釪的反駁似乎沒有起到多大效果。

最後，我們可以從顧頡剛自己的話中探討一下疑古主義的意義以及古史辨派的使命到底是什麽？他認爲"我的《古史辨》工作則是對於封建主義的徹底破壞"，"釋古派所信的真古從何而來的呢？這只是得之於疑古者整理抉發"，而且，"疑古派本身，實際上正因爲依據了考古學及社會學的成果疑古纔有了可能"。總之，在他看來,疑古和釋古之間並無大的差異、距離和對立,應該說它們是一體的。而且,對於有人說"古史辨的時代已經過去了"的評價,他也反駁說:"《古史辨》本不曾獨占一個時代,以考證方式發現新事實,推倒偽史書,自宋到清不斷在工作,《古史辨》只是承接其流而已。"(參見《我是怎樣編寫〈古史辨〉的》,《古史辨(一)》,上海古籍出版社,1982年。譯者注:此處據顧文錄出)這一點,與前面所說的金谷氏的意見是共通的。

顧頡剛在同一篇文章中明言,在1929年的時候,胡適對他說:"現在我的思想變了,我不疑古了,要信古了!"由此可知,他和胡適的關係最後是在疑古還是信古的觀點上決裂了。有關胡適的立場,我將在下一節圍繞《老子》的疑古和信古的爭論中再論及。

由上述內容我們發現,在圍繞疑古的論爭中,新出土資料完全沒有成為話題——儘管在20世紀80年代,以已經出土的資料為依據的成果屢屢在學術界公布。這實在是一件令人意外的事情!

可以說,雖然對出土資料的發現可能促使疑古主義退潮,或引發重新評估疑古主義的傾向,我本人也曾隱隱有些淡淡的感覺。就以上所述的情形看,似乎並不準確。但是,有些無論如何都難以接受,甚至難以置信的情況,卻正如我當初所預感的那樣。因此,就這一問題,下面具體地舉《老子》為例進行檢討。

三、有關《老子》的新出土資料的發現與疑古主義的退潮

眾所周知,圍繞老子是否真有其人以及《老子》一書究竟是何時所著等問題,疑古派與信古派之間已長期對立。在日本,即使是現在,很多人仍然懷疑《史記·老子列傳》中所謂"孔子問禮"的傳說,認為《老子》作者的老子實際並不存在,而作為文獻的《老子》是

著述於戰國中期到末期的作品。從這點而言，現在在日本仍是所謂"疑古派"占優勢。在中國，認為老子是春秋末期實際存在的人物，而且《道德經》也是同一時代的著作，這樣的意見則更有影響力。因此，在中國可說是所謂"信古派"占優勢。當然，日本的學者沒有人以疑古派自居，而中國的學者也無人聲稱自己是信古派。其實，這些站在所謂超越"疑古"或"信古"的"釋古"學說，結果也不過是或與疑古派或與信古派相同的學說而已。

疑古、信古及釋古，早已見於馮友蘭的《古史辨》第六冊序言部分。馮友蘭於 1930 年寫了當時具有劃時代意義的著作《中國哲學史》，作為北京大學的教授，中國哲學界的泰斗、權威學者，不管從哪方面說，他都屬於疑古派。陳鼓應認為，馮友蘭使得大陸的學術界總是難於從他的疑古主義的影響中走出來，因此，在大陸疑古派長期保持着優勢（參見《論老子晚出說在考證方法上常見的謬誤——兼論〈列子〉非偽書》，《老子與中華文明》，陝西人民教育出版社，1993 年）。

順便再對陳鼓應之說稍作介紹。他認為，即使是在疑古派裏，關於《老子》的成書年代的見解也是不同的，認為老子實有其人的就是胡適。然而，胡適後來離開了大陸，因此他的說法在大陸並未能發揮其影響力。關於這一點，我在上一節已明確指出，胡適已經從疑古變為信古，說起來，他不應該算作是疑古派的一員。

這就是長期以來論爭不斷的《老子》問題，而眾所周知，自從在馬王堆漢墓中發現了帛書《老子》以來，事態發生了急劇的變化。下面，讓我們簡單地歸納一下發現帛書《老子》以後，圍繞老子是否實有其人及《老子》的成書年代問題所發生的爭論。

首先，據前引鄭良樹《續偽書通考》（1984 年）所說，劉建國在他的論文《老子時代通考》中，對帛書《老子》進行分析後得出結論：老子確實就是老聃，他生於孔子之前，著述了《道德經》（該篇論文發表時間不詳）。

1982年北京大學的許抗生發表了《帛書老子注釋與研究》（浙江人民出版社）反對此說。他在對帛書《老子》進行了分析後得出結論：《老子》的成書年代是戰國中期，老子也是同時代即戰國中期的人物。他在馮友蘭的門下，可以說確實是繼承了馮友蘭的疑古主義的立場。不知道陳鼓應是否將此視爲馮友蘭的疑古主義的影響，如果是的話，就不能說隨着帛書《老子》的出現，疑古派的立場迅即土崩瓦解。

然而，1990年出版的李水海的《老子〈道德經〉楚語考論》（陝西人民出版社）則斷言，現行本《老子》基本上是春秋末年的老子的原著，是可以信賴的資料（參見該書中所收附錄1：《〈老子〉成書時代新證》）。而這樣的"信古"的傾向，以後又被繼承下來。因爲馬王堆之外的出土資料的相繼發現，無疑對信古派越來越有利。也就是說，一種籠罩整個學術界的氛圍，由此正變得越來越濃重。例如，在馬王堆發現《老子》的前一年，即1972年，在銀雀山漢墓發現了大量的竹簡，其中，有孫武和孫臏的兵法，還有《尉繚子》、《晏子》、《六韜》等書。由此證明孫武、孫臏確有其人，而且確實如《史記》所記載的一樣，他們都留下了兵法書。還有，一直被當作僞書，其成書年代也遭到懷疑的《晏子》、《六韜》、《尉繚子》，由出土資料證明最遲在漢初，或者早自戰國末期就已經有了。這些書的成書年代的推定雖說尚不能追溯到先秦，但由於確認了《史記》的記載在很大程度上是可信的，已經是極大的收穫，進而又增強了信古派的勢頭，同時也促使了疑古派的後退。

在學術界的這種形勢中，1992年6月發行了《道家文化研究》第一輯（上海古籍出版社），陳鼓應爲主編，到去年爲止已經出版了十輯。這個刊物的出版，是以儒家和道家思想作爲中國傳統思想和主要哲學的代表，把孔子和老子這兩大巨人作爲中國哲學史上的雙璧,同時也具有對到現在爲止把先秦的道家文獻當作僞書的觀點提出異議的意圖。當然,作爲大背景,這個計劃的實施與出土資料的相繼發現有很大關係(參見陳鼓應《〈道家文化研究〉創辦的緣起》,《道家文化研究》第一輯所收)。

這套輯刊登載的論文中,有余明光的《〈黃帝四經〉書名及成書年代考》,還有王博的《〈黃帝四經〉和〈管子〉四篇》,結論都是《黃帝四經》的成書年代爲戰國時代中期。

當初,關於《黃帝四經》的成書年代,有三種說法:一是漢初,二是戰國末,三是戰國中期(參見《馬王堆漢墓帛書老子》所收論文,文物出版社,1976 年)。而現在,戰國中期成書說似乎已被逐漸肯定。於是,如果結論沒有錯誤的話,《老子》的成書年代當然必須在此之前,因此《老子》早出說,即春秋末著作說這一點也成爲不可動搖的了。也就等於說,疑古派的說法逐漸被證明是完全錯誤的。

1992 年 5 月,中國學者聚集在陝西省西安市,召開了"老子思想研討會"。會上,北京大學教授張岱年,首先言明《老子》確實是一人之作,又闡述了老子這個人物與《老子》這本書的年代是一百年來不斷爭論的問題,但因爲缺少史料沒有找到確定的證據,所以沒有得出一致的結論。這表明學術界的現狀並不是堅持"信古"的。這裏值得注意的是,他在談到解決這個難題時,並沒有說出土資料作出了決定性的貢獻(參見《老子"道"的觀念的獨創性及其傳衍》,《老子與中華文明》所收)。

另外,同是北京大學教授的朱伯崑,介紹了胡適在《中國哲學史大綱》中所論中國哲學的創始人是老子而不是孔子。雖然老子是否存在過,他完全沒有觸及,但是他高度評價老子,譽其爲與孔子並立的偉大的哲學家,還是讓我們認爲,他認爲老子存在過(參見《重新評估老子——關於深入研究老子思想的幾點意見》,《老子與中華文明》所收)。

鍾肇鵬明確地提出,孔子和老子都是春秋末期出生的人(參見《老子與中國文化》所收)。

其他的論文內容就不一一介紹了,如果我的理解不錯的話,不管哪一位,都是以老子確實存在於春秋末期爲前提的。

陳鼓應也出席了這次會議,發表了《論〈老子〉晚出說在考證方法上常見的誤謬——兼論〈列子〉非僞書》。正像前面介紹過的那樣,這篇論文是以批判《老子》的戰國末著作說,即批判晚出說爲主題的。他認爲,將《老子》的成書年代向後推移,招致了學術發展史研究的混亂,因此不得不再提出這個問題,力陳《老子》不可能晚出的看法。此處所說的學術發展史研究,是直接指始於《老子》的黃老思想的形成和發展,與前面提到的《黃帝四經》的年代考證必然密不可分。

而且,就這篇論文而言,在談到相關的出土文物時,他舉出了疑古派的考證含有很多錯誤,依據銀雀山漢墓發現的孫子兵法竹簡實例,完全否定了他們的學說。最後,他還主張疑古派長久以來一直懷疑的《列子》也絕不是僞書。同時,他介紹了李學勤的《對古書的反思》一文,對此我們將在後面論及。

對於陳鼓應對疑古派的正面批判,此次會議的總結稱之爲"新說"。雖然在此之前我們知道此說還不是"通說",但是以這次會議爲契機,特別是以陳鼓應的論文作爲標誌,疑古主義不言而喻地被迫退潮,則是無可懷疑的了。

北京大學的年輕研究者王博副教授的論文《略論〈老子〉與〈尚書〉、〈詩經〉、〈易經〉之關係》,不用說也是沿襲陳鼓應之說了。

還有陝西師範大學教授趙吉惠也提出,根據馬王堆的《黃帝四經》與河北省定縣漢墓出土的《文子》竹簡,證明《文子》不是什麼僞書,可能在戰國中期確實存在過(參見《簡論道家與中國文化結構》,《老子與中華文明》所收)。

　　1996年夏,以陳鼓應爲秘書長的"道家文化國際學術研討會"在北京隆重舉行,很多日本學者出席了那次會議①。

　　現在,我根據手頭的《論文提要集》,把論及老子及《老子》年代的論文作者及其觀點列舉如下：

　　　柳存仁：老子是春秋後期的人,與孔子同時代。
　　　王葆玹：老子是春秋晚期陳國人。
　　　鄭立光：老子即老聃,是春秋末期周的守藏室史,《老子》雖有後人的增補,但基本上反映了老聃的觀點。

　　這些作者基本上認同了《史記》的記載,也就是說,找不到基於疑古立場的發言。

　　這些雖與《老子》無關,但同屬本節的主題。即從出土資料與疑古主義的關係來看的話,也許年代稍早,但下面所引吳九龍的論述不能無視。

　　　漢簡《六韜》、《尉繚子》、《晏子》出土的事實,證明上述傳本當時已比較廣泛地流傳,成書年代至少在西漢以前。值得注意的是,銀雀山漢簡與傳本文字很近。這樣看來,以上諸家(宋濂、胡應麟、姚際恒)的懷疑和論斷是缺乏根據的。[《銀雀山漢簡釋文》(文物出版社,1985年)]

　　在這裏,他很明確地指出,疑古派的論說由於出土資料的發現而被推翻了。吳九龍是銀雀山漢墓的發掘者。

　　關於這一點,李學勤也在臺灣的時報出版社1994年12月刊行的《簡帛佚籍與學術史》的《通論》裏提綱挈領地敘述過。他說,

---

　　① 關於這次會議,小林正美教授在早稻田大學東洋哲學會雜誌《東洋的思想與宗教》第14號、日本道教學會雜誌《東方宗教》第89號中都作了詳細的介紹。

在"近代"發起的"疑古"乃至"辨疑"的思潮，是對古書的一大"反思"，具有劃時代的意義；而現在，在出土資料不斷被發現的過程中，可以説正處於第二個"反思"時期。由此亦可見，疑古派的活躍已屬過去。尤其是他明言與出土資料有很大關係這一點，是令人回味的。他本來就是考古學者。

最近，在湖北省荆門市出土的資料，將使有關《老子》的諸問題更令人深感興趣。盡管目前具體情况現在還不很清楚，但因爲是從戰國時代中期的墓中發現的，所以對關於《老子》成書年代的争論，也許能給出一些決定性的材料。如果出席道家文化學術會議的湖南省博物館副館長陳松長介紹的情况屬實的話，也許比馬王堆帛書《老子》更具有衝擊力①。

結語

最後，讓我們再次談談李學勤的《走出疑古時代》。

《走出疑古時代》原是李學勤在一次座談會上的發言，後來補上了題目，在《中國文化》雜誌第七期上發表。在編輯他的論文集的時候，這篇文章作了導論，並用這個標題作爲整個論文集的書名。可以説，這是很有衝擊力的一句話。我覺得它確切地反映了當前中國學術界的氛圍。而且本文篇首已經説過，這句話現在成了一個口號。例如，1996年9月山東省淄博市召開的"《春秋》經傳國際學術研討會"上提出的論文中，有下面這樣的一段論述：

> 在學術領域内，由公羊義而引發的疑古思潮，雖有一定貢獻，但疑古過勇也，在學術研究中産生了很大的流弊和不容忽

---

① 參閲出土資料研究會1996年11月《會報》第4號。

視的消極影響。所幸的是,大量出土文物證明許多疑古學者所作的一些結論並不正確,近來史學會提出"超越疑古,走出迷茫"對疑古思潮提出挑戰,可以預期在科學方法的指導下史學研究會走向更加健康的軌道。(王世舜《試論春秋公羊學的地位及影響》)

在這裏,疑古主義的學者近乎被看作是一直是在進行遠離"科學方法"的研究。而近年來史學界所追求的,就是克服疑古的迷茫。這幾乎就是斷定疑古主義是不健康的。這種評價,似乎可看作是現在中國對疑古主義的一種典型評價。

其次,前面介紹過西安西北大學的黃懷信副教授,1997年2月我和他在當地進行各種資訊的交流時,他向我清楚地說道,"迄今沒有學者相信上古的文獻,但從現在開始必須改變觀念","你中疑古主義的毒非常深",並力勸我,"一定要讀一讀《走出疑古時代》"。

我想起1996年5月在北京大學與陳鼓應會面時,也提到過關於《老子》成書年代的問題,日本學者總的來說傾向於晚出說,他再三闡述了那是如何的錯誤,舉出了一條條的根據想要說服我。

且回到前面黃懷信的話題,他告訴我,"實際上,到現在依然是古今文學派的對立存在於看不見的地方。古文學派的領袖是李學勤教授,今文學派的領袖是北京師範大學的趙光賢教授","提出'走出疑古'是古文學派的領袖李學勤教授的口號"。在李學勤自己的著作中,他聲明自己已經脫離了今古文學派的對立,那麼黃懷信的說法就有某種譬喻的成分,否則今文學派與古文學派多年對立的結構重現,是不是又要開始無休止的爭論,不由得使人隱隱感到,如此一來,恐怕一切又都重返原狀,回到了出發點。

但是含有很多文字資料的出土文物研究的進展已經不允許這樣的後退。僅就這一點來説,我認爲李學勤所説的"對古書的反思"是可以信從的。

那麽,基於以上的論述,如果必須勉强要形成某種類似結論的東西的話,可以一言以蔽之,出土資料的陸續發現在中國考古界確定了疑古主義的終結。

必須注意的是,李學勤所代表的這種學界的思潮,與中國現在以急速的勢頭,在政治、經濟、科學技術、學術甚至於體育等各方面恢復自信絕不是毫無關係的。如果這種風潮加劇,勢必會引發在對五千年偉大的中華文明進行正確的歷史學尋踪時,把傳説時代作爲信史的後果。

這種擔憂,與對那種否定過激的疑古派後,曾一度被否定的信古重新抬頭的擔憂是一致的。這也正是金谷治、劉起釪所指出的所在。

但是,可以肯定的是,在今後確定先秦文獻的成書年代時,出土資料是不可欠缺的。因爲,在實物面前,疑古主義與信古主義的對立變得無立足之地。問題是出土資料畢竟有限,還不足以輕易地給上述論争畫上終止符[1]。

---

[1] 還有近年來令人擔憂的頻繁盜掘,使貴重文物遭受破壞,或在黑市倒賣,阻礙了學術研究。參閲何頻、王兆軍著,中川友譯:《黑社會:動摇中國的組織犯罪》,1997年。

郭店《老子》與今本《老子》

序

　　郭店《老子》的發現,使全世界研究中國思想史的學者們大爲震驚。因爲它算得上《老子》研究史上,繼馬王堆《老子》的發現之後,20世紀最大的收獲之一。由於這一發現,可以預想今後的《老子》研究必定會取得新的進展。

　　1998年5月5日,在文物出版社出版《郭店楚墓竹簡》之前,美國的達慕思大學召開了"郭店老子國際研討會"。但因這次會議先於《郭店楚墓竹簡》的刊行,並且與會者僅有32名,其雖是世界名流學者彙聚的高水準的研討會,但從與會者人數及準備時間都很有限這一點來看,未必能説是完滿的①。

　　然而,這次在武漢大學召開的"郭店竹簡國際學術研討會",或許是文物出版社以完整的形式公開出版了《郭店楚墓竹簡》之後,首次且規模最大的研討會。

　　因此,可以想象全世界的中國古代思想史研究工作者,對這次

---

① 通過池田知久題爲《參加美國達慕思大學主辦的"郭店老子國際研討會"》(《東方學》第96輯,1999年)的報告,可了解了本次會議的概要。

會議冀予了非常大的期待。

一、問題的所在

1. 郭店《老子》是完本否？

據稱是"戰國時代中期偏晚"下葬的郭店楚墓出土的這本《老子》，即所謂郭店《老子》，使我們大爲震驚。因爲其内容與今本《老子》如此相同，幾乎無差異。正如馬王堆漢墓被發現時一樣，這個事實給了我們同樣強烈的衝擊。那個時候，也是與今本相差無幾的《老子》，以近乎齊全的狀態，且兩種版本同時從兩千年的沉睡中醒來。當它們呈現在我們眼前時，那種震驚和喜悦是無法言喻的。即使説由於它們的出現，甚至使人們期待《老子》的研究從此會爲之一變，也不爲誇大其詞。

不過，這次發現的郭店《老子》與馬王堆《老子》大不相同的是，甲乙丙三本合起來也不過兩千多一點的字，大約只有今本的40%。儘管如此，一讀其内容，我們驚喜地發現，郭店《老子》在内容的量上，雖不到今本《老子》的一半，但《老子》的思想特色卻幾乎齊備無缺。這是油然而生的切實感受。

但是，當時的《老子》究竟具備了何種形態？提及這個問題的話，事情就不那麼簡單了。所以也不能聽任感受先行了。

有的研究工作者把這本郭店《老子》，看作是公元前 300 年前後，與今本《老子》幾近相同的本子既已流行的證據，並推測郭店《老子》全文不到五千字的原因，或是遭遇了盜墓，或是由於某種其他原因以至没能完整地保留下來。也就是説，郭店《老子》歸根到底，只是偶然被發現了的《老子》五千言的一部分。

但是，就目前而言，郭店《老子》本身是以近乎完整的狀態被發現的，並可以認爲在陪葬以後以至今日，假使有一部分失去了，那也是極少的部分①。這一點只要將文物出版社的影印本和其釋文對照着讀下去的話,我們自然易於首肯。

反過來,以郭店《老子》爲依據,而硬主張當時《老子》還只有兩千言的態度也要十分愼重。無論怎樣主張,沒有對郭店《老子》作詳細分析,就無法進行確切的討論。

2.《老子》研究史上郭店《老子》的位置

老子這個人物,以及其著作《老子》,自古以來,在中國思想史的研究者之間,都一直有許多爭論。圍繞《老子》是自著還是他著而爭論,還有與此相關的《老子》成書年代的爭論。關於這幾點,我曾在《新出土資料的發現和疑古主義的去向》一文中,論述過私見,故在此不重複。關鍵是這本郭店《老子》的發現能否給這種爭論畫上休止符。

的確,在發現之初,曾使人樂觀地以爲這一下可以給長年以來的爭論畫上休止符了。但隨着研究的深入,我們漸漸發覺事情並非那麼簡單。其最大的原因在於郭店《老子》本身的成書年代依然無法確定。即,考古上作出的一般結論是,郭店楚墓的下葬年代約在公元前 300 年,最遲不下公元前 270 年。然而,思想史學者中的部分人提出其年代有可能更遲②。

特別是池田知久先生詳細地分析了《窮達以時》中反映的天人論,論證了它是在荀子的影響下而著述的文獻。他認爲其年代再早也不過在公元前 270 年前後,或者較之更遲的可能性也是有的③。王葆玹先生也認爲其成書應是公元前 270 年以降④。如果是這樣

---

① 彭浩《望山、包山、郭店楚墓的發掘與楚文化》(1999 年 6 月日本東京第四次東方學者會議專題討論"從楚簡看先秦文化的諸相")。
② 關於這一點,在 1999 年 6 月日本東京第四次東方學者會議上,筆者曾直接詢問過彭浩先生,他斷定基於考古學的年代判斷是不可能有誤的。
③ 池田知久在《窮達以時》(《郭店楚簡の研究(一)》1999 年)中有詳細論述。
④ 參照王葆玹著《試論郭店楚簡各篇的撰作時代及其背景——兼論郭店及包山楚墓的時代問題》,《中國哲學》第 20 輯 366—389 頁,1999 年。

的話，郭店《老子》的成書年代自然受其牽連。

那麼，是否應作如下的考慮呢？即，郭店《老子》的發現，即使不能成爲直接證據，以證明戰國時代中期已有與今本《老子》大體同一的内容通行於世，那麼（至少）以與今本極相近的形式已通行的事實變得很明了了。所以，今後郭店《老子》應作爲更詳細地研究《老子》（《老子道德經》）五千言從春秋末至漢初的形成過程的珍貴資料來對待。

3. 郭店《老子》兩千字的意義

在拙論中且把郭店《老子》按一般説法作爲公元前 300 年前後既已通用的《老子》的文本來對待。

我們稱這個本子爲郭店《老子》，但不知道這座郭店一號楚墓的被葬者稱之爲何，因爲竹簡並没有冠以書名。另外，甲乙丙三本竹簡的形態各不相同，筆迹亦相異，由此未必能説它們被當作了一個完整一體的書籍，而把甲乙丙三本當作獨立文獻而區别可能更爲合適。在這個意義上來説，郭店《老子》的總稱未必準確。

不過，相當於《老子》五千言的文本，當時確實存在，但未必不可以這樣考慮：它没有被彙輯成爲一本書，而是被分編成三個或更多的部分，作爲文本通用。因爲甲乙丙三本之間重複的地方確實幾乎没有。可是，在相當於現行《老子》的六十四章下段中，有極少的一部分，在甲和丙兩本中都有。從這點來看，上述分編的可能性應該是極小的。

那麼，如果認爲郭店《老子》是當時已存在的《老子》五千言中的一部分的話，對一些學者——支持《老子》自著論，堅信正如《史記·老子韓非列傳》所記載的那樣，在與孔子大體同時代的春秋末期，老聃應關令尹喜的要求，纔寫下了老子《道德經》上下五千餘言而不疑的學者們來説，郭店《老子》的發現豈不是没有什麽重大意義嗎？因爲它只不過是提供了實物證據，證明從春秋末期，經過戰國中期、末期直到漢代，《老子》雖然有若干文字的異同，但幾乎以原貌流傳下來。而且對於他們來說，這就足夠了。充其量，在傳承的過程中，字句如何變化？章序如何移動？像這類問題成了他們關心的焦點而已。

然而，對於支持《老子》成書年代爲戰國末的學者們來說，郭店《老子》的發現，簡直就像自家的立論被徹底推翻了一樣；正像由於馬王堆《老子》的發現，曾使《老子》成書於漢初的學說不攻自破了一樣。

不過，即便是他們，也是指今本形態的確立而言，並非完全無視在那之前的事情經過——無論《老子》的成書年代是戰國末還是漢初。

迄今爲止，他們也對今本《老子》完成之前的思想史作了充分的考察。因此，也不可能無視這個過程而發議論。

4. 郭店《老子》所暗示的事實是什麽？

我們是否可以將郭店《老子》的發現作爲契機作如下考慮呢？即，當時，還不存在具有今本《老子》形態的文獻，而是具有類似思想的三種本子（或三種以上）並存。不過，也可以想象郭店《老子》是讀者（也就是被葬者）按自己的喜好，把當時已有的《老子》五千言制成了節抄本，就是這甲乙丙三本。如果是這樣的話，三本應該各自具有獨自的主題，但在通讀一遍後，感覺不到這種編輯意圖。那麽，如果說甲乙丙三本不是節抄本的話，也就必須說相當於他們的母本的《老子》並不存在。

因此可以説，《老子》五千言在公元前 300 年前後，還處於形成的途中。換言之，從公元前 300 年左右的郭店《老子》到公元前 200 年左右的馬王堆《老子》約一百年間，《老子》漸漸具備了與今本相差無幾的形態的推論不也是可能的嗎？

如果是這樣的話,在這一百年裏,《老子》這部典籍經歷了怎樣的歷史軌迹呢?這或許是當前的首要問題。

自戰國中期至末期也是思想界顯得最活躍的時代。以齊的稷下學宮爲中心的黄老思想的發展擴大特别值得提寫一筆。

若先就結論而言,當是黄老思想或許實際上促進了《老子》五千言的形成。换言之,不是從《老子》五千言中産生了黄老思想,而是黄老思想孕育了《老子》五千言。而郭店《老子》把《老子》將要作爲黄老思想發展起來之際的形態(在此暫且將其稱爲原《老子》)呈現給了我們①。

關於郭店《老子》,從其出土狀態也可以了解其與儒家思想並無大的相克而能共存,但從漢初的馬王堆《老子》中,則可以看到《老子》切實地吸取了黄老思想。由此,雖然是間接的,也可以看到圍繞《老子》的思想界的變化狀况。

另外,就與儒家的關係而言,正像《史記·老子韓非列傳》所記載的那樣:"莊子……作《漁父》、《盜跖》、《胠篋》,以詆訿孔子之徒,以明老子之術",在支持老子的人之中逐漸出現了反儒家的人。或許就是在這個過程中,今本《老子》漸臻完滿。

二、試分析到馬王堆《老子》時所增三千字

關於郭店《老子》,人們都關注上面寫了些什麽,而上面没有寫什麽這一點也許没有太引起注意。在此,我想將焦點放在"郭店《老子》中没有寫的是什麽"這個問題上來作一下考辨。我想通過

---

① 就《老子》是否是在楚地形成其原型,在齊地完成今本的形態的問題,我曾在《〈老子〉與〈管子〉——其完成史的背景的考察》(《東方學》第 83 輯,1992 年)中論述過淺見。本文曾以《〈老子〉與〈管子〉》爲題,在《管子學刊》總第 28 期(1994 年)上翻譯登載。

這個考辨,弄清在郭店《老子》到馬王堆《老子》之間,什麼思想成分被吸收了,以及這種吸收在思想史上意味着什麼。

1. 郭店《老子》中没有"一"的概念

今本《老子》中所見的"一",作爲"道"這一概念的另一種說法,具有極其重要的意義。這是毋庸贅言的。例如:第十、第十四、第二十二、第三十九、第四十二章等等,其語例不止一兩例①。但是,郭店《老子》中找不到其中任何一例。這究竟只是單純的偶然呢?還是有某種理由呢?這不是一個應加以廣泛地研討的問題嗎②?

將"道"換言爲"一",應該說是郭店《老子》以後的現象。的確,在《大一生水》中頻繁出現"大一"之語,將"大一"與"道"直接聯繫起來的議論卻見不到。

2. 在郭店《老子》中没有以"水"爲範例的議論

郭店《老子》中,有以川谷和海的關係爲例進行的議論,例如第三十二章。但像第八、第七十八章等篇中,那種着眼於水本身的特性進行的議論卻無法找到③。

既然説"老聃貴柔"(《吕氏春秋・不二》),那上述現象又是爲什麼呢?老聃所説的"柔",原本是着眼於柔弱的嬰兒和那些柔嫩

---

① 第十章"載營魄抱一,能无離",第十四章"視之不見,名曰夷;聽之不聞,名曰希;搏之不得,名曰微。此三者不可致詰,故混而爲一",第二十二章"是以聖人抱一爲天下式。不自見,故明;不自是,故彰;不自伐,故有功;不自矜,故長",第三十九章"昔之得一者:天得一以清,地得一以寧,神得一以靈,谷得一以盈,萬物得一以生,侯王得一以爲天下正",第四十二章"道生一,一生二,二生三,三生萬物。萬物負陰而抱陽,冲氣以爲和"等等。

② 參照谷中信一《〈老子〉與〈管子〉——其完成史的背景的考察》的第四節《〈管子〉與〈老子〉的思想比較》。

③ 雖然並不能直接看到"水"一詞,但柔弱之德除此之外,第三十六章的"柔勝剛,弱勝強"、第四十三章的"天下之至柔,馳騁天下之至堅。無有入於無聞",第七十六章的"堅强者死之徒,柔弱者生之徒""堅强處下,柔弱處上"等,都是講這一點,而郭店《老子》中甚至連類似的言論也看不到。

脆弱的草木及萬物,指出它們內裏蘊藏着與外表相反的、誕生和成長的生命力。把水這種存在作爲柔弱的事物的象徵,如果認眞想一下的話,這是不恰當的。毋寧說水作爲"利萬物而不爭,處衆人之所惡"這種謙卑的象徵,不久變成了柔弱謙卑的象徵。

3. 在郭店《老子》中主動言及"德"的概念的內容很少

衆所周知,《老子》的別名又叫《道德經》。與"道"並列而居首位的概念是"德"。例如第十、第五十一、第六十五章的"玄德",第二十一章的"孔德",第二十八章的"常德",第六十八章的"不爭之德"等等,都是其典型例子。然而,這些語詞在郭店《老子》中完全見不到。郭店《老子》中,"德"字還是時有出現的,第四十一章的"上德"、"廣德"、"建德",第五十九章的"重積德"等在乙本中都可以見到。查點一下的話,這些語詞都包括在內,甲本爲1例,乙本爲6例,丙本沒有,共計7例。

然而,更重要的是即使有"德"的語例,但像今本《老子》第二十一、第二十三、第三十八、第五十一章等那樣,將"德"與"道"聯繫起來進行論述的則完全沒有。我們可以無視這個事實嗎?可以將其付之於偶然而置之不理嗎?

例如,如果我們將"道"和"德"的出現頻度比較一下的話,就可以看到在今本《老子》中,"道"爲79例,"德"爲47例,近乎10比6;與此相對,郭店《老子》中,"道"爲25例,"德"爲7例,近乎10比3。尤其是總字數最多的甲本中僅有1例這一事實,可以認爲是最好地暗示了郭店《老子》中"德"的概念所處的地位。"德"的思想被有機地納入"道"的思想中,這種展開甚至讓人感到是郭店《老子》以後的事。眼下還無暇對此加以論證。

進而言之,今本《老子》與郭店《老子》的不同之處,在對於"道"的論述態度上也可以看出。

當然,郭店《老子》中言及"道"的內容也不少。但是,例如今本

《老子》的第一、第四、第十四、第二十一、第三十四、第四十二、第五十一章等等,是有關"道"的宇宙論、生成論,換言之,即形而上學是《老子》"道"的哲學特徵,而這種論述在郭店《老子》中幾乎看不到。至多不過是甲本中有"道無常名"(第三十二章)、"道常無爲而無不爲"(第三十七章)、"反者道之動,弱者道之用"。這也是現在應該引起關注的吧。這是否意味着從郭店《老子》到今本《老子》,"道"的哲學發展拓深了呢?

4. 在郭店《老子》中看不到對"仁""義""聖""智"的近乎極端的否定態度

上述的事實雖已有人指出過,但如今本《老子》第十八章中有"大道癈,有仁義。智惠出,有大僞。六親不和,有孝慈。國家昏亂,有忠臣",而丙本中爲"大道發(廢),安有(仁)義。六新(親)不和,安有孝孿(慈)。邦豪(家)緍(昏)□安又(有)正臣"。

丙本並没有像今本那樣把"大道"置於高位,而將"仁義"置於與其相反的另一端加以貶低。說到底是將"大道"作爲"仁義"存在的根據而加以樹立。從這個意義上説,丙本絶没有貶低"仁義"。

另外,還有一個值得注意的是在丙本中完全見不到對於智慧加以否定的言辭。而這在第十九章裏更爲顯著:今本有"絶聖棄智,民利百倍。絶仁棄義,民復孝慈;絶巧棄利,盗賊无有";與此相對,甲本上有"凵(絶)智(知)棄卞(弁),民利百怀(倍),凵(絶)攷(巧)棄利,覞(盗)惻(賊)亡又(有),凵(絶)棄慮慮(慮),民复(復)季(孝)子(慈)"①。

如果將"智"除外,則"聖""仁""義"中無論哪一個,與其説没有加以否定,不如説文中根本没有。因此,今本《老子》中對"聖""知"

---

① 在文物出版社版釋文中"慮"讀作僞,"慮"讀作詐。無法認讀。

"仁""義"的否定態度,在郭店《老子》中還没有,它們的出現應該是在其之後。

與這段文字很相似的内容在《莊子・胠篋》中也有,從這一點上,我們可以想象兩者的關聯。所以,在下面新的一節裏,我將就今本《老子》的形成過程中,《莊子》所起的作用進行考察。

三、《莊子・胠篋》、《莊子・知北遊》中的《老子》引用句與郭店《老子》的關係

本文將從《莊子》這個角度來考辨郭店《老子》。《莊子》三十三篇中,可以看出與今本《老子》有密切關係的大概是《外篇》第十《胠篋》,其次是第二十二《知北遊》。

1.《胠篋》與郭店《老子》的關係

《胠篋》中有"田成子……十二世有齊國"這樣的語句,即敘述了所謂田齊持續了十二世的故事。因此,無論如何早,《胠篋》大概也是從田成子數起第十二代,即相當於公元前 264 年至公元前 221 年,齊王建在位的時期内著述的。這大體上是準確無誤的吧。換句話説,本篇的完成不可能上溯到公元前 265 年,所以,它的完成肯定比郭店《老子》還晚。另外,在本篇中也可以看到齊的國名。這也是值得充分注意的一點。

又,其思想特點正如《史記・老子韓非列傳》所記載的那樣,"作《漁父》、《盜跖》、《胠篋》,以詆訿孔子之徒,以明老子之術",正是以批判儒家爲杠杆的同時鋪陳了《老子》的思想。

比較一下今本《老子》和馬王堆《老子》的話,也可以很容易地看到這種對儒家的批判。因此,我們一直以此爲根據,將《老子》的思想特徵之一是對儒家的嚴厲批判作爲常識來認識,而且認爲第十八、十九、三十八等章正是這樣的典型。

然而，在郭店《老子》中，也許與它是和儒家文獻同時出土的這一點有關係，現在我們了解到在那裏面幾乎見不到批判儒家的部分。根據這一事實，我們不得不認爲在郭店《老子》和《胠篋》所引用的《老子》之間是有些許不一致的。

另外，圍繞《胠篋》還有一個令人深感興趣的事實，那就是在《鬼谷子》中也曾有《胠篋》，其內容與《莊子·胠篋》是否也曾相同呢①？更有《長短經·反經》，以"鬼谷子曰……"的形式，將《莊子·胠篋》的文句，幾乎原封不動地加以引用，因此也無法說武內義雄氏的推測是言不中的而一概否認。在此，要引起注意的是《鬼谷子》與齊的密切關係，還有《胠篋》本身似乎也與齊地的思想有着某種關聯兩點。《胠篋》並非莊周自著這點毋庸贅言。

以上，就《胠篋》的完成年代及其思想特色大體作了一下論述。下面將分析一下《胠篋》中與今本《老子》的相同之處。

《胠篋》中有："絕聖棄知，大盜乃止；擿玉毀珠，小盜不起；焚符破璽，而民朴鄙；掊斗折衡，而民不爭；殫殘天下之聖法，而民始可與論議。"

這裏的"絕聖棄知"今本《老子》第十九章中也有。《莊子》中，其結果爲"大盜乃止"；而今本《老子》中，"絕聖棄智"的結果是"民利百倍"，"絕巧棄利"的結果纔是"盜賊无有"。"擿玉毀珠，小盜不起"相當於今本《老子》第三章的"不貴難得之貨，使民不盜"。

我們知道在敘述的細部，語言有所不同，但其思想是完全相同的。一般爲人們所肯定的"聖""智"，反而作爲給人世間帶來不幸的事物被加以否定。

另外，在《胠篋》中也有："削曾史之行，鉗楊墨之口，攘棄仁義，而天下之德始玄同矣。"

---

① 參照武內義雄《讀〈鬼谷子〉》(《武內義雄全集》第六卷 294—304 頁)。

這裏的"讓棄仁義"相當於今本《老子》第十九章的"絕仁棄義"。作爲其結果,《莊子》説"天下之德始玄同",今本《老子》説"民復孝慈"。在此又有"玄同"之語。但今本《老子》第五十六章中還是有文脈相異之處的①。無論怎樣,在此應引起注意的是其對仁義進行了明確地批判。

故曰:"大巧若拙"。
故曰:"魚不可脱於淵,國之利器不可以示人。"

這兩句分别與《老子》第四十五及第三十六章完全相同。也許是從當時通用的《老子》中原封不動地引用於此的吧。其所謂"故曰……"就是證明。

可是,"子獨不知至德之世乎?……民結繩而用之,甘其食,美其服,樂其俗,安其居,鄰國相望,雞狗之音相聞,民至老死而不相往來。若此之時,則至治已"這一段儘管與描繪了小國寡民的理想之國的第八十章(小國寡人,使有什伯之器而不用,使人重死而不遠徙。雖有舟轝,无所乘之;雖有甲兵,无所陳之。使民復結繩而用之。甘其食,美其服,安其居,樂其俗,鄰國相望,鷄狗之聲相聞,民至老死,不相往來)近乎相同。但是,此處與前兩例不同,沒有用"故曰"之語。可以認爲這與此處和第八十章並不完全相同有關。因爲只是第八十章的一部分被作爲"至德之世"的一種描寫被采用了而已。於是,就這一問題,武内義雄先生説:"本章是否是老聃的語錄,相當有必要作爲一個疑問。……這章描繪了老莊派的理想社會。"②的確,它與論述如何治理好大國的第六十章,論述稱帝於天下的秘訣的第二十九、第四十八、第七十八章等,性質大不相同。

---

① 郭店《老子》甲本中也有含有"玄同"相當於《老子》第五十六章的文章。"玄同"之語是表達了老子思想的典型詞語。不過,如何將其展開而論,卻各有不同。
② 參照武内義雄《讀〈鬼谷子〉全集》第六卷392頁。

考慮到這一點的話,其可能性也不能說絕對沒有。

那麽,以上述這些爲基礎,我將就《胠篋》與郭店《老子》的關聯作一下探討。

前節中已說過,今本中本來是否定"聖""智""仁""義"的《老子》第十九章,在郭店《老子》中並不是。當然,這不可能是抄寫過程中的錯誤,也不可能是哪一篇缺少了若干文字,思想内容也不會改變所針對的問題。對於"聖""智""仁""義"的否定,應該看作是在郭店《老子》以後,用改寫第十九章的方法,新加進《老子》之中的思想要素。或許第八十章的内容也是這個期間新添加進去的吧?可以認爲這與戰國末期齊地的黃老思想與儒家處於尖鋭對立的狀況有關係。

在此,我想到了一個問題。即,郭店《老子》中整個欠缺了今本的第六十七章至第八十一章這十五章的内容;還有馬王堆《老子》中,第八十章和第八十一章是被放在第六十七章之前的這個事實。

就是說,以馬王堆《老子》爲基準而言,以"小國寡民"這一章爲分界,到最後一章爲止的凡十五章,郭店《老子》中完全沒有。這難道也是單純的偶然嗎?畢竟,無法說這也是偶然。不僅第八十章是戰國末期新附加的内容,從第六十七章起至第八十一章在内,也有可能是在郭店《老子》以後,被添加進《老子》的。

2.《知北遊》與郭店《老子》的關係

《知北遊》中有下面一節:

> 黄帝曰:"……夫知者不言,言者不知,故聖人行不言之教。道不可致,德不可至。仁可爲也,義可虧也,禮相僞也。"故曰:"失道而後德,失德而後仁,失仁而後義,失義而後禮。禮者,道之華而亂之首也。"故曰:"爲道者日損,損之又損之以至於无爲,无爲而无不爲也。"今已爲物也,欲復歸根,不亦難

乎！其易也，其唯大人乎！

津田左右吉認爲，這節《知北遊》中，無爲謂和狂屈、黄帝三人的對話主題是關於知與言的關係，所以這一節作爲與主題完全無關的部分，是本來應該另成别篇的内容因爲錯簡而被放入了此處①。

即使是上述情況，也不會成爲本文考察的障礙。爲什麼呢？因爲可以這樣考慮：不是與黄帝無關的言論混入了此處，而是假託黄帝之言論的内容偶然混入了這裏。

那麼，把上述引文和今本《老子》對照一下：

(1) "知者不言，言者不知"與第五十六章，

(2) "聖人行不言之教"與第二章，

(3) "故曰：'失道而後德，失德而後仁，失仁而後義，失義而後禮。禮者，道之華而亂之首也'"與第三十八章，

(4) "故曰：'爲道者日損，損之又損之以至於无爲，无爲而无不爲也'"與第四十八章，

(5) "欲復歸根"與第十六章，

分别對應。在這些當中，除了(3)以外，(1)(2)(4)(5)全都與郭店《老子》也成對應。

問題是(4)以及它前面的"道不可致，德不可至。仁可爲也，義可虧也，禮相偽也"這一段文字，爲什麽在今本《老子》中没有，還是個未解决的問題。但無論哪本都相同的是，與"道、德、仁、義"同時，"禮"也被視爲一個問題。由此，我們發現與前節中探討過的《胠篋》同樣，是以批判儒家爲前提的。尤其應該注意的是這裏增加了對"禮"的批判。之所以這樣説，也是考慮到這有可能是對荀

---

① 參照津田左右吉著《〈老子〉的研究法》(《津田左右吉全集》第十三卷 563—564 頁)。

子的批判——荀子一邊立論"性僞之分",強調"僞"的重要性,一邊談論依靠"禮義法度"的政治。從"禮相僞也"這句話中可以看出這一點。因而,《知北遊》中的這一部分也是黃老思想在戰國齊地與儒家的對立日益加深時期著述的,並且可以推測最初是假托黃帝的言論,後來被添加進了《老子》中的。

所謂與儒家的對立,可以具體地看作是與荀子學派的嚴重對立。這正是因爲這個時期,荀子學派的目標是實現統一帝國。在思想界,就像《荀子》中的《非十二子》《解蔽》所見到的那樣,荀子學派對其他學派進行了主動的毫不留情的批判。

結語

如上所述,郭店《老子》的發現迫使我們對先秦思想史再作探討。

第一,《老子》這一文獻並非從最初就具備了五千言這種完整的形態而被通用。馬王堆《老子》也不過是從戰國末至漢初流行的本子一事重新得以澄清。郭店《老子》也以物證表明,以馬王堆《老子》與今本《老子》相差甚小,和《史記·老子韓非傳》中有老聃談"道德之意五千餘言"並"書上下篇"爲根據,認爲成於老聃之手的《老子》五千言自春秋末起既已通用流行的看法是不妥當的。

第二,黃老思想與《老子》的關係也大體上變得明確。即,它們的關係並非是人們一向認爲的那樣:《老子》先行並單方面地對黃老思想施以影響;而實際上是它們互相影響,以致黃老思想的形成,也使《老子》文獻形成了今天我們所見到的這種形態。

第三,《老子》的反儒傾向並非從一開始就有,而是在戰國中期,尤其是至末期的黃老派與儒家(特別是荀子學派)的尖銳對立日漸明顯的過程中,新附加進來的。

郭店的斷簡殘篇

——《大一生水》[①]考釋

序

　　將《大一生水》與郭店《老子》丙本視爲同一文本，抑或不同文本，見解多有分歧。例如荆門市博物館編《郭店楚墓竹簡》（文物出版社，1999年）即以後者爲是；崔仁義著《荆門郭店楚簡〈老子〉研究》（科學出版社，1998年）則擇取前者。崔先生儘管也是參與了整理工作的荆門博物館館員，但在《大一生水》和《老子》丙本的分合上卻提出了對立的見解，這是無法忽視的現象。

　　文物出版社是將《大一生水》和《老子》丙本作爲各自獨立的文本的。然而，在竹簡的形態、筆迹等方面，兩者卻因何相通？對這一問題，正如其"凡例"中所言及的那樣，很難做出合理的説明。在《大一生水》的部分内容中，用與今本《老子》同樣的語言表述顯得格外突出，使我們不能不對把兩者分别看作獨立文本的結論更加慎重。

---

　　① 文物出版社本及其他版本將本篇稱爲《太一生水》，但竹簡爲"大一生水"，本文也就原封不動地作爲了篇名——因爲會大大關涉本論的主旨。

反過來，認爲兩者原爲同一文本的看法就一定没有問題嗎？事情也絕非如此。丙本部分的語言表述與今本《老子》基本相同，但與之相對，《大一生水》部分則與今本《老子》的任何一部分都没有表述上的一致之處，這自然也就成了新的疑問。就是說，認爲當初先有一完整的文本，後來被分爲丙本和《大一生水》兩部分，又因爲只有丙本部分被今本《老子》吸納，《大一生水》纔被排除在外的推測，不能不說還是有些牽强的。

　　總而言之，無論哪種觀點都各有其牽强之處。

　　本文將在充分意識到這些問題的情況下，試圖論證丙本與《大一生水》兩個文本，終究還應看作本是一體的觀點。下面，首先分析《大一生水》的思想，明確其特色，然後再對其與今本《老子》在多大程度上近似予以考察。

一、《大一生水》的思想

1. "天"的概念

本篇的篇首有文如下：

　　　　大一生水，水反楠（輔）大一，是以成天。天反楠（輔）大一，是以成陞（地）。□□□……（第 1 號簡）

若以"天"爲中心分析本篇思想，則可知："水"被置於"天"之前，而後方設定作爲終極存在的"大一"的創意，反映了其思想中已有遠比"天"更高層次的實體。

　　中國思想史上的"天"的概念，原本就是一個很難纏的東西，以致熊十力先生將其列舉爲中國哲學史上兩大魔怪之一[①]。也正是

[①] 參見熊十力著《乾坤衍》。

由於天的内涵實在難以界定，纔有如此看法。若按通常的説法，天的内涵爲：(1) 指蒼天這一物理性存在；(2) 指稱天帝、上帝——具有神格而君臨天下的人格神，即主宰性的存在；(3) 恰如《天理》、《天道》等語所示，乃是貫穿天地人的理法。正因如此複雜的内涵，天作爲至高無上的存在一直受到崇拜①。然而，"大一生水"卻與這種天的傳統思想全無一致之處。可以考慮其理由仍在於與天的思想淵源相異。就這一點而言，今本《老子》中道的思想也同樣是被措意爲比天更高層次的實體。

那麽，本篇的天又被設定爲怎樣的存在呢？在這裏，"天"不過是作爲與"地"相對應的另一極點而存在，即作爲(1)的物理性實體來把握的。再則，"天"生於"大一"和"水"的觀點中，我們會發現其令人驚訝的對水的重視，以及天的相對偏低的定位。

如此，本篇中，水被作爲更根源性的存在而被定位於天之上，也就難怪有人將其命名爲水的哲學，强調其最大特色即在於此了②。也毋庸贅言，這一水的哲學自然與五行思想的水火金木土中的水出於不同的文脈，因而與所謂五行思想毫無關係。順便而言，因五行思想後來將"土"置於其核心，故與這一以"水"爲核心的

---

① 津田左右吉的《上代支那的天及上帝的觀念》(1922年)將其分爲4類：(1) 可仰視的天(＝肉眼可見的天、藍天)、(2) 人格化的天(＝與其説是人格神，不如説只是概念的擬人化)、(3) 作爲理法的天(＝抽象的道德的政治的意義，公平無私，助人之德)、(4) 與人的刻意而爲相對的自然；馮友蘭的《中國哲學史》(1930年)則分爲5種：(1) 物質之天(＝即與地相對之天)、(2) 主宰之天(＝即所謂皇天上帝，有人格的天、帝)、(3) 運命之天(＝乃指人生中吾人所無奈何者，如孟子所謂"若夫成功則天也"之天是也)、(4) 自然之天(＝乃指自然之運行，如《荀子·天論》篇所説之天也)、(5) 義理之天(＝乃謂宇宙之最高原理，如《中庸》所説"天命之爲性"之天是也)；張立文《中國哲學範疇發展史》(1988年)又將其分爲3類：(1) 指人們頭頂上蒼蒼然的天空……屬於自然之天(馮氏(1)(4))、(2) 指超自然的至高無上的人格神……屬於主宰之天(馮氏(2)(3))、(3) 指理而言，有以理爲事物之客觀規律……屬於義理之(馮氏(5))。可以説他們都提出了基本相同的解釋。

② 魏啓鵬《楚簡〈老子〉柬釋》有此種解釋(萬卷樓，1999年)。

思想更加互不相容①。在本篇中只有一處出現了"土"的用例,即:

> 下,土也,而胃(謂)之陞(地)。上,燚(氣)也,而胃(謂)之天。

在這裏"天"之"氣"與"地"之"土"乃是相對的概念,其中"氣"與"土"相對。由此亦可見,這裏所闡明的天地萬物的生成,不是出於木火土金水之五行,而是"水""氣""土"這三種元素。本篇在思想史上的一大特徵即在此。

2. "陰陽"的概念

本篇中還使用了"陰陽"一語:

> 神明復相補(輔)也,是以成会(陰)昜(陽)。会(陰)昜(陽)復相補(輔)也,是以成四時。……四時者,会(陰)昜(陽)之所生。会(陰)昜(陽)者,神明之所生也。……此天之所不能殺,陞(地)之所不能釐,会(陰)昜(陽)之所不能成。(第2→8號簡)

在《管子・四時》、《淮南子・天文》、《禮記・禮運》等文獻中都有類似的表述,有研究指出:根據此處的使用,可看出當時典型的陰陽思想的影響②。

若將此例與如下《老子》中僅有的 1 例相對照,又會有如何的發現呢?"道生一,一生二,二生三,三生万物。万物負陰而抱陽,冲氣以爲和。"(第四十二章)雖然在"道"生萬物的過程中沒有出現陰陽之語,但是,此處的"二"如果取一般解釋,認爲是指"陰陽"二

---

① 這種情況與本篇成爲佚書有否關係,期待後續研究。
② 參照池田知久《"大一生水"譯注》[《郭店楚簡の研究(一)》(日本大東文化大學,1999 年)]。另,該書也没稱之爲"太一生水"而稱之"大一生水",筆者在撰寫本文時多有承蒙啟發之處。

氣的話，則兩段文字没有任何矛盾之處。此外還應該注意到：郭店《老子》中没有這一部分①。

3. "神明"的概念

現在來探討"神明"這一概念。其文有如下一段：

> 大一生水，水反補（輔）大一，是以成天。天反補（輔）大一，是以成陞（地）。□□□也，是以成神明。神明復相補（輔）也，是以成会（陰）易（陽）。会（陰）易（陽）復相補（輔）也，是以成四時。……会（陰）易（陽）者，神明之所生也。神明者，天陞（地）之所生也。天陞（地）者，大一之所生也。（第1→6號簡）

這一段所闡述的是：神明生成於天地這一具有莫大質量的實體，而後，陰陽——賦予天地間萬物以生機、促成其變化的根本力量又由神明而誕生②。

那麼，如何理解"神明"所具有的本原内涵呢？無疑，在"天地"、"神明"、"陰陽"、"四時"、"燥濕"、"寒熱"等條目中，它是最難把握的概念。因爲它既不像"天地"那樣看得見，也不像"四時"、"燥濕"、"寒熱"那樣可以感知。

恐怕是因爲《大一生水》的作者，認爲"天地"對於人類來説，雖然是單純的物理存在，但使其千變萬化的形而上的實體確確實實地藴含於其間——儘管天地之間不見其形，但它卻是天地間複雜微妙機制的直接主宰。可以想象這正可謂"不見其形又無限靈妙

---

① 郭店楚簡中的"陰陽"之語的用例，只見於《大一生水》。此外，僅有"陰"一語出現在《語叢四》的"利木陰者，不折其枝"中，所以可以認爲陰陽思想的影響本身並不很大。

② 關於"神明"的研究，據管見所知，有許抗生的《初讀〈太一生水〉》（陳鼓應主編《道家文化研究》第17輯，1999年）、李零的《讀郭店楚簡〈太一生水〉》（陳鼓應主編《道家文化研究》第17輯，1999年）、趙建偉的《郭店楚墓竹簡〈太一生水〉疏證》（陳鼓應主編《道家文化研究》第17輯，1999年）等。

的神靈"。恰如人類的肉體這一物理性實體,其内部宿有操縱這一實體的形而上的實體,即作爲精神作用的心靈一樣,人們類推出"天地"這一物理性實體的内部中,宿有與人的心靈(=精神)作用相同的某實體。這就是此處所謂的"神明"。毫無疑問,在此也可看到中國思想史上具有共時性特色的類推思辨法。换言之,"神明"並非指稱全知全能的神一樣的超現實實體,而是將天地擬人化後必然構想出的天地的心理功能,並使用此語進行表述而已,恰好相當於人的精神能力。進而言之,其近似於《老子》中之於"道"的"德"。因爲"德",即可以理解爲:是内涵有"道"這一偉大的實體,而其本身也有着偉大功能的實體的概述①。

如果從具有這樣内涵的"神明"反向溯源"大一"的話,則可以想見:作爲生成天地、生成神明的終極實體的"大一",其本身不僅是位於這種生成論的發端的物質性實體,而且可能被認爲兼有作爲精神性實體的性質。這一點由"大一"又被稱爲"萬物之母",另外還被定性爲"萬物之經"等情況中得以確認。被賦予了這種特色的"大一"(=太一)不久即被擬人化,與宇宙神信仰,即太一信仰相結合了②。

4. "水"的哲學

大一生水,水反忖(輔)大一,是以成天。天反忖(輔)大一,是以成陸(地)。(第1—2號簡)

---

① 關於中國思想史中以類推法進行思考的這一傳統特色,參見拙論《中國古代的天人論之管見》(日本倫理學會編《倫理學論集30》,1995年)。

② Ph. Donald Harper 認爲"大一(太一)"作爲人格神,被後世賦予了形象,這一點可以通過畫像石等看到其痕迹。本篇也認爲可以將"太一"作爲創造天地的神話來解釋,而且其可能性很高。郭店楚簡國際學術研討會(日本女子大學,2000年12月)上的 Donald Harper 的報告中有:"The Nature of Taiyi in the Guodian Manuscript 'Taiyisheng shui': Abstract Cosmic Principle or Supreme Cosmic Deity?"即郭店竹簡《太一生水》太一的性格:抽象的宇宙原則或者宇宙最大神,其詳論載於本會論文集。

正是篇首的此句成就本篇特異的生成論。此句在今本《老子》中也沒有，所以被與《老子》丙本分割開來，一般被定位爲"水"的哲學——特別強調宇宙生成論中水的作用的一種特異思想[1]。

不過，最初的宇宙生成論這一詞語表述確切嗎？是否更應稱之爲天地生成論呢？因爲與其説它指稱了包容廣大無邊的宇宙的生成過程，毋寧説只是闡明了作爲人類生存環境的天地、人眼可視範圍内的天地，抑或可以體驗的四時、冷熱、燥濕等相繼發生的過程而已。就此内涵而言，歸根結底，它不過論説了經驗性世界的生成過程而已。與其説它是經驗世界的生成論，即空想的、神秘的抑或哲學的生成論，更應稱之爲體驗性、經驗性、環境論式的生成論。

那麽，這種生成論中的"水"所起的作用是被如何詮釋的呢？爲考察這一問題，讓我們重回篇首的一段。

水是天地間彌漫着的實體。可以想見這是作者對於水的經驗性的認識。這一點從地球至今仍被稱爲水的行星即可予以肯定。但是，認爲最先存在的不是"水"，而是"大一"的觀點，可以使我們窺見其哲學思索的足迹。即：不是"最初天地間彌漫着水"，而是"最初有'大一'"。這"大一"最初創造出的不是"光"，乃是"水"（"光"的誕生還在其後，"陰陽"即相當於此）。在接下來的階段，"大一"得到幫助即生成了"天"，而後又創生了"地"。這些與《老子》以"道"爲萬物之源的思想如出一轍。

"大一"在創生出"水"之後，又隱藏於其中，即"大一贊（藏）於水"。"大一被水隱藏"的意思大概是説"大一"被包裹於天地之間彌漫着的"水"中，而且常在。即"大一"在生成"水"和"天""地"之

---

[1] "宇宙生成論"一語廣爲使用，例如前引《郭店楚簡の研究（一）》等書中。

後，依然作爲"大一"繼續存在。如此一來，"大一"與"水"的關係則微妙起來。在此，讓我們聯想起《老子》第一章中"兩者同出而異名"之論。即："大一"與"水"被認爲是雖"同出"卻"異名"的存在，也因此，在"大一生水"句後纔有"天地者大一之所生也"。換言之，"大一"其本身還不能創生出天地，"水"的幫助是不可缺少的。而且，此時的"水"，其本身則屬於 a priori（先天性的）存在，"大一"自然也同樣是 a priori 的存在了。如此以觀，也就能够理解"大一"與"水"，説到底，實乃終極存在的（即"道"）的不同名稱而已。所以，"大一"理所當然地在作爲"墉（萬）勿（物）母"受到尊敬的同時，還作爲"墉（萬）勿（物）經"，在生成萬物之後仍然繼續主宰之。可以説，這是經驗性地理解了"水"的古人的智慧的産物，即："水"不僅生育萬物，而且内藏於所有生物體中，成爲維持其生命的根源。

"大一"如果是第一原理的話，那麽隱藏了"大一"的"水"又是什麽呢？兩者只能是同等的存在。如此，"水"則不單單是"道"的譬喻性表述，可以説，也是"道"自身的現實形態。在此意義上，《老子》所説的"水幾於道"（第八章），不僅闡明了水具有與"道"的偉大作用相同的功能，又説明"水"的作用本身恰恰就是"道"的自身體現。

在此，如果將"大一"與《老子》的"道"作爲同一概念，所謂"大一生水"即成爲與《老子》的"道生一"（第四十二章）内涵相同的表述了，等於説所謂"一"亦即"道"的現實形態。若將其設定爲"水"的話，則自然能够認可"一"同時亦即"大"的推論。究其緣由，不正是因爲水能化成雨從天而降浸潤整個大地，不久成爲大河而注入大海，暢行無阻地變化其形態而永不止息嗎？

如此觀之，雖然現行《老子》明言"道"爲"大"、爲"一"，但是，郭店《老子》並没有明言"道"爲"一"，亦不見以"水"爲範的語言表述，這自然會成爲疑問。但是,從本篇可以看出"道"即是"一",即是"大"。而且,其論述的展開也是與"水"緊密相連的,因而可以說:是郭店《老子》中加入了《大一生水》的要素,纔使其進一步接近了現行《老子》①。也因此,先前的疑問,通過將《大一生水》部分與丙本接續起來閱讀,如今也能够冰釋了。

如上所述,在分析了《大一生水》中的"天"、"水"、"神明"、"陰陽"之後,結果使我們更加疑惑:被命名爲《大一生水》的本篇爲何一定要作爲與《老子》不同的文本來看待呢?根據上述的考察,更爲妥當的解釋應該是:丙本自身正是形成《老子》原型的一個文本,應將《大一生水》與丙本作爲一個整體來看待。

在下面新的一節裏,將就《大一生水》與今本《老子》的近似性作進一步探討。

二、《大一生水》與今本《老子》的近似性

事實上,《大一生水》雖被冠以此名,但其本身並非是首尾一貫的内容,大略而言,是由兩部分文章所組成。本章將在確認這一點的基礎上,解明兩部分文章都有與今本《老子》極其近似的部分敘述,同時思考這一事實所具有的深層内涵②。

首先,《大一生水》中的"大一",有觀點認爲是指閃爍在北方夜空中的小小北極星"太一",但從"大一"生"水"這種宏大的觀點來看,此解釋給人以非常不般配的印象,在此暫且存疑。即或是後來北斗信仰與太一信仰相結合的結果,以致產生了這種説法,但至

---

① 關於郭店《老子》和今本《老子》在"道"的理論上應予以注意的不同點。
② 最早注意《大一生水》與今本《老子》的近似性的論文,據管見,有陳鼓應《〈太一生水〉與〈性自命出〉發微》(《道家文化研究》第 17 輯,1999 年)等。

少,是否能由《大一生水》本身直接推導出這種觀念,還是必須慎重的。

1. 關於文獻構成

文物出版社的版本分爲三組,即:第1—8號簡、第9號簡、第10—14號簡。其中,含有本命名由來的一組最長。崔仁義將它們與丙本視爲一體,但《大一生水》部分的竹簡排列方法與文物本基本相同。

不過,劉祖信先生將其中的一部分調序後,認爲應當分爲第1—8號簡,和第10—12、9、13、14號簡兩組①。

本篇竹簡共14枚,與《老子》甲乙丙本相比,缺損部分較多。雖然,諸説最終皆未能超出推測之域,但相對而言,劉説看似更爲合理。本文亦將按劉説,將其作爲由上下兩組合成的文獻加以考察。

在將本篇分爲上下兩組,對其内容進行品評之際,可以將第10號簡的"下,土也,而謂之地。上,氣也,而謂之天",與"下＝土＝地、上＝氣＝天"等式化。另外,認爲天地各自成分不同而上下相合、"天"乃是"氣"的觀點值得注意。之所以如此説,是因爲在其生成論中——上組的"大一"和"水"生成了"天",繼之,"大一"和"天"又生成了"地",這種將"天"和"地"加以區別的做法,使其與"天地"創生"神明"的觀點失去了理論上的整合性。如此考量下來,則可推測上下兩組在天地觀的認識上略有不同。以極端的説法言之,即:"天由輕氣體,地由重氣體構成"的觀念,與認爲"天"和"地"皆由"大一"和"水"生成的"大一生水論"並無

---

① 參見劉祖信《〈太一生水〉淺議》(新出簡帛國際學術研討會論文,2000年8月)。與之相對,裘錫圭將此分爲三章,並分別命名:第1—8號簡爲太一生水章、第10—13號簡爲名字章、第9—14號簡爲天道貴弱章,參見《〈太一生水〉"名字"章解釋——兼論〈太一生水〉的分章問題》(《古文字研究》第22輯,2000年)。

直接關係。

就是説,所謂《大一生水》篇,也並非首尾整合的一篇文章,而是兩篇短文的輯合。果若如此,聯想《老子》甲乙丙本亦皆爲短文的輯合,則完全可以斷定丙本與《大一生水》之間沒有任何構成上的不同,反倒是相互連續的一個文獻。

2. 關於句法

在今本《老子》中,使用"是以……"句法的有38例,在《大一生水》的上組中有7例,略顯突出;再有,同樣的"故云云……"與今本《老子》的64例相比,《大一生水》中的下組中有3例;上組中有"是故……"1例,而今本《老子》中爲2例。

就造句而言,以上所見並不足以證明兩者具有特別的親近性。此外,雖已有人指出在"A生B……"的句法上有應注意的與《老子》的共通點,然而,此句法本身並非多麽稀有少見[1]。

不如説,值得關注的是相當於《老子》生成論中最爲引人注目的第四十二章"道生一,一生二,二生三,三生万物"這一句。就其內容而言,論説由"大一"生成萬物之過程的"大一生水",若以"大一"="道"這一等式來置換,則可發現完全相同的思想不過是被改换了表述語言而已。據此,句法的共通性,以及其中所承載的思想的近似性得以確認。此外,還應注意到郭店《老子》中没有這一部分。

3. 關於詞彙

詞彙的問題又如何呢?今本《老子》中"聖人"一語有32例,與之相反,"君子"一語僅有2例。《大一生水》中,"聖人"1例(見於下組),"君子"1例(見於上組),兩組用例都很少。《大一生水》較之《老子》,文字數極少,因而這種詞彙用例的比較沒有多大意義,

---

[1] 參照池田知久《郭店楚簡の研究(一)》31—32頁。

也難由此實證兩者間突出的類似性。所以，應當進行對照的還是兩者的思想内容。

4. 關於思想

第一點，《老子》一邊將"道"説成"無名"（第一、三十二、三十七各章），一邊如第二十五章那樣，起其名爲"大"，與其字爲"道"，使用了擬人化手法，我們也因此而感受到《老子》那獨特的氛圍（在郭店甲本中有第二十五章的内容）。《大一生水》在這一點上與之完全相通，從下段"道亦其(字)也。青(請)䎸(問)其名"、"亦(託)其名"、"天(地)名(字)並立"的議論中，也可以看出本篇對於"起其名""與其字"的執着。

第二點，《老子》以母性的視點來把握"道"乃是其極大的特徵，例如"道"被類比爲"萬物母"（第一章）、"食母"（第二十章）、"天下母"（第二十五、五十二章）、"國之母"（第五十九章）等等；而《大一生水》一方也可發現"萬物母"的説法。這一點，在我們把對母性原理的强調列爲《老子》思想特色之一時，是不能不聯繫起來考慮的①。此外，同樣還須提醒注意的是：郭店《老子》中没有這種語彙的使用。

第三點，《老子》中以母性原理爲其根本的世界觀，是對柔弱謙下的處世觀的尊重，它賦予了《老子》思想構造上的又一特色。例如，"柔勝剛，弱勝强"（第三十六章）、"弱者道之用"（第四十章）、"人生之柔弱，其死堅强。万物草木生之柔脆，其死枯槁。故堅强者死之徒，柔弱者生之徒。是以兵强則不勝，木强則共。故堅强處下，柔弱處上"（第七十六章）、"天下柔弱莫過於水，而攻堅，强莫之能先。其无以易之。故弱勝强，柔勝剛，天下莫能知，莫能行"（第

---

① 在北方發展起來的"天"的思想乃是父性原理，與之恰好形成對照。這一點也應引起關注。

七十八章)等等,毋庸贅言,這些既是《老子》的世界觀,同時也成爲了它的處世觀。故而《呂氏春秋・審分覽・不二》篇有"老聃貴柔",《荀子・天論》篇有"老子有見於詘,無見於信",都是針對老子處世觀的直接評價。存在於這種處世觀的根基處的,乃是老子的這種"母性原理"世界觀。《大一生水》由"天道貴溺(弱)"的世界觀出發,闡述了類似處世訓誡的"雀(爵)成者以益生者,伐於强,責於……"之論,在這個意義上説,恰恰如實地昭示了它與《老子》思想没有絲毫差異。

第四點,《老子》的思想特徵還在於其屢屢陳説一種悖論式的處世訓誡,即主張立功而不誇耀,得高位而不貪戀,反而可長保己身。例如"功成不居。夫唯弗居,是以不去"(第二章)、"聖人後其身而身先,外其身而身存。以其無私,故能成其私"(第七章)、"功成、名遂、身退,天之道"(第九章)、"不自見,故明;不自是,故彰;不自伐,故有功;不自矜,故長"(第二十二章)等等。《大一生水》中則有"聖人之從事也,亦怃(託)其名,古(故)红(功)成而身不剔(傷)",也是説聖人行事常得成功和自身的安泰,這完全可以認爲是與上面《老子》的思想性質相同。

第五點,《大一生水》的下組中有"(不足於上)者,有餘於下。不足於下者,有餘於上",是説"天"之不足由"地"補,"地"之不足則由"天"補,"天""地"因相互保持平衡而安定。的確,它闡明了自然之理的神妙,未必是論説處世秘訣的。但是,如"天之道,其猶張弓!高者抑之,下者舉之,有餘者損之,不足者與之。天之道,損有餘而補不足;人道則不然,損不足,奉有餘"(第七十七章)所示,其主張即:"人之道"不僅不能消除"有餘""不足"的不平衡,反而會助長之;而"天之道"的作用正在於消除這種不平衡;也正因爲如此,應當以此爲處世治國之典範。在這一觀點上,仍然可以發現兩者之間共通的思想。

結語

　　如上所考，雖然從詞彙、句法的比較上來看，關於《大一生水》與今本《老子》的近似性，沒有得出明確的結論，但是，經過分析，兩者在思想內容上相當接近的情況已經了然。也許有人認爲它們都是論述道家思想，近似也是理所當然的。不過，問題的發端乃是文物本把內容如此相類似的文本，一方命名爲丙本，而另一方則取名爲《大一生水》，特意地加以區別。必須指出其背景存在着重大的誤識，即：將《道德經》上下五千餘言由老聃著於春秋末這一《史記・老子韓非列傳》的記載，原原本本地直接作爲史實給予了認定——即"想當然耳"。可以推想：整理工作是在甲乙丙三本即《道德經》五千餘言的摘抄本這一"自明"的前提下進行的。那麼，如果撤掉這一前提，將丙本與《大一生水》作爲各自獨立的文本加以區別對待的意義也就不復存在了。

　　加之，竹簡原文中的"大一"特意被換寫爲"太一"之舉，也只能說反而使事實真相難以辨認了。因爲，今本《老子》中"道"亦即"大"，亦即"一"，亦即其強調所在。而且，本篇中的"大一"與《老子》的"道"含義完全相同，這也是此前以及本書已經論證了太多的結論。當然，郭店《老子》甲乙丙本中雖有"道"亦即"大"的論述，但沒有"道"即是"一"的論述，這也是應當給予充分考量的。

　　就是說，如果將丙本和《大一生水》作爲同一文本，那麼，認爲郭店《老子》甲乙丙分別爲與今本《老子》無大差異的、老聃所著的《道德經》上下五千餘言的摘抄本的看法，則完全不能成立了。

　　郭店《老子》的發現，在現階段，至少使戰國中期就存在的堪稱原《老子》的文本一事得以明了，但並不能證明具備今本這種完整形態的文本已然著述完成。戰國中期，尚無與今本《老子》（應稱之爲馬王堆《老子》）相當的文本。郭店《老子》甲乙丙本、《大一生水》篇等被輯合爲一體，在此之上或被重新添加内容，或被改寫，實乃自戰國末至漢初期間《老子》五千言走向完成途中的版本。從這個意義上說，《大一生水》也和甲乙丙三本一起，大大地參與了今本《老子》的形成。

上博竹簡初探
——《恒先》宇宙論析義

序

　　自從《上海博物館藏戰國楚竹書(三)》所收的《恒先》在學術界公布之後,已經發表了相當數量的論文,隨着人們解讀的深入,問題所在也越發明朗起來。現在,如果從中舉出最重要的議題,應該說是如何將《恒先》中所出現的"氣"的概念和宇宙生成論密切聯繫起來的學術探討。

　　正如熊十力先生把"氣"和"天"同時作爲中國哲學史上的兩大魔怪那樣,"氣"在中國思想史(哲學史)上所發揮的作用是巨大的,而且它的含義也是極其複雜多樣的[1]。一些先行研究不斷證明:本文中所涉及的《恒先》中的"氣"的概念,爲先秦時代"氣"的思想史的研究提供了新的視點[2],但是仍有未解明之處,有待進一步探

---

[1] 參照熊十力《乾坤衍》,《熊十力全集》第七卷514頁(湖北教育出版社,2001年)。
[2] 例如:吳根友《上博楚簡〈恒先〉篇哲學探析》(簡帛研究網,2004年5月8日);郭剛《上博楚簡〈恒先〉之"恒先""恒氣"窺探》(簡帛研究網,2004年6月6日);竹田健二《〈恒先〉之氣的思想》[(淺野裕一編《竹簡講述的古代中國思想——上博楚簡研究》(汲古書院,2005年)]等。

討的問題亦不少。

本文將借助先行研究的成果，探尋先秦至漢代的——主要是道家的"氣"的思想史，並以此爲坐標，分析探究《恒先》中出現的"氣"的思想，在確定了其思想史上的地位之後，在可能的範圍内推測它的著述時間①。與此同時，我想把重點放在"氣"的思想在宇宙生成論的構想上發揮的作用，以及它和《老子》"道"的思想的關聯上。

對於《恒先》開頭部分的宇宙生成論和後半部分的政治思想之間如何相關聯的問題，曹峰先生認爲：其宇宙萬物生成的哲學是直接與政治哲學結合在一起的，應解釋爲"政治的原則必須服從宇宙生成的原則"的體現②。與此同時，劉信芳、郭梨華提出《恒先》應爲齊稷下道家的作品③，另有趙建功指出《恒先》與易學之間的關聯④。此外，還有人指出其與緯書是相關的。因爲易學和緯書分别被聯繫到《恒先》中這一事實，使我們想起漢代的易學和讖緯學都被歸於齊學。

如上所述，有待探討的問題還很多，本文僅就《恒先》中宇宙生成論的特質，提出一點拙見。

一、概觀"氣"的思想史

在此，概觀一下先秦到漢代的"氣"的思想史，尤其是對宇宙生

---

① 在本文中筆者將以小野澤精一《氣の思想》（東京大學出版會，1978 年）爲參考進行論述。

② 參照曹峰《從"自生"到"自爲"——〈恒先〉政治哲學探析》（簡帛研究網，2005 年 1 月 4 日）。

③ 參照劉信芳《上博藏竹書〈恒先〉試解》（簡帛研究網，2004 年 5 月 16 日）；郭梨華《〈恒先〉及先秦道家哲學論題探究》（收入政治大學中國文學系等主編《出土簡帛文獻與古代學術國際研討會》，2005 年）。

④ 參照趙建功《以〈易〉解〈恒先〉六則》（confucious，2000，2006 年 3 月 6 日）。

成論和"氣",以及"道"和"氣"的關係等問題上,已經被以道＝氣的理論、氣一元論等概念加以闡明的部分。

戶川芳郎首先對"氣"這個概念首次出現在文獻上的時間作了以下敘述①：

(1)"氣"這一文字首次出現在戰國初期的銅器上②。

(2)作爲生命現象的氣息,以及象徵自然運行的大氣,一齊出現在戰國時代成書的諸文獻中③。這種"氣"説發展成爲廣泛的思想。

(3)西漢後期開始設想具象世界的陰陽二氣的原動力爲始元之氣(＝元氣)。

(4)正如《白虎通·天地》有"……故《乾鑿度》曰,太初者氣之始也。太始者形兆之始也。太素者質之始也"一樣,由鄭玄注解並對魏晉以後產生深遠影響的易緯《乾鑿度》,設想了作爲氣、形、質的始元的太初、太始、太素三氣。

(5)並不是僅僅以上的三氣説在東漢時期表現了元氣之萬物生成的元始狀態,趙咨在臨終之際,給兒子趙胤的遺書中説到要薄葬,"夫亡者,元氣去體,貞魂游散,反素復始,歸於無端"(《後漢書·趙咨傳》),認爲"氣"魂會復歸於元氣的始元。戶川藉此以説明氣論已經被納入漢代的生成論的核心；而且對於萬物生成根元的"氣"理所當然的與"道"融爲一體的過程。

(6)張衡(78—139年)的"太素之前,幽清玄静,寂漠冥默,不

---

① 戶川芳郎《〈氣の思想〉總論》3—11頁(東京大學出版會,1978年)。
② 《恒先》中"氣"作"熭"。
③ 《恒先》之"氣"接近於後者。而且,澤田多喜男也有同樣的論述,見《〈氣の思想〉總論》82頁"對於中國人來説牢固不可動搖的思想,即氣爲萬物生成的基礎的思想,大約是於戰國時代中期就已基本確立了"。當然《恒先》的氣論,也是這種思考的產物。

可爲象。厥中惟虛,厥外惟無"(引自《後漢書・天文志》上劉昭注解)的宇宙本元論,是將無形玄默且虛無永恒的"溟涬"界作爲"太素"之前的"道之根"。

(7) 張衡的友人王符,在他的《潛夫論・本訓》篇裏論說了在天人合一思想指導下統治天下的原理,將其探求元氣和天人之道間關係的道氣論加以如下的展開:

……上古之世,太素之時,元氣窈冥,未有形兆,萬物合并,混而爲一,莫制莫御。若斯久之,翻然自化,清濁分別,變成陰陽。陰陽有體,實生兩儀,天地絪縕,萬物化淳,和氣生人,以統理之。……是故道德之用,莫大於氣。道者,氣之根也。氣者,道之使也。必有其根,其氣乃生;必有其使,變化乃成。(點爲引用者所加)

這個"道"="氣"說主要關心的並不是天體自然的運行規律,而是熱衷於論述人類社會的應有狀態。

另外,對於"從無到有"的世界的誕生契機,戶川芳郎還以漢代的文獻爲例進行了如下解說:

(8) 鄭玄給《乾鑿度》中"太初者,氣之始也"注解曰:"元氣之所本始。太易既自寂然無物矣。焉能生此太初哉。則太初者亦忽然自生",將有和無的聯繫如此斷然否定了,認爲天地萬物是忽然之間自然而然地產生的。

(9) 這個"忽然自生"說,換言之,就是魏晉時期得到發展的"無"的存在論,其源頭則可追溯到鄭玄注的《乾鑿度》中。

就這樣,從西漢末期到東漢,氣論就成爲以陰陽思想爲基礎的元氣論,以至對緯書的形成產生了影響。戶川的這一見解中,尤其是(4)—(9),因其與《恒先》的氣論密切相關而不可忽視。

還有馮友蘭的《中國哲學史新編》(1983年修訂本)第十七章(稷下黃老之學的精氣説)第三節(黃老之學關於"精""氣"的思想)中談道：

(10) 稷下黃老之學開始用"氣"以説明"道"、認爲"道"就是"氣"或精氣。(203頁)

(11) 稷下黃老之學認爲"道"就是"氣"，萬物都是從"氣"生出來的。(203頁)

認爲將"氣"和"道"結合在一起的是稷下黃老學派。但其作出的結論卻是根據《内業》篇説："凡道無根無莖，無葉無榮，萬物以生，萬物以成，命之曰道。"這是認爲"道"不是具體的個別東西。他認爲這種未規定的"道"，不是超自然的東西，而是一個有定的自然——"氣"。《管子・樞言》篇説："道之在天者，日也；其在人者，心也。故曰：有氣則生，無氣則死，生者以其氣。""氣"和"道"之間，不可否認是有這樣的傾向的。然而，可否因此認爲當時的黃老之學已將"道"與"氣"作爲一體，像馮先生所説的那樣，"道＝氣"的思想得以發展了呢？尚有疑問。

(12) 福永光司在《氣の思想》中論述道：

……在這些篇章中(引者注：指《淮南子》中的《原道》《道應》《謬稱》)，"道"就是用以具體説明遍布於天地宇宙間的"氣"的存在方式，將"氣"的存在方式理念化、形而上化就是"道"的概念……"道"就是"氣"，"元氣"就是"道"的氣一元論思想被迅速强化……(141頁)

我以爲：即便是如馮氏所説，把"氣"與"道"相提並論的是戰國中後期活躍於稷下的黃老學派，但是把"氣"和"道"相結合乃至總結出氣一元論思想的，卻不能不説是福永光司所論述的那樣，是漢代初期的事了。這和《恒先》的記述絕無矛盾。因爲雖然在

《恒先》中也能看到作爲萬物産生的根本的"氣"這個語例,但是它還没有被直接與"道"相聯繫。《恒先》當然是道＝氣論産生之前的著作。

另外,如果把這裏的氣一元論作爲同理氣二元論相對立的存在論來考慮,則比較容易理解。所謂理氣二元論,就是將存在分爲本質完全不同的理——形而上的存在——和"氣"——形而下的存在。作爲形而下的存在的"氣",要受"理"的支配。與其相對的氣一元論則認爲:由無中生有的過程,即宇宙生成過程中,作爲實際作用體的理法的物質根據"氣"是單獨地發揮着作用的。也就是説"氣"本身按其自身規律生成萬物,所以"氣"必須使其本體內部擁有這種"原理性法則"。正因爲如此,氣＝道的認識纔得以産生。

概觀"氣"的思想史之後,似乎有必要再考察一下"氣"同道家的關係。那麽下一節就來看看道家的"氣"説。

二、道家的"氣"説——與"道"的思想的關聯

衆所周知,與"氣"相比,儒家更重視心,與此相反,道家則以"氣"爲優先[1]。道家如此重視"氣"的理由是什麽呢?

福永光司認爲,把先秦時期的道家思想與儒家思想進行比較時,其間最大的不同便在於:儒家思想始終以現實的人間世界爲思考的主題,而道家思想則把人間世界的起源,即世界本身的起源作爲探索的主題……(《氣の思想》126頁)

從這個觀點來看,論説宇宙生成論的《恒先》正是地地道道的

---

[1] 參照栗田直躬《上代中國典籍中之"氣"的觀念》,《中國上代思想研究》(岩波書店,1949年);小野澤精一《氣の思想》39頁等。

道家文獻。然而,《楚辭·天問》《淮南子·天文》等文章雖然以宇宙生成論爲主題,但他們卻未必是道家文獻①。因此,探求宇宙起源和形成的欲望,不一定爲道家特有的意識。不過,道家在全面推出"道"的思想,强調"道"的屬性——其超越時空的永恒性、普遍性、絕對性時,"道"必然會關聯到宇宙的起源及形成等問題。這也是很容易理解的。

同時福永光司在他的文章當中還提到:

> ……先秦時期道家的"氣"説分爲兩大類:一類是宇宙生成論——以"氣"來解釋世界的起源、天地萬物的形成;另一類是養生或養性論——通過"氣"來解釋生於天地宇宙之間的人類如何纔能很好地完成其生存的智慧。宇宙生成論的"氣"説和養生論的"氣"説雖然看似有所區別,但在根本上,二者是相互聯繫的,而且最終是歸於一體的。由此可以看出道家"氣"説的特徵。(《氣の思想》127 頁)

福永光司認爲"氣"的宇宙生成論和"氣"的養生論歸根結底爲一體的思想表現了道家"氣"説的特點。然而在《恒先》中卻並不是這樣。不如説將宇宙生成論和政治論聯繫一起的思想是其一大特點。關於這一點本文暫不涉及②。

三、《恒先》中"恒"的意義 ——與道家的"道"相聯繫

關於文章開頭的"恒先無有"一句,"恒"被解釋爲天地宇宙的始原狀態。因此,從這個意義上説是相當於《老子》的"道"。但是

---

① 關於《天文》,參照楠山春樹《淮南子》上 130—133 頁(明治書院,1979 年)。
② 參照曹峰《從"自生"到"自爲"——〈恒先〉政治哲學探析》(簡帛研究網,2005 年 1 月 4 日)。

這樣認爲到底是否合適呢？已經有人指出①：以"恒"爲中心的《恒先》的宇宙生成論，和《老子》以"道"爲中心的宇宙論並不相同。那麽，這個問題就需要進一步的探討②。

淺野裕一將文章開頭部分斷句讀成"恒先無、有質静虚"，將"恒先"解釋爲"永恒的原初階段"。即將"恒"理解爲指代"宇宙始原的存在"之語，認爲不應該將其看作"道"的別稱③。

即便確實如趙建功所説，"恒"就是"道"、是宇宙本質，"是開始、是太始、是宇宙演化的最初"，將"恒"解釋爲"道"這一點並不是什麽大錯，但恐怕其中仍有思想史研究視點上的遺漏。也就是説，從思想史觀點來看，"道"的性質即便可以用"恒"這個詞語解説（如：道→恒），但是，卻不能反過來以"道"來解釋"恒"（如：恒→道）。如果是這樣，究竟能否認爲"恒"與"道"是同義呢？這是我們不能不研究的。

本來"道"的原義只是單純的"人們行走的道路"、前往目的地時所走的路綫，完全没有"道義"之意④。後來，由此而派生出爲了達到某種目的而采取的手段、對策之類的語義。進而，如儒家思想中典型地表述的那樣，《論語》的"朝聞道，夕死可矣"、《中庸》的"誠者，天之道也。誠之者，人之道也"等，又派生出爲人所應該身體力行的正道（＝道理）等道義上的概念。

然而，衆所周知，是道家賦予"道"以萬物生成化育的原理法則之意，並且這種涵義被不斷地形而上學地深化。然後，道家這種形

---

① 李零《"恒先"説明》、廖名春《上博藏楚竹書〈恒先〉簡釋》、李鋭《〈恒先〉淺釋》、陳麗桂《〈恒先〉的斷句與義理詮釋》、趙建功《〈恒先〉意解》等，大多取"恒(恒先)＝道"之説。
② 參照淺野裕一《〈恒先〉的道家特色》（收於淺野編《竹簡講述的古代中國思想——上博楚簡研究》）。淺野以數例論及其與《老子》道家不同之處。
③ 參照淺野編《竹簡講述的古代中國思想——上博楚簡研究》209頁。
④ 參照《説文》"道"項的"所行道"。

而上學意義的"道"不久就被易學所采用,如《系辭傳上》中的"一陰一陽之謂道"就是其例。很顯然,天地宇宙的自然的運營,即自然的原理法則被名之爲"道"。

另外,《老子》中已講到宇宙生成論,作爲表述宇宙生成的原初,即本體的詞彙,也使用了"道"字。在此,且將《老子》中的"道"的含義整理如下:

(1) 作爲人的生存方式和政治的實施規範的"道"。
(2) 作爲天地萬物的生成化育的原理法則的"道"。
(3) 作爲宇宙生成的原初,即本體的"道"。

傳統的"道"的含義是(1),道家增添了(2)的意思,特別是(3)則屬於《老子》中特有的思想含義。

《老子》中所表現的(3)這種作爲宇宙生成的本原,即本體的"道",是從(2)作爲原理法則的"道"中派生出來的概念,也就是説:它是"道"的思想史上最後衍生出的觀念,這一點是顯而易見的。這樣的話,我們就能夠理解:爲何説《老子》中的"道",是道家的宇宙生成論所達到的終極概念,是一個即使可以用其他詞語來說明也不能用其他詞語來替代的最重要的概念。

的確,"恒"被看作了萬物原初的存在形式乃至其本體。"道"在這一點上可以説是同樣的。但是《老子》的"道"不僅僅是萬物產生的原初,也是其後天地萬物的主宰。

但是,《恒先》中首先將"恒"定爲萬物之原初,認爲"氣"是不久之後產生於其中的,甚至斷言:天地萬物生成於"氣"的過程中,一切皆委之於"氣",一切皆與"恒"無關。因而,在這一點上不能説"恒"與"道"同義①。

---

① "恒氣之生,不獨有與也"(第2—3號簡)中認爲:"恒"根本沒有參與"氣"之發生。它是承接前文"恒莫生氣,氣是自生自作"反復加以強調的。其觀點是: (轉下頁)

如同下節所述,《恆先》在闡述萬物的生成化育時,用的是"氣"而非"道"。"恆"與《老子》的"道"是無法等同的。換言之,《恆先》的"恆"只是與《老子》的"道"之第(3)義有共通之處而已。那麼,表達《老子》的"道"之第(2)義的又是什麼呢①?

在此,必須加以考慮的是"氣"一語。實際上,在《恆先》的宇宙生成論裏,僅次於"恆"的重要觀念就是"氣"。

四、《恆先》之"氣"論與"道"是否同義?

研究這個問題,必須先從"恆先無有。……自厭不自忍。或

(接上頁)即便"氣"可作爲有即天地乃至宇宙萬物的存在的始元,也並不就表示先行於"氣"的"恆"、"或"之無的世界是其生成的原因。也就是説,並非是無中生有,而是氣中生有。通過"氣"的突然出現,宇宙天地萬物也就產生於其中了。如此,在確立了"恆"爲最終極的存在實體的同時,卻又將"氣"之生成與"恆"割裂開來。這個事實使我們懷疑:雖然元氣這一概念出現於思想界,並且氣一元論這一宇宙生成論形成是在漢代,但在《恆先》著述之時,或許已經另有以"氣"爲中心的宇宙生成論存在。

丁四新、季旭昇等解讀爲"恆氣之生",那麼就產生了"恆氣究竟是什麼"這樣的疑問。就是説丁四新認爲:它是"恆常未動,未變之氣"的根本,是本體,是和《莊子·知北遊》篇所説的"通天下一氣耳"的意思完全一致的。

季旭昇承接其意,認爲"此'氣'並非現象界實有之氣,而是'恆(道)'中本有的原始的氣,所以用'恆氣'來稱呼"。

但是,"氣"原本是爲了説明生命活動和自然運行而被構想出來的概念,應該是流動不止且極有生氣的存在。然而如果説"恆常未動,未變之氣","氣"則不是動的而是靜的,以至自然而然地成爲未動、未變的"恆"常之"氣"這麼一種設想。這樣一來就會出現形象矛盾吧。

另外,"恆氣之生,因復其所欲"(第9→5號簡)中説,天地萬物由"氣"中產生之後,使其返回各自本原的就是"恆"的作用。即"恆"雖然未參與"氣"的生成運動,卻積極作用於"氣"的復歸反復運動。也就是説可以理解爲:本來屬於物質存在的"氣",如前所述,並不具有内在的原理法則性的功用,其歸而復返的往復,即"氣"的循環往復是其自身無法掌控的,因此"恆"就被賦予了原理法則性的意義。

但是如第4號簡上的"氣信神哉"那樣,認爲"氣"在生成作用上發揮了神妙作用。結果,只能認爲"氣"在萬物的生成上,而"恆"在萬物的循環上,各自發揮着原理法則性的作用。

① 《恆先》中也有"天道""天行"之類的語句,都可以將其理解爲與《老子》中的"天道"意思相同。即意味着"通過自然界的運行而知其法則性"(金谷治譯注《老子》152頁)、"大概具體指日月星辰的運行及其軌道"(小川環譯注《老子》93頁),與宇宙生成論無關。

作。有或焉有氣。有氣焉有有。有有焉有始。有始焉有往者。未有天地"着手。在這裏將世界即將創生時的狀態，按其各個不同階段循序論述。即：從"恒先"(＝無論時間、空間抑或物質，即一切尚未存在的原始狀態)到有"或"(＝空間，既真空狀態的出現)，再到有"氣"(＝能量，宇宙空間開始充滿能量)①，再到有"有"(＝充斥於宇宙空間的能量凝固而呈現的物質形態)，再到有"始"(＝時間的起點，時間伴隨着空間產生)，再到有"往"(＝運動的開始，在時間與空間之中產生了物質的運動)，再到未有天地(然而此時天地尚未生成)。此後，雖然天地終於產生，但這種產生也正如"氣是自生。恒莫生氣，氣是自生自作"所説的那樣，爲自動生成，相互之間並不存在因果關係，而且也並非是由某種意志的作用而生成的結果。文中所使用的"有……，焉有……"也正爲此意。也就是説，它與《老子》所説的"道生世界"的觀點是大相徑庭的。《老子》第四十二章中的"道生一，一生二，二生三，三生万物"，第四十章中的"天下万物生於有，有生於無"等觀點，就是強調"道"＝"無中生有"，明確地闡述了生出"有"的是"無"，"無形"之"道"，被喻爲孕育世界的"母體"。並且，《老子》中的"道"，不僅是使萬物生成的肇始之存在，同時也是使萬物化育的原理法則性之存在。而"恒"卻僅僅包含了前者的意思。但是，從"恒"中自生出"氣"這一觀點，卻藴含了如"氣信神哉"所體現的那種原理法則性②。

可是，所謂的"氣"，正如《莊子·知北遊》、《禮記·樂記》、《管子·樞言》、《呂氏春秋·季夏紀·明理》等記述的那樣，是"使生物'有生'並且使其生命活動成爲可能的力量"，是"可以通用人類以

---

① 根據栗田直躬《上代中國典籍中之"氣"的觀念》中指出：大體上，氣是以生命力的觀念爲起源，其特色有物理(生理)性質、非合理性、無目的性，以及無個性的泛通性和缺乏道德性等，是作爲人獸共通的原理而形成的。
② 參照"濁氣生地，清氣生天。氣信神哉，云云相生，信盈天地"。

及人類以外的生物的觀點"①,正如宋學的理氣二元論一樣,僅僅通過"氣",很難解釋清楚萬物生成發展的法則。由此,體現某種作用於"氣"的法則性的存在便成爲必不可少的了。那麼,在《恒先》中,"氣"是被作爲神性的存在而論述的,所以在此只能認爲法則性的存在是内在於"氣"之中的。

以"氣"的概念爲軸,這樣分析《恒先》的結果是:較之"恒","氣"被認定爲萬物之始元。很明顯,從這個意義上來説,《恒先》所闡述的是可以稱之爲氣一元論的内容。在此,即使"氣"沒有與"道"直接關聯,但我們仍然可以得到這樣的觀點:即文中的"氣"纔可以理解爲"道",而不是本篇開篇的"恒"。

那麼,與《老子》之"道"同義的究竟是"恒"? 還是"氣"呢? 如果是"氣"的話,那就必須要把"恒"定位爲先於"道"而存在,這就必然會與將"道"定位爲宇宙論之始元的《老子》的思想產生矛盾;反之,如果認爲"恒"與"道"同義,那麼按其文中所説,是"氣"生於"恒",並無因果關係,且"氣"爲"自生自發"的話,萬物之始元就更應該是"氣"而不可能是"恒",由此,這與《老子》之中把"道"視爲萬物之始元的觀點不相一致。

總之,無論《恒先》中的"恒"或"氣",想要把其中的任何一個與《老子》的"道"相聯繫,都是無法作出完滿的解釋的。《老子》之中的"道",不僅是在宇宙未生成之前就有的根源性的存在,同時也是生出並且化育着宇宙萬物的"母體"。而《恒先》之中的"恒"抑或"氣",個體上都不具有這種雙重含義,所以,最終不能不放棄以《老子》"道"的思想來解釋《恒先》的嘗試。而這究竟又意味着什麼呢?

---

① 參照栗田《中國上代思想研究》95 頁(岩波書店,1949 年)。

結語

今本《老子》中關於"道"的思想是先秦道家的"道"的思想之最終到達點——這樣考慮會更容易理解些。也就是説，郭店楚簡《老子》丙本中的《大一生水》中的宇宙生成論(天地生成論)和《恒先》的宇宙生成論等，在《老子》中纔最終將"道"的思想作爲核心而得以完成①。

這樣的話，我們只能認爲現行版《老子》的完成時間應該晚於以上這些版本。

王引之指出：《淮南子•天文》開頭部分的生成論原本是以"太始→虚郭→宇宙→氣"的順序進行論述的，可以認爲其原本與"道"毫無關係。而現行本卻似乎是經由數人之手，被改寫成了"太始＝道→虚郭→宇宙→氣"。這一見解暗示我們：宇宙生成論原本是獨立於道家的"道"概念之外而形成的。

那麽，這種宇宙生成論的起源要到哪裏去尋找呢？好像應該參考以下《楚辭•天問》中的描述："遂古之初，誰傳道之？上下未形，何由考之？冥昭瞢闇，誰能極之？馮翼惟像，何以識之？明明闇闇，惟時何爲？陰陽三合，何本何化？"

這部分的每句話都像是在對"遂古之初、上下未形、冥昭瞢闇、馮翼惟像、明明闇闇、陰陽三合"的宇宙生成論提出質問。從王逸對"遂古之初，誰傳道之"加的注"遂，往也。初，始也。言往古太始之元，虚廓無形，神物未生，誰傳導此事也"中可以看出，它雖然和《天文》的宇宙生成論極其類似，但並没有提出在宇宙的本源中存在"道"。

---

① 郭店《老子》中，雖有"道"一語，然而，卻没有現行本《老子》中可以看到的那種以其爲中心的宇宙生成論。

由此可以推斷：宇宙生成論和《老子》"道"的思想原本是沒有關係的。

例如，據說馬王堆出土帛書《黃帝四經·道原》中，有着與《天文》的宇宙生成論更加類似的描述：

恒無之初，迵同大虛。虛同爲一，恒一而止。濕濕夢夢，未有明晦。神微周盈，精静不俟（熙）。古（故）未有以，萬物莫以。古（故）無有刑（形），大迵無名。天弗能復（覆），地弗能載。小以成小，大以成大。盈四海之内，又包其外。在陰不腐，在陽不焦。一度不變，能適規（蚑）僥（蟯）。鳥得而蜚（飛），魚得而流（游），獸得而走，萬物得之以生，百事得之以成。人皆以之，莫知其名。人皆用之，莫見其刑（形）。

陳鼓應對其中的"虛同爲一，恒一而止"中的"一"作的注解是"指天一氣，實即道"，認爲這正是有關"道"的論述，並且說，這裏的"道"也可以替换成"氣"①。然而，我們必須注意到在原文中並没有"道"的字樣。

有關這一點，户川芳郎的論斷極爲重要：

……道家的所謂的"道"的思想應該是在漢初的黄老思想中得以最後完成的。……"道生一，一生二，二生三，三生万物……"的成階段性的生成論是和陰陽學家的自然觀（筆者注：《氣の思想》183頁中的觀點即是，原文如下："包括人的所有事物都源於一氣……遍布天地的物質的氣雖然在質與量上各有差異，但人和自然卻是來自'同元之氣'，這是因爲促成自然運轉的大氣的運動和作爲人的生命現象的呼吸運動，就其根源來說，都是由'氣'這一物質所具有的同一種動力來支撑

---

① 參照陳鼓應《黄帝四經今注今譯》470頁（臺灣商務印書館，1995年）。

的。")無關的獨立的"道"的思想,並明確地顯示出其力圖把其他各種思想的觀念全部歸納於作爲宇宙生成的本質的"道"的理論之中。(戶川芳郎《氣の思想》190頁)

也就是説,戶川認爲:以陰陽學家完成的"氣"爲根基的生成論,道家用"道"的概念加以了改進而已。

《老子》的生成論,是把《大一生水》中的水生成論、《恒先》中的"氣"生成論都包容於"道"的概念之中而完成的。這樣來考慮的話,《老子》的"道"的思想,如果從"道"的思想史來看,我們只能説其形成應該晚於僅把宇宙的本原稱作"恒"而不涉及其自然原理法則的《恒先》。

附論

"道原"、"原道"這類的詞似乎是道的思想在道家內部更進一步深化的過程中形成的觀念。

例如,幾乎與《恒先》一樣,以"恒無之初,迵同太虛。虛同爲一,恒一而止。濕濕夢夢,未有明晦。神微周盈,精静不熙"開頭的馬王堆出土帛書《道原》,其與《恒先》最大的不同是,《道原》隨後就言及"一者,其號也。虛其舍也,無爲其素也,和其用也。是故上道高而不可察也,深而不可測也","道弗爲益少……道弗爲益多","服此道者,是謂能精。明者固能察極","上虛下静而道得其正","得道之本,握少以知多。得事之要,操正以正畸","抱道執度,天下可一也",等等,以"道"爲主題展開了論述。由此可見,《道原》開頭部分旨在論述"道"的性質這一點是毫無疑問的。

《淮南子·原道》同樣如此,《原道》以"夫道者"開頭。另外,論述"道"也並非是其直接目的。在論述有關天文生成的《天文》中,開頭也是：

> 天墜未形，馮馮翼翼，洞洞灟灟，故曰太昭。道始于虛霩，虛霩生宇宙，宇宙生氣。氣有涯垠，清陽者薄靡而爲天，重濁者凝滯而爲地。……天地之襲精爲陰陽，陰陽之專精爲四時，四時之散精爲萬物。

有關這一點，王引之指出，根據《易緯·乾鑿度》、《楚辭·天問》王逸注，"太昭"應改爲"太始"；"道始于虛"原本爲"太始於虛"，亦屬後人篡改所致。這同屬於將現在的《恆先》之"恆"無條件地當作了"道"的別稱之類的見解。

楠山春樹對《淮南子·天文訓》開頭的"故曰太昭。道始于虛霩，虛霩生宇宙，宇宙生氣"這一部分加注解時說："以原本中的形態來讀，應爲'天地未形的馮翼狀態稱爲太昭（始），是爲道。由這個道而生虛霩，再由虛霩而生宇宙……'。如把這當作道家式的生成論，也可以說得通。但是這段文字表現出一種記錄性的特點，幾乎不見道家之說；另外，以王引之的說法，即太始→虛霩→宇宙→氣這樣的生成順序更整然有序，因此便從王說。"

的確，《淮南子·天文訓》論述的宇宙生成論從整體來講可謂同道家思想並無直接關係，大概可以按王引之式的說法加以修改。至少可以明確地了解此處的生成論是與道家思想有着極强的親和性的。而最終明確地將兩者聯繫在一起的，應該是現行本《老子》中的關於"道"的思想。

上博竹簡再探
——楚地出土文獻所見"執一"思想

序

楚地出土資料中,如郭店楚簡《大一生水》的"大一",上博楚簡《凡物流形》的"執一"等,包含"一"字的幾個概念,對研究先秦到漢代的思想史具有特別重要的意義。

道家的"一",是至今爲止備受重視、一直得到研究的概念。近年陸續出現的許多出土文獻,爲研究道家"一"的概念提供了新的材料。因此,我們必然會提出新的看法。

本文基於這樣的問題意識,以楚地出土文獻中"一"的概念,尤其以"執一"概念爲中心,通過與傳世文獻中相同概念的比較,考察其思想内涵。所使用的主要資料就是上博楚簡(七)所收的《凡物流形》。

一、"一"的用例

本節試圖對出土文獻、傳世文獻中大量的"一"字及其意義進行考察。

今本《老子》中,我們能看到"抱一"(第十章、第二十二章)、"得一"(第三十九章)兩個概念。

今本《莊子》中,我們能看到"守一"(《在宥》)、"治一"(《天地》)、"通一"(《天地》)、"處一"(《秋水》)、"貴一"(《知北遊》)、"抱一"(《庚桑楚》)、"原一"(《天下》)等七個概念。《庚桑楚》中"抱一"用例作"老子曰:……",所以可以推想跟《老子》有關係。

今本《管子》中,我們可以看到"執一"(《心術下》、《內業》)、"能一"(《心術下》、《內業》)、"崇一"(《正》)、"得一"(《內業》)等四個概念。

今本《韓非子》中,我們可以看到"執一"(《揚權》)、"用一"(《揚權》)、"通一"(《揚權》)等三個概念。

今本《荀子》中,我們可以看到"結一"(《勸學》)、"歸大一"(《禮論》)、"執一"(《堯問》)等三個概念。

今本《呂氏春秋》中,我們可以看到"執一"這個概念見於《孝行》、《執一》、《爲欲》、《有度》等很多篇章。

今本《淮南子》中,我們可以得到"得一"(《原道》、《俶真》)、"知一"(《精神》)、"體太一"(《主術》)、"執一"(《齊俗》、《詮言》)、"失一"(《詮言》)等五個概念。

我們應該注意到《孟子》裏也有"執一"(《盡心上》)的概念。可見,一般說來,雖然"一"字的用例多見於跟道家有關的文獻中,但並不限定於道家。

那麼,出土文獻如何呢? 下面來看一下楚地出土文獻的情況。

首先,馬王堆漢墓帛書的情況如下所示:

《經法》中《論》篇可見"執一",《十大經》中我們可以看到"正一"(《正亂》)、"守一"(《成法》)、"復一"(《成法》)、"握一"(《成法》)、"執一"(《順道》)、"能一"(《十大》)等六個概念。

郭店楚墓竹簡中,《老子》甲本裏有"居一"(第22號簡)、《語叢二》裏有"正一"(第 40 號簡)①。此外,《老子》甲乙丙三本中,完全看不到傳世本裏的"抱一"、"得一"等語詞,唯一看到的是"居一"兩個字。而且這裏的"一"字並非思想概念的"一",只不過是"天、地、道、王"等所謂"四大"中的"一大"。

再來看上博楚簡《凡物流形》中,我們能看到"能一"(第 18 號簡)、"貴一"(第 28 號簡)、"執一"(第 22 號簡)、"得一"(第 17 號簡)、"有一"(第 21 號簡)、"失一"(第 21 號簡)等六個概念,"一"的用例格外地多。而且這些"一",如下文詳細分析的那樣,並不是單純的數詞,而是用來說明某種狀態、某種境地、某種地位之終極樣態的概念。因此我認爲,這種"一"的概念意味着某種整體性、完全性、包容性、統一性。

在戰國到秦漢時代的傳世文獻或出土文獻裏所見"一"字用例中,我們自然會注意到,"執一"概念的使用最爲普遍這一事實。

二、上博楚簡(七)《凡物流形》的"一"與"執"字

在該文本中,使用了一些數詞。比如"四"字出現在甲本第 15、16 號簡,"五"字出現在甲本第 3、4 號簡與乙本第 3 號簡,"九"字出現在甲本第 4 號簡與乙本第 4 號簡,"十"字出現在甲本第 9 號簡與乙本第 7 號簡,"百"字出現在甲本第 8、16、22、23、25 號簡與乙本第 11、18、20 號簡,"千"字出現在甲本第 9、15、16 號簡與乙本第 7、11 號簡,都是最爲常見的字。

但是關於這裏所討論的"一"字,其文本沒有使用如同上博簡(七)所收《君人者何必安哉》乙本第 4 號簡所見 ▨ 這種一般的字

---

① 這裏可以讀爲"凡過正一,以失其他(者也)"。

體。楚簡中可以釋"一"的字體還有▆（郭店楚簡《五行》第 17 號簡）。然而該文本中的▆，顯然不同於前面所提到的任何一種"一"的字體，卻有許多古文字學者釋其爲"一"。他們爲什麼把它釋讀爲"一"呢？由於沒有時間對他們的考證逐一介紹，而且筆者也沒有能力去判斷他們的考證，所以這裏就隨主流依從他們的結論，也把它釋讀爲"一"。上節我所引《凡物流形》中的"一"的用例，都是以將▆釋讀爲"一"爲前提的。

把▆釋讀爲"一"後，我們展開進一步的考察，對於被隸定爲"歆"的文字，我們把它釋讀爲"執"。接下來我想對這個問題進行闡述。

現在我們討論的這兩個字▆，如果釋讀爲"執一"的話，那思想史意義就會非常大。但是有一些學者並不同意把首字釋讀爲"執"。整理者釋讀爲"識"，而在以往的研究中，有的學者釋讀爲"守"，或者"崇"。對於這些釋讀，筆者選擇"執"的說法，其原因如下。

如下所示，該字僅在甲本中就有 12 例。

▆（第 14 號簡）、▆（第 18 號簡）、▆（第 20 號簡）、▆（第 22 號簡）、▆（第 22 號簡）、▆（第 22 號簡）、▆（第 23 號簡）、▆（第 24 號簡）、▆（第 24 號簡）、▆（第 24 號簡）、▆（第 24 號簡）、▆（第 25 號簡）

確實像整理者釋讀的那樣，把它隸定爲"歆"，視爲"識"之異體字的處理方法有一定的道理，但是廖名春的《〈凡物流形〉校釋零剳（二）》(簡帛研究網，2009 年 1 月 2 日)，一方面接受整理者的看法,一方面卻又主張應把▨釋讀爲"道",認爲這兩個字可以解釋爲"得道"。或許他認爲"識道"與"得道"同義。

再者,復旦大學出土文獻與古文字研究中心研究生讀書會所著《〈上博(七)·凡物流形〉重編釋文》(復旦網,2008年12月31日)認爲該字釋讀爲"守"或者"執"更爲適當。

楊澤生所著《〈凡物流形〉從"少"的兩個字》(簡帛網,2009年3月7日)一文中,在介紹了以往觀點,即何有祖所著《〈凡物流形〉札記》(簡帛網,2009年1月1日)中把該字釋讀爲"察"、徐在國所著《談上博〈凡物流形〉中的"䛐"字》(復旦網,2009年1月6日)把它釋讀爲"崇"、王中江所著《〈凡物流形〉編聯新見》(簡帛網,2009年3月3日)之後,將其釋讀爲"執",同時,從音韻學角度論證了從"少"得聲的該字應釋讀爲"執"。

在把該字釋讀爲"執"的前提下,讓我們再來看一下其用例:

執道(第14、22號簡)
人白爲執(第18號簡)
執此言(第20、25號簡)
能執一,則百物不失。如不能執一,則百物具失。(第22—23號簡)
執智而神,執神而同,執同而僉,執僉而困,執困而復。(第24號簡)
執此言,起於一端。(第25號簡)

這裏所指的"執"字都能理解爲"握在手裏決不放棄"的意思。

如果該字是這一意思的話,那麼僅就字意而言,把該字解釋爲"識"(但是傳世文獻、出土文獻中都沒有"識一"的用例),或解釋爲"守"(《莊子·在宥》有"守其一"的用例,帛書《十大經·成法》有"守一"的用例),或解釋爲"崇"(《管子·正》有"崇一"的用例),或解釋爲"得"(《管子・內業》有"得一"的用例),都沒有什麼區別。

但是如果能把該字釋讀爲"執"的話,就可以對所有的傳世文獻、出土文獻中的"執一"之概念進行分析。這對先秦到西漢思想史之研究來説意義不小。所以下面筆者專門考察"執一"的概念。

三、"執一"概念在思想史中的意義[①]

首先我們找出各種文獻中所見的"執一"。

傳世文獻如下所示:

《孟子》:

> 孟子曰:"楊子取爲我,拔一毛而利天下,不爲也。墨子兼愛,摩頂放踵利天下,爲之。子莫執中。執中爲近之。執中無權,猶執一也。所惡執一者,爲其賊道也。舉一而廢百也。"(《盡心上》)

《管子》:

> (1)執一之君子。執一而不失,能君萬物,日月之與同光,天地之與同理,聖人裁物,不爲物使。心安,是國安也。心治,是國治也。治也者,心也。安也者,心也。治心在中。(《心術下》)

[①] 諸橋轍次著《大漢和辭典》"執一"項的解釋如下所示:(1)堅守於一、專心專意。《荀子・堯問》"執一無失";(2)固守於某一件事,不變通。《孟子・盡心上》"執中無權,猶執一也",《集注》"執中而無權,則膠於一定之中而不知變,是亦執一而已矣";(3)把握天理。《吕覽・有度》"執一而萬事治",《淮南子・人間》"執一而應萬"。我們應該明白這些解釋是爲了迎合字典這一形式,而我們要弄清的是(1)(2)(3)中不同意思的"執一"用例背後所貫穿的思想。

（2）一物能化謂之神，一事能變謂之智。化不易氣，變不易智。惟執一之君子能爲此乎！執一不失，能君萬物。君子使物，不爲物使，得一之理，治心在於中，治言出於口，治事加於人，然則天下治矣。一言得而天下服，一言定而天下聽，公之謂也。（《內業》）

《韓非子》：

用一之道，以名爲首，名正物定，名倚物徙。故聖人執一以靜，使名自命，令事自定。不見其采，下故素正。因而任之，使自事之；因而予之，彼將自舉之；正與處之，使皆自定之。（《揚權》）

《荀子》：

堯問於舜曰："我欲致天下，爲之奈何？"對曰："執一無失，行微無怠，忠信無勌，而天下自來。執一如天地，行微如日月，忠誠盛於內，賁於外，形於四海。天下其在一隅邪！夫有何足致也？"（《堯問》）

《呂氏春秋》：

（1）夫孝，三皇五帝之本務，而萬事之紀也。夫執一術而百善至，百邪去，天下從者，其惟孝也。（《孝行》）

（2）天地陰陽不革，而成萬物不同。目不失其明，而見白黑之殊。耳不失其聽，而聞清濁之聲。王者執一，而爲萬物正。軍必有將，所以一之也。國必有君，所以一之也。天下必有天子，所以一之也。天子必執一，所以摶之也。一則治，兩則亂。今御驪馬者，使四人，人操一策，則不可以出於門閭者，不一也。（《執一》）

（3）善爲上者，能令人得欲無窮，故人之可得用亦無窮也。蠻夷反舌殊俗異習之國,其衣服冠帶、官室居處、舟車器械、聲色滋味皆異,其爲欲使一也。三王不能革,不能革而功成者,順其天也;桀紂不能離,不能離而國亡者,逆其天也。逆而不知其逆也,湛於俗也。久湛而不去則若性。性異非性,不可不熟。不聞道者,何以去非性哉？無以去非性,則欲未嘗正矣。欲不正,以治身則夭,以治國則亡。故古之聖王,審順其天而以行欲,則民無不令矣,功無不立矣。聖王執一,四夷皆至者,其此之謂也。(《爲欲》)

(4) 執一者至貴也,至貴者無敵。聖王託於無敵,故民命敵焉。羣狗相與居,皆靜無爭,投以炙雞,則相與爭矣,或折其骨,或絕其筋,爭術存也。爭術存因爭,不爭之術存因不爭。取爭之術而相與爭,萬國無一。(《爲欲》)

(5) 先王不能盡知,執一而萬物治。使人不能執一者,物感之也。故曰通意之悖,解心之繆,去德之累,通道之塞。貴、富、顯、嚴、名、利六者,悖意者也。容、動、色、理、氣、意六者,繆心者也。惡、欲、喜、怒、哀、樂六者,累德者也。智、能、去、就、取、舍六者,塞道者也。此四六者,不蕩乎胸中則正。正則靜,靜則清明,清明則虛,虛則無爲而無不爲也。(《有度》)

《淮南子》:

(1) 聖王執一而勿失,萬物之情既〔測〕矣,四夷九州服矣。夫一者至貴,無適於天下。聖人託於無適,故民命繫矣。(《齊俗》)

(2) 民有道所同道,有法所同守,爲義之不能相固,威之不能相必也,故立君以一民。君執一則治,無常則亂。……故君失一則亂,甚於無君之時。(《詮言》)

《老子》與《莊子》雖然是道家文獻,但是不知爲什麼卻看不到一個"執一"的用例。那麼在楚地出土文獻中又如何呢？

馬王堆帛書《經法・論》：

> （1）天執一，明【三，定】二，建八正，行七法，然後□□□□□□之中無不□□矣。
>
> （2）岐行喙息，扇蜚（飛）耎動，無□□□□□□□□不失其常者，天之一也。天執一以明三。日信出信入，南北有極，【度之稽也。……】

馬王堆帛書《十大經・順道》：

> 大庭氏之有天下也……執一毋求。

該怎麼去解釋每一個用例中"執一"的概念呢？就"執"字而言，自古以來有"守"（《禮記・曲禮下》注）、"持"（《禮記・曲禮下》疏）、"制"（《淮南子・主術》注）、"主"（《淮南子・主術》注）、"處"（《禮記・樂記》注）等訓詁。如果依照這些訓詁解釋"執一"的用例，可以推測其大概的意思。即"執一"是指好好地守住"一"而不離開的意思。

讓我們來看看各個用例中"執一"的主體是什麼。在《孟子》裏是"子莫"（趙岐、朱熹的注認爲他是魯賢人，具體不詳）；在《管子》中，（1）是"聖人"，（2）是"君子"；在《韓非子》中是"聖人"；在《荀子》中是"堯"；在《呂氏春秋》中，（1）是"君主"（但是，這裏的"執一術"應該解釋爲"執行某一個術"，而不是執"一"，所以跟（2）以下的用例有些差異），（2）是"王者"，（3）（4）是"聖王"，（5）是"先王"；在《淮南子》中，（1）是"聖王"，（2）是"君"；在馬王堆帛書《經法》中，（1）（2）是"天"，在《十大經》裏是"大庭氏（據稱在黃帝之前支配天地的神話人物）"。

把"執一"的大部分主體歸結爲君臨天下的當政者，尤其是終極的、理想的當政者，恐並不爲過。

然而其中有一個例外，即《經法》(1)(2)中的兩個"執一"的主體指的是天，這在考察"執一"思想史意義時非常重要。也就是説，天地宇宙得以順利圓滿地運行是因爲天在"執一"。這篇帛書的思想宗旨是，即使廣大無邊的宇宙也要依靠天"執一"來維持其秩序。以此類推，我們可以得出這樣的結論，即統治廣大無邊的天下的時候也必須使用"執一"的原理。《管子》(1)與《荀子》的用例明確地説明了兩者的關係。

綜上所述，我們知道"執一"是一個政治上的概念。但是爲什麽執"一"後就能切實地控制萬事萬物呢？

《管子》(1)"執一而不失，能君萬物"，通過"一"和"萬"的巧妙對比，明確了"執一"的意義。《吕氏春秋》(2)"王者執一，而爲萬物正"，《吕氏春秋》(5)"執一而萬物治"，《淮南子》(1)"聖王執一而勿失，萬物之情……四夷九州服矣"等也可以這樣去理解。

如《淮南子》(2)"君失一則亂，甚於無君之時"所言，如果失去"一"的話，政治就馬上會"亂"。《吕氏春秋》(2)"天子必執一，所以摶之也。一則治，兩則亂"也説明如果不"執一"而"執兩"，也會發生"亂"。

因此，"一"是極爲重要的。那麽這個"一"到底指的是什麽呢？依據到目前爲止的考察來推測，"一"不是數詞，而是一種包含整體性、完全性、包容性、統一性，或者根源性等的抽象概念。這個概念，有時候被注入了諸如偉大的"一"、終極的"一"等意思，並且被稱爲"大一"或者"太一"。這一點我們可以從《經法》(1)(2)中感受到。

然而在上面所引文章中，唯有《孟子》對"執一"持否定性見解。讓我們回過頭看一下《孟子》中"執一"的意思。

孟子在批判了楊子的"爲我"和墨子的"兼愛"的同時，也批判了子莫（可能爲人名，不詳）的"執中"。這是不可否認的。子莫所提倡的"執中"看上去是一種中庸主義,是一種正論,但是從孟子的立場出發,卻批判它只不過是"無權"(也就是機械的、固執的中庸主義),所以其結果跟"執一"沒有差異。也就是説,對孟子來講,"執一"較之"執中",更應該成爲被批判的對象。

那麽孟子所批判的"執一"到底是什麽意思呢？按照至今爲止的解釋,子莫的"執中"只不過是"無權",所以與楊子的"爲我"及墨子的"兼愛"一樣,因爲他們"舉一而廢百",所以他們不可避免地偏執於"一端"(＝極端),這就是"執一"的意思①。就是説,"執一"兩個字並没有被理解爲表明自己特殊思想立場的用語。

雖然像這樣去理解也是可以的。可是在孟子活躍的戰國時代中期,不能否認有些思想家明確主張過"執一"的思想。看一看《管子》等書,就很清楚。那麽,孟子的尖鋭舌鋒不但針對楊子的爲我思想和墨子的兼愛思想,是否也針對過其他主張"執一"思想的人呢？

可以説,孟子對於子莫"執中"(這恐怕也是一個清楚表達自己思想立場的概念)的批判,與對"執一"的批判相比,還算是比較寬容、留有餘地的。

因此,我們可以把"執一"同"爲我"、"兼愛"、"執中"一樣理解爲一種表明思想立場的概念。那麽儒家思想家孟子所批判的"執一"思想究竟是誰提倡的呢？其思想特徵又是什麽？通過如上用例來看,可以推想那是道家系統的思想。揚子爲我思想也帶有養性和隱逸的成分,所以可以判斷他帶有道家的思想傾向。可是"執一"思想,具有極强的政治思想色彩,從這個意義上講,如果説其帶有道家思想傾向,那麽,應該是屬於從戰國中期逐漸形成的黄老

---

① 宇野精一《孟子》(集英社,1973年),解釋"執一"爲"執於一事",見470頁。小林勝人《孟子》下(岩波文庫,1972年),解釋爲"主張唯一的立場",見353頁。

道家。

從其主要出典來自《管子》和馬王堆帛書《經法》等文獻來看，也無疑可以作出這樣的判斷。不僅在戰國末期的《荀子》和《韓非子》中能够看到，即便在秦漢時代所作的《吕氏春秋》和《淮南子》等書中也能看到，這也印證了黄老思想越來越廣泛流行的史實。

四、《凡物流形》中的"執一"思想

返回本題，下面考察《凡物流形》中的"執一"思想，並探討該篇寫作的背景。

如迄今爲止研究所顯示的那樣，要明確《凡物流形》的"執一"思想，必須和其他文獻用例放在一起作整合的考察。孟子所激烈批判過的"執一"正是《凡物流形》所見的"執一"思想，我想這應該没有大的問題。

因爲對孟子來說，唯有仁和義是人所必須執的手段、方法和目的。所以他不能容忍"無親"的墨家，不能容忍"無君"的（養性、隱逸）道家，亦不能容忍標榜"執一"、只從宏觀（如上一節所述，這裏指由"一"所賦予的整體性、完全性、包容性、統一性或者根源性）上把握事物，而對個别的、具體的、微觀的現實世界（如孟子所倡導的仁義禮智四端說及仁義王道說）加以輕視的黄老道家。

涉及孟子的四端說，我們要注意《凡物流形》中的"執此言，起於一端"。尤其是"一端"，該怎麽解釋呢。

《凡物流形》中的"一端"是不是可以釋爲"一之端"，即接近"一"這種終極真理的端緒呢？就是說，牢牢地把握這些話（＝"執此言"），起於獲得"一"的端緒（＝"起於一端"）。

這應該是參照了《孟子》所謂"四端說"之端吧。在孟子那裏，四端正意爲接近自我標榜的仁義禮智各種德目的端緒。

通過以上對"執一"概念的分析,我們推論《凡物流形》正是戰國時代中期思想界的反映。下面讓我們對"執一"概念作出詳細的考察。

《凡物流形》中"執一"只有一例,如下所示:

能執一則百物不失。如不能執一則百物具失。(第22—23號簡)

爲了考察這裏的"執一"概念,我們應該重視第14、22號簡中所見的"執道"概念。下面我們來考察"執一"與"執道"兩個概念的意義及其差異。

1. "執一"之用例及其意義

聞之曰:"能執一,則百物不失。如不能執一,則百物具失。"如欲執一,仰而視之,俯而揆之。毋遠求,度於身稽之。得一[而]圖之,如併天下而抯之。得一而思之,若併天下而治之。此一以爲天地稽。是故一,咀之有味,嗅〔之有臭〕,鼓之有聲,近之可見,操之可操。握之則失,敗之則槁,賊之則滅。執此言,起於一端。(第22號簡→第23號簡→第17號簡→第19號簡)

其思想特徵如下所示:
(1)"執一"是統治天下所必須的條件。
(2)"一"是天地萬物之根本原理,也是治世之根本原理。
(3)人不能自如地操作"一",只能依據"一"(＝執一)。

這三個特徵都表明"一"具有壓倒一切的偉大性。"一"的這種特徵當然和《老子》的"道"接近,因此可以將兩者加以比較。

視之不見,名曰夷;聽之不聞,名曰希;搏之不得,名曰微。此三者不可致詰,故混而爲一。其上不皦,其下不昧。繩繩不可名,復歸於无物。是謂无狀之狀,无物之象,是謂忽恍。迎不見其首,隨不見其後。執古之道,以語今之有。以知古始,是謂道已。(第十四章)

在這裏,《老子》把"道"說成是超越視覺、聽覺、觸覺等五官經驗認識的存在,而且把"道"置換爲"一"。所以"道"和"一"都是同樣的意思。

但《凡物流形》的"一",雖然可以用視覺、聽覺、觸覺來認識,但是不能自如地加以操作。所以《凡物流形》所見"一"的超越性,可以說看上去跟《老子》之"道"大致同義,可是其性質卻有相當的差異。

《老子》中還有以下內容:

曲則全,枉則正;窪則盈,弊則新;少則得,多則惑。是以聖人抱一爲天下式。不自見,故明;不自是,故彰;不自伐,故有功;不自矜,故長。夫惟不爭,故天下莫能與之爭。古之所謂"曲則全",豈虛語?誠全而歸之。(第二十二章)

《老子》認爲聖人之所以應對所有的事物時具備柔軟性,是因爲他能夠"抱一"。這正是天下之規範(="天下式")。雖然《老子》說的是"抱一"而不是"執一"。可是"抱"的意思跟"執"是相通的。而且這裏的"一"無疑說的就是"道"。只有"抱一"的聖人在天下沒有對手(="天下莫能與之爭"),也就是說能君臨天下。所以"一"就是取得天下的必要條件。

《老子》中還有以下內容:

昔之得一者:天得一以清,地得一以寧,神得一以靈,谷得一以盈,万物得一以生,侯王得一以爲天下正。天無以清,將恐裂;地無以寧,將恐發;神無以靈,將恐歇;谷無以盈,將恐

竭；萬物無以生，將恐滅……(第三十九章)

不僅僅是打算君臨天下的"侯王"，可以和侯王相比較的其他存在，比如"天"、"地"來說，"得一"也是最重要的。跟第二十二章一樣，雖然第三十九章也沒有說"執一"而說"抱一"，可是關於"一"的觀念是相同的。

可見，關於"一"的觀念，雖然兩個文獻有不少共通點，但是《老子》裏看不到"執一"兩個字。

但是，《老子》中有：

執古之道，以語今之有。以知古始，是謂道已。(第十四章)

執大象，天下往。往而不害，安平太。……(第三十五章)

不妨認爲，"執古之道"、"執大象"都是跟"執道"同樣的意思吧①。

如上所述，我們可以說《凡物流形》的"執一"之"一"跟《老子》之"道"有相通處。但我必須指出這裏存在齟齬。也就是說，《老子》之"道"是超越五官經驗認識的存在，《凡物流形》之"一"是可以基於五感加以認識的存在。如果假定"道"相當於"一"的話，兩本之間明顯存在矛盾。那麼這種齟齬該怎麼解釋呢？必須指出，《老子》超越五官經驗認識的"道"，和《凡物流形》依據五官經驗可以認識的"一"相比較的話，前者是比後者更高層次的抽象存在。

那麼，該如何把握《凡物流形》的"道"呢？它是比"一"更高層次的存在嗎？下面探討這個問題。

---

① 如果參照第四十一章"大器晚成，大音希聲，大象無形。道隱無名。夫唯道，善貸且成"，可以知道"大象"指的就是道。如"爲者敗之，執者失之。是以聖人無爲，故無敗；無執，故無失"(第六十四章)、"天下神器，不可爲。爲者敗之，執者失之"(第二十九章)所示，"執"這個字帶有一些否定的語氣，可"執"這個字並不被人避忌。

2. "執道"之用例及其意義(其1)

聞之曰:"執道,坐不下席;端冕,圖不與事。先智四海,至聽千里,達見百里。"是故聖人居於其所,邦家之危安存亡,賊盜之作,可先智。(第14號簡→第16號簡)

我們把上面的文章跟下面的《老子》進行比較:

不出户,知天下;不窺牖,見天道。其出彌遠,其知彌近。是以聖人不行而知,不見而名,不爲而成。(第四十七章)

雖然兩者的表達方法有相當差異,但也有共通點,即兩文都提到"坐在家裏就能預料萬事"。

再者,《凡物流形》有如果"執道"然後會怎樣的陳述,也就是説"執道"是前提條件,而《老子》沒有直接這樣説,但兩者都闡述了實踐"道"的聖人,可以説在這一點上二者有共通點。而且《凡物流形》的"執道"概念也應該被理解爲政治思想,從這個意義上講,我們所知道的"執道"的概念跟前面探討的"執一"概念沒有太大的差異。

3. "執道"之用例及其意義(其2)

聞之曰:"一生兩,兩生參,參生女(母),女(母)成結。"是故有一,天下亡不有。亡一,天下亦亡。一又,亡〔目〕而智名,亡耳而聞聲。草木得之以生,禽獸得之以鳴。遠之施天,近之施人。是故執道,所以修身而治邦家。(第21號簡→第13號簡a→第12號簡b→第22號簡)

這裏,應該注意到"執道"和"修身"、"治國"是聯繫在一起的。這兩個概念原來是與"齊家、平天下"等儒家所倡導的、把政治與道德有機結合起來的基本理念。如果以此爲前提加以考慮,這個"執道"概念,甚至融入了儒家倡導的理念並使之有效化。

然而,更重要的是,要將它跟以下《老子》思想相比較。

　　道生一,一生二,二生三,三生万物。万物負陰而抱陽,冲氣以爲和。……(第四十二章)

前引《凡物流形》那段話,顯然仿佛《老子》的"道生一,一生二,二生三,三生万物"一節。可是它跟《老子》有着根本差異,即《老子》先説"道生一",也就是説《老子》認爲"道"是超越"一"的。

這段話先説"聞之曰",所以我們肯定這段話是引文。如果是引自今本《老子》第四十二章的話,當然應該包含"道生一"一句,然而没有。找不到省而不引這三個字的理由,也看不到這三個字。所以可以説,該篇並非引自《老子》。那麽這個問題該如何考慮呢？

可能性之一是,當時已經存在從"一"開始逐漸生成萬物的樸素生成論。《凡物流形》就是引自那些生成論。後來,這段文字跟"道"之思想相結合,被加上了"道生一"三個字,終於形成了像《老子》第四十二章那樣的修辭表現方式。可以説加上"道生一"三個字,只不過是對《老子》生成論的一種修辭表現而已。因爲,如前所論,"道"與"一"原來是同一的,即這兩個概念並不是原因和結果的關係,而應該是被結合起來的完全相等的關係。

假如第四十二章並不是一種單純的修辭表現方式,"道"作爲一種存在,顯然處於比"一"更高的位置,那麽和上述"一"與"道"完全同格的看法就不免發生矛盾。

前面提出的矛盾和這裏提出的矛盾,最好能夠同時消解。但這是可能的嗎？

在討論這個問題時,應該注意的是,考察《老子》生成論時不可缺少的第四十二章,在郭店《老子》甲乙丙三個文本中都看不到。甚至本文所引《老子》各章,即出現"抱一"概念的第十章以及第二十二章,出現"得一"概念的第三十九章,出現"混而爲一"、"執古之道"概念的第十四章,出現"不出户,知天下……"一句的第四十七章等,在郭店《老子》甲乙丙三個文本裏都沒有。也就是說我們找到了《凡物流形》與今本《老子》之間的幾個接點,然而跟郭店《老子》之間,卻幾乎找不到接點①。

根據以上事實,我們推測,"一"之思想先行,後來"道"之思想與"一"之思想逐漸結合了起來。所以郭店《老子》當中找不到"一"之思想,而今本《老子》卻有"一"之思想。因爲"一"和"道"之間有共通性,從郭店《老子》到今本《老子》的思想展開過程中,已經先行的"一"之思想被吸收到了老子的"道"之思想中。

五、馬王堆帛書的用例及其意義

馬王堆帛書《經法·論》的用例如下所示:

(1) 天執一,明【三,定】二,建八正,行七法,然後□□□□□□□之中無不□□矣。

(2) 岐行喙息,扇蜚(飛)耎動,無□□□□□□□□□不失其常者,天之一也。天執一以明三。日信出信入,南北有極,【度之稽也。……】

馬王堆帛書《十大經·順道》的用例如下所示:

大庭氏之有天下也……執一毋求②。

僅此三例而已,並不多見。

---

① 第三十五章有"執大象……",出現在丙本中,可以將"大象"解釋爲道。
② 雖然《管子·勢》有類似的内容,但作"裕德無求",沒有看到"執一"。關於《管子·勢》和帛書《十大經》兩者的形成時期,從内容上看都跟《國語·越語下》有關,所以可以看出三者之間有着複雜的相互影響關係。因此可以推測三種文獻都是戰國中期以後的形成的,但三者間的前後關係不得其詳。

《論》篇的大意是：論述如何纔能遵順天地的法則，如何纔能順從四季的變化，如何纔能因應動靜的變化，如何纔能制定統治的策略。君主應該基於自然法則審察人事，把握"六柄"，詳視"三名"……考察其内容，我們可以説，(1)和(2)都主張"執一"的主體就是天。因爲天"執一"，所以自然界的秩序得以保持。因此此文主張如果君主"執一"，就能完成自己的統治。如果這樣去理解，我們發現這與上一節探討的"執一"的意義没有什麽差異。

結語

　通過以上論述，我們知道了"執一"是戰國中期到漢初之間廣爲流行的思想。在出土文獻中，尤其在《凡物流形》中特别顯著，同時我們確認了"一"之思想雖然在今本《老子》中可以看到，但是在郭店《老子》裏看不到。

　這個事實表明，傳世本《老子》與郭店《老子》之間，思想上是存在一些差異的。這個事實還告訴我們，對於郭店《老子》是老子五千言的節抄本這種單純的看法要慎重。如我多次指出的那樣，郭店《老子》只不過是一種形成途中的文本而已。所以我們認爲，所謂《道德經》上下五千言在戰國中期還不存在。

上博竹簡三探

——《凡物流形》中的先秦道家思想

序

　　本文題目中雖然使用了先秦道家一語，但實際上，先秦時期道家這一學派存在與否尚未得到確認。例如，在日本最早使用近代學術方法論對道家思想進行綜合性研究的津田左右吉，在其著作《道家思想及其展開》（舊題《道家思想及其開展》，1972年）的緒言中寫道：

> ……僅就現存的可考文獻而言，此稱謂（即：道家——引用者注）似乎始於漢代……先秦時期有否這種學派稱呼尚不明了。……不過，毫無疑問，這一學派，事實上，在戰國末期確實存在，而且在當時百家爭鳴的思想界占有重要的地位，並於其間放射出獨特的光輝。在此，按照慣例，將《老子》（指書名，現在書名皆以《老子》記，故以下引用亦皆以《老子》記——引用者注）以來的這一學派總稱爲道家。（1頁）

可見其對於道家的研究，是以《老子》爲開端的；此外，道家研究的

最新成果,池田知久的《道家思想之新研究》(汲古書院,2009年)一書的前言中也寫道:

> ……"道家思想",主要是指中國古代的莊子、老子、淮南王劉安及其周邊的思想家們所提倡的各種思想。……這些思想自誕生於戰國時代(公元前403—前221年)以來,直至近現代,對於中華民族、中國社會以及中國文化來説,都是極其重要的思想之一,並且現在依然如此。(i頁)

此外,在此書第一章《最初的道家思想家們——老子、莊子、劉安》中,池田又寫道:

> ……在中國古代思想奇葩競放的形形色色的知識分子集團——諸子百家當中,有一學派就是"道家":它以老子爲始祖,莊子爲其祖述者——這是直到近年仍然在學界通行的定説,也曾是我們的常識。然而今天,我們已不能將此看作是確切的歷史事實。……因爲"道家"不是能以某某人爲始祖而産生的學派這類創始論來進行研究的。(3頁)

對於道家始於老子這一由來已久的見解,池田持否定的態度。

假如道家思想是先於《老子》而存在的,那麽,其内容究竟如何? 又是何時,並以何種方式被吸收於現行本《老子》之中的? 這些便是筆者在此將探討的問題,並試圖對此作出一定的評估①。

---

① 最早言及"道家"的文獻之一《史記·太史公自序》中寫道:

道家使人精神專一,動合無形,贍足萬物。其爲術也,因陰陽之大順,采儒墨之善,撮名法之要,與時遷移,應物變化,立俗施事,無所不宜,指約而易操,事少而功多。儒者則不然。以爲人主天下之儀表也,主倡而臣和,主先而臣隨。如此則主勞而臣逸。至於大道之要,去健羨,絀聰明,釋此而任術。夫神大用則竭,形大勞則敝。形神騷動,欲與天地長久,非所聞也。　　　　　　　　(轉下頁)

迄今爲止,在近年陸續出土並給研究者們提供了全新信息的戰國楚簡中,筆者曾以郭店《老子》甲乙丙三個文本(包括《大一生水》)爲對象進行了研究①;繼之,又對《上海博物館藏戰國楚竹書(三)》②所收載的《恒先》進行了若干考察——儘管議題僅限於其宇宙論。在此基礎上,本文將以上博楚簡(七)所收載的《凡物流形》爲對象,就其思想進行再度的分析考察,藉以深化對先秦道家思想的認識。

一、《凡物流形》句法的特色

如序所述,先秦時代尚未有道家這一學派存在,所以也就不能

(接上頁)又寫道:

　　道家無爲,又曰無不爲,其實易行,其辭難知。其術以虛無爲本,以因循爲用。無成勢,無常形,故能究萬物之情。不爲物先,不爲物後,故能爲萬物主。有法無法,因時爲業;有度無度,因物與合。故曰"聖人不朽,時變是守。虛者道之常也,因者君之綱"也。羣臣並至,使各自明也。其實中其聲者謂之端,實不中其聲者謂之窾。窾言不聽,姦乃不生,賢不肖自分,白黑万形。在所欲用耳,何事不成。乃合大道,混混冥冥。光耀天下,復反無名。凡人所生者神也,所託者形也。神大用則竭,形大勞則敝,形神離則死。死者不可復生,離者不可復反,故聖人重之。由是觀之,神者生之本也,形者生之具也。不先定其神[形],而曰"我有以治天下",何由哉?

可見敘述詳細之至。繼之,《漢書·藝文志·諸子略》中,作爲道家人物列舉了下列名字:伊尹(班固自注爲湯相)、太公(班固自注曰:呂望爲周師尚父云云)、辛甲(班固自注爲紂臣)、鬻子、管子、老子等,並闡述其思想特色如下:

　　道家者流,蓋出於史官,歷記成敗存亡禍福古今之道,然後知秉要執本,清虛以自守,卑弱以自持,此君人南面之術也。合於堯之克攘,《易》之嗛嗛,一謙而四益,此其所長也。及放者爲之,則欲絕去禮學,兼弃仁義。曰獨任清虛可以爲治。

而且將《黃帝四經》等所謂黃帝系統的道家文獻歸總於後半部分。
　　然而,從這些記載中,完全無法得知先秦時代,尤其是《老子》之前的道家思想的具體內涵,因爲正如歷來的研治者所說,上述內容無非是漢代的道家觀而已。
　　① 關於《大一生水》不應作爲獨立的文本處理,應歸於《老子》丙本以作爲一體的問題。
　　② 以下皆簡稱爲"上博楚簡"。

一開始就將《凡物流形》歸類爲道家,但是,據以下詳論所見,本篇仍然可以說是具有極強的道家傾向的作品。首先,爲了獲得這些綫索,我想着重關注一下《凡物流形》在語言表述上的特色。

1. 疑問句的連續

只要翻開《凡物流形》,文中大量使用疑問句的特徵便一目了然,其中雖然也有表達反詰語氣的,但在此不妨先通查一下。其結果是:

"奚"("奚得而……"、"奚故……"、"吾奚……"等),共31例。

"孰"("孰爲……"等),共12例。

"何"("何故……"、"如何……"等),共5例。

就是說,全文 846 字中,含有疑問詞的句子,雖長短不一,竟達 48 條之多。而且,其大多數均爲曹錦炎所說的"有問無答"句,僅以單方面的提問爲始終。故此,曹先生以這一事實爲依據,認爲本篇乃是"長詩",從其性質、體裁來看,可謂是《楚辭·天問》的"姊妹篇";在此意義上說,可作爲"非楚人之浪漫性格、焉能有此詭麗奇譎"的文獻,將其歸類於"楚辭類作品"。〔參見上博楚簡(七)221—222頁〕

不過,《楚辭·天問》是由神話世界向歷史世界,以時間爲軸循序展開其內容的。與之相對,本篇中皆無這種神話故事的要素和歷史故事的要素,所幸,仍可在"九州安錯?川谷何洿?東流不溢,孰知其故"中找到類似之處,然而也非内容的相似,不過是其文體與《天問》篇相似而已。

2. 引用句的連續

作爲此文本極其顯著的表述特徵,下面可以"聞之曰"爲例。此語在全文中共見八例,曹先生以此爲基準,將本篇共分爲九章。

關於這一點，筆者並無異議。

不過，曹先生不同意這些語句爲引用句，而全部作爲疑問句來讀解。"䎽之曰"中的"䎽"字，雖解釋爲"問"或"聞"皆可，但曹先生以其與《楚辭》的關係爲由，認爲應全部讀作"問之曰"。但是，筆者將"䎽之曰"皆解讀爲"聞之曰"，因爲筆者認爲：將使用此種句法的語句，理解爲傳聞內容的引用，並將其看作是由以引發新疑問的一種體裁，毋寧說，是理解本文時更恰當的方法①。

一般而言，以"故曰"等開始的引用句，例如傳世文獻中的"詩曰""書曰""子曰"等，多以著述者爲賦予自己的立場以正統性和權威性而用之。本篇的獨到之處則在於，其引用雖說與作者的主張密切相關，卻並未置於總括其主張的結論處，不如說，由此反而展開了作者不斷提出疑問的行文態勢。

如此，我們還會注意到這些引用句中，一部分與《老子》中的言說極其近似。不過，若果然這些是引自《老子》，那麼其前後的內容勢必有對老子思想的闡釋，而情況卻並非如此。

這又是何故呢？關於這一問題將於後文中探討②。

二、《凡物流形》用詞的特色

探討某種文獻的思想傾向時，最重要且比較簡單的分析方法之一，就是着眼於其文中所使用的詞語，分析其意義內涵。緣此，

---

① "聞之曰"的用例，在《莊子》《國語》中爲數不少，如《莊子》的《德充符》《讓王》篇中，以及《國語》中的《周語下》《魯語上》兩例及《魯語下》兩例，《晉語一》《晉語二》兩例，《晉語三》《晉語七》《晉語八》三例等。

② 《老子》第六十四章與"聞之曰：升高從卑，至遠從近。十圍之木，其始生如蘖。足將至千里，必從寸始"，同第四十七章與"聞之曰：執道，坐不下席；端冕，圖不與事。先智四海，至聽千里，達見百里"，同第四十二章與"聞之曰：一生兩，兩生參，參生女，女成結"，都相類似。

本文將以若干重要詞語爲對象進行考察。

1. "一"字的用法

《凡物流形》中,據原釋,被隸定爲"豸"字的共有 18 例。原釋將其讀作"貌",認爲是"面貌、相貌"之意。對此,沉培的《略説〈上博(七)〉新見的"一"字》(http://www.gwz.fudan.edu.cn/SrcShow.asp? Src_ID=582 2008 年 12 月 31 日)認爲:可以將其解讀作"一"是毫無疑問的;就在此見解發表的同一日,復旦大學出土文獻與古文字研究中心研究生讀書會的《〈上博(七)·凡物流形〉重編釋文》(http://www.gwz.fudan.edu.cn/SrcShow.asp? Src_ID=581 2008 年 12 月 31 日)也將此隸定爲𧈧,解釋爲一;而後經由蘇建洲的《〈上博七·凡物流形〉"一"·"逐"二字小考》(http://www.gwz.fudan.edu.cn/SrcShow.asp? Src_ID=597 2009 年 1 月 2 日)、楊澤生的《上博簡〈凡物流形〉中的"一"字試解》(http://www.gwz.fudan.edu.cn/SrcShow.asp? Src_ID=695 2009 年 2 月 15 日)等的考證,現已達成共識。筆者對上述解釋亦無異議,現將其語例列舉如下:

  終身自若。能寡言乎,能一乎。
  百姓之所貴唯君,君之所貴唯心,心之所貴唯一。
  執此言,起於一端。
  聞之曰:一生兩,兩生參,參生女,女成結。
  是故有一,天下無不有。無一,天下亦無一有。
  聞之曰:能執一則百物不失。如不能執一則百物具失。
  如欲執一,仰而視之,俯而揆之。毋遠求,度於身稽之。
  得一[而]圖之,如併天下而抯之。得一而思之,若併天下而治之。
  此一以爲天地稽。是故一,咀之有味,嗅[之有臭],鼓之有聲,近之可見,操之可操。

執此言,起於一端。

聞之曰:一言而有衆,一言而滿民之利,一言而爲天地旨。

實際上,説到使用"一"字最多的文章,當屬道家文獻。例如《老子》中有:

載營魄抱一,能无離?(第十章)

故混而爲一。(第十四章)

聖人抱一爲天下式。(第二十二章)

昔之得一者:天得一以清,地得一以寧,神得一以靈,谷得一以盈,万物得一以生,侯王得一以爲天下正。(第三十九章)

《莊子》中則有:

萬物以爲一。(《逍遥遊》)

道通爲一。其分也,成也;其成也,毁也。凡物无成與毁,復通爲一。唯達者知通爲一。(《齊物論》)

天地與我並生,而萬物與我爲一。既已爲一矣,且得有言乎?既已謂之一矣,且得无言乎?(《齊物論》)

萬物皆一也。(《德充符》)

我守其一,以處其和。(《在宥》)

一而不可不易者,道也。(《在宥》)

萬物雖多,其治一也。(《天地》)

記曰:通於一而萬事畢。(《天地》)

泰初有无,无有无名;一之所起,有一而未形。物得以生,謂之德。(《天地》)

守而勿失,與神爲一;一之精通,合於天倫。(《刻意》)

號物之數謂之萬，人處一焉……人處一焉；此其比萬物也。(《秋水》)

夫形全精復，與天爲一。(《達生》)

人與天一也。(《山木》)

夫天下也者，萬物之所一也。得其所一而同焉，則四支百體將爲塵垢，而死生終始將爲晝夜而莫之能滑。(《田子方》)

故萬物一也。……故曰：通天下一氣耳。聖人故貴一。(《知北遊》)

老子曰：衛生之經，能抱一乎？能勿失乎？……(《庚桑楚》)

故德總乎道之所一。而言休乎知之所不知，至矣。道之所一者，德不能同也。(《徐無鬼》)

知大一……至矣。大一通之……(《徐無鬼》)

太一形虛。若是者，迷惑於宇宙，形累不知太初。(《列禦寇》)

聖有所生，王有所成，皆原於一。(《天下》)

關尹老聃聞其風而悦之，建之以常無有，主之以太一……(《天下》)

至大无外，謂之大一；至小无内，謂之小一。(《天下》)

《管子》中有：

執一之君子。執一而不失，能君萬物，日月之與同光，天地之與同理，聖人裁物，不爲物使。心安，是國安也。心治，是國治也。治也者，心也。安也者，心也。治心在中……(《心術下》)

專於意，一於心，耳目端，知遠之證。能專乎？能一乎？能毋卜筮而知凶吉乎？能止乎？能已乎？(《心術下》)

一以無貳,是謂知道。將欲服之,必一其端而固其所守。(《白心》)

萬物崇一,陰陽同度,曰道。刑以弊之,政以命之,法以遏之,德以養之,道以明之。(《正》)

一物能化謂之神,一事能變謂之智。化不易氣,變不易智。惟執一之君子能爲此乎! 執一不失,能君萬物。君子使物,不爲物使,得一之理,治心在於中,治言出於口,治事加於人,然則天下治矣。一言得而天下服,一言定而天下聽,公之謂也。(《內業》)

氣意得而天下服,心意定而天下聽。搏氣如神,萬物備存。能搏乎? 能一乎? 能無卜筮而知吉凶乎? 能止乎? 能已乎?(《內業》)

其語例頗多,亦可見其具有的思想意義之大。在《凡物流形》中,如前引所示,圍繞"一"而展開的論述也不少,可謂其思想意義同樣不小。

另外,對於與"一"相關的"執一"的概念亦應給予注意。例如下面一節即是:

聞之曰:"能執一則百物不失。如不能執一則百物具失。"如欲執一,仰而視之,俯而揆之。毋遠求,度於身稽之。①

此處所强調的就是"執一"的重要性,與《管子·内業》的"執一不失,能君萬物"是同一個意思②。進而也可使我們管窺到:在當時,

---

① 《凡物流形》中"執"字可見13例,承擔着與本文中的"一"同樣的極其重要的含義。不過,關於"執"字,原文只寫作"䇂",原釋則將該字隸定爲"戠",讀作識。筆者在此以楊澤生爲是,讀作執(參見楊澤生《說〈凡物流形〉從"少"的兩個字》,http://www.bsm. org. cn/show_article. php? id=999 2009年3月7日)。以下同字亦皆讀作執。

② 《管子·内業》篇的時代,據金谷治所考,認爲"大致在《老子》至《吕氏春秋》之間,接近戰國末期"(見《〈管子〉之研究》275頁)。

似乎"執一"一語作爲表達一定思想的用語已然確立了。由此自然會使人聯想起《孟子・盡心上》的一節：

> 孟子曰：楊子取爲我，拔一毛而利天下，不爲也。墨子兼愛，摩頂放踵利天下，爲之。子莫執中。執中爲近之。執中無權，猶執一也。所惡執一者，爲其賊道也。舉一而廢百也。

孟子在此既批判了楊子的爲我和墨子的兼愛，進而又對子莫（或許是人名，不詳）的執中加以批評。孟子認爲：子莫的執中乃是無權（即教條的中庸之道），因而是與"執一"相同的。問題在於如何詮釋出於孟子之口的"執一"。對於子莫的執中，以往的解釋並不認爲這是一個表達某種特別思想和立場的詞語，即如孟子所説：因其主張無權之故，歸根結底，與楊子的爲我和墨子的兼愛一樣，"舉一而廢百"，即偏重於一端（＝極端）。其結果是舍棄其他的價值，是不足取的。但是，在孟子活躍的戰國時代，確有取"執一"立場者與爲我者和兼愛者並立（或許孟子認爲執中略好於"執一"），所以，是否可以認爲這是孟子將尖鋭的批判矛頭也朝向了他們？就是説，將"執一"解釋爲用以表述與爲我、兼愛並列的某種思想和立場。此處所謂"執一"的立場，就是主張：只有執"一"，纔能得"萬"端。這正是《凡物流形》中所表達出的典型的思想概念。實際上，孟子在此，與楊子的爲我、墨子的兼愛、子莫的執中一起，對"執一"思想也進行了批判①。

這樣分析下來，似乎可以認爲：《凡物流形》中所見的"執一"概念，反映了孟子時代，即戰國時代中期思想界的狀況。

2. "道"字的用法

《凡物流形》中"道"的用例不過如下三例：

---

① 但是，本篇中"執此言，起於一端"之句曾兩度出現。由此亦可知，"一端"的概念，是被肯定的。而且，正如《管子》中亦有"一以無貳，是謂知道。將欲服之，必一其端而固其所守"（《白心》）一樣，認爲以端爲"一"，即保持一端，是關係"知道"之大事的。

順天之道。

執道,坐不下席。

執道,所以修身而邦家。

那麽,楚簡中屬道家體系的文獻裏有多少"道"的用例呢?

在《老子》甲本中有:

以道佐人主者,不欲以兵强於天下。

保此道者不欲尚盈。

是故聖人能輔萬物之自然,而弗能爲。道恒亡爲也,侯王能守之,而萬物將自偽。

道恒亡名。

譬道之在天下也,猶小谷之與江海。

有狀蟲成,先天地生。寂穆,獨立不改,可以爲天下母。未知其名,字之曰道。

天大,地大,道大,王亦大。國中有四大安,王居一安。人法地,地法天,天法道,道法自然。

天道員員,各復其根。

益生曰祥,心使氣曰强,物壯則老,是謂不道。

返也者,道動也。弱也者,道之用也。

功遂身退,天之道也。

在《老子》乙本中有:

長生久視之道也。學者日益,爲道者日損。損之或損,以至亡爲也,亡爲而亡不爲。

上士聞道,勤能行於其中。中士聞道,若聞若亡。下士聞道,大笑之。弗大笑,不足以爲道矣。是以建言有之:明道如寓,夷道□□,□道若退。

道……
故道□□□,淡呵其無味也。視之不足見,聽之不足聞,而不可既也。

在《大一生水》中有:

天道貴弱,爵成者以益生者,伐於强,責於……下,土也,而謂之地。上,氣也,而謂之天。道亦其字也,請問其名。以道從事者必托其名,故事成而身長。

在《恒先》中有:

天道既載,唯一以猶一,唯復以猶復。

等等,可檢出之例甚多。

倘若僅僅查點"道"的用例,儒家文獻中亦有不少,例如《五行》中可見許多用例;再如《唐虞之道》《忠臣之道》《成之聞之》《尊德義》《性自命出》《六德》《語叢》等等,亦可找到不計其數的用例。從這個意義來說,不能僅以有無"道"的用例,直接判斷其思想傾向如何。道家之所以爲道家,正緣於他們賦予了一般通用的"道"以他們特有的宇宙論的、存在論的意義,而絕非其他。

3. "白"字的用法

用例雖不能說是很多,但在探討本篇《凡物流形》的思想上,作爲一個特徵性的字眼,"白"亦是其中之一。即:

奚謂少徹?人白爲執。奚以智其白?終身自若。能寡言乎?能一乎?夫此之謂少成。

這是對"少徹"所指的某種精神境界的說明,即,要求人做到"白"。而且,做到"白",方能"終身自若"。因此纔能保持寡言,纔能爲"一"。由此亦可見所謂"白"與"一",是相互關聯的重要概念。

下面,讓我們確認一下《老子》《莊子》等道家文獻中"白"的語例。

首先在《老子》中有:

> 上德若谷,大白若辱……(第四十一章)
> 知其白,守其黑,爲天下式。常德不忒,復歸於无極。(第二十八章)

其次,在《莊子》中有:

> 瞻彼闋者,虛室生白,吉祥止止。(《人間世》)①
> 夫明白入素,无爲復朴,體性抱神,以遊世俗之間者,汝將固驚邪?且渾沌氏之術,予與汝何足以識之哉!(《天地》)
> 老子曰:而睢睢盱盱,而誰與居?大白若辱,盛德若不足。(《寓言》)
> 願天下之安寧以活民命,人我之養畢足而止,以此白心,古之道術有在於是者。(《天下》)
> 老聃曰:"知其雄,守其雌,爲天下谿;知其白,守其辱,爲天下谷。"(《天下》)

等等,可與老子(或老聃)相聯繫,並得知"白"字乃是表達某種心理境界的道家用語。

另外,《管子》中有《白心》篇,雖然沒有"白"的用例,不能作爲了解其具體含義的直接綫索,但是,作爲《管子》四篇之一而聞名的

---

① 關於"白",《經典釋文》中有"白者,日光所照也"。此外,《淮南子·俶真》中有"虛室生白,吉祥止也"——似乎原文引用了《莊子》的一節。再如高誘注中有"虛,心也。室,身也。白,道也。能虛其心以生于道,道性無欲,吉祥來止舍也"。由高誘的解釋亦可以看出,"白"乃是道家思想中最爲重要的概念之一。

《白心》篇顯然屬於道家文獻。

4. "心"字的用法

"心"的用語雖與"白"同樣較少,但在探討本篇的思想上也是一個重要的詞語。即：

(1) 聞之曰：心不勝心,大亂乃作；心如能勝心,是謂少徹。

(2) 曰：百姓之所貴唯君,君之所貴唯心,心之所貴唯一。得而解之,上視於天,下審於國。坐而思之,謀於千里；起而用之,通於四海。

上述是說：對於爲政者而言,"心"的狀態是極其重要的。那麽,將這種觀點與《老子》、《莊子》中的"心"相比較的話,又會有如何的發現呢?

《老子》曰："聖人無心,以百姓心爲心。"(第四十九章)其意思可解爲：聖人和百姓同有一心,與上引(2)的内涵完全不同。另外,《莊子·人間世》中有如下一段,提倡"心齋",對"以心爲師"進行了批判：

(顏)回曰："敢問心齋。"仲尼曰："若一志,无聽之以耳而聽之以心,无聽之以心而聽之以氣！聽止於聽,心止於符。氣也者,虛而待物者也。唯道集虛。虛者,心齋也。"

此節所闡述的是,勿動用"心",使"心"處於虛空,則近於"道"。因爲"心"會生出私人一己的小聰明,即：邪念。此外,《德充符》有"遊心乎德之和"、《應帝王》有"遊心於淡"、《駢拇》有"遊心於堅白同異之間"、《則陽》有"知遊心於無窮"等,皆可看作是對"心"能動的工作給予了否定的評價,並因此而主張應解放此種狀態下的"心"。基於此,強調"心"的所持狀態應是無心,就成爲理所當然的結論了,即：

記曰："通於一而萬事畢,无心得而鬼神服。"(《天地》)

形若槁骸，心若死灰，真其實知，不以故自持。媒媒晦晦，无心而不可與謀。彼何人哉！（《知北遊》）

另有與"無心"很相似的詞語，即"虛心"，《漁父》篇中有語例。而《大宗師》中則有："是之謂不以心損道，不以人助天。是之謂真人。若然者，其心忘，其容寂，其顙頯"，以及"其心閑而無事"等，也都是對積極地驅動心智的否定。《應帝王》中的"勞形怵心者"也是一個意思。

《在宥》中提到"心養"，說的就是"汝徒處无爲，而物自化。墮爾形體，咄爾聰明……解心釋神，莫然无魂。萬物云云，各復其根"，其意義仍在於否定心智主動的使用。

《天道》篇中的"一心定而王天下；其鬼不祟，其魂不疲，一心定而萬物服"，是說：爲天下之王者，其心必有所定而不動搖（＝"一心"），亦可與上述諸例作同解。

通過以上對《莊子》中"心"的語例的檢視，《天道》的"本在於上，末在於下；要在於主，詳在於臣。……此五末者（德、教、治、樂、哀），須精神之運，心術之動，然後從之者也"中，所謂"心術之動"的語義，也就不言自明了。就是說：君主（＝統治者）不應動用其心智於諸端事物，而應洞察事物的本質。《管子》中已有《心術》篇，可見"心術"這一概念是先秦時期一重要的政治之術。下面，讓我們再度審視一下上文中所引《管子·心術下》的一節：

一氣能變曰精，一事能變曰智。……慕選而不亂，極變而不煩，執一之君子。執一而不失，能君萬物，日月之與同光，天地之與同理……心安，是國安也。心治，是國治也。治也者，心也。安也者，心也。治心在中，治言出於口，治事加於民。

這一段，首先是說：以"執一"爲據，則可與天地日月同樣，君臨於萬物之上；其次說：所謂"執一"是與"心"的所處狀態密切相關的,統治者之"心"若能"安",則其國其民必能"安"(=治)。這大概就是《心術》所說政治之術的"心術"的意思。

雖然上述與《凡物流形》的語言表述沒有一致之處,但是,在主張統治者的心術之狀態直接決定政治的成敗這一點上,卻是相通的。

以上所述,指出了《凡物流形》中與道家思想相關聯的諸條概念,並確認了其重要性。下邊將就《凡物流形》的思想特色,透過其若干概念加以考察。

三、《凡物流形》思想上的特色

1. 鬼神論

在本篇中,陳述了對鬼神的樸素的懷疑:

> 吾既長而或老,孰爲侍奉?鬼生於人,奚故神明?骨肉之既靡,其智愈暲。其夬奚止?孰智其疆?鬼生於人,吾奚故事之?骨肉之既靡,身體不見,吾奚自食之?其來亡度,吾奚時之?塞祭異奚升,吾如之何思禪?(我已度過成長階段而衰老,誰在身旁侍奉我?鬼既然由人變成,緣何擁有神明之力?肉體腐爛化盡,而智慧愈發明晰,那麼,與生者訣別而欲去向何方?誰知其終極歸宿?果然鬼由人變的話,我爲何定要侍奉他?倘若肉身腐爛而化無,不得見其形態,我又如何進而服侍?況且,鬼神之來既然無定時,我將如何迎接?"塞祭"之供品,又將如何進獻,使之滿意?)

這一節以老者的不安開頭,繼之,又提出質疑:"鬼既然由人變成,緣何擁有神明之力?"在此看似樸素的疑問背後,甚或可以讀取一種對於鬼神是否存在的懷疑。進而又發問道:"肉體腐爛化盡,而智慧愈發明晰,那麼,它與生者訣別而欲去向何方?"此問自然也是以當時的觀念爲前提的,即:死者入葬後,身體的骨肉會腐朽而盡,但死者的靈魂會化爲"鬼"而去向某處。死者化鬼之後將去向何方？這也是個看似單純質樸的疑問。但是,其中對於無從了解其真相的"鬼"的濃厚疑慮,卻給人留下難以拭去的印象。接下來的疑問是:"果然鬼由人變的話,我爲何定要侍奉他？"不過,此問從儒家的觀點來看,實在是奇特的問題。因爲儒家認爲,所祭祀的死者的靈魂,就是祖先的靈魂。所謂鬼魂就是這些祖先們而不會是其他什麼,所以,以傳統的祖先祭祀爲前提的話,這樣的疑問當不會產生。

"倘若肉身腐爛而化無,不得見其形態,我又如何進而服侍？"此句與其説是疑問,不如説更近似反語。就是説,並非鬼神一方要求供養,只是祭祀一方定要服侍的話,倘若鬼神不自顯其形,豈有進而服侍之方法。可以看出,此處乃是對於傳統的鬼神祭祀提出了具有理性的、反省性質的質疑。

"況且,鬼神之來既然無定時,我將如何迎接？"這也不應僅僅看作是單純的疑問,而應看作是反語式的表述。即,對祭祀鬼神一事本身投以根本性的懷疑。隨後的句子,即:祭祀鬼神的"'塞祭'之供品,(對於不現其身的鬼神)又將如何進獻？"如何(接待不現其身的鬼神)"使之滿意？"亦不妨如是觀之。

毋庸贅言,楚地屬鬼神信仰根深蒂固之地域。上博楚簡中甚至有名爲《鬼神之明》的文獻,也同《凡物流形》一樣,向鬼神投以懷疑的目光。這些都可以理解爲:正因此地鬼神信仰根深蒂固之緣故,纔會產生如此的懷疑意識,即:理性的、反省的精神所引發的對鬼神的懷疑論。

倘若可以作如上思考的話,則可認爲:《凡物流形》是一部在楚地這一極具地域特色的地方著述而成的文獻。

實際上,孔子以後的儒家也是對鬼神報以懷疑之心的。自從孔子明言"敬鬼神而遠之"(《雍也》)以來,儒家就變成了不接受鬼神之賞罰的所謂運命論者,以至於在《墨子·明鬼》中受到批判①。

2. 自然觀

本篇的自然觀可見於下列各句中,即:

(1) 水之東流,將何盈?
(2) 日之始出,何故大而不耀? 其入中,奚故少雁暲扶?
(3) 聞天孰高與? 地孰遠與? 孰爲天? 孰爲地? 孰爲雷? 孰爲霆? 土奚得而平? 水奚得而清? 草木奚得而生? 禽獸奚得而鳴? 夫雨之至,孰零漆之? 夫風之至,孰爰壘而逐之?

由(1)可以看出,中國大陸西高東低,其大部分的河流自西部的山嶽地帶流向東方的太平洋,這一事實在古代既已成爲常識了。於是,面對這一自然的客觀事實,就引發了"爲什麼"之問;在此亦可見其有趣的思路。

另外,問(2)雖是人人由經驗已熟知的大自然的事實,但卻難以作出確切的回答。對於此類事情,古人是一本正經地欲以思考呢? 抑或是猜謎游戲般地取樂而已呢? 不過,這個問題本身,嚴密地説,是不正確的,因爲日落的太陽也是同樣的。這一定是着眼於太陽的大小因時間的不同而變化來進行敘述的。原釋介紹這個故事記載於《列子·湯問》中,即:孩子們向孔子提出同樣的問題,而孔子没能作答,於是,他的智慧被孩子嘲笑爲"不過如此",反而是

---

① 此外,《論語》中還有"子曰……而致孝乎鬼神,惡衣服而致美乎黻冕,卑宫室而盡力乎溝洫。禹,吾無間然矣"。(《泰伯》)"季路問事鬼神。子曰:未能事人,焉能事鬼。曰:敢問死。曰:未知生,焉知死。"(《雍也》)可見其中有"鬼神"一語的用例,卻決非懷疑鬼神存在之論。

令人回味的①。

此外,問(3):

向天問,最高之處是何物?
向地問,最遠之處是何物?
誰創造了天?
誰創造了地?
誰創造了雷?
誰創造了霆?
大地緣何而平坦?
水因何故而澄明?
草木因何而生出?
鳥獸緣何而鳴叫?
何人初使天降雨?
何人初使風吹度?

上述諸問,雖然難稱其爲思想之問、哲學之問,卻是在生活中細緻入微地觀察自然之後而產生的,儘管樸實無華卻是客觀的疑問。在這裏,全然不見神話般的想象,只是羅列出一連串對於天地自然的運行而發出的質樸的疑問。而且,亦沒有窮究其終極原理的意向②。《莊子・天下》中有如下一段:"南方有倚人焉曰黃繚,問天地所以不墜不陷,風雨雷霆之故。惠施不辭而應,不慮而對,徧爲萬物説,説而不休,多而無已,猶以爲寡,益之以怪。"倚人黃繚之問,恰使人聯想起本篇中的種種疑問。

如果此處所謂南方是指楚地的話,由此亦可明確獲悉:正是

---

① 參照《上博楚簡(七)》245 頁。
② 雖力圖總體把握天地自然,並試圖利用"一"的概念加以説明,但直接論證此一問題很難。

在當時的楚地,這種觀點曾廣泛地存在過;更何況,這些與《楚辭・天問》內容相通是不言自明的①。同時,這種自然觀也許可以認爲亦近似道家的自然觀。

雖說是《凡物流形》的自然觀,亦因上述的疑問而格外生色,但也必然地會引發人們對此欲以解答的思想行爲。關於這個問題將另設章節進行探討。

3. 生成論

凡物流形,奚得而成?流形成體,奚得而不死?既成既生,奚呱而鳴?既拔(＝末?)既根,奚後之奚先?陰陽之處,奚得而固?水火之和,奚得而不厚?聞之曰:民人流形,奚得而生。流形成體,奚先而死。又得而成,未智左右之情。

以上是《凡物流形》開篇的內容,似可譯爲如下現代口語:

萬物皆以林林總總的形態存在於天地之間,他們是怎樣獲得這些不同形態的?萬物既以各自的形態而存在,又是什麼緣故使他們得以(暫時)不死?已然獲得某種形態並誕生於此,是何緣故又使其可以發出聲音?既有位於末端之物,又有位於根本之物,(就時間而言)何者在先?何者位於後?在陰陽不停的消長之處,一個固定形態又是如何出現的?在水火相容的和諧之處,又是如何能以"不厚"(詞意未詳)的狀態而存在?曾聽說:人既然同樣也是以各種形態存在於天地之間的萬物之一,那麼,是什麼原因使其(能以人的模樣)誕生?(萬物)森羅萬象存在於天地之間,那麼,究竟其中何者首先死

---

① 關於"黃繚",據說可見於清徐廷槐所引《戰國策》[參照福永光司《莊子外雜篇》547頁(朝日新聞社,1967年)]。

滅？即，或得以某種形態存在於天地之間，又是(背後的)什麼使這一切成爲了現實？其中的真相無從得知。

此段篇首文字相當難解，在傳世文獻中亦很難指出與之類似的文章。但是，作爲本篇題目的《凡物流形》，正如有人已指出的那樣，可以認爲與《周易·乾卦·彖傳》中的"品物流形"大致意思相同①。再者，"流形"之語可以理解爲：萬物以其各自特有形態不斷變化，恰似水不斷流動的景象。於是，此語正如《管子·水地》所謂"人，水也。男女精氣合，而水流形"一樣，被用於表述人類由男女和合而誕生的過程。《水地》篇以水爲"萬物之本源"，論說"諸生(鳥獸、草木、人等)"皆因得水而生成，其主旨與本篇以及《周易》的"品物流形"思想並無大的差異。

就是說，本篇對這種以"流形"的情景來構象的生成論，其記述之詳細是傳世文獻所未曾見的，其作爲文獻的價值應當予以重視。只是，本篇中藉以"流形"的景象來談論的，並非如《水地》篇那樣僅限定於水；由"陰陽""水火"等詞語，可見其具有更大的外延性。因此，這種萬物的生成和流轉，亦與人的誕生和死亡相關聯了。

所謂"聞之曰：民人流形，奚得而生。流形成體，奚先而死"就是此意，亦即：生成並流轉的萬物，是永遠周而復始地循環不已的。

是故陳爲新，人死復爲人，水復於天。咸百物不死如月，

---

① "品"與"凡"乃是通假關係。如此，《周易》中此語則與"雲行雨施"成爲對偶句，或被譯成"乾元之氣化爲雲，流動爲雨，揮洒如注，以致萬物得備其形體于兹"(高田真治、後藤基巳訳《岩波文庫·易經(上)》81—82頁，1969年)，或被譯爲"(因乾之純粹生氣的作用)水蒸氣上升爲雲，在天空中流動；或者下降爲雨，滋潤大地。在此，禽獸、草木、人類等等，大小、種類千姿百態的生物便開始了活動，以致迄今潛遁之物均現出其形體于表面"[鈴木由次郎譯注《全釋漢文大系·易經(上)》61頁(集英社，1974年)]。

出則或入,終則或始,至則或反。(因此,物則新舊交替,人則死而復生,水則重歸於天,所有一切皆不死,正如月亮重復着圓缺。終結之後即是開始,到達之後則又返回。)

這種單純的循環思想,同時也引發出極其單純的生死觀。但在此最值得關注的,即前譯文中的一段"即,或得以某種形態存在於天地之間,又是(背後的)什麽使這一切成爲了現實?其中的真相無從得知"。本篇雖對此没有回答,但這應該與《老子》作爲萬物之根的"道"的思想不無關係。從思想史的角度來説,《老子》"道"的思想,與這些疑問並非毫無關係,而是爲了回答這些疑問而思考出來的。

結語
——探索與《老子》的關係

在本文中,筆者對《凡物流形》進行了再度考察。筆者一開始已經説過,主要目的是通過戰國楚簡,釐清先秦道家思想。只是,應當探析的問題很多,本文中經過論證的若干見解也僅止於提出假説,距結論尚有距離。

緣此,在本節中,將通過對《凡物流形》與《老子》的關係的進一步思考,作爲本文的結語。

與《老子》相關聯的内容有如下三條:

(1) 聞之曰:"升高從卑,至遠從近。十圍之木,其始生如蘖。足將至千里,必從寸始。"

(2) 聞之曰:"執道,坐不下席;端冕,圖不與事。先智四海,至聽千里,達見百里。"

(3) 聞之曰:"一生兩,兩生參,參生女,女成結。"

（1）條與"合抱之木，生於毫末；九層之臺，起於累土；千里之行，始於足下"（《老子》第六十四章），可以說在意思上大致相同。但是，如果說其間存在着引用關係，則行文的差異未免過大；更重要的是，無法將本節看作是論說《老子》具有特徵性的道家思想的一節，就是說，這節文字不過是闡述一種處世的智慧、道理，即：無論何事，若不由身邊的小事做起，將不能達到目標。因而，儘管它類同於《老子》中的一節，但很難說其明確地闡發了道家的特色。

（2）條與"不出戶，知天下；不窺牖，見天道。其出彌遠，其知彌近。是以聖人不行而知，不見而名，不爲而成"（《老子》第四十七章）說的是同樣的道理，兩者間顯而易見的共通性，就在於它們都認爲端居靜處即可料定萬事。儘管如此，兩者在語言表述上卻差異頗大。另外，《凡物流形》是以"執道"爲前提的。雖然與之相對的《老子》中並沒有這樣的詞語，但可以理解爲是本篇對實踐"道"的聖人的一種表述，足以標示出兩者間思想上的共通性。

下面就（2）中的"先智"一詞試作分析，即"先智"與《老子》第三十八章"夫禮者，忠信之薄，而亂之首。前識者，道之華，而愚之始"中的"前識"一詞的關係。因爲"先"與"前"、"智（知）"與"識"的意思兩兩相通，都可解釋爲"預知事情的發生和發展"。不過，在對此的評價上，（2）是肯定的，而第三十八章則是否定的①。《老子》在批判"禮"爲"忠信之薄，而亂之首"的同時，亦對此進行了批判，稱其爲"道之華，而愚之始"。這或許是因爲"前識"與"禮"同樣，乃是刻意作爲之結果。不過，（2）中的"先智"是遵行"執道"而自然獲得

---

① 所謂前識，乃先於人而知之。在《韓非子·解老》中，解釋爲"能言中相距遙遠之地的事物"[參見齊藤响《全釋漢文大系·老子》127頁（集英社，1979年）]。

的能力,因而,(2)的"先智"乃是第四十七章的"不出户,知天下"的"知",與"聖人不行而知"的"知"解作同義方爲妥當。基於這種理解來分析,可得知:(2)中的"執道"是與《老子》的"無爲"極其相近的概念。

(3)則顯然與"道生一,一生二,二生三,三生万物"(《老子》第四十二章)相仿佛。但其與《老子》根本性的不同,在於《老子》是以"道生一"的理論,使萬物之根源可上溯至"道"。誠然,"道"即是"一"的思想,已於其他章節言明,所以,此處所謂"道生一"不過是一種修辭法而已,作爲思想,不外乎是說:"一"(同時也是"大")即是"道",它生成了萬物。如果這樣解讀的話,則應該看到(3)和《老子》第四十二章所闡明的乃是完全相同的思想。

以上對(1)—(3)條與現行本《老子》的關聯性進行了考察,其共通之處在於:它們都是由"聞之曰"開始的一節。所謂"聞之曰",毋庸贅言,就是傳聞句,自然也就不是本篇作者自己的話,而是引用句。那麽,能否認爲上述這些皆引自《老子》呢?

在思考這個問題時,(3)應是最爲重要的。因爲它是作爲《老子》"道"的哲學——尤其是其生成論,自古以來就極受重視的一節。然而,被認爲是與《凡物流形》幾乎同時代的陪葬品,即:郭店《老子》,卻不含有這第四十二章的一節。

如前所述,(1)條作爲闡述獨特的"道"之哲學的《老子》言論,說教性未免過強,在現行本《老子》中,亦給人以略顯特異的印象。

(2)條,則不如說,以其有關"執道"的議論,在與"道"的關係上,較之《老子》更爲積極地來把握"先智"。只是,此處的"道",並非(3)條所探討的"萬物之根源"的意思,而是"萬物所依據之理法"的意思。況且,由於(3)條與"道"的關係,在《凡物流形》中也就找不出《老子》最具特徵的、作爲萬物之源的"道"的用例了。

由以上考察得以明確的是:《凡物流形》中的(1)—(3)條出自

《老子》,這樣的結論是無法得出的;更無法想象其出自相反。如此一來,就應該可以考慮:當時存在着不屬於任何一派的學説,《凡物流形》引用了它,而《老子》則將其吸取進自己的思想之中。

倘若再與此前筆者對於郭店楚簡《老子》甲乙丙三本和《大一生水》以及上博楚簡《恒先》等的考察,配合起來思考的話,勢必得到這樣的推論:《老子》這一文獻的編集,似乎應在此三種文獻之後,從某種意義上説,實乃先秦道家思想的集大成之作。

從《莊子·天下》篇看《老子》經典化的過程

序

通過福永光司的解讀,我們可以了解《莊子》三十三篇中位於最後的《天下》篇的大概内容①:

......《天下》之篇名取之於篇首兩字。具有《莊子》全篇的跋文性質的本篇内容......宏觀當代學術,評説自墨翟、禽滑釐到關尹、老聃以及莊周等諸學派思想各自具有特徵的立場......;對墨翟、禽滑釐、宋鈃、尹文、田駢、慎到、關尹、老聃等"思想的評論",與《莊子》内篇的思想立場極其相近;......作爲具體解説先秦諸學派思想的資料,是現存最爲古老的,在内容上也是具有一流價值的珍貴思想史研究資料②。(477—

---

① 例如,還有金谷治的見解,他認爲:"《雜篇》第十一是《莊子》的最後一篇,作爲總序很著名。篇名取自篇首二字。其内容是列叙先秦的諸思想,並加以評論,對莊周哲學給予定位。可以説既是一本哲學史著作,也是貫穿了作者立場的哲學研究著作......"("岩波文庫"《莊子》第四册 197 頁,1983 年)。金谷的見解與福永沒有不同(亦可參照《新釋漢文大系》、《全釋漢文大系》)。

② 福光永司著《莊子外篇雜篇》(朝日新聞社,1967 年)。

478 頁)

然而,不久前,池田知久在《道家思想的新研究——以〈莊子〉爲中心》(汲古書院,2009 年)一書中,將《天下》篇看作是"出自道家試圖統一諸思想的構想",並以此爲前提指出:

> ……《莊子・天下》篇這一文章……既非出自莊周之手,亦非《莊子》的跋文。只能認爲是前漢文帝(公元前 179 年—前 157 年)到景帝(公元前 156 年—前 141 年)的後期,道家所著的意在統一諸思想的構想之一。(747 頁)

池田認爲這是爲構想金谷、福永兩氏並未提及的思想統一而寫的一篇①。

關於《天下》篇是以思想統一爲念而寫成的文獻這一點,如果我們重讀此篇,是很容易贊同的。而且,這一事實意味着:《天下》篇不僅僅是基於學術關心而寫的哲學史性質的著作,更是具有明確的目的意識而寫出的文獻②。毫無疑問,《天下》篇所指向的思想統一,直接是與政治上天下統一的趨勢並行不悖的。這也正是戰國後期的大潮流所向。

本文將在《天下》篇乃是爲思想界的"一統天下"而著述的文獻這一前提下,提出《老子》經典化正是道家一方爲思想統一而采取的舉措這一假說。通過對《天下》篇的分析,考察《老子》經典化的過程。

---

① 池田認爲《呂氏春秋》也同樣是在道家思想統一的構想下編輯的文獻,並注意到:尤其是《不二》篇中的下列敘述中,老聃被置於句首這一現象。即:"老聃貴柔,孔子貴仁,墨翟貴廉,關尹貴清,子列子貴虛,陳駢貴齊,陽生貴己,孫臏貴勢,王廖貴先,兒良貴後。"

② 在與此完全相同的意圖下著述的文獻是《荀子・非十二子》。這是來自儒家一方的思想統一的動向。

爲了闡明《老子》經典化的過程，在日本很早就有武内義雄的《老子原始》、津田左右吉的《道家思想及其展開》、木村英一的《老子之新研究》等進行了研究。但是，這些研究都止於探究現行本的形態完備的過程，没有討論《老子》形成的目的所在。

本文將以此爲基本課題進行研究。雖然，這一探索過程絶非易事，但筆者認爲由於近年來道家方面文獻的出土，已經可以看到解開這些難題的曙光。作爲基礎性的工作，本文將以《天下》篇爲切入點展開研究①。

一、《天下》篇的構成

首先，概觀一下《天下》篇的構成。衆所周知，《天下》篇可兩分爲前半的所謂哲學史部分和後半的惠施哲學的解説部分。在此要探討的是其前半部分。下面將摘録其與本論相關的内容，以便進行對照分析。

  天下之治方術者多矣，皆以其有爲不可加矣。古之所謂道術者，果惡乎在？曰："无乎不在。"曰："神何由降？明何由出？""聖有所生，王有所成，皆原於一。"不離於宗，謂之天人。不離於精，謂之神人。不離於真，謂之至人。以天爲宗，以德爲本，以道爲門，兆於變化，謂之聖人。以仁爲恩，以義爲理，以禮爲行，以樂爲和，薰然慈仁，謂之君子。以法爲分，以名爲表，以參爲驗，以稽爲決，其數一二三四是也，百官以此相齒，

---

① 所謂道家出土文獻，早期的有馬王堆帛書《老子》甲乙本，在此約 20 年後有湖北省荆門市郭店楚墓出土的郭店《老子》甲乙丙本、《大一生水》，以及出土地點不明而被命名爲《上海博物館藏戰國楚竹書》中的《恒先》、《凡物流形》等等。關於郭店《老子》、《大一生水》、《恒先》、《凡物流形》，本人已經發表了研究所見，而本文仍將上述文獻視爲探索《老子》經典化過程中最重要的依據來進行思考。

以事爲常,以衣食爲主,蕃息畜藏,老弱孤寡爲意,皆有以養,民之理也。

這是相當於序論的部分。在這裏可以看出:聖王以終極的"一"爲依據而君臨天下,是被作爲第一命題而提出的。而所謂"聖王",必須兼備"神人""至人""聖人"等所有要素。"聖王"統治的世界裏,有承擔"仁義禮樂"的君子,以及以"名""法"爲規範盡職敬業的"百官",他們擔當各自的職分,使"民"的生活得以保證。可以説這是在構想一套金字塔式的"一統天下"的模式。爲此,支撑這種"一統天下"思想的理論框架必須完美無缺,以克服百家紛爭的現狀,使其歸"一"。

……天下大亂,賢聖不明,道德不一……是故内聖外王之道,闇而不明,鬱而不發,天下之人各爲其所欲焉以自爲方。悲夫,百家往而不反,必不合矣!後世之學者,不幸不見天地之純,古人之大體,道術將爲天下裂。

然而,現實的差距是巨大的。"天下大亂,聖賢不明,道德不一"是《天下》篇作者對時代的認識。正像在開始的序論中也是圍繞"一"而展開議論一樣,此處"天下大亂,聖賢不明"與"道德不一"被並列而言,"一"同樣被置於問題的核心。就是説,治理天下,和治理天下所要求的思想都必須歸結於"一"。

接下來我們會看到,文章認爲"内聖外王之道"的終極"道術"就在於關尹、老聃。

建之以常無有,主之以太一,以濡弱謙下爲表,以空虛不毁萬物爲實。關尹曰:"在己无居,形物自著。其動若水,其静若鏡,其應若響。芴乎若亡,寂乎若清,同焉者和,得焉者失。未嘗先人而常隨人。"老聃曰:"知其雄,守其雌,爲天下谿;知其白,守其辱,爲天下谷。"人皆取先,己獨取後,曰受天下之垢;人皆取實,己獨取虛,无藏也故有餘,巋然而有餘。其行身也,徐而不費,无爲也而笑巧;人皆求福,己獨曲全,曰苟免於咎。以深爲根,以約爲紀,曰堅則毀矣,鋭則挫矣。常寬容於物,不削於人,可謂至極。關尹老聃乎!古之博大真人哉!

作爲此一段落的總結,關尹、老聃被定論爲"古之博大真人"。那麽,下面就以相關的論述爲中心進行思考①。

二、關尹、老聃的立場

《莊子·天下》將老聃、關尹的思想要點總結爲"(1) 建之以常無有,(2) 主之太一,(3) 以濡弱謙下爲表,(4) 以空虛不毀萬物"這四點。下面將其與通行本《老子》(以下略稱爲通行本)進行對照。

(1) 建之常無有

"常無有"一語並不直接見於《老子》,但可與下面

> 常無,欲觀其妙;常有,欲觀其徼。此兩者同出而異名,同謂之玄,玄之又玄,衆妙之門。(第一章)

相參照。

福永光司將"常無有"分解成"常無"和"常有"兩個概念,作爲

---

① 《天下》篇作者所説的"古"應是針對老聃,如後所述,關尹絶不會説"古……"。因爲在此處登場的宋鈃、尹文、彭蒙、田駢、慎到等,包括關尹在内,均是活躍於戰國時代中期的思想家,《天下》篇的作者也應該與那個時代相去不遠。另外,福永推論:與《天道》篇同樣,應該是"思想界統一的氣運更加活潑的秦漢初期"(《莊子外篇》217頁)。但是考慮到思想統一的氣運是戰國時代中期以降的趨勢,就是説其著述時間大概也就在戰國時代中期到漢初之間。而且,《天下》篇本身極言"天下大亂",那麽它則不可能是漢初成書的。所以只能認爲是戰國時代的中後期。

表述"道"的世界和萬物的世界這種二元意義的詞語來把握,並認爲其表達了老子學説的根本(參見福光永司《莊子》515頁)。此見解當可認同。

另外,郭店《老子》甲乙丙本(以下略稱爲郭店本)中没有相當於此處的内容。

(2) 主之太一

《天下》篇在關尹、老聃的思想上,儘管認爲"太一"是其主要概念,位於中心地位,但是,通行本中卻没有出現"太一"一詞。因此,福永不得不尋找相當於"太一"的概念,而最終找出的是同一章中的"玄"的概念。

他將"常無有"的概念與第一章聯繫起來加以解釋,並認爲:第一章的"此兩者同出而異名,同謂之玄,玄之又玄,衆妙之門"的"玄",就是"太一"的替换語。就是説,福永從第一章中找出《天下》篇所歸納的四個要點中的兩點,並以此爲據認爲:《天下》篇的作者認識到了第一章的重要性。而且,"太一"具有與包含前文所述"常無"和"常有"二元意義在内的"玄"同樣的意思。這樣的概念操作當然是與"道"的概念不無關係的。也就等於説,這裏所説的"太一",歸根結底就是指"一",所謂"一"就是與"道"同意的。

的確,在《老子》中無法直接見到"太一"一詞。然而,在《老子》中發現"一"這個字眼以及基於此意義而闡述的"道"的思想,並不困難。例如,

> 載營魄抱一,能无離?(第十章)
> 視之不見,名曰夷;聽之不聞,名曰希;搏之不得,名曰微。此三者不可致詰,故混而爲一。(第十四章)
> 聖人抱一爲天下式。(第二十二章)

昔之得一者：天得一以清，地得一以寧，神得一以靈，谷得一以盈，万物得一以生，侯王得一以爲天下正。(第三十九章)

道生一，一生二，二生三，三生万物。(第四十二章)

因此，將"主之以太一"換讀爲"主之以一"來加以解釋似無大礙。但是，我認爲還是應該將"太一"與"一"分開來進行考慮。

如前所述，雖然通行本沒有"太一"之語，但就"一"的用例來看，還可以找到若干。然而，郭店本中完全找不到關於"太一"、"一"的論述，這與以《天下》篇所言的"太一"爲核心的關尹、老聃思想之間，產生了巨大差距。

不過，如果把郭店楚簡《大一生水》(以下略稱爲《大一生水》)作爲郭店本丙本的一部分而被編入其中的話，那麼在郭店本中就存在着通行本也未曾見到的有關"大一"的明顯論述，且與《天下》篇的解說並不矛盾。毋庸贅言，《大一生水》中的"大一"，與在《老子》中同樣，是作爲天地萬物的終極存在被定位的。

不過，郭店本中沒有關於"一"的議論，含有相關論述的《老子》只能等待馬王堆帛書《老子》(以下略稱爲馬王堆本)的出現①。

(3) 以濡弱謙下爲表

雖然"濡弱謙下"容易被認爲是消極逃避的處世態度而受到否定，但此處卻以其強調作爲"外在"的姿態加以積極的評價爲特色。毋庸贅言，以這種逆向思維來論述處世態度是《老子》的顯著特徵，《天下》篇的這一評論實在是恰當。而且，這種態度在《老子》中屢

---

① 通行本第二十二章"聖人抱一"是其代表性的一處。馬王堆本中的甲本乙本都作"聖人執一"。"執一"之語在傳世文獻中也屢屢可見，而在上博簡《凡物流形》中，這種"執一"思想被集中論述，由此可見這一新出土的文獻無疑是與《老子》經典化的過程相關連的。

屢與其另一特色,即"不爭之德"相聯繫。

在通行本中:

> 上善若水。水善利萬物,又不爭。處眾人之所惡,故幾於道。……夫唯不爭,故无尤。(第八章)
>
> 知其雄,守其雌,爲天下谿。爲天下谿,常德不離……知其榮,守其辱,爲天下谷。爲天下谷,常德乃足。……(第二十八章)
>
> 大國者下流,天下之交,天下之牝。牝常以靜勝牡,以靜爲下。故大國以下小國,則取小國;小國以下大國,則取大國。故或下以取,或下而取。……此兩者各得其所欲,大者宜爲下。(第六十一章)
>
> 江海所以能爲百谷王者,以其善下之,故能爲百谷王。是以聖人欲上人,必以言下之;欲先人,必以身後之。……以其不爭,故天下莫能與之爭。(第六十六章)

等議論隨處可見。兩者都以山谷和水做比喻引導出這種"濡弱謙下"的處世態度的意義,是其共通之處。

郭店本甲本中含有與通行本第六十六章相當的內容,由此得知:這種處世態度已經被看作是《老子》所特有的了。

(4) 以空虛不毀萬物

"空""虛"這種被常識性地認爲是無價值的狀態,不僅不會毀損萬物各自的作用,相反能够給萬物提供其發揮作用的"場",並且,正是因由空虛,纔使其各自的作用得以富於活力地持續地發揮。這種逆向式的價值觀,在《老子》中也是極具特徵的思想。例如:

> 道冲,而用之久不盈。深乎!萬物宗。(第四章)
>
> (天地)……其猶橐籥。虛而不屈,動而俞出。(第五章)

谷神不死,是謂玄牝。玄牝門,天地根。綿綿若存,用之不勤。(第六章)

三十輻共一轂,當其无有,車之用。埏埴以爲器,當其无有,器之用。鑿戶牖以爲室,當其无有,室之用。有之以爲利,无之以爲用。(第十一章)

大成若缺,其用不弊。大盈若冲,其用不窮。……(第四十五章)

說的也都是這一點。

通行本將這其中的"空""虛",一方面作爲"道""天地""谷神"等偉大或神秘的存在的屬性加以評價;另一方面,將其引申到車的輻、器皿或帶有窻、門的室等具體而相關的事物所具有的空間屬性,試圖闡明其意義和作用。

郭店本丙本中,含有相當於通行本第四十五章的部分。如果說此處的要點也盡在第四十五章的話,其他則不過是形異神似而已。由是可知,郭店本業已具備《天下》篇作者所提出的這種特徵。

綜上所述,可以明確的是,《天下》篇所說的關尹、老聃思想的四大特徵,在通行本中都可看到,而郭店本中只有(3)(4)兩個特徵;不過,如果將《大一生水》看作是與丙本一體的文獻的話,那麼郭店本則也只是具有(2)(3)(4)三大特徵①。

這樣一來,關尹、老聃思想中最根本的(1)"建之以常無有"竟然沒有出現在郭店本裏,就成爲一個疑問。如果假定郭店本爲摘

---

① 郭店楚簡《大一生水》本來應該將其作爲丙本的一部分來處理,但整理者卻以其內容與今本完全不同爲由,將其分割開,並冠以《太一生水》之名,作爲道家的另行文獻來處理了。然而,通過對其思想內容的分析再次證明:這本文獻完全可以作爲老子思想來對待是沒有問題的。

抄本,那麼等於說:摘抄者舍棄了構成《老子》思想最根本的部分進行了編輯。恐怕事情並非如此。不如説這一事實暗示我們,《天下》篇作者在提出關尹、老聃思想的特徵時所使用的文本,與郭店本是異本。而且,其與通行本、馬王堆本亦不相同;可以推測它應該是可以明顯看到"太一"一詞的版本。即在郭店本(含有《大一生水》)中加入了(1)的版本。由此可以推斷,《天下》篇的著述應晚於有"太一"一詞的郭店本,而早於"一"之語被"太一"所取代的馬王堆本。

三、關尹言論的考察

《天下》篇將關尹的言論與老聃加以區別,另行作了介紹:

> 關尹曰:"(1) <u>在己无居</u>,(2) <u>形物自著</u>。(3) <u>其動若水</u>,(4) <u>其静若鏡,其應若響</u>。芴乎若亡,寂乎若清,(5) <u>同焉者和,得焉者失</u>。(6) <u>未嘗先人而常隨人</u>。"

下面讓我們逐條地解讀一下。

(1) 在己无居

這是闡述不拘泥於自我的積極意義。福永認爲這一條可參照《老子》第二章的"聖人不居"。與關尹所説的"己"相對,《老子》此處用的字眼是"聖人"。但無論哪一個,都可以説是以不拘泥於事物爲理想的。很明顯,關尹的言論與《老子》有關。

另外,郭店本甲本中包含相當於通行本第二章的部分,説明這種思想已經是既有的了。

(2) 形物自著

這一條可以理解爲排斥"强制""干涉",尊崇"自發性"之意。福永没有參照《老子》正文,但是,在第十七章、二十三章、二十五章、五十一章、六十四章等各章中,皆有"自然"兩個字,第三十二章中則有"自賓""自均",第三十七章裏有"自化""自定",第五十七章中有"自化""自正""自富""自樸",第七十三章有"自來",等等。這種以不靠外力奮發自強爲是的思想,在通行本中隨處可見。由此看來,關尹言論與《老子》還是有關聯的。

郭店本甲本中有相當於通行本第三十二章、三十七章、五十七章的內容,説明這種"自"的思想也是先行存在的。

（3）其動若水

這是論述以水爲範來行動的意義。福永認爲此一條可參照《老子》第八章的"上善若水"。這裏的"水"可以解釋爲"河流之水",那麽,將其與第三十二章的"譬道在天下,猶川谷與江海"、第六十六章的"江海所以能爲百谷王,以其善下之"相對應,就可以看出兩者的相關性。

郭店本雖然沒有相當於通行本第八章的部分,但是正像甲本含有第三十二章、六十六章的內容那樣,取範於水之特性的思想已經有所論及。

（4）其静若鏡,其應若響。芴乎若亡,寂乎若清

此句應是崇尚"静""清"之意。雖然福永沒有參照《老子》,但是,例如第十五章的"孰能濁以静之？徐清"、第十六章的"守静篤""歸根曰静"、第二十六章的"静爲躁君"、第三十七章的"不欲以静"、第四十五章的"静勝熱""清静以爲天下之正"、第五十七章的"我好静,人自正"、第六十一章的"牡常以静勝牝,以静爲下"等等,崇尚"静""清"的思想在《老子》中隨處可見,同樣能夠找出與關尹言論的相關性。

郭店本中,相當於通行本第十五章、十六章、二十六章、三十七章、五十七章的部分見於甲本,相當於通行本第四十五章的部分見於乙本。雖然沒有相當於第二十六章、六十一章的內容,但是大體

上可以看到這種思想業已存在。

（5）同焉者和，得焉者失

此一條的意思是：大凡欲同化之則能達到互相融合，若急於加以人爲之力卻反而會使之失去。福永認爲這是與《老子》第二十九章、六十四章的"執者失之"相類同的思想表現。

"同焉者和"的含義雖然不明確，但是如果理解爲是論述"和"的意義的話，那麼，例如第五十五章的"……終日號而不嗄，和之至。知和曰常，知常曰明……"、第五十六章的"塞其兑，閉其門，挫其鋭，解其忿，和其光，同其塵，是謂玄同"等，也就可以同時用來加以比對。總之，認爲積極能動地"作爲"反而使預期的效果無法實現的思想，可以説是《老子》的一大特徵。而應該引起注意的是，這一特徵是共通的。

郭店本中，相當於通行本第六十四章、五十五章、五十六章的部分可見於甲本（第六十四章的内容在丙本中也有）。雖説没有通行本第二十九章，但亦可以看出這種思想已經存在。

（6）未嘗先人而常隨人

此處主張不要先於人而動，應隨人之後而行。福永没有參照《老子》正文，但是，此處可以與第七章的"聖人後其身而身先"、第六十六章的"以身後之"、第六十七章的"捨後且先，死矣"等相對照。這也可以看作是《老子》使用其特有的逆向式思維來論説的處世之道，在這一點上，顯然關尹的言論與《老子》的思想是密不可分的。

郭店本雖没有通行本第七章、六十七章，但第六十六章的内容見於甲本中。由此我們同樣得知，這種以消極處世的態度爲善的思想已包含於其中了。

上述《天下》篇以"關尹曰"爲開端介紹的語句，可以看作是關尹的言論；其表述方法雖略有不同，但顯然是通行本中已經含有的内容。從這個意義上説，《天下》篇作者是在將關尹、老聃的思想作爲一體加以介紹之後,接着又將關尹、老聃分開來,對其各自的思想進行介紹。在此,被作爲關尹言論的那些思想,皆存在於通行本以及郭店本中之事實得到了確認。而確認它們在郭店本中亦可見到一事,意義尤其重大。

即,《天下》篇作者儘管將關尹言論和老聃言論分開加以介紹,但是,在僅有通行本的 40％的郭店本裏,可以説關尹言論卻被盡納於其中。據此,在郭店本著述之時,兩者的思想既已被作爲一體來把握,並沒有被加以嚴格區別之事實就十分明了了①。

四、老聃言論的考察

《天下》篇在關尹言論之後,對老聃的言論進行了介紹:

老聃曰:"(1) 知其雄,守其雌,爲天下谿;(2) 知其白,守其辱,爲天下谷。"(3) 人皆取先,己獨取後,曰(4) 受天下之垢;(5) 人皆取實,己獨取虛,(6) 无藏也故有餘,巋然而有餘。(7) 其行身也,徐而不費,(8) 无爲也而笑巧;(9) 人皆求福,己獨曲全,曰(10) 苟免於咎。(11) 以深爲根,(12) 以約爲紀,曰(13) 堅則毀矣,鋭則挫矣。(14) 常寬容於物,不削於人。

下面將用同前一節一樣的方法,對老聃的這些言論與通行本《老子》進行比對,並同時來探討《天下》篇作者所引用的老聃言論具有怎

---

① 《列子・仲尼》中可以看到更爲詳細的關尹言論:關尹喜曰:"在己無居,形物其箸。其動若水,其靜若鏡,其應若響。故其道若物者也。物自違道,道不違物。善若道者,亦不用耳,亦不用目,亦不用力,亦不用心。欲若道而用視聽形智以求之,弗當矣。瞻之在前,忽焉在後;用之彌滿,六虛廢之,莫知其所。亦非有心者所能得遠,亦非無心者所能得近。唯默而得之而性成之者得之。知而亡情,能而不爲,真知真能也。發無知,何能情？發不能,何能ישׁ？聚塊也,積塵也,雖無爲而非理也。"(也有一種解釋認爲波浪線部分並非關尹言論,而是整個仲尼篇的結論部分。)

樣的特徵。

（3）"人皆取先,己獨取後"之句,雖然今本中沒有同樣的句子,但可與第六十六章"以身後之"、第六十七章"不敢爲天下先"相對應。而且,此句表達了與關尹言論(6)相通的處世態度,不用說,這是《老子》中的核心思想之一。

如前所述,郭店本甲本中可以看到其對應部分。

關於(6)"无藏也故有餘,巋然而有餘",福永認爲既是第四十四章"多藏必厚亡"之意,也是第三十三章"知足者富"的意思。自不待言,這種逆向式議論法是《老子》的一大特徵。郭店本甲本中,可以看到幾乎一模一樣的相當於第四十四章的"厚藏必多亡",但卻不含相當於第三十三章內容的語句。

（7）關於"其行身也,徐而不費",福永認爲可以與第四十四章"甚愛必大費"相參照。郭店本甲本中,近乎原樣地含有相當於第四十四章"甚愛必大費"的內容。

（8）關於"无爲也而笑巧",福永認爲與第五十七章的"人多伎巧,奇物滋起……我無爲,人自化"同義。郭店本甲本中,相當於第五十七章的部分,即"夫天多忌諱而民彌叛,民多利器而邦滋昏,人多知而奇物滋起。法物滋彰,盜賊多有。是以聖人之言曰:'我無事而民自富,我亡爲而民自化'",可以相參照。

（11）關於"以深爲根",福永認爲第五十九章的"深根"可做參照。如果說,把"深扎根"的意義作爲一種思想加以表述看作是《老子》的特色之一,應該沒有問題。郭店本乙本中雖含有第五十九章的部分,但是,因相當於此處的"深根固柢"稍有殘缺,無法確認。不過,從文章脈絡來判斷,殘缺處的四個字應該可以用通行本來補足。

（13）關於"堅則毀矣,銳則挫矣",福永認爲第七十六章的"堅強者死之徒"、第九章的"揣而銳之,不可長保"與此處相當。在這裏我們還是可以看到作爲《老子》特徵的逆向式處世態度。

郭店本中雖然沒有相當於第七十六章的部分，但是，在甲本中卻可以看到相當於第九章的"湍而羣之，不可長保也"。

(14)關於"常寬容於物，不削於人"，福永認爲第十六章的"知常容"、第三十五章的"往而不害"與之相當。其闡述的"寬容"，以及作爲其逆向式體現的"不害""不争"，仍然可以説是《老子》所具有的代表性思想。郭店本中没有"知常容"一語，而丙本中則有相當於第三十五章部分的"往而不害"。

可以説，以上(3)(6)(7)(8)(11)(13)(14)是通行本、郭店本都可見到的相關部分。下面的各部分則無法在郭店本中找到其對應之處。

(1)"知其雄，守其雌，爲天下谿"，和(2)"知其白，守其辱，爲天下谷"之語，在第二十八章中幾乎是完整可見的。由此可確認：《天下》篇作者所引的老聃言論，以同樣的狀態在《老子》中也可以見到，《老子》可以説是祖述了老聃的言論。然而，郭店本中雖不少以"谷"爲喻的言論，卻没有與此一致的語句。

(4)"受天下之垢"一句，第七十八章的"受國之垢"可與之對應，但郭店本中没有與之相當的語句。

(5)"人皆取實，己獨取虚"一句，正如福永將其與第二十章的"衆人皆……我獨……"聯繫起來那樣，將人己態度的不同進行對照式强調的這種修辭法，可以説是《老子》的一大特徵。但郭店本中没有此種修辭法，也不見類似的句子。

(9)關於"人皆求福，己獨曲全"中的"曲全"，福永認爲可與第二十二章的"曲則全"相參照，但郭店本中没有該句。

(10)"苟免於咎"之語，福永認爲可與第五十二章的"無遺身殃"相參照，但郭店本還是没有類似的語句。

(12)"以約爲紀"，福永認爲可與第六十七章的"儉，故能廣"參照。但是,《老子》中没有將"約"做此種意思使用的例子,所以兩者的相關性還需慎重考慮。如果將"約"的字義解釋爲"儉約"的意思,那麼福永的意見或可同意。但是,郭店本中,"約""儉"兩字的用例均未見,沒有暗示與本句相關之處。

以上我們雖然確認了《天下》篇所引十四條老聃言論,幾乎都與通行本有關聯,但是,很難認爲是《天下》篇作者直接從《老子》中抽出的,可以想象其或許源自別的文本資料。

另外,從其與郭店本對照來看,可以找到的共通點僅止於(3)(6)(7)(8)(11)(13)(14)(全體的半數)這七處。不錯,郭店本中確實含有老聃言論,但是很明顯,其並不包含《天下》篇所引的老聃言論的全部。就是説,儘管在郭店本中,與《天下》篇所謂關尹言論相通的思想全部可見,但與所謂老聃言論相通的思想僅占其一半而已。這也提醒我們,《天下》篇著述者所依據的《老子》文本,是在郭店本出現以後到馬王堆本形成之前這一期間内,被重新附加了老聃言論的文本。

總之,在此我們明確了,郭店本、馬王堆本、通行本這三個版本中都不僅含有老聃言論,而且有關尹言論。據此,可以説《老子》文本,僅就現在已知的情況而言,是由關尹言論和老聃言論合併而成的①。

五、關尹是何許人?

如果從《天下》篇所引用的關尹言論和老聃言論中,總結出他們各自的特色,就可以明確地知道,老聃的言論較之關尹言論被引

---

① 但是,只有前示直線部分一致,不僅其内容具有很大的不同,而且也不見與《老子》相關聯之處。

用的更多。我們還會發現,其内容都是如何通過避免現實世界的挫折和失敗來取得實實在在的成功和榮譽的秘訣,可以說是一種卑下而近俗且具體的處世之術和教導①。從這裏完全看不到傳世本中的宇宙論、生成論等形而上的老子哲學。在這一點上,不如說作爲關尹言論的那些内容更有哲學意義的深度。

由此我們推測,"關尹老聃"思想在被寫入《天下》篇時,不僅師者老聃的思想與其弟子關尹的思想已經成了不可分開的一體,並且在關尹手中得到了深化和發展②。

不過,在分析關尹和老聃的關係時,又會出現新問題。即《天下》篇因何不說"老聃關尹",而說成"關尹老聃"呢?《天下》篇作者在將關尹言論與老聃言論加以區分的同時,又將它們作爲一體來論述,無疑是由於兩者思想極爲相近。但如果這是起因於兩者的師生關係的話,難道不應該將師者老聃放在前位,而將弟子關尹置於其後嗎?

問題的根本在於,從一開始就將老聃與關尹看作是孔子與其弟子間的那種師生關係是否合適。據傳說,老聃應該是與孔子同時代或稍早於後者的人物,而關尹被認爲是戰國時代中期的稷下學者,那麼只能說兩者之間全無師生關係的可能性。儘管如此,爲什麼會產生"關尹是老聃的弟子"這一傳說呢③?

爲此,對於《天下》篇首次提出的這位思想家關尹,下面要作一

---

① 至於漢代,則讓人想到《老子》的思想被作爲"家人言"受到的批判。參照《史記・儒林列傳》:"竇太后好《老子》書,召轅固生問《老子》書。固曰:'此是家人言耳。'太后怒……"

② 雖然《列子・仲尼》篇中也引用了關尹言論,但是無法找到與《老子》思想相關的内容。與之相對,《天下》篇中的關尹言論在《老子》中,尤其是在郭店本中可以找到這一點非常重要。

③ 關尹與老聃的時代差距超過150年。也可以認爲,爲了消除這個時間上的矛盾而構想出的,便是"蓋老子百有六十餘歲,或言二百餘歲,以其脩道而養壽也"(《史記・老子韓非列傳》)這種荒唐無稽的説法。

下梳理和分析。

六、《天下》篇與稷下學者

《天下》篇是以"墨翟、禽滑釐"→"宋鈃、尹文"→"彭蒙、田駢、慎到"→"關尹、老聃"→"莊周"的順序進行解說的。由此我們可以概觀從墨家到道家的思想史。這種排序當然可以看作是沿着時間軸進行的。

錢穆的《先秦諸子繫年》所附諸子生卒年世約數的順序如下：
墨　翟：前480—前390年
禽滑釐：前470—前400年
彭　蒙：前370—前310年
莊　周：前365—前290年
宋　鈃：前360—前290年
環　淵：前360—前280年
慎　到：前350—前275年
田　駢：前350—前275年
尹　文：前350—前285年

雖然上述都只是大致的推斷而並非確切的年代，但是，卻也可以判斷他們彼此相對的前後關係。另外，錢穆的此表中沒有老聃。

一目了然，《天下》篇的記載順序與錢穆的編年順序存在着些許的不一致，但是，從彭蒙到尹文，他們彼此的生活年代是如此接近，幾乎可看作是同時代的人，所以上述的些許不一致可以忽略不計。不過，不能因爲《天下》篇將關尹與老聃並論，就將兩者作爲同時代人來把握。

就關尹而言，《史記・孟荀列傳》中所記載的"環淵，楚人，學黃老道德之術，因發明序其指意，著上下篇"中的環淵，《漢志・諸子略》道家者流《蜎子》十三篇班固自注中的"名淵,楚人,老子弟子"裏的蜎淵,雖然分別被加以不同的記述,但是完全可以看作是同一個人物。這個問題是上述的錢穆書中已論證過的,即"環淵即關尹",而"蜎子即環淵"。本文也遵從錢穆之說,將關尹與環淵、蜎淵作爲同一人物來考慮①。

不過,有關"關尹＝環淵"的記述,在《史記·田敬仲完世家》中是這樣的:

> 宣王喜文學游説之士,自如鄒衍、淳于髡、田駢、接予、慎到、環淵之徒七十六人,皆賜列第,爲上大夫,不治而議論。是以齊稷下學士復盛,且數百千人。

正如我們所看到的,關尹與田駢、慎到等都曾是活躍於稷下的學士②。此處不見宋鈃、尹文的名字,兩人似乎是稍早於這些人的前輩。

關於宋鈃,《漢志》小説家中錄有《宋子》十八篇,並被認爲是班固自注裏的"孫卿道宋子,其言黃老意"所指的人物。另外,正如《漢志》名家《尹文子》一篇的班固自注裏有"説齊宣王",顏師古注裏有"劉向云與宋鈃俱游稷下"之類的記載一樣,我們可以看到他在齊宣王時,與尹文活躍於稷下的蛛絲馬跡。因此,錢穆在《先秦諸子繫年》中,是將宋鈃作爲宣王、湣王時代的稷下學士來研究的。

由此我們得知,上述《天下》篇所提到的宋鈃、尹文、彭蒙、田駢、慎到、關尹(環淵)這6人,都是時代很相近的稷下學士。從這

---

① 在《史記·老子韓非列傳》中老子出關的傳説裏,關令尹喜從老子那裏接受了由上下兩篇構成的"道德之意五千言",但是可以想見,這個關令尹喜也是以關尹爲原形而虛構的架空人物。

② 《史記·孟子荀卿列傳》中,關於稷下學士也曾言及如下:"慎到,趙人。田駢、接子,齊人。環淵,楚人。皆學黃老道德之術,因發明序其指意。故慎到著十二論,環淵著上下篇,而田駢、接子皆有所論焉。鄒奭者,齊諸鄒子,亦頗采鄒衍之術以紀文。於是齊王嘉之,自如淳于髡以下,皆命曰列大夫,爲開第康莊之衢,高門大屋,尊寵之。覽天下諸侯賓客,言齊能致天下賢士也。"

一點還可以看出,《天下》篇的作者,主要以活躍於齊威王、宣王在位時期,即戰國時代中期的所謂"稷下學者"爲中心,力圖對上自墨翟、禽滑釐(此兩人並非稷下學者)下至莊周的思想史加以敍述。其中特別值得關注的是,關尹曾與老聃相提並論,而且被給予了高度的評價。

結語

通過上述分析,我們明確了《莊子‧天下》篇中的老聃言論與郭店本的共通之處在於:老聃言論沒有關尹那麼多。據此我們得知,《天下》篇所引用的老聃言論,不僅郭店本中沒有,就是通行本中也未見。由此可以推論:在《老子》經典化之際未曾被采用的老聃言論,在當時是存在的。也就是説,有這樣一個時代,即:被納入《老子》的老聃言論與未被納入的老聃言論被同時傳承的時代。可以推論,《天下》篇就是在這種《老子》經典化的途中被著述而成的;郭店本也是《老子》經典化過程中的一個文本。

最後要考慮的是,關尹既是老子的弟子,而《天下》篇又不以"老聃關尹"排序,卻以"關尹老聃"爲先後的理由。

根據《史記》、《漢書》的記載可以推論,環淵(=關尹)作爲老子的弟子由楚地赴齊,與稷下學士大致同一時期停留於稷下。然而,另一方面,根據《史記》老子傳記中孔子問禮等傳説來看的話,老子則是與春秋末期的孔子爲大致同一時代的人,那麼也就不能不承認老子與活躍於戰國時代中期的稷下的關尹之間相隔 150 年以上,所以如前所述,關尹曾師從於老子之説,事實上是根本無法想象的。那麼,一定是楚人關尹繼承並發展了在楚地留存甚多的老子思想,然後,自我宣稱爲老子弟子來到了稷下。可以想象,其結果是使《老子》的思想在稷下廣爲人知。如果是這樣的話,那麼功勞應該歸於關尹，而不是老子。

因此，《天下》篇的作者是通過關尹了解了老子，換言之，就是他們將關尹的思想與老子的思想作爲一體來理解和評價了①。

《天下》篇的作者是在將關尹和老子的思想一並加以敘述後，纔以先關尹後老聃的順序對兩者言論進行了介紹，可見作者對於兩者的區別還是有一個基本的認識的。然而，在《老子》中，關尹和老聃的言論是相互融合爲一體的，並沒有被區分開來，就是説關尹對於《老子》的經典化所發揮的作用是如此之大②。同時也可以想象在《老子》經典化的過程中，齊的稷下學者們無疑是進行了深度參與的③。

另外，《天下》篇所引用的關尹言論，在郭店本中是與老聃言論完全無區別地被記入的，由此可以推論，郭店本是《老子》不斷地吸納關尹言論而被經典化的過程中的一部文本。但是，通過對《韓非子·解老》、《韓非子·喻老》所引的老子言論的研究，可以得知，當時這個經典化過程正處於途中，尚未完成。對於這個問題，本人將於別稿另行探討。

從《老子》經典化的過程來看，郭店本僅僅屬於過渡性的文本，在此後又不斷被增補進去新的要素，直到經典化的最終完成。

---

① 這個事實啓示我們，《天下》篇的作者也是活躍於齊地的黄老學派的人物之一。
② 《史記》的老子出關説，是將這些關尹的業績傳説化了。
③ 關於在齊地《老子》的形成如何得到了推進，請參見拙作《今本〈老子〉の形成と管子學派》[《齊地の思想文化の展開と古代中國の形成》(汲古書院，2008年)]。

從黃帝之言看《老子》經典化的過程

序

　　本文旨在通過對先秦傳世文獻中黃帝言論的分析考察,再度探究《老子》經典化的具體過程。

　　在傳世文獻中,黃帝之名最多見的是《莊子》,其中尤以《外篇》《雜篇》爲最①,《列子》《管子》次之②。另外,《列子》中有《黃帝》篇,《老子》中雖不見黃帝之語,但是卻含有與《列子·天瑞》中的《黃帝書》相同的語句。總體而言,這些已成爲一窺道家思想中"黃帝"所處地位的文獻。而出土文獻中,馬王堆帛書

---

① 《莊子》中,《内篇》的《齊物論》1例,《大宗師》2例;《外篇》的《在宥》5例,《天地》2例,《天道》1例,《天運》2例,《繕性》1例,《至樂》2例,《山木》1例,《田子方》1例,《知北遊》1例;《雜篇》中,《徐無鬼》6例,《盜跖》3例,《天下》1例,共計29例。除《知北遊》和《徐無鬼》中集中可見外,《外篇》《雜篇》中亦有多處用例。

② 《管子》中,《法法》1例,《五行》4例,《任法》2例,《封禪》1例,《桓公問》1例,《地數》2例,《揆度》1例,《國准》1例,《輕重戊》2例,共計15例。《列子》中,《天瑞》3例,《黃帝》4例,《周穆王》3例,《湯問》1例,《力命》2例,共計13例。如果將此數據與其他先秦文獻相比較的話,儒家的代表文獻《論語》《孟子》《荀子》中完全没有,法家的代表文獻《韓非子》的《揚權》、《十過》、《外儲説左上》、《五蠹》等篇中各見1例,"黃帝言論"和載之文獻之間有一定的傾向性是很明顯的。

有《黃帝四經》①。

從《史記》等文獻中可以得知,曾有黃帝與老子並稱的"黃老"概念,但是,因爲沒有充分的綫索使我們了解其究竟是怎樣一種具體的思想内容,所以,長期以來就成爲中國古代思想史上的一個懸而未決的問題。然而,1973年馬王堆帛書的出土,使其内容逐漸明確,爾來研究黄老思想的論著頗多。

本文試圖闡明的是,應該如何將傳世文獻中的黃帝言論,與《老子》經典化的過程聯繫起來加以理解的問題。長期以來的觀點是,《莊子》《列子》中所見到的與今本《老子》一致的言論,是引自《老子》,而假托爲黄帝之語的,故其著作權歸根結底應屬於老子。的確,黄帝没有著作權是不必贅言的,無疑是有人假托黄帝之口。但是,這並不等於剥奪了黄帝的著作權而加之於老子就是正確的②。就算黄帝言論確屬他人假托虛構,亦不能否定其在《老子》經典化過程中與老子言論相融合的可能性。

在此前的文中,筆者曾通過對《莊子·天下》的分析,闡明了:《天下》篇在將關尹和老子並稱起來,介紹其思想特色的同時,又將老聃言論和關尹言論區別開來,介紹其各自的特色。而且,作爲關尹言論所介紹的内容幾乎原封不動地包含在今本的《老子》中,以致於今本《老子》不僅有老聃言論,還含有關尹言論。

另外,在舊稿《從郭店楚簡〈老子〉以及〈大一生水〉看今本〈老子〉的成立》中(《楚地出土資料と中國古代文化》,汲古書院,2002年),又論述了爲數不少的黄帝言論被納入之結果,從而纔有了産

---

① 對於自先秦至漢代的黄老思想研究來説,馬王堆帛書《黄帝四經》的發現所具有的劃時代意義,以及此後黄老研究所呈現的活力是衆所周知的。

② 當然,如果相信《史記》的傳説,認爲《老子》是春秋末期的思想家老子應關令尹喜之請而作的話,本文的質疑則不值得一慮。但是,本文所持的觀點是:這個傳説透露了《老子》經典化過程的一個重要虛構,換言之,是一個暗喻,並非事實。

生今本《老子》的可能性。因爲當時還沒有"經典化"這一視點,以致於留下考察不深之憾。本文將通過"經典化"這一新的視點,彌補舊稿之不足。

筆者所說的經典化,是指與戰國中期以後出現的"天下一統"之潮流同時而動的,反映了當時道家學派欲統一天下價值體系的思潮。當然,這種統一天下思想的嘗試,不僅是道家,儒家也同樣進行了。若簡而言之,可以説儒家是將堯舜作爲理想聖帝樹立起來,以此描繪一統天下的藍圖;與之相對,道家則通過樹立黃帝來設想之。

詳細的分析將於別稿另論,但應該説當時道家所構想的,是由一個聖人進行的 Soft Dispotism(柔軟的專制)①。就是説,以自給封閉的共同體爲基本單位,將天下分割開來,使其相互之間沒有交流而由聖帝一人直接統治。在此,沒有必要建立複雜的法律制度和統治組織,只有把握了"一"之"大道"的聖人(＝帝王),纔能使天下得到完美的統治,就像整個宇宙遵循着"道"的原理而完美無缺一樣。

對於道家(此處所指限於以政治思想爲中心發展起來的黃老道家,有別於以養生思想爲中心發展起來的養生道家)來説,將一統天下的世界假托於黃老所得到的,就是傳世本中所説的黃帝之治世,或者就是出土文獻中的所謂《黃帝四經》。

一、《莊子·知北遊》中的黃帝言論

在本節中,爲分析黃帝言論的内容,將以《莊子》中黃帝用例最

---

① 將《老子》的政治思想看作是 Dispotism(專制政治)的見解,例如可見於板野長八所著《老子之无》,《中國古代社會思想史的研究》(研文出版社,2000 年),原載於《オリエンタリカ》第 2 號,1949 年。

多的《知北遊》篇爲對象進行剖析。《知北遊》篇記載了十個故事傳說,位於其篇首的,是由以下所引用的知與无爲謂、狂屈、黄帝三人的問答組成①。

  知北遊於玄水之上,登隱弅之丘,而適遭无爲謂焉。知謂无爲謂曰:"予欲有問乎若:何思何慮則知道?何處何服則安道?何從何道則得道?"三問而无爲謂不答也,非不答,不知答也。知不得問,反於白水之南,登狐闋之上,而睹狂屈焉。知以之言也問乎狂屈。狂屈曰:"唉!予知之,將語若。"中欲言而忘其所欲言。知不得問,反於帝宮,見黄帝而問焉。黄帝曰:"无思无慮始知道,无處无服始安道,无從无道始得道。"知問黄帝曰:"我與若知之,彼與彼不知也,其孰是邪?"黄帝曰:"彼无爲謂真是也,狂屈似之;我與汝終不近也。夫(1)<u>知者不言,言者不知</u>,故(2)<u>聖人行不言之教</u>。道不可致,德不可至。仁可爲也,義可虧也。禮相僞也。故曰,'(3)<u>失道而後德,失德而後仁,失仁而後義,失義而後禮。禮者,道之華而亂之首也</u>。'故曰,'(4)<u>爲道者日損,損之又損之以至於无爲,无爲而无不爲也</u>。'今已爲物也,(5)<u>欲復歸根</u>,不亦難乎!其易也,其唯大人乎!生也死之徒,死也生之始,孰知其紀!人之生,氣之聚也;聚則爲生,散則爲死。若死生爲徒,吾又何患!故萬物一也,是其所美者爲神奇,其所惡者爲臭腐;臭腐復化

---

① 第一則是本論將探討的知與无爲謂、狂屈、黄帝三人的對話;第二是齧缺和被衣的對話;第三是舜和丞的對話;第四是孔子和老聃的對話;第五是東郭子和莊子的對話;第六是妸荷甘、神農、弇堈弔、泰清、无窮、无始六人的對話;第七是光曜和无有的對話;第八是名爲大馬的巧匠的傳説;第九是冉求和仲尼的對話;第十是顔淵和仲尼的對話。這些對話,或者讓真實的人物登場,或者將道家的主要概念擬人化,或讓傳説中的人物出現,無疑都是寓言。在黄帝登場的第一則對話中,黄帝以外的人物都是道家主要概念的擬人化,由此可見本傳説是以黄帝爲主人公,以道家思想來潤色虛構而成的。

爲神奇，神奇復化爲臭腐。故曰'通天下一氣耳。'聖人故貴一。"知謂黃帝曰："吾問无爲謂，无爲謂不應我，非不我應，不知應我也。吾問狂屈，狂屈中欲告我而不我告，非不我告，中欲告而忘之也。今予問乎若，若知之，奚故不近？"黃帝曰："彼其真是也，以其不知也；此其似之也，以其忘之也；予與若終不近也，以其知之也。"狂屈聞之，以黃帝爲知言。

特別是劃綫部分(1)—(5)，是與今本《老子》共通之處。即：(1)與第五十六章"知者不言，言者不知"，(2)與第四十三章"不言之教，無爲之益，天下希及之"，(3)與第三十八章"故失道而後德，失德而後仁，失仁而後義，失義而後禮。夫禮者，忠信之薄，而亂之首"①，(4)與第四十八章"爲學日益，爲道日損，損之又損之，以至於無爲。無爲而無不爲"，(5)與第十六章"夫物云云，各歸其根"，分別對應。這些作爲《老子》的思想，都是爲人們所熟悉的代表性內容，因此，取之於《老子》而假托於黃帝的可能性很大。

這其中有"故……"或"故曰……"之語，以示引用之處的，只有(2)(3)(4)，而(1)與(5)並未做明示。雖然這種不同意味着什麼還不明確，但是，也有雖以"故曰……"做提示，但在《老子》中卻無從發現該當語句之處。這就是波浪綫處的"故曰，'通天下一氣耳。'

---

① 劃綫的(3)相當於《老子》第三十八章。《韓非子·解老》開頭即采用了此內容，由此也可以斷定：《解老》篇著述時，這段文字在《老子》中已經占據了極其重要的位置。衆所周知，馬王堆《老子》與今本相反，德篇在前而道篇在後，第三十八章的內容被置於最前面。即：不是《道德經》，而是《德道經》，《韓非子·解老》爲此做了旁證。因此，司馬遷《史記》雖説"老子脩道德……於是老子迺著書上下篇，言道德之意五千餘言而去……"，但這一記述顯然與馬王堆本《老子》的構成不相一致。不過，《解老》篇與馬王堆本也有若干差異，其"故曰：'失道而後失德，失德而後失仁，失仁而後失義，失義而後失禮。'……'夫禮者，忠信之薄也，而亂之首乎！'"中，雖僅有一字之差，但意思則大不相同。儘管很難説明這種差異產生之原因，但也可能是《解老》篇的作者從原文本中所引用的就是這種表述，而不是他的改寫。毋庸贅言，由此可以窺見《老子》文本的形成是經歷了複雜多樣的過程的。

聖人故貴一。"①

在此應該引起注意的是文中對"一"的重視。今本《老子》中雖然沒有"貴一"之語,但是可以看到"得一""抱一"之語,其意義並無很大差異,故可以推想其相關性。還需指出郭店《老子》中並不含有"一"的概念這一事實。

由此可以認爲,《老子》吸收"一"的思想可能是在郭店《老子》之後。但這並不是説在當時還沒出現"一"的思想。如《凡物流形》這樣將"執一"思想貫穿於全文的文獻,或許當時已經流傳了。《知北遊》中的黃帝言論裹含有"一"的思想,而郭店《老子》中沒有,由此可以推測《知北遊》中黃帝言論的創作,應該與《老子》吸納"一"的思想大致處於同一時期。

這樣一來,《老子》經典化過程中的一個最重要的事情,也就是將"一"的思想納入《老子》,意味着作爲統一天下思想體系的《老子》正在形成中。如果以出土資料爲據而言,可以推定其時間應在郭店《老子》的著述到馬王堆《老子》著述之間,即戰國時代末期。

關於《知北遊》中的黃帝言論多見與《老子》相關語句的問題,福永光司先生認爲這一現象"使人推想此傳説與漢代盛行的'黃老之學'有關係"②。但他又指出老子思想並不是被單純地加以演繹的,"《老子》的思想被加以取舍,使之更傾向於《莊子》内篇的思想,而且,整體的論調也是漸次轉化爲《莊子》式的内容"③,"更多見與《老子》、《易》共通的思想"④。在這些論述的基礎上,福永先生就本篇的成立年代作出結論,認爲"可以將其看

---

① 《莊子》中,"貴一"之語也僅此一例。
② 參照福永光司《中國古典選·莊子外篇》639頁(朝日新聞社,1967年)。
③ 參照福永光司《中國古典選·莊子外篇》640頁。
④ 參照福永光司《中國古典選·莊子外篇》650頁。

作是反映了《易》與老莊思想相折中的戰國末期中國思想界動向的作品"①。筆者無意對福永之說提出異議,不過,這樣一來就留下一個疑問,即:爲什麼老子言論要被假托爲黄帝言論而置於此處?如果《老子》的經典化在此時已經完成了的話,可以想見這樣的事情是難以發生的。

歸根結底,《老子》被稱爲《道德經》(抑或《德道經》),其實質是向我們敘述了它如何脫離了老子(＝老聃)的個人性,而作爲戰國時代末期的道家經典逐漸形成的經緯。以此種觀點來看,《老子》中包含有黄帝之言的理由就容易理解了。

二、關於《莊子·知北遊》中的老聃言論

《知北遊》篇中的第四則傳說記載了老聃和孔子的對話。其内容如下:

> 孔子問於老聃曰:"今日晏閒,敢問至道。"老聃曰:"汝齊戒,疏瀹而心,澡雪而精神,掊擊而知!夫道,窅然難言哉!將爲汝言其崖略。夫昭昭生於冥冥,有倫生於无形,精神生於道,形本生於精,而萬物以形相生,故九竅者胎生,八竅者卵生。其來无迹,其往无崖,無門无房,四達之皇皇也。邀於此者,(6)四肢彊,思慮恂達,耳目聰明,其用心不勞,其應物无方。(7)天不得不高,地不得不廣,日月不得不行,萬物不得不昌,此其道與!且夫(8)博之不必知,辯之不必慧,(9)聖人以斷之矣。若夫益之而不加益,損之而不加損者,聖人之所保也。(10)淵淵乎其若海,巍巍乎其終則復始也,

---

① 參照福永光司《中國古典選·莊子外篇》650頁。

運量萬物而不匱。則君子之道,彼其外與!萬物皆往資焉而不匱,此其道與!中國有人焉,非陰非陽,處於天地之間,直且爲人,將反於宗。自本觀之,生者,喑醷物也。雖有壽夭,相去幾何?須臾之說也。奚足以爲堯桀之是非!果蓏有理,人倫雖難,所以相齒。聖人遭之而不違,過之而不守。調而應之,德也;偶而應之,道也;帝之所興,王之所起也。人生天地之間,若白駒之過郤,忽然而已。注然勃然,莫不出焉;油然漻然,莫不入焉。已化而生,又化而死,生物哀之,人類悲之。解其天弢,墮其天袠,紛乎宛乎,魂魄將往,乃身從之,乃大歸乎!(11)不形之形,形之不形,是人之所同知也,非將至之所務也,此衆人之所同論也。彼(12)至則不論,論則不至。(13)明見无值,辯不若默。(14)道不可聞,聞不若塞。此之謂大得。"

當然,這番對話純屬虛構,與上一節中列舉的黃帝傳說同樣,在解明老聃思想上是不足爲憑的資料。但是,福永認爲這些老聃言論並非與《老子》毫無關係的虛構,其中散見與《老子》中的思想可以進行對照分析的部分。他指出①(劃綫部分):

(6)"四肢彊,思慮恂達"之語可以與第三章"聖人治……强其骨",以及第十章"明白四達,能无知"相參照。

(7)"天不得不高,地不得不廣,日月不得不行,萬物不得不昌"之句則是以第三十九章"天得一以清,地得一以寧……万物得一以生"爲其本。

(8)"博之不必知,辯之不必慧"可與第八十一章"知者不博,博者不知"、"善者不辯,辯者不善"相參照。

---

① 參照福永光司《中國古典選・莊子外篇》658—672頁。

(9)"聖人以斷之矣"則與第二十章"絕學无憂"、第十九章"絕聖棄智"、第二章"聖人處無爲之事,行不言之教"相參照。

(10)"淵淵乎其若海"可與第二十章"淡若海"相參照。

(11)在解釋"不形之形,形之不形"之句時,福永先生參照了第五十章"出生入死。……人之生,動之死地"之處,以間接地認定兩者的關聯。

(12)"至則不論,論則不至"之句則是對第五十六章"知者不言,言者不知"的闡釋。

(13)"明見无值,辯不若默"之句可與第三十五章"視不足見"、第十四章"視之不見"之處相參照。

(14)"道不可聞,聞不若塞"則與第三十五章"(道)聽不足聞"之句是同類思想。

一覽上述內容,可以明顯看到:就算兩者之間存在着不少福永先生所指出的關聯性,但是我們必須注意的是,即便如此,無論哪一例也都僅限於間接意義上的聯繫,而完全看不到前面黃帝言論中的那種與《老子》語句的明確對應關係。

可事實是,在《知北遊》篇中,《老子》之語並不在老聃言論中,而是出現在黃帝言論中。這又該如何解釋呢?

這就是在提醒我們《老子》已經逐漸地脫離了老子(老聃)。即,所謂《老子》經典化,就是指它實際上已從老聃言說的傳承中獨立出來,逐漸成爲獨自形態。

在《天下》篇中,《老子》的思想並未限定於老聃,而是作爲關尹老聃思想來處理的,這一事實與上述情況不無關係。這也使我們聯想到:就與關尹的關係而言,無論是從時代的角度來説,還是從知名度來看,很顯然應該是"老聃、關尹",但在此篇中卻被定位爲"關尹、老聃"。

實際上,在《列子》中似乎也可見到同樣的情況,所以下面將就

《列子》中的黃帝言論作一分析。

三、《列子》中的黃帝言論

關於《列子》,歷來僞作之説盛行,所以首先需要確認一下本文獻的可信性。

武内義雄的《列子冤詞》①曾對馬敍倫《列子僞書考》的"魏晉僞作説"提出批評,認爲"以現在的莊子爲標準對列子説三道四,是一種錯誤"(287頁),並指出"關鍵是如果劉向的《敍》和張湛的《序》可信的話,列子的書就没有什麽可懷疑的"(286頁),"其雜亂之處正好留下了思考先秦道家歷史的有益資料"(287頁),對《列子》的資料性價值給了基本的肯定。

小林信明則在《列子》(《新釋漢文大系》,1967年)的《解題》中,論述道:"總體而言,列子書是以戰國時期以來有關列禦寇的故事爲中心,並從古人的言論以及各種書籍的記載中搜尋與之雜然而存的相關内容,輯成一書的。其成書年代至少應在《莊子》之後;既便其所據資料中有傳承於上古的,也有比較新近的,但是,在戰國末期,最晚也是在漢初時期,應該已經存在其基本形態了。……"(9頁)

小林雖然附加了一些條件,但是他也肯定了《列子》在研究先秦思想史時具有一定的資料性價值。

此外,小林勝人在《列子》(《岩波文庫》,1987年)的《解題》中也談道:

　　……《列子》中,上自與《吕氏春秋》《莊子》等相通或類似

---

① 《武内義雄全集》第六卷(角川書店,1978年),原載《支那學》第一卷第四號(1920年)。

的内容,下至前漢末期的、佛家傳入以後的,乃至魏晉時期的内容,跨越數百年且種類繁多的記述相混雜……其成立年代可以分爲前期(先秦、漢代之前所作)、中期(漢代所作)、後期(後漢以後、魏晉時代所作)的三個時期。……就是說這部文獻在成書年代的最上限和最下限之間有着相當大的時間跨度。(306頁)……其成書年代的最上限和最下限之間至少有五百年的時間差距。(307頁)

由此可見,在謹慎的資料操作之前提下,筆者是可以將其用於本考論的。

下面列舉的(1)(2)(3)都是《天瑞》篇中的黄帝言論。

(1)《黄帝書》曰:"谷神不死,是謂玄牝。玄牝之門,是謂天地之根。綿綿若存,用之不勤。"

(2)《黄帝書》曰:"形動不生形而生影,聲動不生聲而生響,無動不生無而生有。"

(3)黄帝曰:"精神入其門,骨骸反其根,我尚何存?"

(1)與《老子》第六章的"谷神不死,是謂玄牝。玄牝門,天地根。綿綿若存,用之不勤"之文完全相同,但郭店《老子》中卻沒有此文;(2)在《老子》中雖然沒有同樣的表述,但是"無中生有"的思想與第四十章"天下萬物生於有,有生於無"之處是相通的;同樣,(3)的"骨骸歸其根"的思路與第十六章的"歸根"是相通的。由此得知,黄帝言論中的每一條都與《老子》不無關係。而且,根據(1)並未見於郭店《老子》中的這一情況,可以推想這是在《老子》經典化的過程中,作爲第六章被納入其中的。另外,(2)(3)是將《老子》中的"無"的思想、"歸根"的思想假托黄帝來闡述的,由此也可得知,《老子》當時也未必是歸屬於老聃個人的。

接下來,我們還可以在《黃帝》篇的(4)、《周穆王》篇的(5)(6)、《仲尼》篇的(7)、《力命》篇的(8)、《楊朱》篇的(9)等處,看到老聃之語。具體地說,這些對話分別是:(4)老聃與楊朱的、(5)①老聃與尹文②的、(6)③老聃與秦人逢氏的、(8)④老聃與關尹的對話。在(9)⑤中,老

---

① (5)"尹文先生揖而進之於室。屏左右而與之言曰:'昔老聃之徂西也,顧而告予曰:有生之氣,有形之狀,盡幻也。"(《周穆王》)此處是老聃向西而去之際對尹文先生所說的話,但不僅現行本《老子》中沒有此段,並且與《史記·老子韓非列傳》裏不是尹文而是關尹這一點也不相吻合。可見這是不足爲信的虛構故事。

② 在《莊子·天下》中被併稱爲"宋鈃、尹文"。根據錢穆《先秦諸子繫年》和金受申《稷下派之研究》第二篇第二組《宋鈃尹文》來推斷,大概是戰國時代中期作爲稷下學士而活躍的人物。

③ (6)秦人逢氏有子,少而惠,及壯而有迷罔之疾。聞歌以爲哭,視白以爲黑,饗香以爲朽,嘗甘以爲苦,行非以爲是:意之所之,天地、四方,水火,寒暑,無不倒錯者焉。楊氏告其父曰:"魯之君子多術藝,將能已乎?汝奚不訪焉?"其父之魯,過陳,遇老聃,因告其子之證。老聃曰:"汝庸知汝子之迷乎?今天下之人皆惑於是非,昏於利害。同疾者多,固莫有覺者。且一身之迷不足傾一家,一家之迷不足傾一鄉,一鄉之迷不足傾一國,一國之迷不足傾天下。天下盡迷,孰傾之哉?向使天下之人其心盡如汝子,汝則反迷矣。哀樂、聲色、臭味、是非,孰能正之?且吾之言未必非迷,而況魯之君子迷之郵者,焉能解人之迷哉?榮汝之糧,不若遄歸也。"(《周穆王》)
在此處,老聃以"身→家→鄉→國→天下"這種同心圓狀將其所指範圍擴展開去,以譏諷的口吻論述了在這個過程中,人們在不知不覺中失去了判斷能力,不懂得將"迷妄"作爲"迷妄"來認識了。這恰好讓我們聯想起第五十四章關於"修德"的階段性議論:"……脩之身,其德乃真;脩之家,其德有餘;脩之鄉,其德乃長;脩之於國,其德乃豐;脩之於天下,其德乃普。故以身觀身,以家觀家,以鄉觀鄉,以國觀國,以天下觀天下。吾何以知天下之然?以此。"恐怕這一則對話也是以第五十四章爲參考而虛構出的非真實的故事。

④ (8)老聃語關尹曰:"天之所惡,孰知其故?"言迎天意,揣利害,不如其已。(《力命》)
此處是作爲老聃言論,將第七十三章"天之所惡,孰知其故。"原樣引用的。

⑤ (9)楊朱曰:"……老子曰:'名者實之賓。'而悠悠者趨名不已。名固不可去,名固不可賓邪?今有名則尊榮,亡名則卑辱。……"(《楊朱》)
此處的老子言論與《莊子·逍遙遊》篇中的許由言論相同,但今本《老子》中卻沒有此語。另外,《老子》中言及"名"的不僅有第一章"道,可道,非常道;名,可名,非常名",還有第三十二章"道常無名"、第三十七的"无名之樸",第四十一章的"道隱無名。夫唯道,善貸且善",第四十四章的"名與身孰親……"等,總體上是以"無名"爲善,對"名"的否定式的議論突出而明顯。然而,此處的老子言論,只是說不應求取無實質相伴之名,似乎並沒有全面否定名聲本身,因而與《老子》"名"的思想略有差異。

聃言論被引用於楊朱的話語裏,而(7)①雖然不是老聃原話,但可以看到與《老子》思想相關的語句。

上述對話中與本論直接相關的,是(4)老聃與楊朱的虛構對話。

(4) 楊朱南之沛,老聃西遊於秦,邀於郊。至梁而遇老子。老子中道仰天而歎曰:"始以汝爲可教,今不可教也。"楊朱不答。至舍,進涫漱巾櫛,脱屦户外,膝行而前,曰:"向者夫子仰天而歎曰:'始以汝爲可教,今不可教。'弟子欲請夫子辭,行不間,是以不敢。今夫子間矣,請問其過。"老子曰:"而睢睢而盱盱,而誰與居?大白若辱,盛德若不足。"楊朱蹴然變容曰:"敬聞命矣。"……楊朱過宋,東之於逆旅。逆旅人有妾二人,其一人美,其一人惡;惡者貴而美者賤。楊子問其故。逆旅小子對曰:"其美者自美,吾不知其美也;其惡者自惡,吾不知其惡也。"楊子曰:"弟子記之!行賢而去自賢之行,安往而不愛哉?"天下有常勝之道,有不常勝之道。常勝之道曰柔,常不勝之道曰彊。二者亦知,而人未之知。故上古之言:彊,先不己若者;柔,先出於己者。先不己若者,至於若己,則殆矣。先出於己者,亡所殆矣。以此勝一身若徒,以此任天下若徒,謂不勝而自勝,不任而自任也。鬻子曰:"欲剛,必以柔守之;欲彊,必以弱保之。積於柔必剛,積於弱必彊。觀其所積,以知禍福之鄉。彊勝不若己,至於若己者剛;柔勝出於己者,其力不可量。"老聃曰:"兵彊則

---

① (7)陳大夫……曰:"老聃之弟子有亢倉子者,得聃之道,能以耳視而目聽。"……亢倉子曰:"傳之者妄。我能視聽不用耳目,不能易耳目之用。"(《仲尼》)

老聃弟子亢倉子(《莊子·雜篇》中有《庚桑楚》篇,其開頭有"老聃之役有庚桑楚者,偏得老聃之道",亢倉子或許是此處的"庚桑楚")不用耳目而能視聽,相當於《吕氏春秋·重言》所説的"聖人聽於無聲,視於無形。詹何、田子方、老聃是也"。並且,亢倉子從老聃所學之道,與第四十七章"不出户,知天下;不窺牖,見天道。其出彌遠,其知彌近。是以聖人不行而知,不見而名,不爲而成"的内容不無關係。值得注意的是,與之類似的語句在《凡物流形》中也可見到。筆者認爲《凡物流形》在《老子》經典化的過程中也發揮了一定的作用。

滅,木彊則折。柔弱者生之徒,堅彊者死之徒。"(《黃帝》)

老聃與楊朱時代相隔,這一則無疑是以楊朱學派汲取老聃之流爲前提而虛構的問答,而且,我們馬上可以看出,此處的老子(老聃)言論是原封不動地取之於第四十一章的"大白若辱,廣德若不足"和第七十六章的"堅强者死之徒,柔弱者生之徒"。

不過,此處的問題是波浪綫處作爲"上古之言"而引用的"彊,先不己若者;柔,先出於己者",以及"粥子曰"處所引用的"欲剛,必以柔守之;欲彊,必以弱保之"這兩處。這些内容可以説都是《老子》特有的思想,即認爲較之剛强,柔弱爲善的思想,但在此處卻並没有被作爲老聃的言論。下面不妨從《老子》中摘録出幾處關於這種柔弱之德的論述,而且這些都是郭店《老子》中所不含有的。

柔勝剛,弱勝强。(第三十六章)
天下之至柔,馳騁天下之至堅。(第四十三章)
守柔曰强。(第五十二章)
人生之柔弱,其死堅强。万物草木生之柔脆,其死枯槁。故堅强者死之徒,柔弱者生之徒。是以兵强則不勝,木强則共。故堅强處下,柔弱處上。(第七十六章)
天下柔弱莫過於水,而攻堅;强莫之能先。其无以易之。故弱勝强,柔勝剛,天下莫能知,莫能行。(第七十八章)

由此可見,《老子》中以柔弱勝剛强的思想,是在郭店《老子》以後的《老子》經典化過程中纔編入的這一假說,是成立的,而且可以認爲其年代離《黄帝》篇的著述時代[①]相去不遠。

[①] 《黃帝》篇中很多内容可以看作是取之於《莊子》,特别是其《達生》篇爲最多;其他則涉及《逍遥遊》、《田子方》、《人間世》、《應帝王》、《列禦寇》、《寓言》、《山木》、《齊物論》等多個篇章。這些篇章的著述年代各不相同,但大致不晚於戰國時代末期。

根據以上的考證，我認爲以下兩點可以確認：

1. 如(1)(2)所示，作爲《黃帝書》卻引用了與《老子》相同的語句。另外，(3)中的"黃帝曰"所引用的也是可與《老子》思想相參照的內容。由此可以推論：《列子》中的老子言論和黃帝言論雖然被區分開來，但是，在今本《老子》中卻被一體化了，以致於難分彼此。

2. (4)中的"老聃"言、"上古"之言、"粥子"言的內容，雖包含在今本《老子》中，但是應該指出的事實是郭店本中並沒有這些內容(只是在郭店《老子》乙本中含有"老子曰：……大白若辱，盛德若不足"之句)。

四、《説苑・敬慎》所引黃帝言論

在據認爲是漢代編撰的《説苑・敬慎》以及《孔子家語・觀周》篇中可以看到一段完整的老子言論，傳説是孔子赴周時見過的金人背上刻的銘文。筆者將在這一節，對此加以探討。其銘曰：

> 古之慎言人也。戒之哉！戒之哉！無多言，多言多敗；無多事，多事多患。安樂必戒，無行所悔。勿謂何傷，其禍將長；勿謂何害，其禍將大；勿謂何殘，其禍將然；勿謂莫聞，天妖伺人。熒熒不滅，炎炎奈何；涓涓不壅，將成江河；緜緜不絶，將成網羅；青青不伐，將尋斧柯。誠不能慎之，禍之根也；曰是何傷，禍之門也。強梁者不得其死，好勝者必遇其敵，盜怨主人，民害其貴。君子知天下之不可蓋也，故後之、下之，使人慕之；執雌持下，莫能與之爭者。人皆趨彼，我獨守此；衆人惑惑，我獨不徙。内藏我知，不與人論技；我雖尊高，人莫我害。夫江河長百谷者，以其卑下也。天道無親，常與善人。戒之哉！戒

之哉！(《說苑・敬慎》)①

武內義雄的《老子原始》很早就着眼於此處,指出:"無多言,多言多敗。無多事,多事多患"之句與第五章"多言數窮"相關聯;"强梁者不得其死,好勝者必遇其敵"之句與第四十二章"强梁者不得其死"相一致(這是與《老子》特有的"不爭之德"思想相通的);"君子知天下之不可盡也,故後之、下之,使人慕之"與第七章"聖人後其身而身先,外其身而身存。以其無私,故能成其私"相關聯;"執雌持下,莫能與之爭者"與第二十八章的"知其雄,守其雌,爲天下蹊。爲天下蹊,常德不離,復歸於嬰兒。知其白,守其黑,爲天下式。爲天下式,常德不忒,復歸於无極。知其榮,守其辱,爲天下谷。爲天下谷,常德乃足"之處相關聯;"夫江河長百谷者,以其卑下也"與第六十六章的"江海所以能爲百谷王者,以其善下之"相關聯;"天道無親,常與善人"與第七十九章"天道无親,常與善人"相一致(71—72頁)。

此外,武內先生雖未言及,但是"人皆趨彼,我獨守此"、"衆人惑惑,我獨不徙"等,以自己和他人的對比來强調其間態度之不同的表述方法,可以看出與第二十章下述内容的相關性,即:"衆人熙熙,若享太牢,若春登臺。我魄未兆,如嬰兒未孩。乘乘無所歸!衆人皆有餘,我獨若遺。我愚人之心,純純。俗人昭昭,我獨若昏。俗人察察,我獨悶悶。淡若海,漂无所止。衆人皆有已,我獨頑似

---

① 《孔子家語・觀周》中有幾乎相同的内容,即:"古之慎言人也。戒之哉！無多言,多言多敗;無多事,多事多患。安樂必戒,無所行悔。勿謂何傷,其禍將長;勿謂何害,其禍將大;勿謂不聞,神將伺人。焰焰不滅,炎炎若何;涓涓不壅,終爲江河;綿綿不絶,或成網羅;毫末不札,將尋斧柯。誠能慎之,福之根也;口是何傷,禍之門也。强梁者不得其死,好勝者必遇其敵。盜憎主人,民怨其上。君子知天下之不可上也,故下之。知衆人之不可先也,故後之。温恭慎德,使人慕之。執雌持下,人莫踰之。人皆趨彼,我獨守此;人皆或之,我獨不徙。内藏我智,不示人技。我雖尊高,人弗我害。誰能於此。江海雖左,長於百川以其卑也。天道無親,而能下人。戒之哉!"

鄙。我獨異於人，而貴食母。"

另外，可以看出"內藏我知，不與人論技。我雖尊高，人莫我害"①之處所表達的一種韜晦、謙下的思想，與第七章"……聖人後其身而身先，外其身而身存，以其無私，故能成其私"、第八章"……夫唯不爭，故无尤"、第二十二章"……夫惟不爭，故天下莫能與之爭"、第二十九章"爲者敗之，執者失之。……是以聖人去甚，去奢，去泰"、第三十九章"故貴以賤爲本，高以下爲基。是以侯王自謂孤、寡、不穀，此其以賤爲本耶非？"、第六十六章"是以聖欲上民，必以言下之；欲先民，必以身後之。是以聖人處上而民不重，處前而民不害，是以天下樂推而不厭。以其不爭，故天下莫能與之爭"等處《老子》所特有的思想相關。

關於周金人銘文和《老子》的關係，基於上述的分析，可以得出以下結論：

（1）從金人銘文中可以看到與今本《老子》相當的部分。

（2）在銘文中，雖然語句不盡相同，但是在意思、內容上有與今本《老子》一致之處。

（3）波浪綫所示的"不爭""謙下"的思想，是構成《老子》思想特色的要素。

（4）與《老子》相同或類似的思想集中地包含在金人銘文中之事實，應該引起注意。

根據上述的考察，筆者認爲：即便是在《老子》經典化大致完成的漢代，其中的一部分內容，尚未作爲經典中的文字而確定下來。但這一事實卻從一個側面證明：《老子》經典化，並不是將其作爲老聃這一特定人物的固有思想，而是如同《史記·老子韓非列傳》中所説的那樣，是與《道德經》或《上下經》之名稱相符合的，作爲黃老道

---

① 《孔子家語》中記載有"內藏我智，不示人技。我雖尊高，人弗我害"之語句。

家最大的經典,將多種要素不斷納入其中而逐漸完備起來的。

結語

在戰國時代後半期,即郭店本成立前後的時期,當時的老子(老聃)言論並不具備今本這樣的完整形態;加之黄帝言論另有傳承,或存在於今本《老子》中,或可見到與之語句不同但思想一致的用例。由這兩點來考慮,即可得知:郭店本《老子》,與今本《老子》,即經典《老子》比較而言,還處於經典化尚未完成之時的形態。

筆者曾論證過郭店《老子》丙本和《大一生水》本來屬於同一文本的觀點,而上述情況反映了郭店本《老子》被著述時期,《老子》正處於走向經典化的態勢中。

就是説,《天下》篇的作者將關尹老聃思想的特質,定位於《大一生水》中亦可見到的"大一"論。但在之後的《老子》經典化的過程中,隨着以"一統天下"爲政治目標的黄老道家思想的形成和發展,"大一"被修正爲"一",作爲連鎖反應,《大一生水》部分就被從郭店《老子》丙本中分割出來,僅留丙本部分與另外的甲本乙本一起被納入今本《老子》。

所謂《老子》經典化,如上所述,其目的在於將其作爲一統世界的價值體系而使之君臨思想界[①]。然而,過去僅靠傳世文獻,我們没能徹底追踪其具體過程,是近年出土的資料,使我們得以詳細地探討這種思想史的發展演變過程。

此外,能够確認《老子》經典化的資料,是北大竹簡《老子》,在其中可以清楚地確認"老子上經""老子下經"這樣的文字。

[①] 《莊子・天下》篇的"道術"論正是以此爲目標的。請參照池田知久《道家思想の新研究——〈莊子〉を中心として》747—748 頁(汲古書院,2009 年)。

"執一"思想在《老子》經典化過程中的作用

序

　　本文屬於前面有關《老子》經典化過程研究的一環。通過這些研究,論證長久以來一直作爲道家、道教代表文獻的《老子》,並非從一開始就是道家、道教的經典,而是與先秦思想的發展相對應,至少是在不斷地變更、充實中纔被完成而成爲經典的。在這個過程中,《老子》原始文獻的存在是不容置疑的,但是,目前還没有綫索使我們了解其内容究竟如何。

　　所謂《老子》經典化的研究,目的就是解明自先秦至秦漢期間,《老子》作爲道家,尤其是黄老道家的經典逐漸形成的過程。

　　本文所探討的是,出身楚地並活躍於戰國中期的稷下思想家環淵,如何在對齊地《老子》的形成作出巨大貢獻後,隨着齊地黄老思想的發展進一步豐富、充實了其内容的經過。尤其值得一提的是戰國後半期,天下統一已然成爲最大的政治課題,因而在思想界,如何參與天下統一的大趨勢或將其思想化,已經成爲緊要的課題。

　　在這種天下統一的趨勢下,對如何構築天下統一的政治體制做出了成功的基本提示的——即便是理念上提示的,正是由黃老道家所推進的經典化了的《老子》。

一、《老子》中"一"的用例及其含義

上博楚簡(七)《凡物流形》的一大特色就在於其闡述了"執一"思想。顯然這一點也表明它是研究先秦道家,尤其是黃老思想發展過程的極其重要的文獻①。

下面就這一特色在《老子》經典化的過程中起到了怎樣的作用進行分析。

衆所周知,傳世本《老子》中頻繁出現的"一"在郭店《老子》中卻不見一例。

> 載營魄抱一,能無離? 專氣致柔,能嬰兒? 滌除玄覽,能無疵? 愛人治國,能無爲? 天門開闔,能爲雌? 明白四達,能無知?(第十章)

> 聖人抱一爲天下式。不自見,故明;不自是,故彰;不自伐,故有功;不自矜,故長。夫惟不爭,故天下莫能與之爭。……(第二十二章)

> 昔之得一者:天得一以清,地得一以寧,神得一以靈,谷得一以盈,万物得一以生,侯王得一以爲天下正。……(第三十九章)

此處所見的"一"不是單純的數字"一",而應該解釋爲包含全體性、完全性、總括性、統一性,甚至綜合性等意思的特殊概念,這與《凡

---

① 參照王中江《〈凡物流形〉における"一"の思想構造とその位置》,谷中信一編《出土資料と漢字文化圈》145—169 頁(汲古書院,2011 年)。

物流形》中所見的"一"的含義完全相通①。

而且,這裏所說的"抱一""得一"是可以藉以治理天下的,顯然應該作爲一種政治論來理解。況且,這樣的"一"在第十四章"視之不見,名曰夷;聽之不聞,名曰希;搏之不得,名曰微。此三者不可致詰,故混而爲一"中亦可見到,可知它是與"道"同義的。再有,第四十二章的"道生一,一生二,二生三,三生万物"中的"一",也可以理解爲被賦予了與作爲宇宙生成的本原、本體的"道"基本相同的含義②。

由此可見,《老子》中"一"的概念具有能與"道"相匹敵的極其重要的意義。這個"一"的概念不僅是《老子》,在先秦至漢代的其他文獻中也屢屢出現,但唯獨本文試圖探究的"執一"之語,在傳世本《老子》中卻不見一例③。不過,馬王堆的《老子》甲乙本中可以

---

① 參照本書第三章。另外,《老子》中也有作爲數詞"一"來使用的例子。例如第十一章中的"三十輻共一轂,當其無有,車之用"、第二十五章的"道大,天大,地大,王大。域中有四大,而王處一"、第六十七章的"我有三寶,持而寶之:一曰慈,二曰儉,三曰不敢爲天下先"等,皆屬此類。
② 第四十二章中有一、二、三、萬等,看上去好像是單純的數字,但是從其思想意義來分析,應該說這些數字同時也有上述特殊概念"一"的含義。
③ 以下所示都是這種"一"的用例,而且它們都可以理解爲與《老子》中的"一"相同,具有"道"的含義。因此這些"執一"的用例幾乎都可以換言爲"執道"。
例如《管子》中的用例:

執一之君子。執一而不失,能君萬物,日月之與同光,天地之與同理,聖人裁物,不爲物使。心安,是國安也。心治,是國治也。治也者,心也。安也者,心也。治心在中。(《心術下》)
一物能化謂之神,一事能變謂之智。化不易氣,變不易智。惟執一之君子能爲此乎!執一不失,能君萬物。(《内業》)

還有,戰國最末期成書的《荀子》中的用例:

堯問於舜曰:"我欲致天下,爲之奈何?"對曰:"執一無失,行微無息,忠信無勌,而天下自來。執一如天地,行微如日月,忠誠盛於内,賁於外,形于四海。(《堯問》)

在這裏,"執一"還是被用作政治上的概念。作爲極端的政治思想,《荀子》是與《管子》的用例具有同樣含義的。

(轉下頁)

(接上頁)《韓非子》中只有一例:

>用一之道,以名爲首,名正物定,名倚物徙。故聖人執一以靜,使名自命,令事自定。不見其采,下故素正。因而任之,使自事之;因而予之,彼將自舉之;正與處之,使皆自定之。(《揚權》)

《呂氏春秋》不僅作爲篇名有《執一》篇,還有以下用例:

>(1)天地陰陽不革,而成萬物不同。目不失其明,而見白黑之殊。耳不失其聽,而聞清濁之聲。王者執一,而萬物正。軍必有將,所以一之也。國必有君,所以一之也。天下必有天子,所以一之也。天子必執一,所以摶之也。一則治,兩則亂。今御驪馬者,使四人,人操一策,則不可以出於門閭者,不一也。(《執一》)

>(2)善爲上者,能令人得欲無窮,故人之可得用亦無窮也。蠻夷反舌殊俗異習之國,其衣服冠帶,官室居處,舟車器械,聲色滋味皆異,其爲欲使一也。三王不能革,不能革而功成者,順其天也。……故古之聖王,審順其天而以行欲,則民無不令矣,功無不立矣。聖王執一,四夷皆至者,其此之謂也。執一者至貴也,至貴者無敵。聖王託於無敵,故民命敵焉。(《爲欲》)

>(3)先王不能盡知,執一而萬物治。使人不能執一者,物感之也。故曰:通意之悖,解心之繆,去德之累,通道之塞。貴、富、顯、嚴、名、利,六者悖意者也。容、動、色、理、氣、意,六者繆心者也。惡、欲、喜、怒、哀、樂,六者累德者也。智、能、去、就、取、舍,六者塞道者也。此四六者,不蕩乎胸中則正。正則靜,靜則清明,清明則虛,虛則無爲而無不爲也。(《有度》)

雖然不是先秦文獻,但是繼承了先秦道家的《淮南子》有以下用例:

>(1)故聖王執一而勿失,萬物之情既矣,四夷九州服矣。夫一者至貴,無適於天下。聖人託於無適,故民命繫矣。(《齊俗》)

>(2)民有道所同道,有法所同守,爲義之不能相固,威之不能相必也,故立君以一民。君執一則治,無常則亂。(《詮言》)

另外,關於"執一"的反義詞"失一"有下面的用例:

>故君失一則亂,甚於无君之時。(《詮言》)

很明顯,在此"執一"的概念也是意味着政治思想。
這裏尤其應該引起注意的是《孟子》中的"執一"的用例,即:

>孟子曰:"楊子取爲我,拔一毛而利天下,不爲也。墨子兼愛,摩頂放踵利天下,爲之。子莫執中。執中爲近之。執中無權,猶執一也。所惡執一者,爲其賊道也。舉一而廢百也。"(《盡心上》)

在上面的引文中"執一"是受到批判的。不過,這裏所說的"執一"具有怎樣的含義並不清楚。只是從"執中無權,猶執一也"、"舉一而廢百"的語句中,可以讀取其批評"執着"於"一"而不懂融通之意。但是,認爲"執一"拘泥於特定的立場而沒有彈性,說到底不過是《孟子》一方的批判。從"執一"思想的一方來說,是不會主張不懂融通且缺乏彈性等有缺陷的政治思想的。這一點可以很明顯地從孟(轉下頁)

看到今本第二十二章的"抱一"被寫作"執一"。根據這一事實可以有力地推測：馬王堆《老子》是將當時或許已經在思想界廣泛使用的"執一"概念納入文中了。至於爲什麼到了今本中"執一"被改換成"抱一"卻始終意思不變，卻還是一個謎題①。但是至少可以認爲，之前郭店《老子》著述時尚未見到的"一"乃至"執一"的思想，在馬王堆《老子》著述時，被新吸收於其中了②。

在此前的研究中已經論證，可以認爲積極提倡"執一"思想的就

（接上頁）子對墨子、楊子的批判語氣中看出。就是説這個"執一"如同墨子、孟子對當時的思想界產生了巨大影響一樣，具有使孟子反感的很大的影響力。因此，不妨考慮孟子在這裏所看到的"執一"觀念，是當時與孟子相對立的思想學派，即前文已經言及的《管子》中所典型地表現出的那種思想學派所主張的觀念。

另有"執一"用例比較突出的，應屬馬王堆帛書中被稱爲《黄帝四經》的幾種文獻。如《經法》中有：

　　（1）天執一，明【三，定】二，建八正，行七法，然後□□□□□□之中無不□□矣。（《論》）

所謂"天執一"，完全是將"天"擬人化了的説法。此處的"一"是"道"，"三"乃日月星辰，"二"則是陰陽，所謂"八正"是指8種政令，而"七法"則是7種法令。

　　（2）岐行喙息，扇蜚（飛）蠕動，無□□□□□□□□□不失其常者，天之一也。天執一以明三。日信出信入，南北有極，【度之稽也。……】（《論》）

這節也與（1）相同，敘述了天體的運動規律。也就是説，在《管子》中，作爲君主的行動理念，即作爲政治思想的"執一"觀念，是以"天道"來論説的，所以兩者之間看似有隔閡，但實際上絕不是這樣。其理由正如澤田所解説的那樣，這部《經法》"是闡明爲什麼制定政策必須效法天地並符合民心……"，應該是論説取範於天的政治之書。

在《十大經》中有：

　　（6）執一毋求。（《順道》）

其與"守一""握一""復一""正一"爲同類概念是不言自明的。

① "抱一"之語，先秦文獻中僅見於《莊子》："老子曰：'衛生之經，能抱一乎？能勿失乎？……'"（《庚桑楚》）雖然被作爲老子的言論，但是所謂的《衛生之經》是什麼尚不清楚，僅可以窺見其與養生思想有着某種聯繫。至少它不是論説政治思想之類的東西，這是顯而易見的。

② 我們期待北大簡《老子》的全文刊出，但這一部分極有可能與馬王堆《老子》同樣，也寫作"執一"。

是所謂黃老道家①。那麼作爲《老子》與黃老思想的相接點,我們給"執一"思想定位的時候,有必要明確《老子》在其經典化的路上吸取"執一"這種新思想所具有的思想史意義。

二、從《凡物流形》探究《老子》所吸收的黃老思想

上博楚簡《凡物流形》中有 3 處被馬王堆《老子》所采用。下面將按照以下順序再來檢視一下:

> (1) 聞之曰:"能執一,則百物不失。如不能執一,則百物具失。"如欲執一,仰而視之,俯而揆之,毋遠求,度於身稽之。得一〔而〕圖之,如併天下而担之。得一而思之,若併天下而治之。此一以爲天地稽。是故一,咀之有味,嗅〔之有臭〕,鼓之有聲,近之可見,操之可操。握之則失,敗之則槁,賊之則滅。執此言,起於一端。(第22—23號簡)

在此具有的思想特徵是:
(1) 作爲治理天下的必要條件來論説"執一"。
(2) "一"是天地萬物的根本原理,是治世的根本原理。
(3) "一"是人類所不能自在操控,而只能依靠的(等於"執一")。

這些都是説"一"的壓倒一切的偉大。"一"的這種性質當然可以認爲是與《老子》中的"道"相近的。下面就進行一下兩者的比較。

> 視之不見,名曰夷;聽之不聞,名曰希;搏之不得,名曰微。此三者不可致詰,故混而爲一。其上不皦,其下不昧。繩繩不

---

① 參照王中江《〈凡物流形〉における"一"の思想構造とその位置》,谷中信一編《出土資料と漢字文化圈》145—169 頁(汲古書院,2011 年)。

可名,復歸於无物。是謂无狀之狀,无物之象,是謂忽恍。迎不見其首,隨不見其後。執古之道,以語今之有。以知古始,是謂道已。(第十四章)

在此段中,"道"被看作是超越視覺、聽覺、觸覺等感官認識的存在,並在此基礎上被換言爲"一"來進行説明。另外,本篇中的"一",雖然如前面已經提到的那樣,是通過視覺、聽覺、觸覺能夠認識的,卻是不能自在操控的。因此,它的超越性是可以與《老子》的"道"同樣看待的。不過還必須指出兩者之間在性質上存在着相當的隔閡,在提到兩者極其相近的同時,還要注意其間存在着的不同之處①。

(2) 聞之曰:"執道,坐不下席;端冕,圖不與事。先智四海,至聽千里,達見百里。"是故聖人居於其所,邦家之危安存亡,賊盜之作,可先智。(第14號簡→第16號簡)

下面將上文與《老子》下面的文句進行一下比較:

不出户,知天下;不窺牖,見天道。其出彌遠,其知彌近。是以聖人不行而知,不見而名,不爲而成。(第四十七章)

兩者的表述雖截然不同,但在認爲"不離其境,端居即可料定萬事"這一點上有着鮮明的共通性。

另外,與本篇中有關"執道"的論述相對,《老子》裏儘管没有直接使用相同的語句,卻對踐行"道"的聖人進行了論述。據此也完全可以確認兩者在思想上的共通性。況且,本篇中的"執道"概念也應作爲政治思想加以理解,因此可知其與前述的"執一"概念並無大的差異②。但在此還是要對"相同"和"相異"同時加以注意。

---

① 參照谷中信一編《出土資料と漢字文化圈》133—135頁(汲古書院,2011年)。
② 參照谷中信一編《出土資料と漢字文化圈》137—138頁(汲古書院,2011年)。

而下面的一節則更顯重要：

  （3）聞之曰："一生兩，兩生參，參生女（母），女（母）成結。"是故有一，天下亡不有。亡一，天下亦亡。一又，亡〔目〕而智名，亡耳而聞聲。草木得之以生，禽獸得之以鳴。遠之施天，近之施人。是故執道，所以修身而治邦家。

這些內容與《老子》第四十二章的"道生一，一生二，二生三，三生万物"顯然是相仿的，但同時又與《老子》有着根本的不同。《老子》是由"道生一"談起，超越了"一"進而溯源至"道"的。另外，《凡物流形》中因爲有"聞之曰"這樣的字眼，顯見此處是引用句。如果是從現行本《老子》第四十二章中直接引用的話，理應在段首有"道生一"之語，而沒有任何理由要先刪除這一句後再加以引用。現在之所以不見這一句，可以推測本篇的引用原本就不是來自於《老子》。

  上面列舉的(1)(2)(3)都是可以與今本《老子》第十四章、第十七章、第四十二章相比較對照之處，而郭店《老子》中卻不含有這其中的任何一處。不僅如此，如前所述，在此還可以指出一個非常發人深思的事實，那就是含有"抱一"之語的第十章和第二十二章以及含有"得一"之語的第三十九章，郭店《老子》中都沒有。

  另外，《凡物流形》以"聞之曰"所記錄之處，從其行文來看，無法考慮它是來自《老子》的引用，或許另有依據的文獻。這樣看來，馬王堆《老子》就很有可能是在其形成的過程中吸收了與"聞之曰"以下內容大致相通的思想。

  如果《凡物流形》確是黃老道家文獻的話，那麼就應該考慮：《老子》在其經典化過程的最後階段，即《莊子·天下》篇被寫成以後到馬王堆《老子》被著述之前的這個期間，吸收了黃老思想的若干成分,即以上述"執一"爲主的若干思想①。

三、"天下一統"的趨勢對《老子》經典化的影響

本節將對戰國中後期天下一統的趨勢對《老子》經典化的影響進行思考。這個問題可以通過對《老子》政治思想的分析加以了解。

1. 愚民政治

從《老子》的某些章節可以看出其宣揚的是愚民政治,這是早已被評説的事情。但是因爲如何在《老子》的整體思想中對此進行體系劃定和解釋是一個難題,所以,很少有人將其作爲《老子》的主要思想來提起。據管窺之見,板野長八的《中國古代社會思想史的研究》(研文出版社,2000年)收載的《老子的無》(原載於《オリエンタリカ》第二號,1949年)以及《老子和孟子看商鞅變法》(原載《史學研究》第162號,1984年)都對這個問題進行了集中的分析考察,並得出愚民政治是東洋專制主義的思想前提這一結論②。

例如板野長八作了如下論述:

……那麽,爲什麽民衆能够如此自我教化、自以爲然地歸總於聖人之下,對聖人絶對服從呢?那是因爲民衆没有自主性,因爲民無智,聖人反而可以應對所有的民衆。所謂"古之

---

① 另外,本人曾指出:郭店楚簡中的所謂"大一生水",與《老子》丙本屬同一文本的可能性極高。但是《大一生水》的整體思想内容,明顯與傳世本《老子》,甚至與馬王堆《老子》極其相近。不能否定這樣一種可能,即:在郭店《老子》著述後,《大一生水》這部分在語言表述上被改寫,並被穿插進《老子》中。

② 關於"東洋的專制主義",在卡爾·維特夫格爾(Karl August Wittfogel,1896—1988年)著,湯淺赳男翻譯的《東洋的專制政治——專制官僚國家的生成と崩壞》(新評論,1991年/新裝普及版,1995年)一書中有詳細介紹。另有石井知章著《K·A·Wittfogel的東洋社會論》(社會評論社,2008年)可供參考。

善爲道者,非以明民,將以愚之。民之難治,以其智多。故以智治國,國之賊。不以智治國,國之福(六十五)",就是指前半句情況;而"聖人無常心,以百姓心爲心。善者吾善之,不善者吾亦善之,德善。信者吾信之,不信者吾亦信之,德信。聖人在天下,歙歙爲天下渾其心,百姓皆注其耳目,聖人皆孩之(四十九)",則是後半句的意思。就這樣,聖人對人民來說是絕對的,而人民對聖人沒有任何自主性。……(14頁)

的確,如板野所指出的那樣:第六十五章中的"將以愚之(＝民)"、第四十九章的"聖人皆孩(＝幼兒,比喻蒙昧無知)之"所明言的,並不是什麼悖論,而是不折不扣的愚民政治。除此之外,例如"不上賢,使民不爭;不貴難得之貨,使民不盗;不見可欲,使心不亂。聖人治:虛其心,實其腹,弱其志,強其骨。常使民无知无欲,使知者不敢爲,則无不治"(第三章),也是論說愚民政治的典型段落。武内義雄在《老子研究》中指出:"主張愚民政治是與慎到的主張一致的,恐怕並非老聃之語。"(《武内義雄全集》第五卷268頁)他不認爲這是老子的思想。

關於"……愛人治國,能无爲?……"(第十章),武内在這本書裏指出:這"是灌輸愚民政治,是遠離老子的法家思想。"(《武内義雄》全集第五卷280頁)在這裏,武内一方面承認以上列舉的内容是愚民政治,同時又不認爲其是老子的思想。

關於"……知其白,守其黑,爲天下式。常德不忒,復歸於無極。……"(第二十八章),武内說:"這一節看上去也是說教愚民政治的。不過,守黑和愚民在意思上略有不同,關鍵是主張排斥智慧,執着於愚樸。……這一節恐怕是老子的言論傳入主張愚民政治的慎到那裏後,被篡改和添加了。"(《武内義雄》全集第五卷317頁)在此他仍然堅持愚民政治並非老子本來的固有思想,而是慎到的主張。另外,關於上面所引的第六十五章的內容,武内義雄作出與本文相同的判斷,認爲:"因爲是全方位地強調愚民政治,所以本章不是老子的言論,而是慎到之徒的言論。"(《武内義雄全集》第五卷 376 頁)

"天地不仁,以萬物爲芻狗;聖人不仁,以百姓爲芻狗……"(第五章)一節,也是將百姓當作稻草人來對待的,與宣揚愚民政治的内容相通。關於這一句,武内義雄不認爲是愚民政治:"與其説是老子之言,不如説是從道家派生出的法家之流的觀點。"(《武内義雄全集》第五卷 271 頁)

如上所述,《老子》中含有愚民政治的主張是不容否認的事實,而應該引起注意的是第三章、第五章上段、第十章、第二十八章、第四十九章、第六十五章,都不包含在郭店《老子》中這一事實。然而這一事實在研究《老子》經典化的問題上卻是極其重要的。那麼究竟應該如何解釋這個問題呢?

武内義雄認爲第三章、第二十八章、第六十五章都是慎到的思想,第十章以及第五章上段則屬於法家思想,它們都不是老子自己的思想。是否像武内所説的那樣,是慎到的思想抑或是法家的思想,還有待進一步的研究。武内認爲與《老子》原來思想大相徑庭的這些另類的愚民政治成分,我考慮應該是在郭店《老子》著述後的經典化過程中被吸收進來的。

不待板野的筆墨之勞,很顯然,這種愚民政治同時也是與專制政治相通的思想。下面,我將摘抄出《老子》中有關專制政治的部分,探討其在這部著作中所具有的思想史層面的意義。

2. 專制政治

小國寡人,使有什伯之器而不用,使人重死而不遠徙。雖有舟輿,无所乘之;雖有甲兵,无所陳之。使人復結繩而用之。甘其食,美其服,安其居,樂其俗,鄰國相望,雞狗之聲相聞,民至老死,不相

往來。(第八十章)

關於論述小國寡民的烏托邦理想國這一章,板野作了如下的分析:

> ……在這裏,經營着自給自足生活的小地域社會,既不侵犯他人也不被他人侵犯,而且也無與他人的往來,持續着和平,並各自獨立散在着。人們認爲老子的理想社會就是這樣的小國。但是,此前我也已經論述過,老子認爲這樣的小國被大國吞並也屬自然。即:大國欲得到小國,而小國臣服於大國,實屬各自欲望使然。這正是各自"自化自成""自以爲然"的無爲之道的狀態。就是說,如上所述:小國被大國吞並和支配,而小國對此並不介意,且認爲是理所當然,就如同民衆在王者的統治之下而認爲是理所當然一樣。老子認爲這纔是國家的理想。這樣一來,民衆看上去好像完全自由,而對於聖人王者卻沒有任何獨立性;小國也好像自給自足而完全自由,但在封閉的環境中孤立,沒有任何獨立性和主動性。由此可見的就是國家以及大國的專制統治。(《中國古代社會思想史的研究》22頁)

這篇論述"小國寡民"的第八十章,與第六十章的"治大國,若烹小鮮"的解釋必須是一致的。但是如果將這些綜合起來考慮的話,老子在第八十章中所描述的,說到底是在聖人"一統天下"的前提下的小國。換言之,就是對自治的鄉村社會的描述,而不是人們一直認爲的所謂烏托邦理想國①。就是說百姓可以通過自己的手建立

---

① 武内義雄在《老子研究》中,就第八十章的"小國寡民"曾談道"將這章作爲老聃的言論是有相當疑問的",同時又說它"是描寫了老莊派的理想社會"(《武内義雄全集》第五卷392頁)。木村英一在其《老子新研究》中認爲這是"取之于道家前輩們有關理想社會的種種描述中的成語",是"將與展開富國強兵競賽的戰國諸侯的法術主義正相反的理想用一句話表現出來,在道家成爲具有標語性效果的一個成語"(521—522頁)。總之,兩者都是認爲"小國寡民"是描述了道家的理想社會。

起自治的鄉村社會,正因爲聖人實行的是無爲而治,所以纔使其成爲可能,並不是説統治者無用或可以缺失。從這個意義上説,老子決不是宣揚所謂的無政府主義①。

如果我們重讀一下《老子》第三章,就會注意到其中有"使民无知無欲"之語。這不是説民衆自身無知無欲,不過是因爲聖人即統治者的力量而使他們變得無知無欲。也就是説只有在强大的統治者之下,被統治者纔能達到理想的生存狀態。從這裏不難發現專制政治的典型思想。

這樣看來,不僅是第三章,還有第八十章、七十四章中都使用了使役動詞"使"字,也是不容忽視的事情。

不上賢,使民不争;不貴難得之貨,使民不盗;不見可欲,使心不亂。聖人治:虚其心,實其腹,弱其志,强其骨。常使民无知無欲,使知者不敢爲,則无不治。(第三章)

民不畏死,奈何以死懼之?若使常畏死,而爲奇者,吾執得而殺之……(第七十四章)

小國寡人,使有什伯之器而不用,使人重死而不遠徙。雖有舟輿,无所乘之;雖有甲兵,无所陳之。使人復結繩而用之。甘其食,美其服,安其居,樂其俗,鄰國相望,鷄狗之聲相聞,民至老死,不相往來。(第八十章)

從上引的内容可以看出,此處的主張都不是出於"民衆"的自發性而自然達成的,而是聖人(=統治者)刻意地"使"民衆處於這種狀

---

① 池田知久在《馬王堆出土文獻譯注叢書·老子》(東方書店,2006 年)中的解釋是:"'小國寡民'屢屢作爲中國古代理想社會構想的代表而被議論,但實際上,它並没有值得大肆宣傳的豐富理想性。不如説它是與統一帝國即將出現的這一迫在眉睫的歷史動向相呼應,提出了應當實現的新政治秩序這樣一個對將來的構想。"這種闡釋應該説是正中鵠的之語。

態。加有點綫的句中雖然没有使役詞,但是從文脈判斷可知這些也都是聖人(＝統治者)的刻意使然。

還應引起注意的是,此處所引用的第三章、七十四章、八十章在郭店《老子》中都不存在。因爲這幾章與前引愚民政治的内容是無法分開的思想,由此表明這一事實絶非出於偶然。也就是説,這些都是郭店《老子》著述後纔新加進去的内容是不容否認的事實。

那麽,是哪種學説、怎樣的學派促使《老子》吸收了這些思想呢?

只要看一下這種專制政治的特性便可一目了然: 其並非那種狰獰的强權式的專制政治。儘管是專制政治,但是《老子》的目標是以柔弱謙讓的姿態而君臨天下,以致民衆甚至没有被支配的感覺,可以稱作是"柔弱的專制"即"Soft Despotism"的政治。應該説這正是前文已經討論過的、主張"執一"之説的黄老派政治思想。

結語

老子代表道家,而孔子代表儒家,此兩者一直堪稱是代表着中國思想的雙璧。在這個意義上來説,人們最常見的理解是: 中國思想史中以老子爲源流的道家思想和以孔子爲源流的儒家思想,作爲兩大主流滔滔不絶地超越了一個個時代而流傳至今。這種在一定程度上被定型化了的 Stereotype 的理解,在從概念上説明或理解中國思想史的時候,的確是最爲快捷易懂的。而且,這種理解框架在中國思想史學中已然相當固定,似乎也没有必要對這類一般觀點加以否定。畢竟,中國思想史確實是在儒家與道家恰似兩股糾纏在一起的繩狀狀態中發展起來的。

然而,能否將其作爲思想史的事實而全盤相信倒是應該慎重的。是否先有老子? 抑或首先並無《老子》? 如前所述,《老子》是在不斷從外部吸收新內容的過程中,經過很長時間逐步形成的。老子這個人物,説到底,不過是作爲體現道家思想的一個存在,從某個時期開始被奉爲至尊。所以,能否將《史記·老子韓非列傳》中的老聃(李耳)作爲道家始祖還需愼重①。何況將《老子》的著作權歸於老聃是不妥當的。如果説到著作權,也許應該歸屬於關尹,但是這也未必是正確的看法。因爲在關尹之後,直到經典化完成,《老子》從未停止對外部思想的吸收。從這個意義上來説,《老子》思想以及道家絶不是從一開始就作爲黄老思想的主干而存在的,事實正相反,是道家以及黄老道家孕育並發展了《老子道德經》,其目的是將其作爲自己的思想依據。因此可以推論,《老子》在從春秋末期到戰國末期的歷時數百年的時間軸中,通過交叉的楚地和齊地這樣的空間軸,汲取了大量不同的思想成分,最終纔作爲經典得以完成②。也正因爲如此,所以有時難免給人以雜亂的印象。

　　《老子》所指向的經典化,恰恰與戰國末期以統一天下爲目的的思想不斷出現的時期相一致。可以説當時的思想家們,爲實現這一目的而競相開出各自的處方箋。無論是《莊子·天下》、《荀子·非十二子》,抑或是《公羊傳》的大一統思想都是如此,"義兵"思想也是在這個目標上發揮了其思想意義的③。雖然時代更迭,但秦始皇的焚書坑儒,漢武帝的獨尊儒術,都是爲實現或鞏固天下

---

　　① 《史記·老子韓非列傳》中,除老聃之外,還出現了老萊子、大史儋等名字。司馬遷本人也不過是以"或説"的形式加以簡單的介紹,由此可見他們是比老聃更爲缺乏可信度的人物。
　　② 有關齊地與《老子》經典化密切關係的論析,參見拙著《齊地思想文化的展開與古代中國的形成》第三部分第四章《今本〈老子〉的形成與管子學派》(汲古書院,2009年)。
　　③ 參見拙著《齊地思想文化的展開與古代中國的形成》第五部分《統一中國的胎動》(汲古書院,2009年)。

一統而實行的政策。必須説這纔是自戰國中期至秦漢時期的思想史的現實。

　　從這個意義上來説,《老子》經典化歸根結底也適應了這種天下一統的時代意識的需求。因此,《老子》中包含很多政治思想,並構建出以"道"爲基礎的專制統治體制的理論,就是再自然不過的事情了①。

　　在古代中國思想中占據中心地位的,無論如何都必須説是政治思想。這些政治思想,雖然有很多被稱爲"愛民主義""因民主義""民本主義"等重視被統治的民衆的內容,但是,其根本原理仍然是 Despotism(專制主義)這一點則是不容置疑的事實。正如上面所論證的,即便是《老子》的思想也不例外。不過,不是板野所説的那樣:從一開始,《老子》就將這種 Despotism 融入其中,而應該説是經由黄老思想被吸收進來的。當然,它應該是在《老子》經典化過程中的最後階段被吸收進來的。

---

　　① 黄老道家運作的《老子》經典化於漢初大體完成後,也許在後漢時期,以道教的産生爲契機,迎來了向道教經典化邁進的新舞臺。關於這個問題,將另外擇機探討。

齊楚之間

——從黃老道到大一統

春秋戰國時期，百家爭鳴，列國爭鋒，最後統一於秦。秦始皇締造了中國的第一次大一統，而在趨向政治一統的過程中，學術界的大一統也在暗流涌動。

無爲，也許是大多數人對道家的第一印象。但正如《老子》所說的"道常無爲而無不爲"。道家思想，尤其是黃老道思想在戰國末期和西漢初年，可謂深入參與了天下一統和學術一統。

在秦始皇統一天下的過程中，齊國是被"和平解放"的，而在秦末的大起義中齊國依然星光暗淡，似乎齊桓公的"一匡天下，九合諸侯"燃盡了這個東方大國的光輝。但管晏之思，稷下之學，却醞釀着與政治一統方向相反的學術一統。

"楚雖三戶，亡秦必楚"，這則寓言最終成爲現實，在秦楚文化基礎上發展起來的漢文化也達到了中國歷史的高峰。而齊文化通過楚文化這個媒介，將齊地傳承千年的現實主義思想、"無爲"的黃老道思想和大一統思想融入到新的天下一統當中。齊楚之間，從秦到漢。

探析《管子・勢》中的黄老思想

——范蠡的從越到齊

序

　　本文將擇取《勢》爲分析對象,作爲研究《管子》中黄老思想的一環。關於《勢》,從來就不乏議論,例如較遠者有明朝凌汝亨《管子輯評》(臺灣中華書局影印,1971年)所引大蘆的見解:

　　　　……篇中多雜越語。其古兵家流傳雜引之耶。抑管氏布行而蠡拾之耶。文於書中最古,談於兵家最奇、最微。此兵法形勢家本論也。……

認爲《勢》乃是《管子》中最古老的兵法形勢家之言論;羅根澤則認爲是戰國末兵家陰陽家所作[《管子探原》93—94頁(太平書局,1966年)];趙守正也主張"本篇主要談兵,當指軍事上的規律性。本文先後提出許多古代軍事上的重要問題",並據此推論,名之爲"勢",正是因爲其論述的是發起軍事行動之際必須明辨的必然趨勢或法則[《管子通解(下)》75頁(北京經濟學院出版社,1989年)]。

　　但是,李勉卻從略爲不同的視點議論如下:

……本篇全爲經言,多陰陽家、兵家及道家言,文句簡古,似爲春秋時人所作。……此篇與《幼官》、《形勢》、《宙合》皆相承,可參合而觀,大旨言聖人法天地,順陰陽,因時而伸縮,盡力而致功,與天同極[《管子今註今譯》719 頁(臺灣商務印書館,1989 年)]。

認爲《勢》乃是自古傳承而來的經言,並且,雜糅了兵家以外的陰陽家、道家等思想。同樣,胡家聰也將此看作是軍事哲學論文[《管子新探》309 頁(中國社會科學出版社,1995 年)],並且由道家學者所著(《管子新探》309—310 頁)。

石一參按內容將《管子》分類,其中兵家言爲八篇,並列舉出其具體爲《霸言》《霸形》《兵法》《七法》《地圖》《參患》《禁藏》《法法》等各篇,但《勢》卻被除外——似乎石氏很重視《勢》中不少非兵家要素的存在(《管子今詮》,臺灣商務印書館,1971 年。原刊於 1939 年)。本文也很關注這一點。金谷治很早就在《勢》與古佚書有密切聯繫這一觀點的基礎上,認爲該篇"貫穿着將中心置於自然的秩序內的天人相關思想"[《管子研究》194 頁(岩波書店,1987 年)]。他在將其分爲三部分之後,認爲中間的主要文章不僅與古佚書,而且與《國語·越語下》相類似,所以可將這些看作是相連續的資料,"與其限定爲兵家言,毋寧説是一般性的政術論",即"遵從天地自然之攝理的政術思想"(《管子研究》281 頁),由"戰國末期後半的道法家"(《管子研究》334 頁)所著述。遠藤哲夫的解釋則是"前半主要論述與兵法相關的術策……後半……則向政策論展開"[《管子》768 頁(明治書院,1991 年)],遠藤的議論僅止於此,並未言及道家思想①。再有,淺野裕一著《黃老道的成立與展開》(創文社,

---

① 遠藤哲夫的《勢篇解題》大致是在金谷説的思路上的延展。

1992年)中指出:"《勢》……因卷前古佚書的發現,纔明確了其乃是與黃帝書系列相關連的文獻這一事實"(110頁)①。以胡家聰爲始,丁原明也認爲:《勢》與《樞言》、《宙合》、《重令》、《君臣上下》、《法禁》、《形勢解》、《版法解》、《正》同樣,"帶有黃老學的痕跡"[《黃老學論綱》141頁(山東大學出版社,1997年)],也關注到了其與道家、黃老思想的相關性。

一直以來,在《勢》的研究中,着重被強調的是與《國語·越語下》(以下簡稱爲《越語下》)的關係。就這一點,淺野裕一曾指出"《勢》的中間部分呈現出幾乎全文抄寫《越語下》之觀"(參見前引淺野書《黃老道的成立與展開》107頁)。而後,他又根據兩者亦有不少相異之處這一現象,指出"可以認爲《勢》的中間部分基本是以《越語下》的范蠡思想爲鋪墊,並摻入與《經法》《十六經》《稱》等近似的思考,連綴而成的"(《黃老道的成立與展開》108頁)。就是説,淺野認爲《勢》不僅從《越語下》中,而且從帛書中也有所汲取。

從表面來看確是如此,但問題在於本篇經由上述過程而被著述的理由何在。換言之,以軍師范蠡與越王勾踐圍繞越國如何滅吳的主題的問答,組成以軍事爲中心的故事《越語下》,並在此基礎上,將闡述政治思想作爲核心内容的本篇,究竟是出於何種目的被著述的呢?

再則,有人曾指出:本篇雖被命名爲《勢》,但通篇不見隻言片語的"勢"的用例。不必贅引《孫子》的用例,"勢"一語對於奉行軍事思想的人來説,自然是極其重要的概念。《勢》以軍事理論爲基礎的同時,將這種"勢"的思想延展至政治思想,力圖一體化地申論軍事和政治。那麽,爲什麽要謀求軍事和政事的統合呢?可以很

---

① 此處認爲構成黃老道之原型的實乃《國語·越語下》中展開的"范蠡型思想"。

容易地想象,在與別國處於不斷加劇的軍事緊張狀態中,一定有一面擴大本國的勢力,同時推進國內統治的這種現實的要求,但關鍵在於由誰承擔這一事業。本文首先嘗試回答這兩個問題。

一、《勢》的軍事、政事思想

首先,將《勢》全文抄錄如下,然後,筆者試對加綫部分依次進行分析。

戰而懼水,此謂澹滅。小事不從,大事不吉。戰而懼險,此謂迷中。分其師衆,人既迷芒,必其將亡之道。(1)動靜者比於死,動作者比於醜,動信者比於距,動詘者比於避。夫靜與作,時以爲主人,時以爲客,貴得度。(2)知靜之修,居而自利。知作之從,每動有功。故曰:無爲者帝,其此之謂矣。逆節萌生,天地未刑,先爲之政,其事乃不成,繆受其刑。(3)天因人,聖人因天。(4)天時不作,勿爲客。人事不起,勿爲始。(5)慕和其衆,以修天地之從。(6)人先生之,天地刑之,聖人成之,則與天同極。正靜不爭,動作不貳,素質不留,與地同極。(7)未得天極,則隱於德。已得天極,則致其力。既成其功,順守其從,人不能代。(8)成功之道,嬴縮爲寶。毋亡天極,究數而止。事若未成,毋改其形,毋失其始。(9)靜民觀時,待令而起。故曰:修陰陽之從,而道天地之常。嬴嬴縮縮,因而爲當。死死生生,因天地之形。天地之形,聖人成之。小取者小利,大取者大利。盡行之者有天下。(10)故賢者誠信以仁之,慈惠以愛之。端政象,不敢以先人。中靜不留,裕德無求,形於女色。其所處者,柔安靜樂,行德而不爭,以待天下之漬作也。故賢者安徐正靜,柔節先定。行於不敢,而立於不能,守弱節而堅處之。故不犯天時,不亂民功,秉時養人。先德後刑,順於天,微度人。善周者,明不能見也。善明者,周不能蔽也。大明勝大周,則民無大周也。大周勝大明,則民無大明也。大周之先,可以奮信。大明之祖,可以代天下。索而不得,求之招搖之下。獸厭走而有伏網罟,一偃一側,不然不得。大文三曾,而貴義與德。大武三曾,而偃武與力。

(1) 動靜者比於死,動作者比於醜(鬼),動信(伸)者比於距,動詘者比於避(躄)。夫靜與作,時以爲主人,時以爲客。

"主""客"兩詞的對比,在《越語下》中也有,例如"宜爲人客……宜爲人主"這樣意義類同的對比;而"靜"與"作"的對比,在帛書《老子》卷前古佚書《十大經》(以下簡稱《十大經》)中,則有"人靜則靜,人作則作。……德虐無刑,靜作無時,先後無名。……以爲天下正。靜作之時,因而勒之……"(《觀》)、"地俗德以靜,而天正名以作。靜作相養,德虐相成"(《果童》)、"靜作得時,天地與之,靜作失時,天地奪之"(《姓爭》)等,不是論述軍事,而是論述政治思想之用例①。

另外,"屈"與"伸"的對比,在《經法·國次》、《十大經·五正》、《稱》等文獻中有所出現,但仍然不是軍事上的,而是政事上的論述。

(2) 知靜之修,居而自利。知作之從,每動有功。故曰:無爲者帝,其此之謂矣。

在此應引起注意的是"帝"和"無爲"。它們是馬王堆帛書《老子》卷前古佚書(以下簡稱帛書)中屢屢出現的兩個詞,可見其與帛書的親緣性。另外,在帛書《十大經·五正》中還有如下一段,當論

---

① 另外,在《越語下》中,與"靜"作對比的乃是"動",而並非"作"。

述至出現"逆兵"時,通常論述"正""静"(即無爲之謂)的内容突然筆鋒一轉,力説應當果敢采取軍事行動,即:

> 黄帝曰:吾既正既静,吾國家喩(愈)不定,若何。對曰:後中實而外正,何不定。左執規,右執矩,何患天下。男女畢週(同),何患於國。五正既布,以司五明,左右執規,以寺(待)逆兵。(《五正》)

在鮮明地論説軍事行動的玄機奥妙這點上,兩篇的主旨是一致的。在《稱》中,"帝、王、霸、危、亡"被分列爲五個階位,"帝"一詞被置於最上位。將帝與王、霸相對比而列於最上位的用例,在《管子》的《幼官》《兵法》《禁藏》的各篇中也可屢屢見到。再有,《立政》篇中可見"無爲者帝……"之語,此處没有軍事上的含義,始終是主張政事上無爲的帝王論。

如此檢視下來,《勢》謀求軍事與政事的融合之意便昭然若揭了。由此可得知,此處所使用的無爲並非指完全無所作爲,而是以静爲主,以作爲輔。就是説無爲被賦予了實踐性的意義,即"平時安然不動(=静),一旦有情況則發起行動,所以纔能順利成功"。

(3) 天因人、聖人因天。

與《越語下》中的"死生因天地之刑,天因人,聖人因天。人自生之,天地形之,聖人因而成之"一節的意思相同,(3)旨在説明反映人事的是天意,遵照天意而行動的則是聖人。因爲聖人的行動是遵循天意的,固然没有失敗;而天意又是人事的反映,所以,歸根結底,聖人的行動是引導人事走向繁榮的——從頭到尾論説的皆在"因"字上。此處與上文的(2)一樣,也是教誨人們不要自己起事,而應觀察客觀形勢,然後采取最恰當的對應。這種觀點在帛書中也可見到,故而本篇明顯與帛書在思想上有關聯。而且,值得注意的是：與《越語下》很明確地以軍事思想爲脈絡進行的論述相對，帛書以及(3)的內容是可以作爲政治思想來解讀的。

(4) 天時不作，勿爲客。人事不起，勿爲始。

此節與《越語下》如下一段大致相同：

> 天時不作，弗爲人客，人事不起，弗爲之始。今君王未盈而溢，未盛而驕，不勞而矜其功，天時不作而先爲人客，人事不起而創爲之始，此逆於天而不和於人。王若行之，將妨於國家，靡王躬身。

《越語下》對這節內容作了兩次重複，以強調其軍事上的教誨意味。與之相對，(4)在將天時與人事相對比的基礎上，認爲人事應充分顧及到天時再進行，與(3)的"天因人，聖人因天"是同樣的理論，即：人事應遵循天時這一客觀形勢而爲之。由此處也可看出：其主旨與其說是在論軍事，毋寧說在論政事。

(5) 慕(纂)和其衆，以修(循)天地之從。

"天地之從"在《十大經·順道》中也有類似的用例，即"慎案其衆，以隨天地之從。不擅作事，以待逆節所窮"。

陳鼓應先生將《順道》的這一用例解釋爲"天地運行的規律"（《黃帝四經今注今譯》397頁），(5)亦可做同樣解釋。在主張應顧及人們與天地兩方面這一點上，(3)(4)的意思可謂相近。此處論旨的主干也已經從軍事完全轉移到政事上了。

(6) 人先生之，天地刑之，聖人成之，則與天同極。正靜不爭，動作不貳，素質不留(流)，與地同極。

陳氏曾指出此處與《經法·國次》"天地立，聖人故載。……必盡天極……"一節的關聯，譯爲"因爲有了天地的各當其位，所以聖人纔能够成就萬物。……而這也是由合於天道所決定的……"。他認爲"人先生之,天地刑之,聖人成之"一節是主張人們首先有所行動,天地自然以某種形態與之相呼應,而後,聖人對這種客觀形勢進行審視洞察,將事態引向成功。

另外,《管子·九守》的"神明之德,正靜其極也"、《心術下》的"人能正靜者,筋肕而骨強。能戴大圓者,體乎大方"、《内業》的"是故聖人與時變而不化,從物而不移。能正能靜,然後能定"等等,都與(6)有着明顯的聯繫,這也是應該指出的。

既然《十大經·觀》的"聖人正以待之,靜以須人"、《正亂》的"上人正一,下人靜之。正以待天,靜以須人"等,都是針對統治者内心的論述,亦可推定"正靜"之語,對黄老道家來説,似乎是"無爲"這一概念的特有表述。這一點還可佐以《莊子·庚桑楚》的"正則靜,靜則明"的用例,更使人信服(《黄帝四經今注今譯》66頁)。

(7)未得天極,則隱於德。已得天極,則致其力。既(則)成其功,順守其從,人不能代(殆)。

此處可以説與《稱》的"時極未至,而隱於德。既得其極,遠其德,淺(踐)以力。既成其功,環(還)復其從。人莫能代(殆)"的内容幾乎完全相同,不過,從"天極"被換言爲"時極"來看,還難以斷定其是否爲直接引用。只是,所謂"得天極",其論旨可以理解爲:認清人力所無可奈何的艱難的客觀形勢,而後采取行動,乃是成功的關鍵。換言之,也就是等待"時極"到來再付諸行動的意思。因而可以肯定,歸根結底,"天極"和"時極"具有同樣的含義。就是説,客觀形勢未成熟期間應不露聲色地收斂自抑,一旦客觀形勢具備則應盡全力行動,如此,就必定會取得成功。即:給予人們從"無爲"轉向"有爲"的機緣的,正是"天""時"之"極",由此可以看出,(7)是不加改變地蹈襲了既有的觀點。

(8) 成功之道,贏縮爲寶。毋亡天極,究數而止。

此處與《稱》的"日爲明,月爲晦。昏而休,明而起。毋先天極,寡(究)而止"一文相類似。不過,更爲近似的是《越語下》的"臣聞:古之善用兵者,贏縮以爲常,四時以爲紀,無過天極,究數而止"一節。儘管《勢》的"成功之道"在《越語下》中即指"古之善用兵者","贏縮爲寶"被改寫爲"贏縮以爲常",並加入了"四時以爲紀"之句,出現了這些行文上的不同,但其含義幾乎沒有改變①。本句所主張的仍是:成功的秘訣在於能夠順應形勢,屈伸自在、圓通無礙地行止,換言之,即認清"天"所發揮的功能,洞察其"數"——規律性,恰當地行動。因此,也可以説其内容與既有的觀點仍然是異曲同工。而且,《勢》此節不僅來自《越語下》,同時也成了《勢》全篇的主旨。

(9) 静民觀時,待令而起。故曰:修(循)陰陽之從,而道天地之常。贏贏縮縮,因而爲當。死死生生,因天地之形。天地之形,聖人成之。

此處幾乎全文使用了《越語下》的如下一段内容:

> 四封之外,敵國之制,立斷之事,因陰陽之恒,順天地之常,柔而不屈,彊而不剛。德虐之行,因以爲常。死生因天地之刑,天因人,聖人因天。人自生之,天地形之,聖人因而成之。

---

① 陳鼓應將《管子》的"亡天極"、《稱》的"失天極"、《越語下》的"無天極"相互比較,認爲:"可以證明《國語·越語下》與《黃帝四經》更爲接近,《管子》則相去稍遠。第一,《四經》作'無(佚)天極',《越語下》作'無過天極';《管子》雖一字之差(毋亡天極),而文意已遠隔。第二,《經法·國次》'過極失(佚)當'是就用兵征國而言,本文'過極失(佚)當'應該也是就用兵而言,《越語下》也説'善用兵者……無過天極';《管子》'毋亡天極'似是泛指。"(參見《黃帝四經今注今譯》443 頁)

據此可以認爲是熟悉《越語下》中的范蠡言論的人,參與了後來的《勢》的著述。不過,在《越語下》的"天因人,聖人因天。人自生之,天地形之,聖人因而成之"一句中,分階段地論述了人、天、聖人的三者關係。與之相對,《勢》中則幾乎一而貫之地認爲生死是由天地陰陽的變化推移來決定的。在這一點上可以看到《勢》的變化;另外,在《勢》中,"天"和"聖人"這兩者的關係被重新定位,"人"被排除在外,明顯地透露出這種思想在傳承過程中的變化。

(10) 故賢者誠信以仁之,慈惠以愛之。端政象,不敢以先人。中靜不留(流),裕德無求,形於女色。其所處者,柔安靜樂,行德而不爭,以待天下之潰作也。故賢者安徐正靜,柔節先定。行於不敢,而立於不能,守弱節而堅處之。故不犯天時,不亂民功,秉時養人。先德後刑,順於天,微度人。

已有研究指出不僅此段與《越語下》的以下內容有關聯:

宜爲人客,剛彊而力疾。陽節不盡,輕而不可取。宜爲人主,安徐而重固。陰節不盡,柔而不可迫。

四封之內,百姓之事,時節三樂,不亂民功,不逆天時,五穀睦熟,民乃蕃滋,君臣上下交得其志,蠡不如種也。

與《十大經》的下述各段也有聯繫:

……是故爲人主者,時旨三樂,毋亂民功,毋逆天時。然則五穀溜孰(熟),民[乃]蕃茲(滋),君臣上下,交得其志。天因而成之。夫並時以養民功,先德後刑,順於天。(《觀》)

……力墨曰:大茞(庭)之有天下也,安徐正靜,柔節先定。晃濕共(恭)僉(儉),卑約生柔。常後而不失築(體),正信以仁,茲(慈)惠以愛人,端正勇,弗敢以先人。中請(靜)不刺(流),執一毋求。刑於女節,所生乃柔。□□□正德,好德不争。立於不敢,行於不能。單(戰)視(示)不敢,明執不能。守弱節而堅之,胥雄節之窮而因之。若此者其民勞不[僈],幾(饑)不飴(怠),死不宛(怨)。(《順道》)

在此最應引起注意的是,這樣的精神境界,在《越語下》、《十大經》中都被作爲人之君主應具備的品質,而在《勢》中卻是被作爲賢者的品質來論述的。所謂賢者,正如有尚賢一語的存在所示,它原本就不是指人主,而是指爲之服務的人。如此看來,《勢》的論説並非指向人主,其對象是指應給予重用的賢者。從這一點也可看出《管子》獨自的編集意識①。

如上所述,本篇力陳在以"正静"爲根本的同時,應不斷地洞察客觀形勢,一旦判斷爲確有必要時,則要立刻采取機敏的行動。又如文中的"無爲者帝"之語所示,它認爲君臨天下的帝王持有無爲的態度,就可以洞徹"勢",進而能够准確無誤且當機立斷地發動恰當的行動,其結果,就是將天下納入自己的掌中,即:獲得成功。就此意義而言,"無爲"正是"正静"的另一種説法。

這種思想在《越語下》中被發現,也正説明最初它是在范蠡所代表的軍事思想中得到強調的。或許在重視所謂"勢"的同時,強調謹守"正""静"——力戒輕舉妄動——的思想,即"無爲"的觀念又與之相融合,進而,這種"勢",即:客觀形勢雖可利用,但完全不能操作的思想。不久,即如《勢》中所見,它作爲政治思想被理論化而變得精致起來——儘管尚殘存着濃厚的軍事思想的傾向。

這不僅僅是國君如何統治一國之政治的傳統政治思想,而且是響應將天下一統納入視野這一新的時代要求,並包含了軍事和政治等方面的廣泛意義上的政治思想。站在這樣的觀點上,重新

---

① 此外,與《勢》相對應的《正》末尾有"佐天子"之語,似可做同樣的解釋。

審視《勢》的思想史上的意義,則可以説:它鮮明地反映出戰國時代後半時期不斷趨向天下一統之態勢的思想界狀況。並且,可以看到其中對黄老思想的吸納。若加以上述對(10)所作的分析,則可以斷言這一文獻無疑是出於齊之稷下的管子學派之手的作品。

總之,我們可以做如下的理解:《勢》的問題指向和觀點明顯繼承了《越語下》中范蠡的言説,並提高了其理論化的水平。而且,范蠡的言説被限定於"如何以越勝吴"這兩國之間,但本篇卻明白地將天下納入了視野之内。在這個意義上,則必須説:如果將本篇所闡述的内容稱爲黄老思想的話,那麽,所謂黄老思想就正是在統一天下這一大命題之下構想的、極具政治思想特質的思想①。

那麽,《管子·勢》和《國語·越語下》之間何以有如此類似的内容呢?爲了釐清這個問題,則有必要對《越語下》的主人公范蠡與《管子》的著述之地齊地的關係進行考察。

二、《越語下》中登場的范蠡與齊地之關係

因爲《越語下》的主人公不是越王勾踐,卻是其軍師范蠡,所以人們質疑這樣的内容被編入《國語》的原因何在,認爲較之其他篇章,本篇實屬奇特②。《越語下》中肩負着獨特重任的范蠡究竟是何許人物呢?除了《史記》的《越王句踐世家》和《貨殖列傳》中可見范蠡的傳記外,在《越絶書》《吴越春秋》等文獻中也有關於他的記載,然而,其真實的人物形象仍然是非常難以把握的。本節將以《越語下》和《史記》爲材料,探索范蠡與齊地的關係。

---

① 仔細閲讀《老子》,也可以明白"取天下"是作爲一個大命題而提出的。這一點可以説與本篇的論題有部分的相同。
② 參見大野峻著《國語·解題》(明治書院,1975年)。

在《越語下》中,對於范蠡在越王麾下發揮智謀的記載與《史記》等完全相同,只是筆墨的濃淡有所不同,但在結束部分卻有很大的差異。《越語下》的記述是:"遂乘輕舟,以浮於五湖,莫知其所終極。王命工,以良金寫范蠡之狀,而朝禮之,浹日而令大夫廟之。環會稽三百里者,以爲范蠡地……"關於離開越國之後的范蠡沒有任何敘述,留下了不知其後來行踪的謎團。另外還有內容記述了自此時起,在越地有范蠡像被鑄造,並被作爲崇拜對象之事。這也是大野稱《越語下》爲"范蠡廟緣起"的依據所在(參見前引大野著《國語·解題》36頁)。

而《史記·越王句踐世家》在記述了越國歷史的始末後,又附載有范蠡傳,繼以詳細的敘述。《史記》將范蠡離勾踐而去之後的情形描繪如下:

> 乘舟浮海以行,終不反。於是句踐表會稽山以爲范蠡奉邑。范蠡浮海出齊,變姓名,自謂鴟夷子皮,耕于海畔……(《越王句踐世家》)

《貨殖列傳》中的記載與此大致相同,只是略顯詳細:

> 范蠡既雪會稽之恥,乃喟然而歎曰:"計然之策七,越用其五而得意。既已施於國,吾欲用之家。"乃乘扁舟浮於江湖,變名易姓,適齊爲鴟夷子皮,之陶爲朱公。朱公以爲陶天下之中,諸侯四通,貨物所交易也。乃治產積居,與時逐而不責於人。故善治生者,能擇人而任時。十九年之中三致千金,再分散與貧交疏昆弟。此所謂富好行其德者也。後年衰老而聽子孫,子孫脩業而息之,遂至巨萬。故言富者皆稱陶朱公。

這些文獻記載了范蠡取道海路,乘船北上至於齊地,改換姓名爲鴟夷子皮,而後至陶(定陶,山東省西南部),再改名爲朱公,以計然之策成巨萬之富的行迹。此處的計然之策是指：能够客觀地正確洞察流轉不止的世界形勢,講究掌握先機的對策,具體地預知由木星的運行而產生的災異,采取與各種不同時機相契合的行動,即投機性的行動①。故而,其成功的秘訣就在於不依賴人智人力,在時間的推移中講求適時適當的對策②,即"與時逐而不責於人。故善治生者,能擇人而任時"。在主張洞察客觀形勢而采取適時適當之對策這一點上,與《越語下》所記載的范蠡言論的旨趣完全一致。

姑且不談司馬遷何故在《越王句踐世家》和《貨殖列傳》兩處記載了范蠡的傳記,首先應引起注意的是其增加了《越語下》中所沒有的部分。

另外還有《史記》和《國語》都不曾觸及的内容,這就是勾踐向琅琊遷都之事。對此有所記載的是《竹書紀年》,即：

元王四年,於越滅吴。(前 472 年,時值魯哀公二十三年、齊平公九年)

貞定王元年癸酉,於越徙都琅邪。(前 468 年。時值魯哀公二十七年、齊平公十三年。《吴越春秋》卷十中也有"越王既已誅忠臣,霸於關東,從琅邪,起觀臺,周七里,以望東海。"的記載,還記載了此時孔子爲求仕途而入琅琊之事。)

同四年十一月,於越勾踐卒。(前 465 年)

---

① 《貨殖列傳》的該當之處原文如下："計然曰：知鬭則修備,時用則知物,二者形則萬貨之情可得而觀已。故歲在金,穰;水,毁;木,饑;火,旱。旱則資舟,水則資車,物之理也。六歲穰,六歲旱,十二歲一大饑。夫糶,二十病農,九十病末。末病則財不出,農病則草不辟矣。上不過八十,下不減三十,則農末俱利,平糶齊物,關市不乏,治國之道也。積著之理,務完物,無息幣。以物相貿易,腐敗而食之貨勿留,無敢居貴。論其有餘不足,則知貴賤。貴上極則反賤,賤下極則反貴。貴出如糞土,賤取如珠玉。財幣欲其行如流水。"

② 參見大野峻著《國語·解題》。

安王二十三年,於越遷於吳。(前 379 年。時值齊田侯剡五年,這一年姜齊絕祀。)①

雖然記述十分簡潔,但是,倘若果真如此,就等於説大約贏得勝利的六年後,越國就將其首都移到了位於山東半島最邊緣處的琅邪。雖然遷都的理由不甚明了,不過,琅琊是面對黄海的都城,與莒、萊甚至齊等處於至近的位置。

《竹書紀年》對於此後的越國的記載是:

威烈王十一年……於越滅滕。(前四一五年)

同十二年,於越朱勾滅郯以郯子鴣歸。(前四一四年)

記録了越曾征伐山東的小國,這些小國或稱爲滕,或稱爲郯。總之,越在山東的動靜越發突出醒目。

然而,范蠡離越往齊,以及勾踐移至琅琊等行迹,都使人推想他與齊地的密切關聯。此外,雖不能説是直接證明了范蠡與齊的聯繫,但是,《韓非子·説疑》中有"通道法而不敢矜其善,有成功立事而不敢伐其勞",作爲精通"道法"的"霸王之佐"的十五賢人之一,在后稷、皋陶、伊尹、周公旦、太公望、管仲、隰朋、百里奚、蹇叔、舅犯、趙衰、大夫種、逢同、華登等人之中,范蠡的名字也赫然可見②。

《勢》和《越語下》以及《十大經》相互關聯的情況一如前文所述,三者錯綜複雜地交織在一起:以《管子·勢》爲中心來看,其與

---

① 公曆年號以《中國歷史年表》(上海人民出版社,1976 年)爲據。
② 尤其是關於范蠡的評價,很容易推測是源於《老子》的"爲而不恃,功成不居"(第二章)、"功成、名遂、身退,天之道"(第九章)等觀點。不過,似乎另外還有范蠡被處以流刑之説,這樣的話,評價基準也將變化。即所謂"比干、萇弘以此死,箕子、商容以此窮,周公、召公以此疑,范蠡、子胥以此流,死生存亡安危,從此生矣"(《吕氏春秋·審應覽離謂》),"智亦有所不至。所不至,説者雖辯,爲道雖精,不能見矣。故箕子窮於商,范蠡流乎江"(《吕氏春秋·先識覽悔過》)等。

《十大經》的關係是間接的,與《越語下》的關係則稍顯直接①。據此完全可以想象被作爲《越語下》基本素材的范蠡言論傳至齊地後不久,即被用於《勢》當中了。果真如此的話,范蠡言論又是怎樣被傳播到《勢》中的呢?

可以考慮范蠡本人將其傳授的可能性。因爲范蠡離開越國前往齊地之事,從《史記》等文獻記載來看應是無疑的。而且,《史記》的《越王句踐世家》《貨殖列傳》都記載了范蠡更名爲鴟夷子皮。如今,在《韓非子》《墨子》《淮南子》《說苑》等不少的文獻中,都可以看到鴟夷子皮的名字。

例如《韓非子‧說林上》中有:

> 鴟夷子皮事田成子,田成子去齊,走而之燕,鴟夷子皮負傳而從。至望邑,子皮曰:"子獨不聞涸澤之蛇乎?澤涸,蛇將徙,有小蛇謂大蛇曰:'子行而我隨之,人以爲蛇之行者耳,必有殺子者。子不如相銜負我以行,人必以我爲神君也。'乃相銜負以越公道而行,人皆避之,曰:'神君也。'今子美而我惡,以子爲我上客,千乘之君也;以子爲我使者,萬乘之卿也。子不如爲我舍人。"田成子因負傳而隨之,至逆旅,逆旅之君待之甚敬,因獻酒肉。

記述了田常因鴟夷子皮的智慧獲得了意想不到的成功之事。就是說鴟夷子皮作爲田常的智囊曾很活躍,簡直與作爲越王勾踐的智囊,爲滅吳而大展身手的范蠡相仿佛。另外,《史記‧索隱》中有:

> 大顔曰:"若盛酒者鴟夷也,用之則多所容納,不用則可卷

---

① 《管子‧小匡》和《國語‧齊語》內容也大致相同。不過,有觀點認爲《小匡》是繼承了《國語‧齊語》並加以修飾潤色而成的。參見金谷治《〈管子〉研究》13頁。

而懷之,不忤於物也。"案:《韓子》云"鴟夷子皮事田成子,成子去齊之燕,子皮乃從之"也。蓋范蠡也。

亦將《説林上》的傳説中出現的鴟夷子皮看作是范蠡。關於作爲田常的智囊曾很活躍的鴟夷子皮的傳記還不止於此,在《墨子·非儒》中有:

> 孔某乃恚,怒於景公與晏子,乃樹鴟夷子皮於田常之門,告南郭惠子以所欲爲,歸於魯。有傾,間齊將伐魯,告子貢曰:"賜乎!舉大事於今之時矣!"乃遣子貢之齊,因南郭惠子以見田常,勸之伐吳,以教高、國、鮑、晏,使毋得害田常之亂,勸越伐吳。三年之内,齊吳破國之難。

在此登場的鴟夷子皮、田常和孔子、子貢幾乎是同時代的人物,這樣看來,雖無不自然之處,但如果考慮到吳被越滅是公元前472年,大概已是孔子去世後七年,此處的内容則恐怕仍屬虛構。儘管如此,這則傳説,鴟夷子皮和田常的登場,無疑是以鴟夷子皮在越國滅掉吳國,在齊地幫助田氏奪權爲基本素材而構想出來的。倘若如此,就是説:這裏的鴟夷子皮亦即范蠡,他的智慧在齊地也得到發揮,引導了田常篡權的成功。

在《淮南子·氾論》中有:

> 昔者,齊簡公釋其國家之柄,而專任大臣將相,攝威擅勢,私門成黨,而公道不行,故使陳成田常、鴟夷子皮得成其難。使吕氏絶祀而陳氏有國者,此柔懦所生也。

這則緣起於鴟夷子皮和田常的傳説,也講訴了由於兩人的緣故,致使吕氏即吕太公以來傳承已久的姜齊滅亡,而成爲田氏之齊的故事。

另外,《説苑·指武》中有:

田成子常與宰我爭，宰我夜伏卒將以攻田成子，令於卒中曰："不見旌節毋起。"鴟夷子皮聞之，告田成子。田成子因爲旌節以起宰我之卒以攻之，遂殘之也。

雖然此内容極其簡單，不知其詳情如何，但是，似乎强調的仍然是鴟夷子皮在田常與宰我的爭鬥中，扮演了引領田常轉敗爲勝的重要角色。

雖然我們很難了解這些傳説在多大程度上反映了史實，至少，它們都無一例外地記載了鴟夷子皮這一人物作爲田常的智囊而活躍的情形。由此可見：田常得到了鴟夷子皮的幫助篡奪了齊的實權，奠定了田齊政權的基礎這一傳説，在當時一定是廣爲流傳的。

就此，如果我們參照上述傳説，並將范蠡赴齊的記載一並考慮的話，則可以認爲：范蠡離越赴齊之後，改名爲鴟夷子皮，出仕於田常門下之事，應發生於公元前 470 年前後——因爲吳國被越國所滅是在公元前 472 年。田常大約是在距此十年之前，即公元前 481 年，弑其君姜齊簡公，另立傀儡齊平公，而自己則作爲其宰相恣意操縱齊之實權的。不過，田和正式成爲諸侯是在公元前 386 年，所以，到田氏名副其實地成爲齊侯，還必須等上大約一百年，而這一百年間正是田氏將自己的政權正統化的一段時間。田常對於國内的民衆一面施行大借出而小收回之策，以收買民心；一面將世家貴族逐個鏟除，最終將安平以東至琅琊一帶的土地納爲自己的封邑，結果就擁有了比齊平公的食邑更爲廣大的地盤（參照《史記・田敬仲完世家》）。就是説，當范蠡赴齊之際，恰與田常在齊國不斷掌握實權的時期相重合。另外，勾踐移至琅琊，忙於建造可以眺望東海的宫殿的時期，與田氏的勢力已擴大到緊逼其邊境的時期也相重合。

結語

　　如上所考,戰國中期以降,以取材於《越語下》中的范蠡言論爲基本素材,並對當時一體化地統合了政事和軍事,在思想上漸趨完成的黃老思想進行了再構建的,正是《勢》。因而,在本篇中,不僅將姜齊權利的弱化和取而代之田齊統治作爲必然(＝天),將田氏對姜齊的篡奪視爲契合時宜的行爲(＝人)加以正當化,而且,對意欲打破其後戰國七雄的對立,實現統一天下的田齊的野心,也承擔了思想上的支持。從這個意義上而言,黃老思想也具有體現戰國後期流行的"大一統"思想的一面①。換言之,《勢》中所見的黃老思想,乃是在戰國後半時期,爲賦予田氏對齊的篡奪以正統性,在齊地的稷下學宮展開的政治思想、軍事外交思想、法家思想,同時也是對"一統天下"進行原理性探究的一種思想。

---

　　①　黃老思想本是厭倦了戰國末至漢初的法家嚴酷治世的人們所熱望的"無爲靜清之治"的思想淵源,並於漢初大爲流行。在迄今爲止的這種理解之上,又加以馬王堆帛書的出現,黃老思想早在戰國時代既已形成之事得以確認。這一結果的意義非常重大。

稷下"道法"思想的形成過程

——《管子》中的秩序與和諧

序

毋庸贅言,所謂"法"乃是爲建立、維持國家秩序而發揮作用的規範體系。與之發揮同樣功能的,就是起源於古代宗族社會的禮規範。很顯然,禮與法所指向的都是國家秩序。

但是,可以想象,禮規範不僅要維繫國家秩序,同時還必須給社會帶來和諧。所謂"有子曰:禮之用,和爲貴"(《論語·學而》)即是此意。究其緣由,或許是出於秩序要永久存續就必須首先實現和諧的想法。至於這一想法的由來,將於後文中加以論述。

雖然有子[①]已經作了上述的闡釋,但歸根結底,"禮"的根本內

[①] 此外,有子在《論語》中的言論,《學而》篇中2例,《顏淵》篇中1例,共有4例。又,《史記·仲尼弟子列傳》中:有若少孔子四十三歲。有若曰:"禮之用,和爲貴,先王之道斯爲美。小大由之,有所不行;知和而和,不以禮節之,亦不可行也。""信近於義,言可復也;恭近於禮,遠恥辱也;因不失其親,亦可宗也。"孔子既没,弟子思慕,有若狀似孔子,弟子相與共立爲師,師之如夫子時也。他日,弟子進問曰:"昔夫子當行,使弟子持雨具,已而果雨。弟子問曰:'夫子何以知之?'夫子曰:'《詩》不云乎?月離于畢,俾滂沱矣。昨暮月不宿畢乎?'他日,月宿畢,竟不雨。商瞿年長無子,其母爲取室。(轉下頁)

涵仍然只是國家秩序,而絕非其他,這一點由繼之的下文"知和而和,不以禮節之,亦不可行也"中亦可看出。"節"在此處可以理解爲規矩、秩序。

於是,與"禮"秩序的建立和維持相並列,"樂"就是要達到和諧必不可缺的另一項了。時代略晚的《荀子》中的"樂也者,和之不可變者也;禮也者,理之不可易者也。樂合同,禮別異"(《樂論》)之論,即是此意。另外,"審節而不知,不成禮;和而不發,不成樂……"(《大略》)一節,也旨在表明只有禮樂相輔,秩序與和諧纔能確立。再則,《史記·樂書》中有"禮節民心,樂和民聲,政以行之,刑以防之"、"大樂與天地同和,大禮與天地同節"、"樂者,天地之和也;禮者,天地之序也"等等,都進一步明確了這種"禮＝秩序,樂＝和諧"的思想。

如果説儒家認爲禮樂相伴就可實現維繫秩序所必須的和諧,那麼,法家的觀點又是什麼呢?

法,一直以來,都只是以秩序的建立和維持爲目的而發揮着作用。法必須以背後的權力所具有的強制性爲支撐。由此亦可以想見,法家必須直面法的思想本身所帶有的局限性,即:倘若只是以這種法爲最高原理來奉行,即便可以期待秩序的構建完成,也難以實現應有的永久安定的和諧狀態。就是說,其缺少的決定性的東西,正是和諧這一理念。所以,對於法家來說,也就有必要論證如何克服這一問題,使法在實現秩序的同時還能實現和諧。可以看出:他們試圖在探尋法的淵源的過程中,找到了答案。

何以見得呢? 因爲對於古人來說,天地萬物能够同步且完美地達成自然的秩序與和諧,乃是他們所持有的共識。即或是法家,

(接上頁)孔子使之齊,瞿母請之。孔子曰:'無憂,瞿年四十後當有五丈夫子。'已而果然。敢問夫子何以知此?"有若默然無以應。弟子起曰:"有子避之,此非子之座也!"《史記·仲尼弟子列傳》中有頗爲詳細的記載。有子,還因其容貌亦與孔子相像,故孔子没後一段時間,他也受到弟子們的愛戴。

對於無視這種作爲自然的理法而存在的秩序與和諧的觀念,僅僅着眼於人世間的秩序的思想,也是有所反省的。因爲將貫穿於自然界的理法與人世間應有的理法作類比性的把握,實乃中國思想中尤爲普遍的通則。儒家將"禮"和"樂"相對應,確立了秩序與和諧這兩個觀念,法家也有必要像儒家一樣,通過提出與法相對應的概念,指出能夠在秩序中實現和諧的方向——這就是"道"。

毫不誇張地說,以道家的觀點來看,没有比賦予天地萬物以秩序的同時,還賦予了它們和諧的終極存在"道",更爲適合的做法了。唯其如此,依法而建的秩序與由"道"而來的和諧之間的相互關係方得以建立。然而,問題是"道"與"樂"不同,"道"乃是極其抽象的概念,很難使其直接與"禮"並立,以作爲帶來和諧的手段——因爲它不具備"樂"那樣的明確的實體。但是,法的根源可以求之於"道",也就引發出法在實現秩序的同時也必然能夠實現和諧的這種思想。一種將"道"與"法"聯繫起來加以闡釋的,所謂道法思想就此出現了。並且,由此而發展起來的思想則被稱爲黃老思想或黃老道家了。迄今爲止,因爲與黃老思想相關的資料有限,故而很難得到對此的充分解釋,但隨着近年新出土資料的發現,其具體內容逐漸明了,人們發現:實際上,傳世文獻中也含有可以稱之爲黃老思想的內容,尤其是《管子》中的道家要素,很多都可以看作是黃老思想。

本文將基於上述思考,對《管子》誕生地齊地的道法思想的形成過程試作考察。

一、和諧與秩序的內涵

本文將對和諧與秩序兩個概念加以考察。首先將確認其一般含義,以及兩個詞條在中國思想史上的特殊內涵。

1. 一般含義

和諧一詞原本是如何定義的呢？我們首先有必要對此加以確認。據筆者最常用的《日本大百科全書》的解釋，即：

> 原本各自獨立的要素構成統一的整體……"萬物因和諧而形成"是畢達哥拉斯學派的教義；這種思辨中最爲顯著，以至流傳至近代的，就是天體和諧論。……誠如柏拉圖的《高廬基亞》中所説，在藝術、技術等領域中，和諧的概念與秩序和適合的概念一樣，都是極其重要的……

由此可見和諧在西方，從古希臘時代就與秩序同樣，作爲重要概念被置於哲學思想的關鍵地位。

平凡社的《哲學事典》對英文 harmony 的日語音譯的解釋與上述大致相同：

> 詞意爲和諧、一致。二個以上性質分別不同的獨立部分，形成一個整體的統一，而且其中具備美的均衡。從主觀來看，恰如音樂的和聲一樣，是一種感受性的、内涵相互調和的情感；從客觀來説，乃是美學形式原理之一；從歷史來看，和諧的思想可作爲宇宙、自然的調和來把握……

由此可知，和諧是指在多樣的事物中形成整體的統一，相當於音樂的和聲。另外，自古以來，人們也是以和諧的觀念來把握宇宙和自然的。

再有，《價值學大辭典》對於和諧（與調和同意）的解釋如下：

> 哲學美學概念、一般意義的和諧指事物和現象的各個方面的配合協調多樣性的有機統一。……他們又進一步把這種和諧現象加以擴大到全宇宙，認爲和諧無處不在，這種和諧是絶對的，稱爲"宇宙秩序"。……中國古代……老莊美學的最

高審美理想"與天地並生、與萬物齊一"是強調個體生命與宇宙生命的協調統一。……

與上述辭書的定義大致相同。不過,值得注意的是,在這裏"和諧"被看作是老莊思想的一個特徵。

根據上述的定義,可將"和諧"的內涵梳理爲以下四點:

(1) 多樣性的事物或現象形成整體的統一,進而產生一種安定的、美的均衡狀態。

(2) 宇宙和自然等也被認爲其自身即是協調而統一的存在。

(3) 在中國思想中,尤其是老莊思想,對此特別強調。

(4) 和諧與秩序的概念是不可分割的。

關於秩序的概念,上引《日本大百科全書》的解釋爲:

> 始終支配着自然、社會的原理、法則,統一宇宙所包含的多樣性的原理。早期希臘哲學認爲:與人類的理性屬同樣性質的秩序,同時也支配着自然和社會。……所以,探究宇宙之理法(邏各斯)的學問宇宙論,同時也就是探究支配國家之法(諾莫斯)和人類精神之原理的學問。……

就是說:所謂秩序,乃是始終存在於宇宙、自然、人類社會等內部的,支配性的原理、法則;宇宙之理法(邏各斯)可以直接成爲國家之法(諾莫斯)。

《哲學事典》的同條解釋仍然大致相同:

> ……一般是指形成一個統一體的多項事物間的規則性關係。早期希臘哲學認爲:所有的領域都是由同一的世界秩序來支配的……提到"自然秩序"時,雖然是指可以在自然現象中得以確認的諸法則的整體,但它與中世以來的神的支配中的秩序(宇宙)相關聯。所謂"社會秩序",則是指社會成員必

須服從的諸規則,或指各成員服從於諸規則而形成的安定的狀態。所謂"道德秩序",特別是指有別於自然秩序的情況下的、規範法則的總體。……

在這裏,秩序與和諧同樣,指自然、社會處於安定的狀態,同時也指出實現這一狀態只能依賴法規、制度。

《價值學大詞典》在"社會秩序"一條中解釋道:

社會秩序指社會共同體在運行過程中,其内部各方面或社會活動和社會關係各方面相對順序、平衡、穩定、和諧的發展狀況,也即社會系統及各個系統、要素等相互之間聯繫和過渡、効能、整合的一種社會狀況。……

據上述解釋,"秩序"一詞的含義可整理爲以下三點:
(1) 支配自然、社會的法則或原理。
(2) 將多樣性的事物統一爲一體的原理。
(3) 具體地説,宇宙之理法、國家之法相當於此。

可見"和諧"與"秩序"絶不是對立的,但又不是相同的,而是極其相近的概念。通過對兩者間差異的檢視和深入的分析,可以詳細地釐清其各自的思想特質。

2. 中國思想史上的内涵

鑑於上述分析,重新考察一下中國思想史,則可知,正如序言中已提及的那樣,關於秩序與和諧,中國古人是在對兩者的不同有意加以區分的基礎上,再進行詮釋的。即:最爲極端地體現其中秩序觀的,是儒家的"禮"的思想,是法家的"法"的思想;而對和諧觀最爲強調的,則是道家的"道"的思想。

"禮"就是人世間的秩序意識的具象化,而能夠使"禮"更加完善的,則無疑是"法"這一體系的作用。因爲一般認爲:沒有秩序的人世無異於禽獸的世界,人之所以爲人,恰恰在於其能夠在秩序當中生活和行動。孔子之所以對季氏的"八佾舞於庭"無限憤慨，斥責其爲"夷狄之有君，不如諸夏之亡也"(《論語·八佾》)，又在對桓公的霸業大加批判的同時，稱"微管仲，吾其披髮左衽矣"，對其守護了中華的秩序"禮"這一點給予褒揚，都不外乎反映了他的這種基於"禮"的秩序意識。同樣，在君臣、父子、夫婦、兄弟等人類關係中所要求的所謂"序"，也只是爲了以秩序規範這個世界。

應該注意到，這種基於"禮"的秩序具有可以垂直地把握的性質。因爲所謂的"禮"，其主要思想就是爲了回避或者抑制住人類社會可能出現的對立和混亂，而將構成社會的人們差別化、序列化，並以此來實現人類社會整體的統一和安定。這就要求"法"的體系也必須能够發揮其支撐這一垂直體系的功能——這是無須一再重申的。

也因此，無論是一味強調"禮"的儒家，抑或是乍看與儒家尖銳對立、力挺"法"的法家，可以說有一點是共通的，即：他們都是一面將特別重視秩序這一中國式思維的特色發揮得淋漓盡致，一面形成了各自的思想。

與上面兩者相較，道家則認爲這樣的禮或法，只是通行於人世間的規範，是一種與自然界的秩序相脫離的、人爲的秩序，故對此加以否定。雖然道家也沒有拋棄秩序這一觀念，但是却認爲：自然世界的秩序與其說是垂直性的，不如說是水平性的。就是說，世界無須來自外部的強制力的作用，衆多的事物彼此即可依靠自身的補足和完善作用，自然而然地形成作爲一個整體的均衡。因而，較之秩序，毋寧稱之爲和諧，與其性質更爲相符。可以說，《老子》中所謂無爲自然之道，正是對這種在天地萬物、森羅萬象的内部可以看到的和諧，進行的原理性的論述。例如"混而爲一"(第十四章)、"夫物云云，各歸其根"(第十六章)、"天地相合，以降甘露"(第三十二章)、"萬物將自化"(第三十七章)、"道之尊，德之貴，夫莫之命常自然"(第五十一章)等等，雖然不是全部直接論說和諧這一主題的,但是都强調了"道"的偉大作用,就在於其能够達成自然而然的和諧。

另外,所謂"大道廢,有仁義。慧智出,有大僞。六親不和,有孝慈。國家昏亂,有忠臣"(第十八章)、"故失道而後德,失德而後仁,失仁而後義,失義而後禮。夫禮者,忠信之薄,而亂之首"(三十八章)等,也都是批判人爲的、他律性的禮秩序反而破壞了人類世界原有的和諧。道家對於"法"的認識亦是如此,例如"法令滋彰,盜賊多有"(第五十七章),就是指責"法"未必一定帶來秩序;"其政察察,其民缺缺"(第五十八章)則是批判只重秩序的政治反而導致了民衆不滿。可見老子所歎息的,恰是極端的人爲的秩序反而導致了自然和諧的消失。

由以上得以確認:道家的思想最爲重視和諧,儒家和法家的思想則更重視秩序。下面將以此爲前提,探討在《管子》中這種秩序與和諧的觀念是如何體現的①。

---

① 《論語》中著名的語錄有"君子和而不同,小人同而不和",對"和"(和諧)與"同"(同化)的差異進行了更爲詳細的論説。《晏子春秋·諫上》第十八章有以下一節:

晏子曰:"此所謂同也。所謂和者,君臣則臣酸,君淡則臣鹹。今據也甘君亦甘,所謂同也,安得爲和!"在此,就君臣間的和諧,晏子認爲:臣下同化君主是不可以的,在突出他們之間的差異的同時實現和諧,纔是其意義所在,並將此比擬爲五味的和諧。這在考察和諧的問題上,給出了一個饒有興味的提示。

另外,在《左傳·昭公二十年》條中,還有更爲詳細的內容如下:

公曰:"唯據與我和夫。"晏子對曰:"據亦同也,焉得爲和。"公曰:"和異同異乎?"對曰:"異。和如羹焉。水火醯醢鹽梅,以烹魚肉,燀之以薪,宰夫和之,齊之以味,濟其不及,以洩其過。君子食之,以平其心。君臣亦然。君所謂可而有否焉,臣獻其否,以成其可;君所謂否而有可焉,臣獻其可,以去其否。是以政平而不干,民無爭心。故詩曰:'亦有和羹,既戒既平。鬷假無言,時靡有爭。'先王之濟五味,和五香也,以平其心,成其政也。聲亦如味。一氣,二體,三類,四物,五聲,六律,七音,八風,九歌,以相成也。清濁,小大,短長,疾徐,哀樂,剛柔,遲速,高下,出入,周疏,以相濟也。君子聽之,以平其心,心平德和。故詩曰:'德音不瑕。'今據不然。君所謂可,據亦曰可;君所謂否,據亦曰否。若以水濟水,誰能食之。若琴瑟之專壹,誰能聽之。同之不可也如是。"

二、《管子》的特點

　　先輩的研究已解明：《管子》乃是齊之稷下學派中管仲學派的學術思想之集大成。其中不僅多含有道家思想，而且，還展開了與之密切相關的法家思想的論述。《漢志》將其分類爲道家，而《隋志》以降的書目類則將其歸入法家，都很典型地說明了這部文獻的特點。

　　近年來，有胡家聰先生指出：《管子》對於了解齊國田氏在篡奪姜氏政權之後，爲富國强兵，以稷下學宮爲思想界的據點實行的齊國變法的過程，實乃珍貴的歷史文獻①。

　　作爲《管子》的思想特色，若列舉其因民思想和天人論兩點，應是沒有異議的。因爲以其《經》篇中的《牧民》《形勢》兩篇爲核心，這些思想隨處可見②。

　　這種因民思想，並非是説君主按照一定的"禮""法"，對其民衆進行秩序的定位，而應該是出於對君主與民衆相互依存之事實的認識。這其中似乎已然藴含了和諧的原理。究其原因，則如上所述，因爲和諧是指不同的要素處於相互補足、完善的關係之中，並由此而帶來的某種安定而均衡的狀態。

　　據《史記·齊世家》記載，齊地的這種因民思想最早可以上溯至開國之祖太公望呂尚。太公望初到封國齊地時，首先遵從了當地的風俗，"因民"即此之謂，意思是遵從人們求利之本性以施行統治。當然，非但民衆追求利益，爲政者亦然。利民則自利，這種思想在齊地原已有之。與力圖教化民衆，使其遵守周朝式的禮秩

---

① 參見《管子新探》(中國社會科學出版社，1995年)。
② 參見拙稿《管子解考——形勢解を中心に》(《日本女子大學紀要·文學部》第44號，1995年)。

序的魯國不同,齊一開始就很重視與那里的民衆的和諧。據説這種做法使齊地的君民之間没有産生不必要的摩擦和緊張,並自然而然地形成了社會秩序,結果是支撑了齊的快速發展①。

現在來看天人論。天人論的特色就在於:它一切都力圖依據天地自然的法則進行類推或演繹,以找出人世間的規則。不必贅述,這種思想不僅見於《管子》中,而且也是廣泛存在於中國思想中的一大特色。

這種思想除《經》篇以外,還可在戰國後期黄老道家作品即所謂四篇(《心術上》《心術下》《白心》《内業》),以及《宙合》《樞言》《水地》《正》《勢》《九守》等各篇中看到②。

另外,也有專論法家思想的篇目。胡氏認爲這些内容是齊法家之變法思想的具體成果,並具體列舉出《權脩》《法禁》《重令》《法法》《霸言》《地圖》《制分》《明法》《正世》等諸篇。

在《管子》中,經濟學説也成爲其不可忽視的重要内容。不過,《管子》無疑是道家思想和法家思想混在的文獻。那麽,以和諧觀爲基礎的道家思想與以秩序觀爲基礎的法家思想之間存在怎樣的關係? 另外,原本以秩序爲目標的法家思想與重視和諧的道家思想,又是如何做到折中的? 這些問題就是下面筆者試圖探討的問題。

三、《管子》中的和諧觀

1. 關於"和"的用法

首先,筆者將以"和"的用例爲中心,分析本文所説的和諧的概

---

① 參見拙論《漢代思想史に現れた齊魯觀》(《東方學》第 73 輯,1987 年)。
② 參照胡家聰《管子新探》88 頁。又,關於此處,筆者持有不同見解。參照拙論《〈管子・經解〉考》。

念在《管子》中是以怎樣的語言被表述的。

《管子》中"和"的用例共有 92 例。其中,屬於衍文須刪除的用例在《君臣下》篇中爲 1 例,因同文重複須刪除的在《幼官圖》篇中有 8 例,減去這 9 例,還剩 83 例。這些用例,按其語義可大略分爲下面五種①:

(1) 人世間(君臣上下等)的和諧②。
(2) 自然界(天地萬物等)的和諧③。
(3) 陰陽、五行的和諧④。
(4) 人的肉體以及精神的和諧⑤。
(5) 其他⑥。

其中,(1)類與秩序觀的關係尤爲重要,是自不待言的;而(2)類與(1)又相互關聯。另外,(2)類的和諧又涵蓋了(1)類和諧的完成,這就是天人相關思想。此外,(3)類中亦有可以囊括(2)類的用例。

2. 所謂四篇

先由被稱爲道家代表作的《心術上》《心術下》《白心》《内業》各篇看起。

首先,在《心術上》的篇首有:

> 心之在體,君之位也。九竅之有職,官之分也。心處其

---

① 《輕重》諸篇均不見"和"字的用例。對於思考《輕重》諸篇的成立,是很有啓示的。
② 例"畜之以道則民和,養之以德則民合。和合故能諧,諧故能輯,諧輯以悉,莫之能傷……"(《兵法》)。
③ 例如"天地和調,日有長久"(《度地》)。
④ 例"春政……夏政……秋政……冬政……四者俱犯則陰陽不和,風雨不時……"(《七臣七主》)、"夫五音不同聲而能調……五味不同物而能和……"(《宙合》)等。
⑤ 例"能去憂樂喜怒欲利,心乃反濟。彼心之情,利安以寧,勿煩勿亂,和乃自成……"(《内業》)。
⑥ 例"濟於舟者和於水矣。義於人者祥其神矣"(《白心》)。

道,九竅循理。……故曰:上離其道,下失其事。

這是把君臣關係比擬爲心臟與受其統括的諸器官之間的關係,認爲君主(心臟)能守"道",臣子(諸感受器官)則不會脱離其職分、規範,從而保持住秩序。"道"就是如此,具有以"虚無無形"之狀態化育萬物的德行。在此所强調的是:"義""禮""法"等給人世間帶來秩序的諸規範,也都是以此"大道"爲根據的,因而,如"禮"乃是"因人之情,緣義之理,而爲之節文者也",是不能與人的自然之情相矛盾的。"法"亦如此。作爲"同出不得不然者","法"與"禮"同樣,被看作是源於"道"的普遍規範,而不是人爲的規範。"法者所以同出不得不然者也。故殺僇禁誅以一之也。故事督乎法,法出乎權,權出乎道"之論,即明確了這一點。它們都是"必須依據"的規範,是"非吾所設"的規範,最終,因其與虚静的"天之道""地之道"在根本處相通,因而得以成爲秩序與和諧兼備之"法"。此處所説的"天之道""地之道"是以"和"的觀念爲其内核的,是被漢代道家思想的典型著作《淮南子》所反復强調的①。即或如此,本篇中竟也不見一處"和"的用例。

《心術下》中,聖人被認爲是如天地般無私的人。唯其無私,纔能提出:爲了國家安定,君主之心的安定則必不可少;人只有"正静"纔能筋骨强壯;不失"正静",則可日新其德;民之生必須依靠"正平";得"内静"則可得"安心"等等。

循此脈絡追踪下去,則可發現其謀求於人世間的,與其説是尊卑上下的嚴格秩序,毋寧説是君臣彼此間的安定和諧。不過,"和"的用例還是只字不見。

現在來看《白心》。《白心》中有明確的"和"的用例。如"和則

---

① 例"含陰吐陽而萬物和同者,德也"(《俶真》),"此皆得清浄之道,太浩之和也"(《覽冥》),"……陰陽不及和,和不及道"(《道應》)等。

能久",旨在表明首先實現了"和",政治纔能長久地穩定。天與聖人所行乃同,皆能給萬物、百姓以利,使"萬物均,百姓平"①。於是,與"名""法"等秩序相關的規範也得以完備,即《白心》中所謂"聖人之治也,静身以待之,物至而名自治之。正名自治之……名正法備,則聖人無事"。因而,知"道"者方能"和以反中,形性相葆,一以無貳","道"亦即使和諧與秩序同時得以實現的、終極的存在。可見,本篇中"和"的含義相當於分類中的(1)。

最後來看《内業》。在這篇中所展開的議論,主要是關於精神的所處狀態。例如"彼心之情利安以寧,勿煩勿亂,和乃自生",所説的就是以"安寧"的狀態實現"心",即精神的和諧;再如"凡人之生也,天出其精,地出其形,合此以爲人。和乃生,不和不生,察和之道……",認爲人的身體之生也是出於天地和合,若天地不和,即没有和諧,人亦無法誕生。因此,無論精神抑或是肉體,若想追求其完滿,則要深察和諧之道。這種追求精神與肉體的和諧的思想,在《淮南子》中也很顯著,據此完全可以一窺其道家特色。本篇中"和"的含義相當於分類中的(2)以及(4)。

由上述可知此四篇認爲:對於心、身體、國家來説,當貫穿於天、地、人的理法"道"能夠有效地發揮作用時,其帶來的就是完美的和諧與秩序。然而,特別值得注意的是,雖然和諧得到了强調,但是,對秩序卻並没作更多的説教。此外,四篇之中,以"和"一詞陳説和諧的篇章僅占其半數。

3. 黄老道家的其他諸篇

與黄老道家關係密切的篇章,據考還有《形勢》《宙合》《樞言》《四時》《水地》《勢》《正》《九守》諸篇②。本節將對此加以探討。

---

① 原文爲"萬物均,既誇衆",按郭沫若説改。
② 參照前引胡家聰《管子新探》88頁。

《形勢》篇中"和"的用例如下:

上下不和,令乃不行。

失天之度,雖滿必涸;上下不和,雖安必危。

雖僅此兩例,卻都是論說上下之"和"的重要性的。尤其是前者,論述了"和"之於法令取得實際效果是必不可少的,這一點尤爲重要。因爲這一點可以理解爲:即使是通過"法"來實現秩序,和諧也是其必要的前提條件。此處"和"的含義可與分類中的(1)相當。

下面是《宙合》的內容:

夫五音不同聲而能調,此言君之所出令無妄也,而無所不順,順而令行政成。五味不同物而能和,此言臣之所任力無妄也,而無所不得,得而力務財多。

夫天地一險一易,若鼓之有楟,撞擋則擊。

言苟有唱之,必有和之。和之不差,因以盡天道。

前者說:正因五音五味之相互不同,纔能實現完美的和諧。君民、君臣之關係,亦恰如五音五味一樣,必須要達到和諧。後者則一如前節所論述的那樣,將天地之道作爲帶來和諧的終極存在,人亦應效仿之,追求"和"的狀態。因此,本篇的"和"相當於分類中的(1)和(2)。

就筆者所見,《樞言》根本沒有言及和諧。相反,"有名則治,無名則亂,治者以其名"一節,卻是着眼於"名"在維護秩序上的功能的議論。再有,"人故相憎也。人心之悍,故爲之法。法出于禮,禮出于治。治、禮,道也。萬物待治、禮而後定"一節,也認爲:人在自然狀態下,因好爭而易於陷入無秩序狀態,故而只能寄希望於禮、法發揮維護秩序的功能。"名正則治,名倚則亂,無名則死,故先王貴名"之論,亦可作同樣的解釋。如此以觀,可知《樞言》是不能與上述已考諸篇相提並論的。另外,由上述內容亦可知:本篇中沒有"和"的用例並不奇怪。

《水地》對於水的神秘性質進行了論述,以下内容尤其值得注意。首先,"水"被看作是"準者",即"五量之宗",就是說"水"本身就是秩序的基準。另外,認爲"水"是"素者",即屬"五色之質";更爲"淡者",居"五味之中"。所以,"水"遍布天地之間,承擔着賦予五色五味以秩序與和諧的作用。至於"水者何也? 萬物之本源也,諸生之宗室也"之歎,則將"水"與"道"等同,認爲"水"纔是給萬物帶來秩序與和諧的本源性實體。最後,以"是以聖人之治世也,不人告也,不户説也,其樞在水"之句總其所論,闡明治世之要訣在於"水"中。可見其與《老子》的水之論相仿佛。然而,仍然沒有"和"的用例。

《四時》中"和"的用例較多,共有 7 例,但都不是從與秩序關係的層面上來論説和諧的,"其德和平用均,中正無私,實輔四時……此謂歲德"、"日掌陽,月掌陰,星掌和,陽爲德,陰爲刑,和爲事。……彗星見,則失和之國惡之……彗星見,則脩和"、"日掌賞,賞爲暑;歲掌和,和爲雨……"等等,其特色在於:主張自然界與人類社會是相關的,因而,人類社會和諧與否,是可由自然界的現象推而知之的。在此,"和"的含義當屬分類中的(1)。

《正》中有特别應當引起注意的議論,即圍繞刑、政、法、德、道這五個概念,展開的有關政治之應有狀態的論述。其中,刑、政、法是以維護極其嚴格的秩序爲宗旨的,恰如"罪人當名曰刑,出令當時曰政,當故不改曰法"所明言的;所謂德、道,則如"愛民無私曰德,會民所聚曰道"所示,與前三者性質大爲不同。作者在對德、道進一步的論述當中,闡述了和諧的觀念,即:

致德其民,和平以靜。致道其民,付而不爭。

能服信乎？中和慎敬,能日新乎？正衡一靜,能守慎乎？

此處的"和"應屬分類中的(1)。

《勢》《九守》諸篇中沒有與本文的論題相關的內容。

經由上述的考察,在被視爲黃老道家之作的八篇中,可以找到的"和"的用例,僅止於其半數,這與上一節的情況相同。只是,除"和"的用例有無之外,在此,我們還可以確認到和諧與秩序同樣,內涵是足夠豐厚的。

以《管子》中的法家思想爲主題的諸篇對此有所言及,接下來的一節,將就這一點試作探討。

4. 論及齊法家學說的諸篇

(1)《正世》《法禁》《重令》《任法》諸篇

胡家聰先生認爲《管子》的法家學說中,"專論法理"的篇目有《法禁》《重令》《法法》《任法》《明法》《正世》諸篇[1]。檢視這些篇章的內容,可以明白：它們的主旨均在於堅實地確立君權,故力主只有法纔是確立君臣抑或君民、上下貴賤之秩序的最有效手段。因而,在此可以看到非常強烈的秩序觀念,和諧的觀念則較爲淡薄。

不過,《正世》篇中的如下議論值得注意：

古之欲正世調天下者,必先觀國政,料事物,察民俗,本治亂之所生,知得失之所在,然後從事。故法可立而治可行。夫萬民不和,國家不安,失非在上,則過在下。

這段主旨在於專論治亂得失,故不能否定其和諧觀念的淡薄,但,如"正世調天下"所表明的那樣,其問題指向顯然同時包含了秩序與和諧。因而,"和"的含義當屬分類中的(1)。

---

[1] 參照前引胡家聰《管子新探》46頁。

那麼,《法禁》又如何呢?

> 聖王之治人也,不貴其人博學也,欲其人和同以聽令也。
> 脩上下之交,以和親於民,故莫敢超等逾官。

不必贅論,以上皆可解釋爲:在君臣和諧的前提下,方可保有秩序。而且我們也能留意到,這是與前引《形勢》篇的用例內容相通的。故"和"應屬分類中的(1)。

《重令》的論述如下:

> 大臣不和,臣下不順,上令不行。

僅依此句固然不易理解,但可以感到其力圖表明的,似乎是君臣和諧纔能使君主下達的法令得以實行。因而,此處的"和"亦當歸入分類中的(1)。

《任法》既是論説法家思想之作,亦是公認的黃老道家烙印最爲鮮明的一篇。但是,没有"和"的用例。取而代之的是對"一"的強調。也正是因此,本篇在考察和諧觀的具體內涵時,則具有非常重要的意義。

> 任大道而不任小物,然後身佚而天下治。
> 守道要,處佚樂……不思不慮,不憂不圖……垂拱而天下治。
> 人主有能用其道者,不事心不勞意不動力而土地自辟,囷倉自實,蓄積自多,甲兵自強。

這些句子,都是説君主能以"道"治國,無爲而天下自治,明顯與老子的思想相通。再者,"黃帝之治也,置法而不變,使民安其法者也。……此先聖之所以一民者也"所説的,仍是古之聖帝黃帝之治世,能使民安於法令,並統帥萬民爲"一"。具備這種偉大功能的、一成不變的"法",正是"道"的具象化,因而,"法"被稱爲"天下之至道",而法治被比擬爲"天地之無私"。顯而易見,此處所主張的就是:依靠"道"的具象化"法",便可同時實現秩序與和諧。在這一點上,所謂"一",乃是與"和"極爲相近的概念。

在本節得以明確的是:上述諸篇都在論說法家思想的同時,不僅強調了秩序,而且,無論"和"這一詞語的有無,也都強調了和諧的意義。

(2)《五輔》《君臣上》《君臣下》《七臣七主》各篇

仍然是胡先生認爲"可以看出相關的法理",故而列出了如下篇目:《五輔》《八觀》《治國》《禁藏》《君臣上》《君臣下》《七臣七主》《管子解》等。其中,《八觀》《治國》以及《管子解》中的《立政九敗解》《版法解》《明法解》各篇沒有"和"的用例;《禁藏》中雖然出現三次"和"字,但並非與秩序觀有特別關聯的議論,不列入本文考查範圍內;再者,《管子解》中的《形勢解》有"和"的用例,但都是基於《形勢》篇所論述的"和",所以,此處不再重複。

結果是:在此成爲考察對象的,共有《五輔》《君臣上》《君臣下》《七臣七主》四篇。另外,《君臣上》篇中,雖沒有"和"的用例,但卻闡明了和諧這一觀念,因而不能排除在外。

首先來看《五輔》。此篇在明言"得人之道,莫如利之"之後,提出如果"財用足而飲食薪菜饒",則"上必寬裕而有解舍,下必聽從而不疾怨,上下和同而有禮義",也就能夠君臨一個國内安定而對外強大的國家。即:國家若要確立秩序並維繫安定,就必須富裕;同時還可以看出其觀點在於,與其依靠法令確立秩序,並使人們絕對服從,莫若人們自動地被帶入秩序中,並因而實現和諧。所謂"和協輯睦,以備寇戎",防備外患必先實現國内和諧的觀點,也是與之相類似的思想。

再有:

夫民必知義然後中正,中正然後和調,和調乃能處安,處安然後動威,動威乃可以勝戰而守固。

此段文字並非主張依靠信賞必罰來驅使國民參戰,而是期望如"夫民必知務然後心一,心一然後意專,心一而意專,然後功足觀也"所說,達到君民能夠一體,沒有任何矛盾和對立的狀態。"民必知權然後舉錯得,舉錯得則民和輯,民和輯則功名立",也是對民衆團結於君主之下的意義的強調。此處的"和"應屬分類中的(1)。

另外,本篇中"一"的概念與"和"的概念同時存在,這一點應給予關注。在下面的《君臣上》篇中,最爲強調的是"道"與"德"。例如:

道也者,上之所以導民也。是故道德出於君。
有道之君,正其德以莅民。
主身者,正德之本也。
道德定而民有軌矣。

以上是將法的意義與道德聯繫起來的議論,可謂是典型的黃老思想。再例如:

道法之所從來,是治本也。
有道之君者,善明設法。
君體法而立矣,君據法而出令。
道也者,萬物之要也。爲人君者執要而待之。
明君之重道法而輕其國也。故君一國者,其道君之也;王天下者,其道王之也。

這些也都是將道德與法聯繫在一起的論述。君主以道德治國,其結果就是使民心爲"一",或君民一體。即:

上下之分不同任,而復合爲一體。

> 先王之所以一民心也。
> 先王善與民爲一體。

這些也都旨在説明：以君主爲頂點，君民或君臣能確保秩序，那麼，上下也就能成爲一體，没有矛盾和對立而達到和諧。雖然本篇與《五輔》不同，没有一例"和"的用語，但其所議論的卻與之大致相通。

《君臣下》篇中可見3例"和"的用例，但在文脈上，並無特別的含義，應屬於分類中的(1)及(4)。

這種道家的和諧觀對《管子》的政治思想所産生的影響，在《七臣七主》中也可見到。即：

> 申主任勢守數以爲常，周聽近遠以續明，皆要審則法令固，賞罰必則下服度，不備待而得和，則民反素也。

所謂中主，在此是指最應受到褒獎的君主之最佳狀態。而最值得關注的觀點是：在"法"確立了秩序之後，由此必然産生和諧，進而使民衆返樸歸真。這種觀點，誠如尹注所説："以道德理世之君，至仁感物，德和自此而至，故人皆反於樸素"，可以説反映了道家的思想，不過，認爲嚴格的法的秩序中能産生和諧的論調，還難免牽強之感。

《君臣上》不使用"和"一詞，卻完美地論説了和諧的觀念。與之相對，《七臣七主》雖然使用"和"一詞論説和諧，但是，在與秩序的關係上，卻相當牽强。兩者間的這種背離應如何解釋呢？

5. 其他諸篇

本節將對尚未言及的諸篇中如何認識和諧的問題，略談一二。
首先應關注的是《幼官》：

> 畜之以道，養之以德。畜之以道則民和，養之以德則民

合。和合故能習,習故能偕,偕習以悉,莫之能傷也。

此段文字也是把和諧的問題與道德論聯繫起來論述的,可以明顯地看出其與黃老思想的關聯。此外,《兵法》中可以發現與此完全相同的一段內容。而《兵法》也被看作是黃老道家思想很濃厚的一篇①。然而,必須指出的是,此處所言及的並非《内業》所說的那種精神與肉體的和諧[分類(4)],其特色在於論述通過"道""德"進而達到國家社會的和諧[分類(1)]。另外,關於《幼官》和《兵法》的著述年代的先後順序,胡家聰認爲《幼官》是由《兵法》抄錄而成的②。

另有《七法》《兵法》《小匡》《霸言》《問》《四稱》《五行》《度地》等各篇,雖然也可見關於"和"的論述,但爲避免繁複,此不一一論及。它們大體上屬於分類中的(1)。

結語

據上述考察可知:《管子》中的和諧觀念,是以"和"一詞爲中心而展開,並與黃老思想有着思想上的聯繫的。另外,作爲大致的傾向,下述的事項亦得以明了:

(1) 在被稱爲黃老道家之作的諸文獻中,有"和"的用例的篇章與沒有此用例的篇章各占一半。由此可以推論:黃老道家在表述其思想特色上,"和"未必具有關鍵詞般的重要性。

(2) 與之相對,被稱爲齊法家之作的諸篇中,"和"的用例卻可以在大多數的篇章中看到。由此可見,對於齊法家來說,

---

① "明一者皇,察道者帝,通德者王"、"夫兵雖非備道至德也"、"始乎無端者道也,卒乎無窮者德也。道不可量,德不可數也"等,"道"與"德"並稱之處尤爲醒目。

② 參照前引胡家聰《管子新探》245頁。

與秩序的形成和維持相並列,君臣上下的和諧也是特別受到重視的。

(3) 在難以判定究竟是黃老道家抑或是齊法家的諸篇中,也可屢屢見到"和"的用例。由此可見,《管子》的一大特色,就在於它所論說的和諧非常廣泛,而且與這些學派無關。

鑑於上述情況,可進而推論如下:《管子》即管仲學派,以和諧爲思想指向的傾向原本就很強,因而,對於展開其法家思想來說,不僅是秩序,實現和諧也被與之相提並論,甚至更爲重視。很難說這一點是因受了道家的影響纔出現的。就是說,推崇"道"的思想、主張和諧觀的道家思想,對於這些管仲學派而言,是已經具備了吸納它的基礎的,所以,他們的法家思想中的秩序觀很容易與道家的和諧觀相結合。

換言之,這也鮮明地昭示出:齊法家與楚道家在齊地,即稷下學宫相遇,而且沒有很大摩擦就相互融合,於是,產生了所謂道法思想①。在具有濃厚的三晉法家之特色的《韓非子》中,據說是在黃老道家的影響之下著述而成的《解老》《喻老》兩篇,可以確定的"和"的用語,僅有如下的唯一一段,由此也可見上述推論不容置疑:

> 思慮静,故德不去;孔竅虛,則和氣日入,故曰:"重積德。"夫能令故德不去,新和氣日至者,蚤服者也。故曰:"蚤服是謂重積德。"積德而後神静,神静而後和多,和多而後計得,計得而後能御萬物。

此處雖然談及了統治者的内在的和諧,但並非《管子》中所多見的

---

① 所謂楚道家,可以認爲《老子》的思想是在楚地形成之後,被帶到了齊地之稷下的,所以特以此稱呼之。參見拙稿《〈老子〉與〈管子〉——關於其成立背景之一考》(《東方學》第83輯,1992年)。

那種人世間的,尤其是君臣上下的和諧[分類(1)]。甚至可以說,對於後者的否定,纔是《韓非子》的特色①。

如此以觀,可見《韓非子》儘管受到了道家影響,卻沒有如《管子》般那樣重視和諧觀念。究其緣由,或許是因爲三晉法家自身所持有的秩序觀過於根深蒂固,不易吸納和諧的觀念。另外,《管子》的情況是:雖然不能否定其與黃老道家的關聯,但也並不是有了道家思想的影響,它纔有了和諧的觀念的。應該說,它是由齊地傳統的天人思想——自然界的和諧能給人世間帶來和諧,必然性地演繹而來的。

進而言之,到了漢代,在繼承了道家思想的《淮南子》中,較之人世間的和諧[分類(1)],其重視精神與肉體的和諧[分類(4)]的傾向更爲明顯。據此,這種人世間的和諧的觀念,在《管子》中特別受到強調的情況,得以再度確認。

以上述考察爲據,可以說:齊地長期以來形成的法家思想成爲一個核心,由楚地傳來的《老子》的道家思想則成爲另一核心,而《管子》中所見的所謂黃老道家思想,就是在兩者的融合中產生出來的。就此點而言,最終推導出的結論,與序言中所作的預見,似乎略顯不同。

---

① 其他"和"的用例,是以"附和雷同"、"結黨營私"這種否定的意味來使用的。此外,請參見《解老》《外儲說左下》《八經》等。

上博簡《魯邦大旱》的思想及其形成

——黄老道影響下的"刑德"説

序

《魯邦大旱》由六枚竹簡構成,其中第 3 簡全文 51 字,第 4 簡全文 50 字,第 6 簡全文 41 字,以"▍"符號終結。第 1 簡 29 字,第 2 簡 31 字,第 5 簡 29 字,都是僅殘留五分之三的斷簡。可以認爲原文是 260 字左右的短篇。現在殘存 210 字左右,相當於全文的 80%。

本簡內容是關於孔子、魯哀公、子貢三人的對話,作者大概是儒者。值得注意的是,全文雖然爲 200 餘字的短篇,卻頻繁出現兩個特定的用語,即"刑""德"兩個字。以下是其例句的引用:

(1) 邦大旱,毋乃失諸刑與德乎。(第 1 號簡)
(2) 庶民知説之事鬼,不知刑與德。(第 2 號簡)
(3) 如毋愛珪璧幣帛於山川,政(正)刑與德……(第 2 號簡)
(4) 如夫政(正)刑與德,以事上天,此是哉。(第 3 號簡)

在如此短小的文章中,"刑""德"兩詞的出現頻度如此之高,足以與《管子·四時》、《淮南子·時則》篇相匹敵。

以"刑""德"爲主題的語録在傳世文獻中幾乎没有,因此,迄今爲止,"刑""德"之詞本身未曾引起人們的注意。在這種情況下,《魯邦大旱》專論"刑德"便成其顯著特色,也可以說"刑德"就是探討本篇思想特色的關鍵詞語。

記述本篇的作者雖然可以推定爲儒者,但是否可以因此而將其作爲了解孔子思想的重要資料,還需要慎重討論。爲明確這一點,必須充分研究"刑德"說的含義,然後分析先秦至漢初的主要文獻中所有的"刑德"之說,並進行相互比較,明確本篇"刑德"說在思想史上所處的位置,最後纔能進而確定《魯邦大旱》是否爲實録,及其思想史上的意義和著述年代。

一、《魯邦大旱》"刑德"說的分析

本文將以 4 條文句爲例,在分析其各自的内容的同時,提出其有關思想史的問題。

(1)邦大旱,毋乃失諸刑與德乎。(第 1 號簡)

這是哀公向孔子諮詢解決大旱的有效對策,而孔子作的回答,即:"不可失諸刑與德"。爲什麼哀公如此發問,而孔子又作如此之答呢?

春秋時代,各國旱災多發,當時的人們爲此大張雩祭[1]。因此,"旱""雩"成爲一對相關概念。哀公盡悉大旱之時應進行雩祭,卻仍向孔子討教對策之理何在? 孔子對哀公的回答不是舉行雩

---

[1] 《春秋》中有關"大旱"的記録只有僖公二十一年"夏,大旱",其他皆作"雩"。

祭,而是説以"不失刑德",這又是何故①?

要解開這些疑問,只能推測,本對話的記述作者實際上是假托孔子,目的在於建立"治理旱災應以不失刑德爲策"這一"刑德"之説。

(2) 庶民知説之事鬼,不知刑與德。(第 2 號簡)

此句是孔子進一步論述"百姓皆知旱時乞雨求神,卻不懂刑德之用"。百姓所知的"乞雨求神"即所謂雩祭。在傳統祭祀雩祭盡人周知的情況下,孔子毅然提出的不是以此種宗教行爲來克服旱災,而是訴諸政治手段,並近乎斷言:幾乎沒有人——包括哀公及一般百姓懂得如何使用這種政治手段。如(1)中已談道的,這是否是因爲以政治手段克服自然災害的思想本身是新的?以政治手段取代雩祭克服旱災的思想,的確是孔子於春秋末期提出的嗎?

(3) 如毋愛珪璧幣帛於山川,政(正)刑與德……(第 2 號簡)

這也是孔子的論述。雖然文字短缺,無法得知全文,但是,從"如果不惜以珍寶璧帛供獻於山川,那麼確立刑德……"之文推測,此文已表現出對於祭祀山川這一宗教行爲(即雩)的實際效果的懷疑,以及對"確立刑德"這一政治行爲的效果的期待。由此,我們也可以了解到(2)"知刑德"的具體意義即是"正刑德"。

(4) 如夫政(正)刑與德,以事上天,此是哉。(第 3 號簡)

此句應爲孔子之語,而非子貢之語。因爲(3)的"正刑德"之

---

① (1)句不是"毋失刑與德乎"而取"毋乃失諸刑與德乎"的説法,稍有疑問,此處不涉及。

意，很顯然就是服務於上天的手段，這等於明白地宣稱，確立刑德這一政治行爲直接等同於服務於上天的宗教行爲。就是説，國遭大旱時，國君應祭祀的不是存在於山川的諸神，而應是"上天"。作爲傳統祭祀的雩祭即屬於前者。因此，可以看出論者對於雩祭的評價大大降低。也就等於説，引起旱災的並非山川的諸神，而是上天。所以"上天"纔應該亨受祭祀，而祭祀上天的最佳之策就是"正刑德"。那麽，"正刑德"這一單純的政治行爲是如何得以成爲服務於上天的宗教行爲的呢？

　　作爲其原因，首先可以考慮到的是中國古代的傳統思想之一，即天人感應思想的影響。天人感應思想認爲人的行爲可以影響天的意志，天的意志又影響到人的行爲。從本篇中可以看出，國君實施的政治行爲和祭祀上天的宗教行爲，以天災（旱魃）爲媒介而天人感應式地一體化。

　　在此，我們不僅對以《魯邦大旱》"刑德"説作爲孔子思想提出質疑，而且確認了這一學説是以天人感應思想爲背景的。現在，爲了進一步澄清這個問題，將在下面的一節裏，對自先秦至漢初的主要文獻中的"刑德"説進行整體探討，以解明本篇刑德説在思想史上的意義。

二、先秦至漢初的主要文獻中的"刑""德"

1.《尚書》

在《尚書》中，"刑""德"兩詞在同一文章中出現的有兩例。可以確認兩例都不是以對比意義使用的。

　　　　文例 1：惟羞刑暴德之人……乃惟庶習逸德之人。（《立政》）

文例2：上帝監民，罔有馨香德，刑發聞惟腥。(《吕刑》)

2.《國語》

《國語》中同樣僅存兩例。從文例1中的"天"對"刑"、"地"對"德"的文章安排上看，"刑"與"德"雖然是以對比意義使用的，但其作爲政治行爲的"刑""德"的意義很稀薄。文例2是主張應該以"德"安內政、防內亂，以"刑"除禍害、防國難的。的確，這也是以"刑德"兩字闡述政治要諦，可以看作是一種"刑德"説，但是，並没有像《魯邦大旱》中的"刑德"説那樣與自然災害相聯繫。

文例1：……夫事大不從象，小不從文，上非天刑，下非地德，中非民則，方非時動，而作之者，必不節矣。作又不節，害之道也。(《周語下》)

文例2：臣聞之，亂在内爲軌，在外爲姦，禦軌以德，禦姦以刑。今治政而内亂，不可謂德。除鯉而避彊，不可謂刑。德刑不立，姦軌並至。臣脆弱，不能忍俟也。(《晉語六》)①

3.《左傳》

《左傳》中語例稍多，共發現10例。分析其意義的話，則可以整理爲以下三點：

(1)"刑""德"之間無對比意義。

文例1：君子謂：鄭莊公於是乎有禮。禮，經國家，定社稷，序民人，利後嗣者也。許無刑而伐之，服而舍之，度德而處之，量力而行之，相時而動，無累後人。可謂知禮矣。(《隱公十一年》)

文例2：君子謂：鄭莊公失政刑矣。政以治民，刑以正

---

① 《左傳·成公十七年》中也有與文例2大略相同的段落。

邪。既無德政,又無威刑。是以及邪。邪而詛之,將何益矣。
(《隱公十一年》)

(2) 與其他詞語並列,未必成"刑"與"德"的對比。

文例3：鄧曼曰：大夫其非衆之謂。其謂君撫小民以信,訓諸司以德,而威莫敖以刑也。(《桓公十三年》)

文例4：隨武子曰：善。會聞用師,觀釁而動。德、刑、政、事、典、禮不易,不可敵也,不爲是征。楚軍討鄭,怒其貳而哀其卑。叛而伐之,服而舍之,德刑成矣。伐叛,刑也；柔服,德也。二者立矣。……其君之擧也,內姓選於親,外姓選於舊,擧不失德,賞不失勞,老有加惠,旅有施舍。君子小人,物有服章,貴有常尊,賤有等威,禮不逆矣。德立刑行,政成事時。典從禮順。……(《宣公十二年》)

文例5：對曰：德、刑、詳、義、禮、信,戰之器也。德以施惠,刑以正邪,詳以事神,義以建利,禮以順時,信以守物。民生厚而德正,用利而事節,時順而物成。上下和睦,周旋不逆,求無不具,各知其極。(《成公十六年》)

(3) "刑"與"德"之間未見價值高下,但成對比意義。不過,不以"刑""德"而以"德""刑"爲順序。

文例6：小人曰：我毒秦。秦豈歸君。君子曰：我知罪矣。秦必歸君。貳而執之,服而舍之,德莫厚焉,刑莫威焉。服者懷德,貳者畏刑。(《僖公十五年》)

文例7：蒼葛呼曰：德以柔中國,刑以威四夷。宜吾不敢服也。(《僖公二十五年》)

文例8：曹人請于晉曰：自我先君宣公即世,國人曰：……先君無乃有罪乎？若有罪,則君列諸會矣。君唯不

遺德、刑,以伯諸侯。(《成公十六年》)

　　文例9:(晉長魚矯)對曰:人將忍君。臣聞:亂在外爲姦,在內爲軌。御姦以德,御軌以刑。不施而殺,不可謂德。臣偪而不討,不可謂刑。德刑不立,姦軌並至。臣請行。(《成公十七年》)

　　文例10:子産曰:……僑聞之:大適小,有五美。宥其罪戾,赦其過失,救其菑患,賞其德刑,教其不及。小國不困,懷服如歸。(《襄公二十八年》)

　上述三點中,與本篇有關聯的應該說是最后一點。但是,這些語例中的"刑""德"都是純粹的內政外交上不可缺少的政治行爲,語義與《國語》的文例2相似,與《魯邦大旱》的語義沒有近似之處。

　另外,《公羊傳》《穀梁傳》中的"刑""德"兩詞沒有用於同一文中的語例。"刑""德"的概念在春秋學上似乎只限於《左傳》。

4.《論語》

《論語》中有以下2例

　　文例1:子曰:道之以政,齊之以刑,民免而無恥。道之以德,齊之以禮,有恥且格。(《爲政》)

這是人所熟知的一段。本來"刑""德"是兩個對立概念,而孔子將"政""刑"與"德""禮"相對置,並對兩者優劣加以論說。"刑"是指一般意義上的刑罰,而"德"則並非恩賞的單純的替換之詞。"德"是力圖從概念上表述理想政治的存在形式。孔子援用"刑""德"之語,批判以刑罰和恩賞治國的傳統意義上的"刑""德"。他將重道德禮儀的高蹈政治作爲理想。這就是後來其之所以被解釋爲批判法治、倡導德治的原因。《里仁》篇中有"子曰:能以禮讓爲國乎,何有。不能以禮讓爲國,如禮何",同樣反映了孔子的理想政治是以禮儀和謙讓爲主體的高格調思想。

　　文例 2：子曰：君子懷德，小人懷土。君子懷刑，小人懷惠。(《里仁》)

這句話是說君子與小人"懷"的實質，即目的方向是相反的。這裏的"刑"按《集解》以來的解釋，即遵守禮法、循規蹈矩；與此相對的是"惠"，恩惠的意思，與"德"相通。另一方面，"君子懷德"的"德"不是與刑罰成相反意義的恩賞，而是德行，即有道的言行，這與文例1"德"的意思一樣。就是說，在這裏"刑德"兩字看似被加以對比，其實，其含義與"以刑德治國"這一政治行爲意義上的"刑德"說完全不同。

　　如上所述，就《論語》中的"刑""德"而言，即使可以將"刑"作爲刑罰的意思來理解，也不能將"德"解釋爲恩賞。因爲孔子賦予了"德"一詞以特別的語義，即"德"看似用於與"刑"的對比，其實它是一個極深地內涵化了的倫理概念。而"刑"正如其爲表現於外的政治方法的一個概念那樣，在孔子思想中所屬的層次完全不同。因此，不得不說將"刑"和"德"放在對立意義上而論述兩者各自的政治意義的"刑德"說，在《論語》中未見論述[①]。

5.《管子》

　　文例 1：管子曰：令有時，無時則必視順天之所以來。五漫漫，六惛惛，孰知之哉！唯聖人知四時。……是故陰陽者，天地之大理也。四時者，陰陽之大經也。刑德者，四時之合

[①] 從《論語》中"德"字的很多用例來看，此字也不是作爲政治的具體手段、方法，而是用於有關君子或人君的內在人性的問題上的，這正是《論語》中"德"字用例的顯著特色。另外，如"以德""據於德""崇德""有德""尚德""知德""好德""亂德""執德""德之賊""德之棄"等詞語所示，"德"的概念是人應該達到的目標，或應通過修養而具備的，或者經過修養已達到的一種人格境界。

也。刑德合於時則生福,詭則生禍。然則,春夏秋冬,將何行。(《四時》)

　　文例 2:刑德易節失次,則賊氣遫至。賊氣遫至,則國多菑殃。是故聖王務時而寄政焉,作教而寄武,作祀而寄德焉。此三者,聖王所以合於天地之行也。日掌陽,月掌陰,星掌和。陽爲德,陰爲刑,和爲事。是故日食則失德之國惡之,月食則失刑之國惡之,彗星見則失和之國惡之,風與日爭明則失生之國惡之。是故聖王日食則脩德,月食則脩刑,彗星見則脩和,風與日爭明則脩生。此四者,聖王所以免於天地之誅也。(《四時》)

　　文例 3:道生天地,德出賢人。道生德,德生正,正生事,是以聖王治天下。窮則反,終則始。德始於春,長於夏。刑始於秋,流於冬。刑德不失,四時如一。刑德離鄉,時乃逆行。作事不成,必有大殃。(《四時》)

　　文例 4:故賢者安徐正靜,柔節先定。行於不敢,而立於不能,守弱節而堅處之。故不犯天時,不亂民功,秉時養人。先德後刑,順於天,微度人。(《勢》)

　　文例 5:制斷五刑,各當其名,罪人不怨,善人不驚,曰刑。正之服之,勝之飾之,必嚴其令,而民則之,曰政。如四時之不貸,如星辰之不變,如宵如晝,如陰如陽,如日月之明,曰法。愛之生之,養之成之,利民不德,天下親之,曰德。無德無怨,無好無惡,萬物崇一,陰陽同度,曰道。刑以弊之,政以命之,法以遏之,德以養之,道以明之。(《正》)

　　文例 6:致刑,其民庸心以蔽。致政,其民服信以聽。〔致法,其民守慎以正。〕致德,其民和平以靜。致道,其民付而不爭。罪人當名,曰刑。出令時當,曰政。當故不改,曰法。愛民無私,曰德。會民所聚,曰道。(《正》)

以上有6例，其細目爲《四時》3例、《勢》1例、《正》2例。《四時》中的"刑德"仍有君主施行的刑罰和恩賞之意。比如文例1、2。

其中有一明顯特徵是將"刑德"與天人感應思想相聯繫，即君主所施"刑德"若順從時令思想中的陰陽四時變化之説，則可得"福"，與之相違，則罹禍。由此我們可以將這種刑德説稱爲陰陽刑德。如文例1、2、3。

另外，應該引起注意的是這種陰陽刑德説顯然是與道家思想相吻合的。如文例3、4、5、6。

6.《十大經》

此經可與《管子·四時》篇比肩，"刑德"出現密度最大的是《十大經·觀》篇，共有7例。除了例1外，其他都是論説陰陽刑德之説的。

　　文例1：贏陰布德，□□□□□民功者，所以食之也。宿陽脩刑，童（重）陰長，夜氣閉地繩（孕）者，【所】以繼之也。（《觀》）

　　文例2：不靡不黑，而正之以刑與德。春夏爲德，秋冬爲刑。先德後刑以養生。（《觀》）

　　文例3：凡諶之極，在刑與德。刑德皇皇，日月相望，以明其當，而盈□□匡。（《觀》）

　　文例4：是故爲人主者……毋逆天時。然則五穀溜熟，□□蕃滋。君臣上下，交得其志。天因而成之。夫並時以養民功，先德後刑，順於天。（《觀》）

　　文例5：凡諶之極，在刑與德。刑德皇皇，日月相望，以明其當。望失其當，環視其央（殃）。天德皇皇，非刑不行。繆（穆）繆（穆）天刑，非德必頃（傾）。刑德相養，逆順若成。刑晦而德明，刑陰而德陽，刑微而德章。（《姓争》）

文例 6：夫天地之道，寒涅（熱）燥濕，不能並立。剛柔陰陽，固不兩行。兩相養，時相成。居則有法，動作循名，其事若易成。若失人事則無常，過極失當。變故易常，德則無有。昔（措）<u>刑</u>不當。居則無法。動作爽名。是以僇受其<u>刑</u>。（《姓爭》）

這裏的陰陽刑德説也以天人感應思想爲背景，即君主如果不順應天地陰陽的變化來正確施行"刑德"，就會遭受災難。這一點上與《管子》的用例是完全相通的。

7.《吕氏春秋》

編纂於戰國時代最末期的《吕氏春秋》，在其《十二紀》論述月令思想的内容裹，言及"刑""德"之處只有一例①。似乎對於純粹的月令思想來説，"刑德"説並不重要。這一點與《淮南子》中專論月令思想的《時則》裹只有一例如出一轍②。

此外雖然有"刑"一語的使用，但其意思是形或型之意，没有與"德"相對比的"刑"的意思。與《淮南子》《管子》等相比較，《吕氏春秋》中的"刑德"之説出乎意外地少。

8.《淮南子》

戰國後期，楚被秦逐，曾棄郢而逃至淮南之地的壽春。其後不久，即漢初時，此地便成爲淮南王劉安的治下。劉安廣招門客，試圖構築以道家思想爲主調的思想體系，這就是《淮南子》。這本書的編纂是由繼承了齊稷下之學和楚國傳統思想的門人們來進行的，可以説算是完成了戰國時代的齊文化與楚文化的大融合。在具有如此特色的《淮南子》中，"刑""德"用例共有以下12例。

---

① 夾鐘之月，寬裕和平，行德去刑。無或作事，以害羣生。(《季夏紀·音律》)
② 仲夏至脩，仲冬至短。季夏德畢，季冬刑畢。(《時則》)

文例1：日冬至,則斗北中繩,陰氣極,陽氣萌,故曰冬至爲德。日夏至,則斗南中繩,陽氣極,陰氣萌,故曰夏至爲刑。陰氣極,則北至北極,下至黃泉,故不可以鑿地穿井。萬物閉藏,蟄蟲首穴,故曰德在室。陽氣極,則南至南極,上至朱天,故不可以夷丘上屋。萬物蕃息,五穀兆長,故曰德在野。(《天文》)

文例2：陰陽刑德有七舍。何謂七舍？室、堂、庭、門、巷、術、野。十二月,德居室三十日,先日至十五日,後日至十五日而徙,所居各三十日。德在室則刑在野,德在堂則刑在術,德在庭則刑在巷,陰陽相德則刑德合門。八月二月,陰陽氣均,日夜分平,故曰刑德合門。德南則生,刑南則殺,故曰二月會而萬物生,八月會而草木死。(《天文》)

文例3：天圓地方,道在中央。日爲德,月爲刑。月歸而萬物死,日至而萬物生。(《天文》)

文例4：太陰在甲子,刑德合東方宮,常徙所不勝,合四歲而離,離十六歲而復合。所以離者,刑不得入中宮,而徙於木。太陰所居,日德,辰爲刑。德,剛自倍因,柔日徙所不勝。刑,水辰之木,木辰之水,金、火立其處。(《天文》)

文例5：凡用太陰,左前刑,右背德。擊鉤陳之衝。(《天文》)

文例6：北斗之神有雌雄,十一月始建於子,月從一辰。雄左行,雌右行,五月合午謀刑。十一月合子謀德。(《天文》)

文例7：凡地形,東西爲緯,南北爲經。山爲積德,川爲積刑。高者爲生,下者爲死。丘陵爲牡,谿谷爲牝。(《地形》)

文例8：仲夏至修,仲冬至短。季夏德畢,季冬刑畢。(《時則》)

文例9：末世之政則不然。……執政有司不務反道,矯拂

其本,而事修其末,削薄其德,曾累其刑,而欲以爲治。(《主術》)

文例10:明於星辰日月之運,刑德奇賚之數,背鄉左右之便,此戰之助也。而全亡焉。(《兵略》)

文例11:加巨斧於桐薪之上,而無人力之奉,雖順招摇,挾刑德,而弗能破者,以其無勢也。(《兵略》)

文例12:明於奇正賚、陰陽、刑德、五行、望氣、候星、龜策、禨祥,此善爲天道者也。(《兵略》)

"刑""德"在同一文中出現的語例,與"刑""德"各單獨而用的語例之多相比,則顯得尤其少。而且"刑""德"用於對比意義的只限於《天文》、《地形》、《時則》、《兵略》。不過特別值得強調的是,在這些篇章中,集中地展開了陰陽刑德之説,或是術數刑德之説的論述,可以使我們了解自戰國末期至漢初期間,圍繞"刑德"概念所展開的各種思想理論。

三、《魯邦大旱》刑德説在思想史上的地位

在上一節裏,通過詳細地探討戰國至漢初期間的主要文獻中"刑""德"兩詞的用例,我們得知,作爲孔子的言行録而將孔子思想最出色地留傳給後世的《論語》,雖然可見"刑德"兩詞,但並未見與其相關的思想内容。

在繼承了孔子思想且代表戰國時期儒家的《孟子》《荀子》,或與之尖鋭對立的墨家的《墨子》等著述中,不見"刑德"兩字的踪影,故不在討論範圍之内。

綜上所述,我們只能説與《魯邦大旱》中"刑德"説相似的用例,在先秦儒家文獻中是完全不存在的。

這一點，從比較完整地記錄了春秋時代的歷史文獻《國語》《左傳》中的"刑德"用例分析結果中也可以得到驗證。

相反，在《管子》《淮南子》以及馬王堆帛書《十大經》等非儒家文獻中，卻可以發現與本篇"刑德"說極其相近的學說。

就是說，《魯邦大旱》的刑德說，雖使用孔子語錄的體裁，卻不能看作是孔子的刑德說，而是留下了與上述三本著作中所見的"刑德"說大致同時代的思想史上的烙印。

爲此推論加以佐證的還有下面一點，即形成本對話另一特色——山川之祭無助於旱災的理論根據，與《晏子春秋》中類似的對話完全一致。關於這一點將在下節論述。

四、與《晏子春秋》中類似對話的比較

正如馬承源先生曾指出的那樣，在《晏子春秋·諫上·景公欲祠靈山河伯以禱雨晏子諫》一章裏，有景公向晏子諮詢如何對待齊國大旱的對話（參照《上海博物館藏戰國楚竹書（二）·魯邦大旱》釋文），而且其内容酷似《魯邦大旱》孔子與魯哀公（或是子貢）的問答。以下是該段文章的引用：

> 齊大旱逾時，景公召羣臣問曰："天不雨久矣，民且有饑色。吾使人卜，云，祟在高山廣水。寡人欲少賦斂以祠靈山，可乎？"羣臣莫對。晏子進曰："不可！祠此無益也。夫靈山固以石爲身，以草木爲髮，天久不雨，髮將焦，身將熱，彼獨不欲雨乎？祠之無益。"景公曰："不然，吾欲祠河伯，可乎？"晏子曰："不可！河伯以水爲國，以魚鼈爲民，天久不雨，水泉將下，百川將竭，國將亡，民將滅矣，彼獨不欲雨乎？祠之何益。"景公曰："今爲之奈何？"晏子曰："君誠避宫殿暴

露,與靈山河伯共憂,其幸而雨乎!"於是景公出野居暴露,三日,天果大雨,民盡得種時。景公曰:"善哉!晏子之言,可無用乎!其維有德。"①

《魯邦大旱》中的孔子之説,其實質是與《晏子春秋》中的晏子之説相同的。即遭受旱災禍患的不只是人們,還有生存於水中的魚類、生長於山上的樹木。故此,山川的神靈們必然和人民苦於旱災一樣,也在受難,必然像人們一樣在盼着下雨。所以,山川的神靈們不會爲回報隆重地祭祠自己的人民降雨,而是首先期待爲神靈們自己降雨。然而,現實是雨並没有降下來。這意味着山川的諸神靈對於旱災也無能爲力。由此可知祭祠山川之神是毫無意義的,所以須考慮其他有效之策。

在極其合理地論説"克服旱災而祭祠山川——即指傳統的宗教儀式'雩祭'——是無法期待其效果"這一點上,兩段對話之間,特別是具體論述的細部,有驚人的共通之處。然而在接下去的論述中,即如何采取對策的問題上,兩者又完全不同。

在《晏子春秋》中,晏子勸説景公應該"避宫殿暴露,與靈山河伯共憂";而《魯邦大旱》中,孔子卻對哀公説正確地運用刑與德纔是最重要的。雖然兩者同屬對話體文章,但其文中所論述的思想則完全不同,這一點是應當引起注意的。

晏子和孔子以完全相同的理論來論説雩祭的無效,這絶不是

---

① 《説苑・辨物》:"齊大旱之時。景公召羣臣問曰:'天不雨久矣,民且有饑色。吾使人卜之,祟在高山廣水。寡人欲少賦斂以祠靈山可乎?'羣臣莫對。晏子進曰:'不可! 祠此無益也。夫靈山固以石爲身,以草木爲髮。天久不雨,髮將焦,身將熱。彼獨不欲雨乎? 祠之無益。'景公曰:'不然,吾欲祠河伯可乎?'晏子曰:'不可! 夫河伯以水爲國,以魚鼈爲民,天久不雨,水泉將下,百川將竭,國將亡,民將滅矣,彼獨不欲雨乎? 祠之何益。'景公曰:'今爲之奈何?'晏子曰:'君誠避宫殿暴露,與靈山河伯共憂,其幸而雨乎!'於是景公出野暴露,三日,天果大雨,民盡得種樹。景公曰:'善哉。晏子之言,可無用乎! 其維有德也。'"

偶然的一致。可以考慮的理由大概是下面假設中之一。

假設1：人們已深知雩祭的無效原因，卻沒有代之的良策。於是，某人假托晏子，而另外有人假托孔子，各自提出新的對策。

假設2：其中一則對話已先行存在，有人用自己的思想改變其內容，並假托孔子，或晏子，編造了新對話。

現在將兩則對話中相通的部分引用如下：

> 夫山，石以爲膚，木以爲民。如天不雨，石將焦，木將死。其欲雨或甚於我，或必待吾名乎？夫川，水以爲膚，魚以爲民。如天不雨，水將沽，魚將死。其欲雨或甚於我，或必待吾名乎？（《魯邦大旱》）

> "夫靈山固以石爲身，以草木爲髮。天久不雨，髮將焦，身將熱。彼獨不欲雨乎？祠之無益。"景公曰："不然，吾欲祠河伯，可乎？"晏子曰："不可！夫河伯以水爲國，以魚鼈爲民，天久不雨，水泉將下，百川將竭，國將亡，民將滅矣，彼獨不欲雨乎？祠之何益。"（《晏子春秋》）

顯而易見，《魯邦大旱》作爲對話內容是非常單純的；與之相比，《晏子春秋》則更爲詳細。如果按照事物是由單純發展到複雜這個一般邏輯來看，僅憑這一點就可以說《魯邦大旱》先有，而《晏子春秋》是模仿之作。但是，能否如此教條地推論其先後，這應是十分慎重的。不能因爲尊孔之心太切，以至輕易作出結論說：孔子的《魯邦大旱》豈能不是事實，晏子的《晏子春秋》必定是模仿虛構之作。

《晏子春秋》一文，常識性地論說了不能期待山川之祭，即傳統的雩祭不能帶來任何實際效果；并在此基礎上，進而主張采取別的對策以代之。終於，景公聽從了晏子的勸諫，親自將身體直接暴露在光天化日之下，而得天降雨——不是通過神官的祈禱，而由君主親自以身作法，終於乞得降雨。很顯然，《晏子春秋》中只是祭祠祈禱的主體由神官換成君主，並未超出傳統的宗教的領域。

與之相對，《魯邦大旱》中是以確立"刑""德"爲緊要之策。不過是否因此而得降雨則不清楚。如果説通過正刑德而如願得雨，便在這裏展示了一個天人感應——與祭祀祈禱之類宗教行爲無關，上天感應了人類的政治行爲而降雨——這一思想的典型。

另外，如果將《魯邦大旱》的主旨解釋爲在於勸告君主只要一心遵守"刑""德"這一政治要諦，就可以免去自然災害的話，便與主張"天人之分"思想的《荀子》相通，那麽就要討論"刑德"説與荀子的關聯了。然而這種可能性可以說是完全不存在的①。

如此看來，《晏子春秋》雖説是以合理主義的思維批判了雩祭，但代之而行的對策仍具有濃厚的宗教色彩。而與之成對比的是，《魯邦大旱》強調正刑德，拂去了克服自然災害的對策中的宗教色彩，反映了政治主義的思維方式。由此我們可以看出兩者之間是有很大的差異的。

翻開《春秋》也可以看出，春秋時代，遭遇旱災則行雩祭是極普遍的現象②。這一點從哀公首先以雩祭爲話題向孔子發問一事上也可以領會到。然而，接此話題，孔子卻主張比之雩祭，正刑德更具有實際意義。在此我們可以看出其反對傳統祭祀，而要提出新思想的意圖。

自然災害可以通過正確的政治方式來克服這一政治思想，與靠祭祀來克服自然災害的宗教思想比，明顯是一種後來的思想。應該看作是較春秋末期更晚的時代纔出現的思想。

① 參照《荀子・天論》。
② 《春秋經傳》中，較之"旱"字，作爲其結果的"雩"用例更多。由此可以看出旱與雩處処極其密切的關係之中。

若以此推論,首先假設 1 則是不能成立的,而假設 2 則有可能。比較妥當的看法應是:《魯邦大旱》的哀公孔子的問答對話是將《晏子春秋》中景公晏子的問答對話偷梁換柱,並摻入了作爲新思想的"刑德"説改編而成的①。

如果將《晏子春秋》作爲先於《魯邦大旱》的文獻的話,那麼它是何時著述的呢?這個問題如下:

正如《孟子・公孫丑》裏所記述的那樣,戰國時代,在齊國的稷下學宮中,與輔佐了桓公的名宰相管仲的"管仲派"相並立的,還有另一個名宰相晏子的"晏子派"在活躍。當時已是管仲去世後三百年,晏子去世後兩百年。可以認爲,《晏子春秋》正是以戰國中期稷下之學全盛時代,有關晏子的各種傳記和記錄爲依據,經過晏子學派之手編纂而成的②。

這樣一來的話,《魯邦大旱》的著述理所當然地晚於《晏子春秋》,無論如何早,也不能上溯到戰國中期。這與第三節的考察結果也相一致。

結語

《魯邦大旱》中的對話可以斷定不是實錄,而是後人假托孔子的偽作。這一點通過上述對簡文中"刑德"的分析考察而得到確

---

① 晏子關於"和"與"同"的論述,《諫上》第十八章"(景)公曰:據與我和者夫。晏子曰:此所謂同也。所謂和者,君甘則臣酸,君淡則臣鹹。今據也甘君亦甘,所謂同也,安得爲和"(《左傳・昭公二十年》中也有)與《論語・子路》"子曰:君子和而不同,小人同而不和"的思想是一致的。並且,《雜下》第十七章"晏子辭不受。(景公)曰:富而不驕者,未嘗聞之。貧而不恨者,嬰是也。所以貧而不恨者,以善爲師也"與《論語・學而》"子貢曰:貧而無諂,富而無驕,如何。子曰:可也。未若貧而樂,富而好禮者也"及《憲問》篇"子曰:貧而無怨難,富而無驕易"的思維也是相通的(不過,與《憲問》篇評價成逆轉,並非完全同一)。兩人是偶然地講出完全相同的話的嗎?

② 參照拙著《〈晏子春秋〉解提》(明治書院,2000 年)。

認。與干旱這一災害相聯繫的"刑德"説本身,從根本上就是與孔子的思想性質完全不同的。

當然,把自然界的異變看作是國難的預兆,這是自古有之的。而天降災難是因爲人世政治的惡劣,改變政治狀態,災異則消的想法,即天人感應思想則明顯已成爲齊學的一大特徵①。而且這種思想可以在很多文獻中見到。然而,將《魯邦大旱》中孔子的言論與具有如此思想背景的天人感應思想相聯繫,從孔子思想整體來看也是明顯地有欠妥當的。

另外,如果把本篇解釋爲"君主平素公正施行'刑德',自然災難的危害就會降至最小"的話,那麼就會變成"國君與災害毫無關係,只要一心務於善政"的思想,這樣一來,就會變成了近似於荀子論説的天人之分説。

況且,儒家在其思想史上是如何看待"刑德"的,也是一個大問題。例如《論語》中,"子曰:道之以政,齊之以刑,民免而無恥。道之以德,齊之以禮,有恥且格"(《爲政》)一段,按照傳統的解釋,這是孔子批判法治主義而力説德治主義,不是論説政治需要刑德,更不是論説要"正而行之"。孔子所説的主要思想是:即使處以刑罰,作爲其前提"教"也不可缺少;並主張要實現他作爲理想的德治,"禮"是不可欠缺的。

再者,即使"刑"意味着刑罰,"德"也未必意味恩賞,而是意味着人主自身所具備的高尚德行。至少,從對《論語》中"德"的用例的分析來看,孔子未曾將"刑德"用於刑罰和恩賞之意。

因此,像《魯邦大旱》中那樣,在關聯到自然災害的對策時,忽而唐突地主張確立刑德説的孔子,無論如何考慮,都必須説是很異樣的。

---

① 參照金谷治《管子研究》第五章《管子思想下》(岩波書店,1987 年)。

鑑於以上的考察，現在對《魯邦大旱》試作如下推論：

《管子》中所見的陰陽刑德説，是一面以陰陽思想和天人感應思想爲媒介，一面與時令觀念相混合的獨特的"刑德"之説。"刑""德"分別爲刑罰和恩賞的意思。《魯邦大旱》以此方法建立了自己的觀點，即依據其説，可以引發自然災害，或者防災於未然，也可以在對抗災害之時奏效。此外，在所謂《黃帝四經》之一的《十大經·觀》裏也可以看到同樣的陰陽刑德之説，並且很明顯地與黃老道家相吻合。

《管子》記錄下了戰國時代齊國的思想，而黃老道家同樣是於戰國中期以後的齊國稷下學中得到發展的。綜合這些要素來考慮的話，可以推測這一陰陽刑德之説是在齊國流行起來的。而且《魯邦大旱》的"政（正）刑德"這一詞語，在《十大經·觀》中也是以"正之以刑與德"出現的，由此我們可以推測《魯邦大旱》大概是於齊稷下學中受到黃老思想影響的儒者著述的。

後來，再由術數家接受了黃老道家的陰陽刑德之説的影響，發展爲所謂術數刑德之説。從此以後，"刑""德"各失去了一般的含義，兩語密切相連，被用於政治或軍事的占卜意義之中。這裏的術數刑德説典型地出現在馬王堆帛書《刑德》之中。術數刑德之説，從"刑德"的含義被極端特殊化這一點來看，應是最晚出現的思想，在《淮南子》以及馬王堆帛書《刑德》中尤其顯著，所以或許是在漢代大流行的。

銀雀山漢墓竹簡《晏子》資料價值的探討
——從出土文獻看傳世文獻

序

先秦思想史中儘管有大量有待研究的内容,但由於傳世文獻的甄別較難,所以產生了信古與疑古之争,在此研究領域中留下了較大的遺憾。然而,近三十年來,由於中國考古學的發展,伴隨着《馬王堆漢墓帛書》(1975年)、《銀雀山漢墓竹簡》(1985年)、《郭店楚墓竹簡》(1995年)以及《上海博物館藏戰國楚竹書(一)—(四)》(2002—2004年)等新出土資料的刊行,使研究工作出現了生機勃勃的新局面,也展示了先秦及秦漢思想史研究的嶄新的前景。

本文提及的《晏子春秋》雖爲長期輔佐於春秋後期齊國景公的著名宰相晏嬰的傳記,但就其學術方面而言,因有僞書之嫌,所以幾乎未能作爲先秦思想史研究的資料。然而,一九七二年四月,山東省臨沂縣(現臨沂市)銀雀山漢墓出土了同一本書的竹簡本,使包括有僞書之嫌的《晏子春秋》的全部史料有了再考證的可能。在汲取了到目前爲止的研究成果的基礎上,我想從(1)竹簡本的校勘、(2) 竹簡本的成立、(3) 思想史的研究等幾個方面,探討竹簡本《晏子》的發現究竟能產生何等意義闡述一些拙見①。

銀雀山漢墓竹簡的發現,大約已有三十年了,當然不能説到目前爲止沒有人對其進行研究,例如:孫武、孫臏兩人的《孫子兵法》在發現之初就立刻引起了人們的關注,並且集中發表了研究成果。因此,即使今日提及銀雀山漢墓竹簡,最先使人聯想到的便是孫武、孫臏的兵法思想。

與此相反,關於《晏子》,可以説幾乎沒有引起過人們的注意,這一點可歸結於傳世本《晏子春秋》本身就沒有使人產生研究的興趣。

其理由之一,《晏子春秋》很難從思想上將其歸於某一特定學派,因爲事實上《晏子春秋》包含了儒、墨兩家的思想,這在以往的以學派爲軸心,將思想史以時代爲系列延續劃分的方法中,到底將《晏子春秋》的定位偏重於哪一學派,不得不讓人苦思熟慮②。

再者,《晏子春秋》是以晏子與景公問答爲中心,記載了晏子言行的傳記體裁。這一點作爲思想文獻,令人產生一種不和諧之感;更何況分析其思想内容,很難認定到底歸於儒、墨哪一方,從整體上來看難免給人以雜亂無章之感。不過這部文獻與表彰服務於齊桓公的宰相管仲業績的《管子》幾乎相同,所以就不能僅以"雜亂無章"低估了《晏子春秋》的價值。我認爲積極地找出文獻的特色,使研究有所進展這一點或許更爲重要。

理由之二,《晏子春秋》自身有僞書之嫌,若反對這一説法的話,勢必要有推翻僞書説的充分證據,先秦思想史研究都因這一點而將其歸於"棘手的文獻"並敬而遠之。

---

① 傳世本以《晏子春秋》爲名,竹簡本被稱爲《晏子》,故從之。
② 《漢書·藝文志》中《晏子春秋》被著録在《諸子略》"儒家者流"的最初部分。

竹簡本的發現,能將其第二個理由即僞書說推翻,本人認爲這一點具有重大的意義。

一、竹簡本《晏子》的概要

吳九龍所作的《銀雀山漢簡釋文》(文物出版社,1985年。以下略稱爲《斷簡釋文》)逐一翻譯了銀雀山漢墓出土的4 942枚斷簡,本人現依據此書簡單地作以介紹①。

目前書名明確的主要著作有《孫子兵法》《孫臏兵法》《尉繚子》《晏子》《六韜》《守法守令十三篇》②《元光元年曆譜》等,因爲都是用隸書所寫,所以解讀並不困難,而斷簡破損之處較多,難以恢復原型,現在尚未整理的依然頗多③。

首先依據竹簡長度分類,竹簡本《晏子》簡長平均27.6釐米,一枚字數大約35字左右④。這對銀雀山漢簡的整理應該有所幫助,不過,竹簡以其上下有無1—2釐米的空白來區分,據說《晏子》與《孫子兵法》《孫臏兵法》《尉綾子》一樣屬於上下都有空白的那一類型。現在由於相關學者的故去,整理工作已中斷⑤。關於竹簡本《晏子》整理的詳細情況,請參閱本文末尾的附錄。

詳讀附錄可知,無論哪一篇都不是按照四行的斷簡序號復原的,這一順序號是在出土時未加整理的狀態下形成的。與此同時,

---

① 現今這些竹簡羣,大多數都被保存於山東省博物館的地下倉庫。現在館内玻璃盒中展出的是其複製品。
② 湯淺邦弘氏説應改稱《守法等十二編》(參照《中國古代軍事思想史的研究》138—140頁)。
③ 這一點與郭店楚簡等不同,郭店楚簡中斷簡數量雖少,但因其使用楚國文字,故而解讀困難。
④ 例如,郭店楚簡804枚(有字簡726枚),15—32.4釐米,而其中《老子》的長度爲32.4釐米,每枚約30字左右。
⑤ 國家文物局研究員胡平生所談。

竹簡本共十六個章節，即使按傳世本的章節劃分法劃分的話，也只不過分爲十八個章節而已，由此得知這個本子還不及傳世本全部二百零五個章節的十分之一。

再者，從吳九龍所作的《斷簡釋文》中，每一篇《晏子》的釋文都是以十六個章節再現的這一點來看，銀雀山漢墓竹簡整理小組所編的《銀雀山漢墓竹簡(壹)》(文物出版社，1985年。以下統稱《晏子釋文》)與《晏子》的釋文之間有若干理解上的分歧以及錯誤，下面逐一列舉：

(1)《斷簡釋文》的斷簡順序號有誤。

"景公問晏子曰：忠臣之行何如。答曰：忠臣不合"的順序號應該是[0896]，然而卻是[0876]，[9]誤爲[7]。

(2)《斷簡釋文》分配章數有誤。

[0734]並非(晏·三)而是(晏·一〇)

[1215]並非(晏·一一)而是(晏·一二)

以上可以當作單純校對上的差錯來處理，但是以下的情況當作何解釋呢？

(3)《晏子釋文》中所没有的部分，在《斷簡釋文》中作爲《晏子》的斷簡出現。

例如：

[3687]……爲天下而……在《斷簡釋文》中被作爲(晏·四)，但是在《晏子釋文》(晏·四)中並没有。

[2524]公不尚(上)焉柏常騫見曰口……；[2992]……公不尚焉騫見……；[3007]……焉；[3170]……益；[3922]……□益壽……等都被配置於《斷簡釋文》的(晏·一三)，而[3815]……有危亡有……則被置於(晏·一四)，但是《晏子釋文》的(晏·一四)中卻没有。

(4)《晏子釋文》中作爲《晏子》的斷簡來處理的部分，《斷簡釋文》中並没有。

例如:

《晏子釋文》(晏・二)當中"欲觀之。公"、"□□□君子所□"、"城之務"以及"善。遂"共四枚斷簡不見於《斷簡釋文》。

(晏・三)"公曰:異哉□□"與"令所睹於□"兩枚斷簡未見於《斷簡釋文》。

(晏・九)"令,先之以行"斷簡未見於《斷簡釋文》。

(晏・一〇)"若弗式,趙富"斷簡未見於《斷簡釋文》。

(晏・一二)"也,歎哀吾君必不免於難也"斷簡未見於《斷簡釋文》。

(晏・一三)"矣。柏常騫曰:□""令人視之,梟"以及"臺,成而"共三枚斷簡未見於《斷簡釋文》。

(晏・一四)"高子問晏"斷簡未見於《斷簡釋文》。

(晏・一五)"衆,博學不"斷簡未見於《斷簡釋文》。

儘管兩本書幾乎同時出版,然而爲何會產生(3)(4)所見的不一致呢,這頗讓人費解。

二、傳世本《晏子春秋》及其研究的現狀

至目前爲止,對《晏子春秋》的研究當然不能説是完全没有,例如張純一所著《晏子春秋校注》(附 1930 年自序)、吳則虞所著《晏子春秋集釋》(附 1961 年自序)、王更生所著《晏子春秋今注今譯》等都是優秀的注釋專著。然而,這些都著於竹簡本《晏子》發現之前,即便在此之後,也未被列入已取得一定成果的著作之列,因此恐怕難以稱之爲萬全①。

---

① 1982 年的自序,並不涉及竹簡本。

近年來，儘管中國陸續出版了《晏子春秋》的譯著，然而卻幾乎沒有利用過竹簡本《晏子》。是對出土資料價值的不認同？抑或是僅僅由於作者的考慮不足？這很難一時得出結論，但至少略讀一下竹簡本《晏子》就可得知其價值的可貴，然而人們對此所顯示出的漠不關心，還是令人覺得非同一般。其中唯一的例外，就是李萬壽所著的《晏子春秋全釋》（貴州人民出版社，1993年）這本書利用了竹簡本《晏子》進行校訂。不過，如果説這本書在相當大的程度上參考了駢宇騫所著的《晏子春秋校釋》（書目文獻出版社，1988年），也不爲過。因此，依我之見，現在正面研究竹簡本《晏子》的學者，僅駢宇騫一人。他所著之書，將竹簡本《晏子》與傳世本《晏子春秋》進行對照，是經過詳細校釋之後的辛勞之作，近年來，隨着對出土資料關注的提高，已由萬卷樓修訂再版。

接下來就是拙著《晏子春秋（上、下）》（明治書院，2000年、2001年），這是在語釋方面利用竹簡本《晏子》的最初的譯著。本書是在文獻發現後已近三十年纔出版的，《晏子春秋》在思想史研究方面，處於怎樣的研究視域之外，由此可見一斑。

三、竹簡本《晏子》出土的意義

1. 竹簡本在校勘方面的意義

最老的傳世本《晏子春秋》，承襲了宋本而形成於元代。如果將其作爲基準的話，竹簡本《晏子》則早上一千年，這一發現是怎樣地令人瞠目！

當然，至目前爲止，本文的校訂一直是依據傳世本而進行的，依竹簡本來看，不能不説有些考證是不正確的。清朝考據學的代表人物王念孫在其著作《讀書雜記》中對《晏子春秋》加注了諸多的考證，顯示出了他深刻、獨到的見解，這些早已被我們所熟知。但是,竹簡本的發現,使他的考證中的一部分,處於不得不修改的狀態。與此同時,當然也證明了他諸多考證工作的正確性。下面本人就這一點進行具體的檢析。

(1) 以王念孫爲代表的古代學者考證正確的例子。

(晏・四):《內篇諫上》第二二章

(1) 傳世本作"伐無罪之國"。黃以周認爲依據元刻,增補"公"。竹簡本果然如黃以周所指出的那樣,作"公伐無罪之國"。

(晏・五):《內篇諫下》第一八章

(2) 傳世本作"謂於民"。王念孫說"謂"與"調"字形相近,故恐有誤,應改爲"調於民"。果然,竹簡本中如王念孫所指出的那樣,作"調於民"。

此外,自孫星衍指出,"謂"恐有誤之後,洪頤煊、黃以周認爲仍然應使用"謂"字,但其意可理解作"勤"爲好;劉師培最初在《補釋》中誤作"爲"(通"化"字,教化之意),後在《校補》中說應改爲"誨"(教授之意),吳則虞與劉說見解相同;又于省吾認爲應改爲"惠"字;張純一同意劉說,不過因"誨"與"謂"意思相近,故保留"謂"字,可按"誨"解釋,即認爲不必更改。如此這般,實在是衆說紛紜,莫衷一是。然而,依據竹簡本果然王說爲最貼切。

(3) 傳世本作"爲璿室玉門"。王念孫認爲,與下文的"作爲頃公靈臺"不匹配,故應有"作"字。確實,竹簡本中與王念孫所指出的一樣是"作爲頃公靈臺……作爲環室玉門"。

(晏・六):《內篇問上》第三章

(4) 傳世本作"好酒而辟"。張純一認爲這一句應與"厚藉斂而急使令"對應,但字數不夠,故懷疑此處有文字脫落。竹簡本中果然如張一純所指出的那樣,作"好酒而養辟"。

(5) 傳世本作"意使令"。王念孫認爲"意"字恐爲"急"字之誤。竹簡本中果然如王念孫所指出的那樣爲"急使令"。

（6）傳世本作"無以和民"。吳則虞認爲根據下文"政無以和之"，應補充"政"字。竹簡本中果然如吳則虞所指出的那樣，作"正（政）無以和民"。

（晏·七）：《內篇問上》第一〇章

（7）傳世本作"珪璋"。王念孫認爲祈禱時應使用珪璧，而不是珪璋，此外根據《諫上》第十二章中"犧牲珪璧"的用法，應改爲"圭璧"。竹簡本中果然爲"圭璧"。

（晏·八）：《內篇問上》第一七章

（8）傳世本作"尚司"。盧文弨根據《墨子》中有《尚同》篇，故認爲應寫爲"尚同"。竹簡本中果然如盧文弨所指出的那樣，爲"尚同"。其後于省吾否認盧説，認爲保留"尚司"爲好，其意義爲"尚治"，然而結果還是盧説正確。

（晏·九）：《內篇問上》第一八章

（9）傳世本作"先之以行義……防之以刑辟"。吳則虞根據《羣書治要》中没有"義"和"辟"字，故指出，這兩個字恐爲後人枉自揣測而加。此外"行"和"刑"字合轍押韵，故而認爲應删去"義"和"辟"兩個字。竹簡本中果然如吳則虞所指，爲"先之以行……□之以刑"。

（10）傳世本作"此明王教民之理也"。王念孫認爲與前章相同，此處應與景公質問相一致。此外，《羣書治要》也記作"此明王之教民也"，故應該改正。竹簡本中果然如王念孫所指出的那樣，作"此明王之教民也"。

（晏·一〇）：《內篇問上》第二〇—二一章

（11）傳世本作"正公"。吳則虞推測：此處莫非互爲顛倒？竹簡本中果然如吳則虞所指出的那樣，作"公正"。

（12）傳世本作"趨利若不及"。吳則虞推測："利"之上莫非少一字？竹簡本中果然如吳則虞所指出的那樣，爲"……富利……"。

（晏·一一）：《內篇問下》第二二—二三章

(13) 傳世本作"害身"。吳則虞認爲應該爲"害民",竹簡本中果然如他所指出的那樣,爲"害民"。

(晏・一三):《内篇雜下》第四章

(14) 傳世本作"聲無不爲也"。盧文弨根據《説苑・辯物》認爲"聲"字之上應補"其"字。竹簡本中果然如盧文弨所指,爲"其聲"。

(15) 傳世本作"臣請襄而去"。盧文弨認爲根據《説苑》,應補"之"字。竹簡本中果然爲"……去之"。

(16) 傳世本作"亦能益寡人壽乎"。張純一認爲"壽"字之後應補"之"。竹簡本中果然爲"……壽之乎"。

(17) 傳世本作"亦善"。盧文弨根據《説苑》認爲,應該作"亦善矣"。竹簡本中果然如其所指,爲"夕(亦)善矣"。

(晏・一五):《外篇第八》第一章

(18) 傳世本作"不可守職"。盧文弨、蘇輿、吳則虞等依據《墨子》中"不可使守職",故而認爲應補"使"字。竹簡本中果然如他們所指出的那樣,爲"不可使守職"。

(19) 傳世本作"久喪道哀費日"。王念孫以《墨子》中有"宗喪循哀",《問上》第十一章中有"不遁於哀",故"遁"應與"循"意思相同,並以此爲理由推定"道"誤爲"遁",應該爲"久喪循哀費日"。竹簡本中果然如王念孫所指,爲"久喪而循哀"。

(晏・一六):《外篇第八》第一八章

(20) 傳世本作"晏子辭黨"。蘇輿認爲應該爲"晏子辭賞"。竹簡本中果然如其所指,爲"晏子辭賞"。此外,《説苑》及《太平御覽》卷九百三十五也與竹簡本相同。

如上所述,他們考證的正確率不得不使人吃驚。尤其是王念孫的火眼金睛真是令人佩服。

(2) 古代學者所作校定不正確的例子。

雖然古代學者們取得的成果令人矚目,不過,從以下例子裏可以看出他們的考證也並非完美無缺。

（晏·二）：《内篇諫上》第九章

（1）傳世本作"以重駕"。于鬯認爲這一句應與後文"夫駕八，固非制也。今又重此，其爲非制也，不滋甚乎"相呼應，因而原來應爲"以重駕八"，但由於與緊續其後的"公"字的"八"字的部分相互重疊，故懷疑在傳記書寫的過程中"八"字被漏掉了。但是竹簡本與傳世本同樣作"以重駕"，没有必要如于説進行更改。

（晏·八）：《内篇問上》第一七章

（2）傳世本作"修怒"。蘇代認爲是"修怨"之誤。但是竹簡本中作"……怒以危國"，由此可以得知保持傳世本原文爲佳。

（晏·九）：《内篇問上》第一八章

（3）傳世本作"不務於上"。王引之認爲按原文意思不通順，故應改爲"必務於上"。《校注》也依據王説進行了更改。但是竹簡本中作"弗務於上"。因此駢宇騫在否定王説的基礎上認爲"務"有"勉"的意思，而且"勉"有"强"的意思，這一句應是"君主在上，並無對下强迫之意"的意思。由此可以知道，僅僅由於原文不通順就修改原文，有時並不確切。下面的例子也是如此。

（4）傳世本作"不害之以實"。王念孫認爲原文意思不通，故應改爲"不害之以罰"。《羣書治要》也作"不害之以罰"。這與上文的"中聽煞"對應。但竹簡本確爲"不害之以實"，没有更改的必要。

（5）傳世本作"遺"。《羣書治要》作"違"，考慮到應該是承上文"一民同俗"的内容，王念孫認爲，應改爲"違"。但是竹簡本爲"遺"，還是保持傳世本原狀爲好。而且吴則虞也認爲，作爲"不相遺"的意思保持原作没有錯誤。

（3）以竹簡本重新校訂傳世本的例子。

（晏·四）：《内篇諫上》第二二章

（1）傳世本作"進師以近過，非嬰所知也"。竹簡本作"進師以戰,禍非嬰之所知也"。

駢氏在《晏子春秋校釋・序言》中,特別提到這個問題,將此作爲論及竹簡本發現意義的證據作以介紹:

"晏子曰:伐無罪之國,以怒明神,不易行以續蓄,進師以近過,非嬰所知也"句,歷來皆以"過"屬上讀。但"近過"二字又文義難通,陶鴻慶曾指出"過"當爲"禍"字(見其著《讀晏子春秋札記》)。此説甚是,但無傍證。這次出土的簡本《晏子》該句作"〔晏〕子曰:'公伐無罪之國,以怒明神,不易行□□□進師以戰,禍非嬰之所智(知)也'",足證明本"公""曰"誤倒,"以近"當爲"以戰",且"過"當屬下讀,讀爲"禍"。……

的確,無論多麼優秀的考證學者,也都會有考慮不足之處。因而,竹簡本的出土纔第一次真正使考證變爲可能。

(晏・六):《内篇問上》第三章

(2) 傳世本作"魯好義而民戴之"。傳世本中没有"君"字,但是依竹簡本作"魯君"爲好。

(3) 傳世本作"民歡"。依竹簡本作"民勸"爲好,駢宇騫認爲是字形相近故生錯訛。

(晏・一〇):《内篇問上》第二一章

(4) 傳世本作"非譽乎情"。按原文難以理解,改爲竹簡本"非譽不徵乎情"爲好。

(晏・一三):《内篇雜下》第四章

(5) 傳世本作"成而不踊焉"。改爲竹簡本的"臺成而不踊焉"爲好。我認爲是"臺"字重複,故而脱落。

(晏・一四):《外篇第七》第一九章

(6) 傳世本作"欲辟勝於邪"。按原文意思不通,改爲竹簡本的"勝欲辟於邪"爲好。

(晏·一六):《外篇第八》第一八章

(7) 傳世本作"自晏子没後,不復聞不善之事"。改爲竹簡本的"自吾失晏子,於今十有七年,未嘗聞吾不善。今射出質而唱善者若出一口"爲好。《説苑·君道》也與竹簡本相同。

(8) "此諸臣之不肖也。知不足以知君之不善,勇不足以犯君之顔,然而有一焉。臣聞。"傳世本没有此文,按竹簡本補充爲好。《校注》依據《説苑》補充,將"君之顔"作"君之顔色",將"臣聞"作"臣聞之"。由此得知,《説苑》比現行本更接近竹簡本。

(9) 傳世本"尺蠖食黄則黄,食蒼則蒼,是也"。按竹簡本"尺蠖食黄其身黄,食青其身青,君其有食乎諂人之言歟"修改爲好。《説苑》中作"夫尺蠖食黄則其身黄,食蒼則其身蒼,君其猶有諂人言乎",《羣書治要》中作"尺蠖食黄其身黄,食蒼其身蒼,君其猶有食諂人之言乎",更接近竹簡本。《校注》根據《説苑》改爲"夫尺蠖食黄則其身黄,食蒼則其身蒼,君其猶有諂人言乎"。

(10) 傳世本中没有"囊之唱善者,皆欲若魚者也",依據竹簡本則應當有。《説苑》有這兩句。

綜上所述,(1)(1)—(20)、(2)(1)—(5)、(3)(1)—(10)中,總計三十五例可與竹簡本校訂的對象。這其中,實際上已依據竹簡本校訂的有三十處,僅僅十六個章節就達到了如此多的數量,從這一點來看,竹簡本《晏子》的出土,其意義無法估量。

2. 竹簡本成立上的意義

本節試對現行本由《内篇》和《外篇》兩部分構成這一情況所具有的意義進行考證。

正如人們所見,竹簡本《晏子》並未特別分爲内、外篇,全篇是一脈相通的。因而可知,以《内篇》爲中心以《外篇》爲從屬的做法未必得當。然而,在四卷本的《晏子春秋》中《外篇》作爲從屬,以細字雙行書寫於内篇内容大致相同的章節的末尾,並未單獨成篇。

不過，就竹簡本的整體來看，並没有刻意區別内、外篇完成時間的先後，以及作重要度的區分。這些似乎終歸是後世操作的結果。

更饒有深意的是，竹簡本也與《晏子春秋》外篇第八第十八章（即《晏子春秋》的終章）相同，以附加晏子離世後的一段傳說作結尾。

此外，《外篇》的第七、第八這兩篇，考慮到其中一部分已包含在竹簡本中，不能認爲其創作遠遠遲於《内篇》，或遲於《内篇》被收入《晏子》。關於《外篇》，劉向在其《敘錄》中明確區分爲"重複有文辭之異"篇（即保留内容幾乎相同的異傳，將其歸納爲外篇）和"頗不同經術"篇（即從劉向的思想立場來看，稍顯反經學的諸篇古史傳説）。正如劉向所明言的那樣，外篇是在特別用意下編成的，亦即原本不分内外篇而被傳承的文獻，在劉向的時代開始被加以區分。劉向《敘錄》雖然也懷疑"外篇中的不合經術部分或爲後世辯士所爲"，但是卻没有確證。

更何況，竹簡本《晏子》雖是小規模的文本，但卻是首尾完整的體式。這一現象由劉向《敘錄》所附記的情況得以了然，因爲附記中言及劉向就是將從内外收集到的篇數不一狀態繁雜的《晏子》文本群重新整理並編輯爲八篇二百零五章的。

結語
——思想研究史上的意義

竹簡本《晏子》寫於晏嬰出生的齊國，這一點可從齊國語言的使用中得知，例如，《内篇諫上》第二十章中有"疾者"一詞，乃是病人的意思，竹簡本中記爲"脊"[脊（＝瘠）者]，關於這一點，駢宇騫氏指出：從《公羊傳》何休所注的"瘠爲病，齊人之語"中可得知，

"病（＝疾）"是齊國語言。

此外，孟子訪問齊國的時候，在回答公孫丑的提問時歎息道："子誠齊人也，知管仲晏子而已矣。"這在《孟子·公孫丑上》的開篇處可見。由此可見，晏子在齊國與管子並列，爲國人所敬仰。孟子的這段對話，出於戰國時代中期，漢墓的下葬年代應爲前漢武帝時期，其間隔大約一百五十年以上，然而我們依然可以從上面的對話中得知晏子的受歡迎程度，竹簡的發現可作爲傍證。當然，還不僅限於晏子，銀雀山漢簡中除了孫子之外，還可見太公望、管子的名字，可見他們業已成爲了與齊國因緣深厚的知名人物①。

總之，以羣雄割據爲背景，各地所産生的思想的百花齊放，在竭力主張自身的優越的過程中，由秦向漢，一個統一的新帝國建立了起來。可以説，就是在朝向統一的這個時期，思想界也是在角力的同時，形成了一定的趨向，而殘留着濃厚地域性的思想也被確實地繼承下來。抑或可以理解爲：天下一統的政治史實並未滲透到思想史之中。

附錄：

通過解讀 4 942 枚斷簡，最終判定屬於《晏子》的約爲 220 枚。將它們按照體裁和内容排列復原，發現它們相當於完簡 40 枚，内容共有十六章。以下是其詳細的條目，四位數的阿拉伯數字是附

---

① 桓公與管子的問答，可見於名爲《論政論兵之類》本子中。例如：0476、0676、0996、1712、2834、3906、4774 中可見"管子"的名字，4667（……桓公問管……）的"管"字，也應是管子。此外，2783、3413、3923、4085、4766 中可見"桓公""齊桓"的名字。這些斷簡全部在《斷簡釋文》中按"論……三六……"分類整理。尤其是《守法守令等十三篇》中，《王兵》篇被指出與現行本《管子》中的《參患》《七法》《地圖》等各篇有相同的部分（參照《銀雀山漢墓竹簡（壹）》155—160 頁）。

於4 942枚斷簡中的整體編號。不過,"????"是《斷簡釋文》中沒有附加整體編號的部分。〈 〉是一片斷簡,《 》是一枚完簡。三位數的中文數字是附於《晏子釋文》中的竹簡編號,【 】在《斷簡釋文》中代表被附於《晏子》中的相應篇章,但在《晏子釋文》中卻沒有出現。

1. [斷簡10枚、竹簡四枚分]《內篇諫上》第三章)

《〈景公飲酒……〉3810〔□〕〈三日而後發。晏子見曰:"君病酒乎。"公曰:"然。〉0793〔□〕〈三日而後發。"晏子答曰:"古之飲酒也,足以道〉0514》五二八 《〈合好而已矣。故男不羣樂以〉2517〔□〕〈事,女不羣樂□〉3118〔□□□〕〈觴五獻,過者死。君身服之,故上〉2487》五二九 《〈無怨治〉3844 下[□□□□]〈一日飲酒,三日寢之,國治怨□〉2313 外、左〈右亂乎內。以刑罰自防者,勸乎爲非,以賞譽〉1239》五三〇 《〈自勸者,惰乎爲善。上離德〉1643……》五三一

2. [斷簡15枚、竹簡七枚分]《內篇諫上》第九章)

《〈·翟王子羊〉3139〈臣於景〉3773〈公,以重駕。公弗說。嬰子〉4861〈欲觀之。公〉????〈□曰:"晏子寢病也。"居囷中臺上以觀之。〉1060》五三二 《〈嬰子說之,因爲請,公許之。晏子見,公曰:"翟王〉0778〈子羊之〉4719〈□也,寡人甚說之,欲祿之以萬,其足乎。"〉0791》五三三 《〈晏子〉3700〈進答曰:"公言過矣。昔衛士東野之駕也〉0663……》五三四 《〈□□羊之駕也,公弗說。嬰子說之,公因說〉1685……》五三五 《……〈□□□君子所□〉????》五三六 《〈今夫駕六駕八,固非先王之制也。今又重之,此其〉2067……》五三七 《……〈城之務〉????……〈善。遂〉????……》五三八

3. ［斷簡６枚、竹簡三枚分］(《內篇諫上》第二〇章)

《〈・景公之〉3821……〈公曰："異哉□□〉????》五三九 《……〈令所睹於□〉???? ……》五四〇 《〈毋言其名，出氣事者兼月，瘠者□〉0942〈歲。子曰："晏子〉1942〈能明其所欲、景公能行其所善。"〉0859》五四一

4. ［斷簡21枚、竹簡十枚分］(《內篇諫上》第二二章)【3687】

《〈・景公將伐宋，師過泰山。公吾夢有二丈夫立而怒。〉1017……〈□志其聲。"公恐、覺、痛碩、辟〉1884》五四二 《〈門召占夢者曰："今夕吾夢二丈夫立而怒。其怒甚盛。〉0872〈吾猶睹其狀，志其〉3715〈聲。"占夢者曰："師過泰山〉2814》五四三 《〈不用事，故泰山之神怒。□〉2139……》五四四 《〈者之言曰：師〉3313〈過泰山而不用〉3947〈事，故泰山之神怒。今吾欲使人誅〉1080〈祝史。"晏子俯有間，仰而答曰："占夢者〉0938》五四五 《〈弗識也。是〉4467〈非泰山之神也，是宋之先也，湯與伊尹也。"公疑〉0802〈猶以爲泰山。晏子曰："公疑之，則嬰請問湯〉0818》五四六 《……〈豐下，倨身而揚聲。"公曰：〉2703"〔□□〕〈□伊尹黑以短□□以逢，豐上兌〉2496》五四七 《〔□□〕〈而下聲。"公〉3637……》五四八 《〈唯宋耳，而公伐之。故湯伊尹怒。請散師以和平〉0820……〈子曰："公伐無罪之國，以怒明神，不易行〉1153》五四九 《〈□□進師以戰，禍非嬰之所知也。師〉1125〈若果進，軍必有災。"軍進再舍，將殪軍鼓毀。公恐，醳〉4900》五五〇 《〔□□□□〕，〈不果伐宋。〉4894》五五一

5. ［斷簡12枚、竹簡四枚分］(《內篇諫下》第一八章)

《〈・景公登路〉3960〈寢之臺，不能終上而息於陛。公曰：

孰爲高臺、其病人之甚也"晏子〉0416……》五五二　《〈使民如〉3661〔□□□□〕〈罪也。夫古之〉3148〈爲宮室臺榭□〉3663〈者,節於身而調於民,不以爲奢侈。及夏〉0974〔□□〕》五五三　《《也,其王桀〉3749〈欲行棄義〉4235〈作爲頃宮靈臺。殷之〉1997□〈也,其王紂作爲環室玉門。廣大者有賞,卑小〉0842》五五四　《〈者有罪,是以〉2888〈身及焉。今君卑亦有罪,高亦有罪,吏審從事,不免於罪,臣主俱困而無所辟患。〉0262》五五五

6. ［斷簡12枚、竹簡五枚分］（《内篇問上》第三章）

《〈·景公興兵將伐魯,問晏子。晏子曰:"不可。魯君好義而民戴〉4884〔□□〕〈義者安,見戴者和,安和之禮存〉0861》五五六　《〈焉,未可攻〉4112〈也。攻義〉4257〈者不祥,危安者必困。且嬰聞之,伐人者德足以安其國,正足以和其民,國安民〉0377》五五七　《〈和,然後可以興兵而正暴。今君好酒而養辟,德無以安國〉0731〈厚糳斂,急使令,正無以和民。德無以〉0900》五五八　《〈安之則危,正□〉2901□〈和之則亂。未免乎危亂之禮,而〉0979〔□□□□〕〈之國,不可。不若脩德而侍其亂也。其〉1046》五五九　《〔□□□〕〈怨上,然後伐之,則義厚而〉2293〔□□□□□〕〈適寡,利多則民勸。"公曰:"善。"不果伐魯。〉0919》五六○

7. ［斷簡17枚、竹簡七枚分］（《内篇問上》第一○章）

《〈·景公問〉3961〈晏子曰:"寡人志氣甚痿,身體甚病。今吾欲具〉1233〈圭璧犧生,令祝宗薦之上下。意者禮可奸〉0734》五六一　《〈福乎。"晏子□曰:"嬰聞之:古者先君之□福也,正必合乎民,行必順乎神。節宮室,毋敢大斬伐,毋〉

0369〈以服山〉3103》五六二 《〈林,節飲食,毋敢多田漁,以毋贋川砡。祝宗用事、辭罪□〉0384〔□□□□〕〈也。是以神民俱順,而山川入球。〉1515》五六三 《〈今君之正反乎民,行幸乎〉1672〈神。大宮室而多斬伐〉2813……〈□是以神民俱怨,而山〉2928》五六四 《〈川收球。司過薦至,而祝宗察福,意逆乎。"公曰:"寡人非夫子□〉0394〈聞此。請革心易行。"於是□〉2392〔□□□□〕》五六五 《〈止海食之獻。斬伐者〉2579〔□□□□〕〈者有數。居處飲食,節□〉1900〈勿羹,祝宗用事,辭罪而不敢有察(祈)求也。故鄰〉4919》五六六 《〈國患之,百姓親〉3024〈之。晏子没而後衰。〉0559》五六七

8. ［斷簡9枚、竹簡五枚分］(《内篇問上》第一七章)

《〈·景公問晏子曰:"賢君之治國若何。"〉0908〔□□□□〕〈□賢君之治國也,其政任賢,其行愛民,其取下〉1220〔□〕,》五六八 《〈其自養儉。在上不犯下,任治不傲窮,從邪害民者〉0848〔□□□□〕〈舉過者有賞。其政,刻上而毒下,正〉0907》五六九 《〈徹而救窮。不因喜以加賞,不因怒以加罰,〉0822……〈怒以危行,上〉1459〈無驕行,下無諂德,上無私〉2686》五七〇 《〈衆,下無私義。無朽蠹之藏,無凍餒之民。是以其士民蕃滋而尚同,民安樂而尚親。賢君之治國〉0600》五七一 《〔□〕〈若此。"〉1293》五七二

9. ［斷簡10枚、竹簡五枚分］(《内篇問上》第一八章)

《〈·景公問於晏子曰:"明王之教民何若。"晏子答曰:"明□〉0754……〈令,先之以行〉????〈養民不苛,而□之以刑。〉2610》五七三 《〈所求於下者,弗務於上;所禁於民者,弗行於身。守〉0821〔□□□□〕〈以利,立法義,不犯之以邪。苟所求

於民,不以〉0828》五七四 《……〈事以任民,中聽以禁邪。〉2616〈不窮之以勞,不害之以實。苟所求於民,不以事逆,故〉0855》五七五 《〈下不敢犯禁也。古者百里異名,千里異習。故明王修道〉0823……》五七六 《〈不相遺〉3478〈也。此明王之教民也。〉2453》五七七

10. ［斷簡19枚、竹簡七枚分］（《內篇問上》第二○一二二章）

《〈・景公問晏子曰:"忠臣之行,何如。"答曰:"忠臣不合〉0896……〈□乎前,弗華於外,纂〉2054》五七八 《〈位以爲忠,不刻〉1960……〈事太子,國危不交諸侯,□〉1695〈順則進,否則退,不與君行邪。此忠臣之〉0946》五七九 《〈行也。公又問曰:"佞人之事君,如何。"答曰:〉1172〈意難之不至也。明言行□飾其□□□無欲也,說□〉4923》五八○ 《〈其交,觀之〉2904〔□□〕〈欲,而微爲之〉4139〈竊求君之比邇〉3683……〈爵而外輕之以諢行〉2988……》五八一 《□〈而面公正以偽廉〉3808〈諢行偽廉以夜上。工於取,蚩乎□,歡乎新,慢乎故,吝於財,薄乎施。睹貧窮〉0316》五八二 《〈若弗式,趨富????〈利若弗及。非譽不徵乎〉2568〈情,而言不合乎行,身殷存所議而好論賢不肖。有之〉0266》五八三 《〈已,不難非之〉3784〈人,無之已,不難求之人。〉2852〈此佞人之行也。"〉4933》五八四

11. ［斷簡7枚、竹簡五枚分］（《內篇問下》第二二一二三章）

《……〈樂民。有問〉3655》五八五 《……民,行莫賤於害民。又問曰:"吝嗇之於行何如。"〉1163》五八六 《〈答曰:"嗇者,君子〉4154〈之道也;吝愛者,小人之行也。"叔向曰:"何謂也。"答曰:"□□□□而節用之,富無〉0599》五八七 《……

〈貸,之謂嗇。積財不能分人,獨自養,之謂吝。不能自養,又不能分人,之謂愛。故〉0210》五八八　《〈嗇者,君子〉2960〔□□□〕〈吝愛者,小人之行也。"〉1162》五八九

12. ［斷簡22枚、竹簡八枚分］《〈内篇雜上〉》第二章）

《〈・晏子爲壯〉2513〈公臣,言用,晦朝,賜爵〉2169〈益邑。我而不用,晦朝,致邑與爵。爵邑盡,退朝而乘,渭然羈,羈終而笑。〉0314》五九〇　《〈其僕曰:〉4867"〔□〕〈羈笑相〉278〈從之數也。"晏〉3851〈子曰:"吾羈〉4815〈也,歎哀吾君必不免於難也。〉????〈吾笑〉3212……》五九一　《〈吾夕無死已。"〉2664〈崔杼果弒壯公。晏子立於崔子之門。從者曰:"何不死乎。"晏子曰:"獨吾君與（歟）。吾死也。"〉0175》五九二　《〈"何不去乎。"曰:"吾罪歟哉。吾亡也。""然則何不〉0513〔□□□〕〈君死焉歸。夫君人者豈以陵民,社稷是主也。故〉0805》五九三　《〈君爲社稷死則死之,君爲社稷亡則亡之。若君爲己死,爲己〉0753〔□□〕〈其私親,孰敢任之。人有君而殺之,吾〉1891》五九四　《〈焉得死。〉3474〈焉得仁。"〉4733〈門啓而入。崔子曰:晏子〉2337□□□〈子曰:"過始弗智也。過衆弗智也。吾何爲死。且〉1215》五九五　《〈吾聞之,以亡爲行者不足以存君,以死爲義者不足以〉0781〈立功。嬰豈婢子哉。縊而從之。"遂祖免坐,枕君〉0804》五九六　《〔□□〕〈哭。興,九甬而出〉2465》五九七

13. ［斷簡29枚、竹簡一三枚分］（《内篇雜下》第四章）【2524/2588/2992/3007/3170/3922】

《〈・景公令脩萚〉1953〈説之臺,臺成,〉3178〈公不尚焉。柏常騫見曰:"□〉2524〔□□〕□〈□甚急。今成,何爲不尚焉。"

公曰:"然。每〉1812》五九八 《〔□□□〕〈鳴焉,其聲無不爲
也,吾是以不尚焉。"柏常〉0516〈鶱曰:□□"臣請□而去之。"
公曰:"若。"令官具柏〉0811》五九九 《〈常鶱之求。柏常鶱
曰:"無求也。請築新室,以茅茨之。"室成,具白茅而已矣。柏
常鶱夜用事〉0407〈焉。〉3007》六〇〇 《〈旦見於公曰:"今夜
尚聞〉1110〈梟聲乎。"公曰:"吾壹聞〉2001〔□□□□〕〈矣。"柏
常鶱曰:"□〉????〈令人視之,梟〉????〔□□〕》六〇一
《〈矣。"公令人視之,梟布翼,伏〉0681〈地而死乎臺下。公喜
曰:子能□〉1930……》六〇二 《〈柏常鶱曰:"能。"公曰:"益
幾何。"答曰:"天子九,諸侯七,大夫五。"公曰:"□□益壽有徵
兆乎。"柏常鶱曰:"然。益〉0418》六〇三 《〈壽地將動。"公
喜,令數爲之,令官具柏常鶱之求,後□〉0388〈不用令之罪。
柏常鶱出,曹晏子〉2320》六〇四 《〈於涂,曰:前日公令脩〉
1729〈臺,成而〉????〈公不尚焉,鶱見〉2992〈而□問之,君曰:
"有梟夜鳴焉,吾惡之,故不尚焉。"〉0877》六〇五 《〈鶱爲君
□之,而梟已死矣。君謂鶱曰:"汝能請鬼神殺梟而不能益寡
人之壽乎。"鶱答曰:"能。"君曰:〉0565》六〇六 《〈"諾。爲
之。"今寒〉2588〈將大祭,以爲君請壽。故將往,以聞。"晏〉
0915〈子□:"誒。夕善矣,能爲君請壽。雖然,徒祭可〉0508》
六〇七 《〈以益壽□。"〉3922〈柏常鶱曰:"可。"晏子曰:"嬰聞
之,唯正川□〉1680〈□可以益壽而已矣。今徒祭,可以益壽,
若〉1792》六〇八 《〈謹爲之。然得壽則有見乎。"柏常鶱曰:
得壽〉4880〈□□□□曰:"昔吾見維星絶,樞星散,地其〉
2217》六〇九 《〈將動,女以〉2891〈是乎。"柏常鶱附有間,合
曰:"然。"晏子曰:"爲〉0709〈□□□,弗爲損年,數爲之而毋求
財官。"〉0923》六一〇

14. ［斷簡 10 枚、竹簡六枚分］(《外篇》第七、第九章)【3815】

《〈高子問晏〉????……〈心壹與、夫子之心三與。晏子曰：善〉2037》六一一　《〈我、問事君。嬰聞之、一心可以事百君、三心不可事〉0486……〈嬰心非三也。且嬰之事靈公也、〉2489》六一二　《……〈□勇力、勝欲辟於邪、而〉2125》六一三　《〈嬰非能禁也、故退而鯉處。嬰聞之、言不用者、不受其禄、〉0775……〈□不善其事、不與難。〉2181〈吾於壯公行之矣。今〉2254》六一四　《〈之君、輕國重樂、薄民〉1645……》六一五　《〈君乎。2555》六一六

15. ［斷簡 18 枚、竹簡七枚分］(《外篇》第八、第一章)

《〈中泥之齊，見景公。景公説之，將欲封之〉1038〈以慼稽，以告晏〉2358……》六一七　《〈下，好樂而〉2890〔□□□□〕〈□治，立令而殆〉2968〔□〕〈不可使守職。久葬〉2818〈而循哀，不可使子民。□□□……〉2624》六一八　《〈容，不可以道〉4152〔□□□□〕〈之導，周室之卑〉3184……〈民行兹薄，聲樂熬充，而世兹衰。今〉0930》六一九　《〈孔丘盛爲容飭以粘世，絣歌〉1315……〈衆，博學不〉????〔□□□〕》六二〇　《□〈思不可補民，纍譬〉2533〈不能宣〉3612〈其教，當年不能行其禮，積材不能譫其樂。熬飭登降以營世君，〉4893》六二一　《〈盛爲聲樂以淫愚民。其道不可以視□，〉1893〈其教不可以道衆。今君封之以移齊俗，非所以道國先民〉4916》六二二　《〈也。"公曰："善。"於是重其禮而留其封，敬見之而不問〉0405〈其道。仲尼□去。〉1312》六二三

16. ［斷簡 14 枚、竹簡七枚分］(《外篇》第八、第一八章)

《〈・晏子没十有七年，公飲諸大夫酒。公射，出質，堂上

昌〉0853〔□□□〕〈□，公組色大息，蕃弓矢。笏章入。公曰:〉0741》六二四 《〈"章，自吾失〉2866〔□□〕〈於今十有七年，未嘗聞吾不善。今射出質，昌善者若出一口。"笏章合曰:"此諸臣之不宵〉0410》六二五 《〈也。智不足以智君之不善，勇不足以犯君之顏，此諸臣□不〉0871〈肖也。然而有一焉，臣聞斥蠖食黄其身〉0903》六二六 《〈黄，食青其身〉2637〈□。君其有食乎遇人之言輿。"公曰:"善。"笏〉0909〈章出。自海人入魚五十乘以賜笏章。章歸，魚塞〉1282》六二七 《〔□□□□〕〈之手曰:"裏之昌善者皆欲若魚者也。昔者〉0650〈晏子辭賞以正君，故過不弇。今諸臣由臾〉0835》六二八 《〈以弋利，故出質而昌善若若出一口。今所以輔君未見於〉0537〔□〕〈□□□□□晏子之義，而順遇臾〉1353》六二九 《《之欲也。固辭而不受。"公曰:"笏章之廉、晏子之〉1020……》六三〇

齊地之現實主義的思考
―― 從魯仲連和劉敬的儒家身份談起

序

有如前文所闡明的那樣：中國自新石器時代以來，已然形成了若干個文化圈，它們的歷史和傳統各具特色。並且，北方以燕爲中心、南方以楚爲中心的這些文化圈，絶不曾孤立存在，它們時而以不幸的戰争方式、時而以外交通商等和平的方法，在充分發揮其各自風土和文化特色的同時，不間斷地累積着彼此的交流，終於在東亞大地上形成了可謂是"中華"社會的國際社會。其結果便是：中華的文化思想作爲一個整體不斷地發展並結出豐碩的果實，不久即迎來了秦漢統一帝國的出現，因此，即便認爲各地域文化圈之交流發展的高峰期在春秋戰國時代，亦不爲過。在秦漢統一之後的高度强化的中央集權制度下，各地域文化圈之間已不止於單純的交流，其進而謀求的乃是相互的融合。然而，漢初之際，統一形成之日尚淺，可以説，地域文化圈的差異仍十分凸顯，而普遍爲整個中國所接受的文化思想卻尚未十分成熟：在語言方面，揚雄編撰《方言》一書，就語彙的地域差别進行了明確的分類整理和記述；司馬遷在《史記·貨殖列傳》中，基本以戰國時代的方國爲標準劃分地域,分別記錄其各自的歷史、風土以及民俗特色等,都是其佐證。稍後時代的班固也在《漢書·地理志》中,繼承了司馬遷的《貨殖列傳》的手法。這些或許都是出於某種強烈的自覺性,就是說,他們清楚地意識到:中國雖然在政治上實現了統一,但是,在文化上,仍然保持着其多樣性。

在本文中,筆者將從《史記》《漢書》中擇取齊地出身的人物,尤其是戰國末期的魯仲連和漢初的劉敬,對他們的思想以及行爲加以考察。因爲筆者留意到:儘管他們出生於不同時代,並有着不同的活動空間,但卻令人吃驚的是,在思想和行動上竟然具有出人意料的共同特徵。而且,筆者認爲:這一共通性正是齊地文化思想的特色,而決非其他。

一、《史記》及《漢書·藝文志》所記載的齊地出身的主要人物

翻閱《史記》和《漢書》就會發現,記述一個人物的文章之始,幾乎必定有"某地之人"這種可以表明其出生之地的語句。談論某人或理解某人時,認爲其出身地亦很重要這一想法究竟始於何時,現在我們已不得其詳,但是,出身和成長環境將極大地影響一個人成人後的品性是毫無疑問的。另外,成人後的主要活動場所亦能給人的思想和行動以不小的影響。因此,本節首先從《史記》《漢書》的列傳等文獻中,擇取有記載留存且與齊地多有因緣的人物如下,作爲考察對象:

1. 西周時代

(1) 太公望:道家者流派"《太公》二百三十七篇",《史記·齊太公世家》《漢志》。

2. 春秋時代

(2) 管仲：道家者流派"《筦（＝管）子》八十六篇"，《史記·管晏列傳》。

(3) 晏嬰：儒家者流派"《晏子》八篇"，《史記·管晏列傳》。

(4) 孫武：兵書略兵權謀家"《吳孫子兵法》八十二篇"，《史記·孫子吳起列傳》。

3. 戰國時代

(5) 鄒衍：陰陽家者流派"《鄒子》四十九篇""《鄒子終始》五十六篇"，《史記·孟子荀卿列傳》。

(6) 鄒奭：陰陽家者流派"《鄒奭子》十二篇"，《史記·孟子荀卿列傳》。

(7) 田駢：道家者流派"《田子》二十五篇"，《史記·孟子荀卿列傳》。

(8) 黔婁子：道家者流派"《黔婁子》四篇"，《史記》無。

(9) 魯仲連：儒家者流派"《魯仲連子》十四篇"，《史記·魯仲連鄒陽列傳》。

(10) 孫臏：兵書略兵權謀家"《齊孫子》八十九篇"，《史記·孫子吳起列傳》。

(11) 周伯：陰陽家者流派"《周伯》十一篇"，《史記》無。

(12) 子晚子：雜家者流派"《子晚子》三十五篇"，《史記》無。

4. 西漢時代

(13) 劉敬：儒家者流派"《劉敬》三篇"，《史記·劉敬叔孫通列傳》《漢書·酈陸朱劉叔孫傳》。

(14) 捷子：道家者流派"《捷子》二篇"，《史記》無。

(15) 東方朔：雜家者流派"《東方朔》二十篇"，《漢書·東方朔傳》。

（16）蒯通：縱橫家者流派"《蒯子》五篇"，《史記・張耳陳餘列傳》《史記・淮陰侯列傳》《漢書・酈陸朱劉叔孫傳》。

（17）鄒陽：縱橫家者流派"《鄒陽》七篇"，《史記・魯仲連鄒陽傳》《漢書・鄒陽傳》。

（18）主父偃：縱橫家者流派"《主父偃》二十八篇"，《史記・平津侯主父列傳》《漢書・嚴朱吾丘主父徐嚴終王賈傳》。

（19）莊（＝嚴）安：縱橫家者流派"《莊安》一篇"，《史記・平津侯主父列傳》《漢書・嚴朱吾丘主父徐嚴終王賈傳》。

以上，從既是《漢志》所收錄文獻的作者，又已判明其出身地在齊的人物中擇取了與齊地多有因緣者，共計十九人。我們自然不可忽略這一決不算少的人數，若進而試以學派分類，則可發現道家與縱橫家居多，而可劃入儒家一類的人物很少，其人數順序如下：道家五人、縱橫家四人、儒家三人、陰陽家三人、兵家兩人、雜家兩人。

爲了明確這一事實所具有的意義，不妨檢視一下在《諸子略》和《兵書略》中，與魯地因緣相繫的人物有多少人及其著述被錄入。我們看到儒家流派有"《子思》二十三篇"、"《曾子》十八篇"、"《漆雕子》十三篇"、"《宓子》十六篇"，共四人，雜家流派只有"《尸子》二十篇"一人，道家、陰陽家、法家、名家、墨家、縱橫家、兵家則全無收錄。若就此再附加一條，就是《史記・仲尼弟子列傳》中所記載的77名弟子中，近半數的35名都出身於魯地。僅由這一事實亦能具體詳細地看到齊魯在文化思想風土上的不同。

如上所見，齊地的思想傾向總體上與魯地差異甚大，儒家思想以外的諸子的思想傳統顯得更爲濃厚。儘管如此，仍然有可歸類於儒家的人物，他們就是春秋末期的晏子、戰國時代末期的魯仲連,以及漢初的劉敬。關於晏子的思想已於前文論述,在此,首先就魯仲連和劉敬的思想是基於何種根據最終被歸類爲儒家的這一問題,試作若干分析,以探討他們的思想能否看作是繼承了鄒魯儒者們所代表的孔孟傳統的正統儒家思想。

二、魯仲連

《漢志》所記的《魯仲連子》十四篇(《隋書·經籍志》爲"《魯連子》五卷録一卷")業已失傳,僅存以《史記·魯仲連傳》《戰國策》等所見的片斷記述爲材料的輯佚書《魯連子》一卷,據此可以了解魯仲連的思想和活動的大概。

據這部文獻可知魯仲連在儒家當中,實乃具有極其特殊性格的人物。何以見得呢？因爲倘若是儒家,只要張口有所議論必定會引用《詩》或《書》,以借助其權威性,然而,魯仲連卻對這些只字未提。相反,他常常以"我聞之……"這類敘述手法引用俗諺俚語,並且,以此種另類的論據所提出的主張都是很現實的方略計策之類。例如:

> 吾聞之:智者不倍時而弃利,勇士不怯死而滅名,忠臣不先身而後君。(《史記·魯仲連傳》《戰國策·齊策六》)

> 吾聞之:規小節者不能成榮名,惡小恥者不能立大功。(《史記·魯仲連傳》《戰國策·齊策六》)

> 臣聞:堂上不奮,郊草不芸,白刃交前,不救流矢,急不暇緩也。(《史記·正義》所引《魯仲連子》)(注:《意林》卷一所引《魯連子五卷》中,引有:"白刃交前,不救流矢,急不暇緩也。")

此外還有一些引用,雖然沒有"我聞之"之語,但仍是以平俗而淺近的比喻贏得說服對方的效果。例如：

　　猨獼猴錯木據水，則不若魚鼈。歷險乘危則騏驥不如狐狸。曹沫之奮三尺之劍，一軍不能當，使曹沫釋其三尺之劍，而操銚鎒，與農人居壠畝之中，則不若農夫。故物舍其所長，之其所短，堯亦有所不及矣。(《戰國策‧齊策三》)

　　財者君之所輕，死者士之所重，君不能以所輕與士，欲得士之所重，不亦難乎。(《意林》卷一所引《魯連子五卷》)

　　百足之蟲，斷而不蹶，持之者眾也。(《意林》卷一所引《魯連子五卷》)

　　人心難知於天，天有春夏秋冬以作時，人皆深情厚貌以相欺。(《意林》卷一所引《魯連子五卷》)

　　不知宜與不宜，將以錦純薦。不知時與不時，猶冬耕也。不知行與不行，猶以方作輪也。(《意林》卷一所引《魯連子五卷》)

　　上述皆俗諺之類，並非崇高人倫的說教或聖賢的遺訓，可以說，每條論說的都是極其世俗淺近的處世之道。

　　此外，魯仲連既沒有彰顯儒家所無限敬仰的古之聖王，如堯舜、周文武等的功業，也沒有在自己的論辯中言及仁義、禮等儒家特有的觀念。這些足以使我們質疑其作爲儒家的純粹性。《史記‧魯仲連傳》的一開始就寫道："魯仲連……好奇偉俶儻之畫策，而不肯仕官任職，好持高節。"雖然他的畫策並非爲利己，而是左右國家將來的謀略，但是，對此的喜好爲我們的懷疑提供了別樣的旁證。況且，從"不肯仕官任職，好持高節"亦可以窺見其沒有世俗的野心，這一點也表明將其歸入儒家稍欠妥當。他對齊國的管仲、魯國的曹沫忍受一時之屈辱而最終成就了非常之功業的高度評價，也使我們很難將其作爲儒家看待。其言如下：

非不能成小廉而行小節也,以爲殺身亡軀,絕世滅後,功名不立,非智也。故去忿恚之怨,立終身之名。棄忿悁之節,定累世之功。是以業與三王爭流,而名與天壤相弊也。(《史記・魯仲連傳》)

這些內容都是朝向論斷事物的強弱、是非,討論如何贏得功績和贊頌而展開的,應該說,實在不像儒者的言論。另外,與之幾乎同樣的內容被引用於和儒家思想毫無關係的《淮南子・氾論》中,也可證實這一點①。

在與《魯仲連傳》相同的文脈中評價管仲和曹沫,這是應該引起注意的。再則,關於《氾論》的思想特色和思想傾向,目前還沒有發現足以使人積極地認定魯仲連爲儒家的資料,所以,不能不說《漢志》將魯仲連子歸類爲儒家的理由很不明確。

加之,從魯仲連對當時著名的稷下說客田巴的批評的回應中,亦可得知他乃是具有現實主義思想的人物。他以當時辯論之高手的出色口才,責難曾"毀五帝,罪三王,訾五伯,離堅白,舍異同,一日而服千人"(馬國翰《玉函山房輯佚書・魯連子》)的田巴,單刀直入地提出"國亡在旦暮耳,先生將奈何?",致使田巴一反其能言善辯的常態,對此竟不能作只字的回答。進而,魯仲連怒斥不能解決現實問題的辯論術,乃是毫無意義的空談,認爲:"夫危不能爲安,亡不能爲存,則無爲貴學士矣。……先生之言有似梟鳴,出聲而人

---

① 《淮南子・氾論》中有:"詘寸而伸尺,聖人爲之。小枉而大直,君子行之。……昔者曹子爲魯將兵,三戰不勝,亡地千里。使曹子計不顧後,足不旋踵,刎頸於陳中,則終身爲破軍擒將矣。然而曹子不羞其敗,恥死而無功。柯之盟,揄三尺之刃,造桓公之胸,三戰所亡,一朝而反之,勇聞于天下,功立於魯國。管仲輔公子糾,而不能遂,不可謂智。遁逃奔走,不死其難,不可謂勇。束縛桎梏,不諱其恥,不可謂貞。當此三行者,布衣弗友,人君弗臣。然而管仲免於累紲之中,立齊國之政,九合諸侯,一匡天下。使管仲出死捐軀,不顧後圖,豈中有此霸功哉!"

惡之。願先生勿復談也。"從這個故事可以看出：魯仲連認爲不能應對現實諸問題的知識或言論，都是毫無價値的，他憎惡這種空談空論。反過來說，他的辯才都是爲解決現實問題而發的；而且我們可以了解到，事實上，他的辯論確實曾取得了不少的成果。例如《史記》中就記載了下面一段故事：

　　彼秦者，棄禮義而上首功之國也，權使其士，虜使其民。彼即肆然而爲帝，過而爲政於天下，則連有蹈東海而死耳，吾不忍爲之民也。（大意：當秦國包圍趙國的邯鄲之際，趙公子平原君爲求得趙國的存續，欲向秦國表示恭順之意。這時，魯仲連挺身反對，對平原君說道："秦國乃是背棄禮義，居功驕橫之國。耍弄其士子，奴役其人民。其企圖公然稱帝實乃大罪，若竟得以推行其政治於天下，則仲連唯有蹈東海以求死。仲連豈能忍受成爲秦之臣民。"）

他主張：不能容忍秦國稱帝，趙、魏、齊、楚、燕五國一定要聯合抗秦。魯仲連對於野蠻好戰、没有優雅文化的秦國的憎惡，或許還成爲了後來秦始皇的焚書坑儒的誘因之一。然而，當時大力宣傳具有反秦聯盟意味的合縱之策的卻不是儒家，而是以蘇秦爲首的縱橫家。因而，我們留意到：魯仲連的反秦主張，與提倡六國應合縱抗秦的縱橫家的合縱論如出一轍。不過，他與縱橫家亦有本質的不同——當平原君因敬佩他的辯才而欲贈千金以相邀時，他卻斷然拒絶道："所貴於天下之士者，爲人排患釋難解紛亂而無取也。即有取者，是商賈之事也，而連不忍爲也。"（《史記・魯仲連傳》）表明自己辯論的目的並非爲了一己之私利，只是爲了免除國家的災難，而後也沒有接受報酬即離趙國平原君而去。就是說，他並沒有將辯才作爲求得立身榮達的手段。是否這一點成爲了其日後被歸入儒家的理由呢？

當二十餘年之後，齊國聊城被燕占領而無法以武力奪回時，魯仲連卻僅以一封書信便使之回歸了齊國。這時，他不僅仍然沒有接受褒賞，而且逃往海上隱居起來。他說："吾與富貴而絀於人，寧貧賤而輕世肆志焉。"（《史記‧魯仲連傳》）此處與前面的"不肯仕宦任職，好持高節"同樣可以讀出其明顯的道家意向，其言論與莊子何其相似！令人聯想起莊周拒絕楚王的使者時說的"……我寧游戲污瀆之中自快，無爲有國者所羈"（《史記‧莊子傳》）。然而，即便如此，也不能忘記司馬遷是將其與鄒陽合併爲一卷的。何故將這兩人合在一起呢？我以爲也許是因爲鄒陽雖爲漢代人，卻與魯仲連同爲齊地出身，而且，是可與魯仲連比肩的辯論家之故。但是，在《漢志》中，魯仲連卻被歸入了儒家，而將鄒陽歸類爲縱橫家。這種差異究竟該如何解釋呢？實際上，由上述分析可見，魯仲連與其說是儒家，毋寧說其給人的印象更近似縱橫家。如此看來則令人感到：最初即應像鄒陽一樣，將魯仲連歸入縱橫家。

魯仲連雖已被《漢志》分屬爲儒家，但是，他與他們——戰國之時仍對古代周王朝的禮樂制度完備之理想社會無限追慕，並熱心地爲此謳歌，忠實地致力於回復周王朝的鄒魯儒者，性質根本不同。那麼，應該如何給魯仲連定位呢？下面，將在對劉敬進行分析的過程中，再度回答這一問題。

三、劉敬（婁敬）

劉敬（原名婁敬，以其最先進諫劉邦應建都秦地之功而獲賜劉姓，故改稱劉敬。參見《漢書‧劉敬傳》作者注）本是漢初出仕高祖、齊地出身的"辯士"。《漢書》將其歸爲儒者，但據《史記》的傳記可知，其與前節的魯仲連同樣，乃是極其能言善辯之人，他的功績幾乎都是靠充滿洞察力和説服力的出謀劃策而得來的。

《史記》在劉敬的傳記中尤其特別給予記錄的,是他對高祖的四次獻策,其内容都是如何使漢家能夠長久保有天下之計。其計:(1) 長安奠都論——他認爲長安纔是建都之地,而不是洛陽;(2) 對匈奴慎重論——在韓信造反,與匈奴冒頓單于結爲同盟,欲與漢家一戰之際,他提出不應對匈奴進行討伐;(3) 與匈奴和親論——他主張應將漢室公主嫁於單于,與匈奴和親,以結成姻親關係求得和平;(4) 強本弱末論——他提出將以原六國各路諸侯爲首的豪門望族遷移至關中,以圖漢室的安定。下面就這些計策的内容逐項予以具體的分析。

先就(1)來看。高祖當初因身邊也曾有人進言而考慮過建都洛陽,以顯示自己堪比古代周室的隆盛(《漢書・婁敬傳》)。婁敬卻對高祖的想法給予毫不客氣的批評,指出周朝是以"德"取得天下,而漢卻是以武力得之。其批評的重點在於強調彼之周室與今之漢室乃有"古"與"今"之不同,並在力説周之盛德之後,指出周之滅亡在於其"勢"的耗盡。他對現狀進行了徹底的分析,認爲漢室原本不能與周之盛德相媲美,並非以"德"興起的漢室,所以一開始即不能不以其"勢"爲固守之所,因而建都關中,對於維持漢室之"勢"纔最爲有利,即:

> 且夫秦地被山帶河,四塞以爲固。卒然有急,百萬之衆可具也。因秦之固,資甚美膏腴之地,此所謂天府者也。陛下入關而都之,山東雖亂,秦之故地可全而有也。夫與人鬬,不搤其亢拊其背,未能全其勝也。今陛下入關而都,案秦之故地,此亦搤天下之亢而拊其背也。(《史記・劉敬傳》)

其論説的腔調一如曾經的縱橫家蘇秦對秦惠王的游説:

> 大王之國,西有巴蜀漢中之利,北有胡貉代馬之用,南有

巫山黔中之限，東有崤函之固。田肥美，民殷富，戰車萬乘，奮擊百萬，沃野千里，蓄積饒多，地勢形便。此所謂天府，天下之雄國也。……（《戰國策・秦策一》）

其内容亦是與之相仿佛的"長安奠都論"。

下面是(2)。劉敬以其獨到的洞察和分析提出："今臣往，徒見贏胔老弱，此必欲見短，伏奇兵以争利。愚以爲匈奴不可擊也。"他主張不可攻擊匈奴，爲此卻遭到了高祖一頓粗言穢語的痛罵，斥責其爲"齊虜。以舌得官，乃今妄言沮吾軍"，並被繫於囹圄。然而，事情的結果恰如劉敬所憂懼的那樣，前往討伐匈奴的二十餘萬漢軍遭到了慘敗。而當此之時，除劉敬之外，全無一人能夠正確預見匈奴的戰術，於是，他因這一功績而受賜兩千户之祿，並封號爲建信侯。我們從他能夠冷静分析情況，提出正確的慎重論而不參與主戰派的表現中，可看到他對兵法的深厚造詣。

現在來看(3)。劉敬所主張的所謂對匈奴和親論，意在通過這種外交聯姻，將敵對者匈奴拉入以漢室爲中心的血緣關係中，就是説，他竟敢獻上要皇帝的女兒嫁於冒頓單于這種大胆不遜之奇策——後來，在吕后的哀求下，高祖的女兒纔得以留下，最終另擇了替身遠嫁。這一計策，必要等到單于的子孫一代纔能見成果，可以説是立足於大胆且長遠的眼界上的深謀遠慮，同時也可見其爲達到目的而不顧一切的思維方式。

最後來看看(4)。劉敬在提出定都關中時最爲擔心的，是曾經的六國諸侯實力仍然不可小覷，加之關中本身對"胡寇"的警備極其薄弱，故而，他在指出了這些事實之後，獻上的計策就是：必須令十餘萬户的豪族世家一齊遷入關中，以排除上述的隱患。這一計策真乃一舉兩得的"强本弱末"之計，既可强化漢室的防衛，又可削弱舊有諸侯的勢力。

高祖原本就是現實主義者,衆所周知,他從來也不喜歡儒者。就是這位討厭儒者的高祖所重用的劉敬,與《史記・儒林傳》所描寫的那些不顧現實的魯之儒者,即"高皇帝誅項籍,舉兵圍魯,魯中之諸儒尚講州習禮樂,不絕弦歌之音……"的儒者們大不相同,而且,在某種意義上,這亦是理所當然的。

馬國翰將(1)至(4)條加以輯佚,認同陳仁子對劉敬的批判——"論都秦,以爲使後世不務德而務險者,得敬言以爲藉口",實屬合情合理;又在此基礎上,評論劉敬的策略乃是"大抵權宜救時之計";進而,還論及了《漢志》將劉敬分類爲儒家的理由,乃是因當時的漢室"兼王霸以爲家法"之故。馬先生的觀點,似乎努力想要將看似非常矛盾的事實加以彌合,但是,歸根結底,不過是其臆測而已。《漢志》何以將劉敬歸入儒家之列,實際上已難詳其故。

不過,由上述分析得以明確的是,劉敬以其出色的辯論才智,爲解決當時漢室所直面的諸多問題作出了最大的貢獻。對於他在思想史上的定位,應該在充分考慮這一點之後來進行。

總而言之,可以認爲劉敬和魯仲連的情況相同,倘若將他們作爲儒者,則他們的思想和行爲皆顯得完全沒有説服力,而且也是不可思議的。因爲他們的共同特質就在於:誰都沒有標舉任何理念、理想的大旗,宣揚的都是將現實所面臨的問題最有效地加以解決的方略。而這一共通特質不恰恰體現出他們都被稱爲齊人這一特點嗎? 也可以説,他們的才能正是由齊地一帶的思想風土培育出的某種辯士的典型。

結語

如上所述,齊地具有獨特的歷史和文化傳統,並且是在漫長的積累和傳承中形成的思想風土,即或是儒家亦不例外。對他們來説,也和其他諸子一樣,具備齊人所共有的思想特色,這就是本文所闡明的問題。

迄今爲止,我們在考察先秦至漢代的思想史時,幾乎都是以《漢志·諸子略》的分類爲基準進行的。但是,或許這種分類基準實乃由前漢經學的世界觀演繹而來的,所以,若拘泥於此,或許反而使思想史的真相變得難以釐清。例如,《太公望》二百三十七篇儘管由"謀""言""兵"三項構成,竟然被分類爲道家;《管子》八十六篇在《隋書·經籍志》中被分類爲法家,而在《漢志》中卻被歸入道家。此類疑團——有關太公望、管仲等與齊國皆深有因緣的人物的文獻,何故與《老子》《莊子》同樣地被分類爲道家?與齊地淵源深遠的文獻,爲何多含有縱橫家、兵家等極富實踐性和功利性的思想?解開這些疑團的鑰匙,歸根結底還在於齊地的思想傳統,筆者以爲這是首先有必要指出的一點。

可以説:漢初,占據着思想界中樞的乃是這些齊地的思想家們,他們普遍都屬於現實主義者和功利主義者。但是,到了武帝時期,隨着鄒魯的儒者們致力於挽回這種形勢,他們便開始失去所據有的主要地位。這些齊地的思想家們,最終被前漢末期的經學者劉歆,按照他們各自的思想特色,分別歸類爲道家(包括黄老思想)、兵家、縱橫家。而本文所討論的魯仲連和劉敬則被分入了儒家。只是,其分類的基準依舊含糊不清,一如上面所反復論述的那樣。

就魯仲連和劉敬兩人而言,經由上述對他們思想的重新考察得以明確的是:他們的思想傾向與其説是儒家,不如説,具有很多出人意料的齊地思想風土的特色,與道家、兵家、縱橫家決不是毫無關係的。

由此應該認識到:在考察先秦思想史之際,《漢志》的分類決不是必須依據的、絶對正確的唯一基準。

從齊到秦

——《春秋公羊傳》中"大一統"主義的思想與實現

序

在中國歷史上,第一次實現政治制度"大一統"的是秦始皇;在中國思想史上,首次明確提出"大一統"思想的則是被看作屬於齊地之學的《春秋公羊傳》。那麽是否等於說秦始皇是以《春秋公羊傳》的"大一統"理念爲思想依據來推進"大一統"事業的呢?如果將一般認爲《公羊傳》乃是漢初景帝時始著於竹帛之事,與秦始皇所采用的統治理念本是李斯的法家學説這兩者聯繫起來考慮的話,筆者以爲很難作出如此推斷,更何況《公羊傳》又是記録了孔子的所謂"微言大義"的儒學内容。由上述推論,穩妥的看法似乎應是:秦始皇一方對此只會加以排斥,絶無將此作爲思想依據的可能。或許出於這樣的理由,據管窺所見,迄今尚無將兩者聯繫起來進行的研究。

不過,金觀濤、劉青峰所著的《中國社會超安定結構——"大一統"之原理》(研文出版,1987年)①認爲:"大一統"主義乃是長達二

---

① 原題爲《在歷史的表像背後——對中國封建社會超隱定結構的探索》。

千年的中國封建社會構造上的特質,是由互爲依托的經濟、政治、文化這三個層面來支撐的、世界上罕見的一體化構造;並認爲若要實現這種一體化構造的"大一統"主義,必須具備如下四個條件:

(1) 社會中有發揮聯絡功能的強勢階層。
(2) 這一階層有着統一的信仰,而且有着積極的統一國家論。
(3) 社會實行的是由官僚管理的郡縣制。
(4) 由具有統一信仰的階層組成官僚機構。

就是說,(1)條可以理解爲春秋戰國時代始終存在着的"士"這一階層;第(2)條相當於《公羊傳》的完成——不過,作爲統一的信仰,雖然曾有《公羊傳》,但那也是進入漢初之後的事情,可以說,秦始皇時代這一條件並不具備;那麽只有(3)條是因爲秦始皇而得到了強有力的推進。另外,時至漢初,仍有封建和郡縣之爭,最終是郡縣一方贏得了勝利。最後的(4)條,可以認爲是因由漢武帝和董仲舒而奠定了其大致的基礎。如此觀之,必須說:作爲《公羊傳》要義的"大一統"思想,和秦始皇統一中國的大業,以及漢武帝、董仲舒爲支配統一帝國所實行的獨尊儒術的政策,都應看作是完成中國一體化構造的彼此相連的過程,應在同一思想層面上加以把握。

基於上述觀點,本文將對以下兩點進行探討:第一,作爲《公羊傳》要義的"大一統"主義,究竟是否成爲了這種統一國家論的有力依據?第二,"大一統"主義在秦始皇統一天下的事業中,是否發揮了其作爲理論依據的作用?

一、"大一統"在《公羊傳》中的地位

《公羊傳》中僅可見到一例"大一統"之語。即篇首部分有關隱公"元年春王正月"的傳文中的"元年者何。君之始年也。春者何。

歲之始也。王者孰謂。謂文王也。曷爲先言王而後言正月。王正月也。何言乎王正月。大一統也。……"①。傳文於此處所追究的,是在制定歲時日曆時,"正月"一詞前要冠以"王"字(即"王正月")的理由何在。文中主張"王者正月",即正朔(＝日曆)的制定乃是非王者莫屬的特權,這樣纔能形成以王者爲至尊的天下秩序。不過,這個王者並非指當時的周王,而是指文王。由此可見"大一統"本是理念上構想出來的產物。因而,由文王統一天下的觀念,即被認爲與同傳末尾的"哀公十四年"的"西狩獲麟"一條傳文是相對應的。傳文如下:

> 何以書。記異也。何異爾。非中國之獸也。……麟者仁獸也。有王者則至,無王者則不至。……孔子曰:孰爲來哉。孰爲來哉。反袂拭面,涕沾袍。……

上文是因没有真正的王者存在而使孔子感慨唏嘘的場面,旨在説明:孔子希求春秋時代已然徒有其名的王者(實際上,一開始就不過是有名無實的)能一統天下並振興之,故而有着史之事。也因此,手塚良道先生的《關於春秋公羊傳的理論"大一統主義"》(《東洋學紀要》第一四集,1960年)一文的論旨就認爲:《公羊傳》中的其他傳記的宗旨也都與"大一統"這一要義相關聯。手塚先生認爲傳尾處的哀公十四年"西狩獲麟"的傳文,應在《公羊傳》全文之序文的位置上。就是説,孔子試圖使周一統社會崩壞後的亂世重回

---

① 後世對"統"的訓詁多有不同。陳立的《公羊義疏》以何休注的"統者始也"爲始,不僅援引了"統者至之辭""統猶本也""統猶總覽也""統總也""統所以合率以等物也……總攝之辭也"等數例,又指出《漢書·王吉傳》中的"春秋所以大一統者,六合同風,九州共貫也",以及《禮記·坊記》的"天無二日,土無二王,國無二君,家無二尊,以一治之也。"等,都是典型地闡明"大一統"的含義之處。據王吉的解釋,所謂的"大一統",是崇尚在王者一人之下,廣大的天下擁有一個共同的風俗習慣。這些都屬於漢代公羊學的"大一統"觀。

治世,因而纔編撰《春秋》,並盡其各種筆法(微言大義),確定諸種"義理",將"大一統"主義置於其核心部分,又使各"義理"逐一與之相聯繫,進而纔形成了整個《春秋公羊傳》的要義。

在上述的這種前提下,筆者將通過檢視王者觀與夏夷觀的關係,探析"大一統"思想的特色,嘗試回答前面序文中所提出的問題。

1. 王者觀

《公羊傳》將王者定位爲"王者無敵、莫敢當也"(成公元年)。這種王者觀恰恰是奠定了"大一統"主義基礎的觀念。陳柱先生也認爲:"夫尊王所以達此大一統之目的者也"①。所以,其對於蔑視王者的諸侯加以批判即是理所當然②。那麼,對於周王不符合王者身份的行爲也就同樣進行了記載③。但是,歸根結底,由王者締造"大一統"的理想也僅僅止於理念上的論說。出於對"上無天子、下無方伯"這一現狀的認識——即:在春秋時代的現實下毫無實現此理想的可能性,是書只能從積極的意義上認可了霸者的出現④。

就這樣,《公羊傳》的思想脈絡是:一面樹立王者的理念,同時又因深知依靠現實中的周王實現"大一統"是幾近絕望的,故而也就將王者的出現寄託於將來了。之所以有哀公十四年的"制春秋之義、以俟後聖"之語,正如有研究已指出的那樣,是因爲《公羊傳》已經失去了對周室復興的任何期待,只有切盼理想王者"明天子"

---

① 參照陳柱著《公羊家哲學・尊王説》(臺灣中華書局,1971年)
② 參照僖公二十八年"……不與致天子也"、宣公元年以及昭公二十三年"……不與伐天子也"等例。
③ 參照桓公十五年"王者無求。求車非禮也"、文公八年"何譏爾。王者無求。求金非禮也。……継文王之體,守文王之法度。文王之法無求而求。故譏之也。"等例。
④ 例如僖公四年的"中國不絶若綫,桓公救中國而攘夷狄。卒怗荆,以此爲王者之事也。"等。

的出現了①。

2. 夏夷觀

其實,《公羊傳》最爲關心的還是夷狄問題,並將其視爲威脅王者"大一統"的一種存在的。因爲在現實中,他們以實力凌駕於中原諸侯之上,自立爲王,並擴大了其勢力範圍。其代表就是楚王和吳王。就是説,事實上,天下"王者"已不只是周王一人了,以致孔子也只能慨歎:"管仲相桓公霸諸侯,一匡天下。民到於今受其賜。微管仲吾其被髮左衽矣"(《論語·憲問》)。他將作爲霸者君臨"中國",但使"中國"從夷狄的侵擾下得到守護的齊桓公作爲"一匡天下"的名君,給予了高度的評價——儘管齊桓公並非王者。

當時中國就是如此深刻地苦於夷狄的侵略。值得注意的是,"大一統"主義就是在與夷狄的這種緊張關係中被構想出來,並成爲《春秋公羊傳》要義的。日原先生將其作爲《公羊傳》中特異的"夷狄論"進行了論述②。

《公羊傳》將自己(魯或諸夏)作爲"内",將夷狄一直看成是"外",並對屬於"外"的夷狄加以徹底的排斥,有時甚至將秦、楚、吳等有實力的諸侯亦視爲夷狄,欲從以周王爲頂點的《春秋》式"大一統"的世界中排除出去。因此,"大一統"主義與此種嚴格區别華夷的觀念有着怎樣的聯繫,也就成爲令人深感興趣的問題了。因爲"大一統"這一命題,是僅以諸夏(=中國)爲對象,還是也包含四周的夷狄在内,自然成爲一個問題。並且,作爲"大一統"的對象的"天下"這一概念本身,隨之也就成爲必須解答的問題③。何況,將

---

① 參照日原利國著《〈公羊傳〉的研究》276—277 頁(創文社,1976 年)
② 《〈公羊傳〉的研究》235—266 頁,以及中江丑吉著《中國古代政治思想》363—369 頁(岩波書店,1950 年)
③ 到了漢代公羊學,出現了"三科九旨"説,即:太平大同之世,將去除内外華夷之别,進而實現"一統"。

楚、吳，時而連秦這樣的有實力的諸侯，都作爲夷狄加以排斥，又意味着什麼呢？如果站在"普天之下，莫非王土，率土之濱，莫非王臣"(《詩・小雅・北山》)這一原初的前提上看，嚴格區分華夷會使其思想的基礎本身有可能崩潰——因爲若將其與"王者無外"、"王者無敵"、"王者欲一乎天下"等《公羊傳》要義相對照的話，其失去理論上應有的整合性的可能性是顯而易見的。

《公羊傳》區分華夷的基準之一，似乎取決於是否承認《公羊傳》所構想的《春秋》式"大一統"世界，即有否"尊王"意識。齊桓公之所以作爲霸者受到評價，也就是因爲他被看作是實踐了《公羊傳》之尊王思想的人。

但是，仍有問題殘留。本來《公羊傳》的終極目的，正如"君子……制春秋之義以俟後聖"所述，在於企盼聖明天子的出現所帶來的天下"一統"。這樣一來，聖明天子的"一統"理所當然地必須與"普天之下，莫非王土，率土之濱，莫非王臣"的觀念相一致，只有這樣纔能實現"王者無外"、"王者無敵"。況且，如《史記・五帝本紀》中所見，堯舜被認爲對周邊的夷狄也是采取了"懷柔"政策的。所以，我們必須承認這種嚴格區分華夷的二元式世界觀，與《公羊傳》要義，尤其是"大一統"主義的一元式世界觀，顯然是相互矛盾的①。

的確，這是理論上的矛盾。但是，若以此爲理由，將華夷之別從《公羊傳》要義中摘除的話，情況會怎樣呢？其要義就會因玩弄"天下"這一抽象的詞語而墜落成極爲不現實的空洞理論。於是，爲了使"大一統"這一思想具備現實的意義，就必須設定所謂"大一統"的外延含義。這就是嚴格的華夷之別。"大一統"範圍的界定，首先基本上使"普天之下，莫非王土，率土之濱，莫非王臣"這一空

---

① 《〈公羊傳〉的研究》249頁。

洞的理論退到臺後，而使"現實中的王土到哪裏爲止？""誰是王臣？"等問題明確起來。華夷的二元世界觀，正是爲使"大一統"主義具有現實性所必不可少的觀念。

日原先生的結論是：《公羊傳》露骨地表現出對夷狄的頑固的歧視意識和中華的可謂傲慢的優越意識，將天下分爲華和夷的二元世界，卻又提出了"大一統"的觀念，這在理論上是存在着很大的矛盾的。但是，筆者卻並不將此看作是矛盾，而是認爲"大一統"主義恰恰是在這種華夷觀的前提下，纔獲得了其現實性的——因爲只有將這些根本不承認周王的權威，在軍事上政治上也決不屈服歸順的勢力，故意稱爲"夷狄"，並驅逐在"大一統"之外，企求王者"大一統"的《公羊傳》纔不致發生破綻。也正如日原先生所指出的那樣，他們是與以周王爲頂點的中國諸侯完全另類的絕對不可能成爲"大一統"的對象的如"應受詛咒的惡魔"一樣的勢力——他們必須作爲這樣的存在被定位①。

如此分析下來就必須指出：《公羊傳》基本上可以看作是統一國家論的積極有力的依據。另外，又因爲《公羊傳》乃是齊地之學，所以認爲《公羊傳》是"不停地講授《春秋》的微言大義，與當時的世情完全脫節的山東寂寥的儒者們所爲"（參照中江前引書《公羊傳及公羊學》三四七頁），或者認爲是"在齊之窮鄉僻壤，持續了很長時期的'口頭傳授'的……圈外之學"（參照日原前引書 141 頁），都不能說是中的之論②。

---

① 《〈公羊傳〉的研究》265 頁。
② 齊地自戰國時代中期以降，正如其稷下之學所表現的那樣，毋寧說，其承擔了發展學術思想的核心作用。

二、關於"一統"之語

1.《管子》中的"一統"

"大一統"這一觀念是否屬於《公羊傳》所特有的觀念呢？其他文獻中的情況又如何呢？這些都是釐清《公羊傳》的"大一統"主義在思想史上的位置所必須探討的問題。

在此，以先秦至漢初的文獻爲重點來翻檢一下就會發現："(大)一統"的用例只在屬齊文化産物的《管子·五行篇》中出現了一例。而且，儘管這是《公羊傳》以外僅有的珍貴用例，但迄今爲止卻幾乎没有引起任何關注。

關於《管子·五行篇》的著述年代，羅根澤的《管子探源》(香港太平書局，1966) 認爲應是"戰國末陰陽家作"(93頁)；金谷治的《管子研究》(岩波書店，1987) 則認爲從其尊崇五行思想的時令觀來看，其形成年代應爲"秦漢期以後至漢初之時"。若將兩説綜合起來，則應在戰國末期到漢初期間。無論哪一説，都不是著眼於"一統"之語的立論。

《五行篇》内容的特色，則在於其認爲一年三百六十日，是按照木行七十二日→火行七十二日→土行七十二日→金行七十二日→水行七十二日的順序迴圈的，就是將所謂的"五行相生"理論極爲單純地加以配置。很顯然，此處所套用的並非鄒衍的"五行相勝説"，而是其後纔流行於世的"五行相生説"。

"一統"的用例出現在《五行篇》開頭，内容如下：

(1) <u>一者本也，二者器也，三者充也，治者四也，教者五也，守者六也，立者七也，前者八也，終者九也，十者然後具</u>。(2) <u>五官於六府也，五聲於六律也，六月日至。是故人有六多。六多所以街天地也</u>。(3) <u>天道以九制，地理以八制，道以六制</u>，

(4) 以天爲父,以地爲母,以開乎萬物,以總一統,通乎九制六府三充,而爲明天子。

即：(1)列舉治世要諦一至十項；(2)以事例說明"六"這一數字具有的重要含義,即五官爲治六腑,五聲爲約六律,夏至和冬至皆以六個月爲周期等,認爲無論五行抑或陰陽,都不能無視"六",對於人來說,"六"乃是與天地相通之數；(3)則以"九""八""六"三個數字表示天、地、人各自特有的功能,可見其將"三分損益法"的理論與陰陽五行的思想加以了融合；(4)意在說明只有以如此偉大的天和地爲父母,掌管萬物的生成,將萬物掌控於"一統"之下,做到通"九制六府三充",纔能成爲"明天子"。

雖然此處的問題只在於(4)。不過,因爲這一節整個貫穿着"天人相關"思想,爲明確這一點,故而筆者不避繁複,將全文引用如上。金谷先生認爲此處出現的是"天人調和論",即"作爲可使天人調和的媒介則有五行……"[①]。儘管(4)是修飾詞較多的語句,但是,可以說,其關鍵在於主張能順從天地造化之功,並一元化地統治人世,纔是"明天子"的職責。此處,作爲"明天子"的條件而言及"一統",這是非常重要的。其理由在於《管子》中也只有此篇中出現了"一統"和"明天子"二用語,正可見此二用語是密切相關的。而由"明天子"實現天下"一統"的這一設想,恰恰是《公羊傳》所期待不已的。借天地之功,使萬物的生成無礙地進行,實現天下"一統",這就是"明天子"的工作。《五行篇》的這種王者觀與後來漢代公羊學所標舉的理念完全一致。簡要地說,從《管子·五行篇》以陰陽五行爲基礎這一點來看,它應出現於《公羊傳》之後；《公羊傳》的"大一統"理念,則經由漢代的公羊學者與天人相關思想相融合,

---

① 《管子研究》246頁。

並被解釋在一元世界觀之下,《管子・五行篇》的"大一統"理念正可謂其先導。顯而易見,"大一統"思想是在齊地擴展開來的。

2.《史記・本紀》中的"一統"

在開篇《五帝本紀》中,關於黃帝的記載是:

順天地之紀,幽明之占,死生之說,存亡之難,時播百穀草木,淳化鳥獸蟲蛾,旁羅日月星辰水波土石金玉,勞勤心力耳目,節用水火材物。

關於顓頊是:

動靜之物,大小之神,日月所照,莫不砥屬。

關於帝嚳是:

既執中而徧天下,日月所照,風雨所至,莫不從服。

關於帝堯是:

九族既睦,便章百姓。百姓昭明,合和萬國……天下咸服。

關於帝舜是:

四海之內,咸戴帝舜之功。

以上記載了此五帝君臨整個天下的情況,卻沒有言及"一統"。

《夏本紀》中,記有因為大禹的功勞"天下於是太平治",和在大禹之子啓的時期"天下咸朝"等整個天下聽從夏的統治之事,但仍然沒有使用"一統"之語。

《殷本紀》中,關於湯王的記載是"於是諸侯畢服。湯乃踐天子位,平定海內","湯乃改正朔,易服色,上白";在太甲之世,"帝太甲修德,諸侯咸歸殷,百姓以寧"。雖然記載了殷湯將天下諸侯都置於了自己的統治之下,但在此仍舊沒有提到"一統"。

《周本紀》中,關於西伯文王的記載是"改法度,制正朔";武王死後,周公旦成為所謂攝政時,僅記有"成王少,周初定天下"。

關鍵在於:從《五帝本紀》至夏殷周的三代本紀,儘管都是帝王的記錄,卻沒出現過一例"一統"之語。這暗示着"一統"觀念是另具特別含義的。

這一情況在繼之的《始皇本紀》中得以明了。李斯等向完成了統一天下的秦王嬴政提出了今後采用"秦皇"之名號的建議：

> 昔者五帝地方千里，其外侯服夷服，諸侯或朝或否。天子不能制。今陛下興義兵，誅殘賊，平定天下，海內爲郡縣，法令由一統。自上古以來未嘗有，五帝所不及……。（《史記・始皇本紀》）

申明成就了五帝所不及的偉業的人就是始皇帝。可知，他們明確地意識到始皇帝的"一統"大業，是與之前的王者的功業性質不同的。另外值得注意的是：此前幾乎看不到的"一統"之語不斷地頻繁出現。對於已然天下無敵，並按照李斯等的建議推進"一統"政策的始皇帝來説，雖然，最爲感興趣的是法家思想自不待言，但也可考慮《春秋公羊傳》的"大一統"思想對其的影響①。

李斯還有如下言論：

> 周文武所封，子弟同姓甚衆，然後屬疏遠，相攻擊如仇讐，諸侯更相誅伐，周天子弗能禁止。今海內賴陛下神靈，一統皆爲郡縣。諸子功臣以公賦税重賞賜之，甚足易制。天下無異意，則安寧之術也。……（《史記・始皇本紀》）

他以周王的封建制的缺漏爲教訓，建議應該采用郡縣制。這一建議與《公羊傳》不希望通過周王復活封建制，至少是不矛盾的。不僅如此，所謂"周天子弗能禁止"所指的恰恰是《春秋》所描繪的"上無天子、下無方伯"的現實世界的真實狀態。

---

① 法家對於《春秋》是報以肯定態度的，這一點由《韓非子》中對《春秋》的屢屢引用即可了然。特別是在與《公羊傳》的關係上，《内儲説左上篇》和《外儲説右上篇》的用例非常重要。

就這樣,始皇帝開始推進其如下文所述的天下一統的政策:

> 分天下以爲三十六郡……收天下兵,聚之咸陽,銷以爲鍾鐻……。一法度衡石丈尺,車同軌,書同文字。地東至海暨朝鮮,西至臨洮、羌中,南至北嚮户,北据河爲塞,並陰山至遼東……。(《史記·始皇本紀》)

又自稱"始皇帝",巡視全國,並刻下了以下這段贊頌秦德的碑文:

> ……(1)<u>端平法度,萬物之紀</u>,以明人事,合同父子。……普天之下,摶心揖志。器械一量,同書文字。日月所照,舟輿所載,皆終其命,莫不得意。……皇帝之德,存定四極。……驩欣奉教,(2)<u>盡知法式</u>。(3)<u>六合之内,皇帝之土。……人迹所至,無不人臣者</u>。(4)<u>功蓋五帝,澤及牛馬。莫不受德,各安其宇</u>。……古之五帝三王,知教不同,(5)<u>法度不明</u>,假威鬼神,以欺遠方,實不稱名,故不久長。其身未殁,諸侯倍叛,(6)<u>法令不行</u>。今皇帝並一海内,以爲郡縣,天下和平。……(《史記·始皇本紀》)

的確,從歌頌始皇帝功績的(1)(2)等語句和批判五帝三王的(5)(6)等句來看,不能否定這是出於法家思想的影響。但是,另一方面,(3)的内容與《詩經》的"普天之下,莫非王土,率土之濱,莫非王臣"乃屬同義;(4)則是贊其功德可與儒家無上敬仰的堯舜之德相匹敵。由此也可知,其内涵是不能以《公羊傳》的"大一統"主義屬於儒家思想,始皇帝則爲法家這樣單純地劃分進行解釋的。可以說,統一天下這樣一項事業,是以李斯爲首輔來進行的。因而,也就有必要對李斯及其思想作進一步的考察。

另外,"一統"之語還可在《孝武本紀》中見到,即:

有司皆曰,聞昔大帝興神鼎一,一者一統天地,萬物所繫
終也。……①

此處的"一統"是指以帝王一人爲頂點並統領天下萬物,就是說,這裏的所謂"一統"並非單純意味着王者在政治上的統一,它還是以"天人相關思想"爲背景的天地萬物的"一統"②。

以上是《史記·本紀》中所見的"一統"的用例及其含義。應該引起注意的是,此語僅在《始皇本紀》和《孝武本紀》中出現過。在此特別應加以探討的是有關秦始皇的"一統"。

三、李斯的"大一統"思想及其由來

上文已談到在《史記》的本紀中,"一統"之語首先出現在《始皇本紀》。而且,經由上節的分析,也大略得知李斯在"一統"理念的確立上做了深度的參與。

從本紀的敍述來看,不僅是始皇帝和武帝,五帝三皇之時,天下也曾實現了"一統"。但是,對他們卻爲何沒有使用"一統"之語呢?在此,有必要從思想史的角度重新回味"一統"之語。尤其是李斯的思想與"一統"觀念的聯繫就是首要問題,即:李斯是從何

---

① 《史記》的《封禪書》中"一統"寫作"壹統"。
② 《太史公自序》中有:
　　幽厲之後,王道缺,禮樂衰,孔子脩舊起廢,論詩書,作春秋,則學者至今則之。自獲麟以來四百有餘歲,而諸侯相兼,史記放絕。今漢興,海内一統,明主賢君忠君死義之士,余爲太史而弗論載,廢天下之史文,余甚懼焉,汝其念哉。
　　這是説王道衰微,經過了四百餘年後,在漢代重又實現了"一統"。此處似乎將秦始皇的"一統"已經故意略而不談了。這段乃是鑑於《公羊傳》哀公十四年傳文而成的記述。就是説,這段稱頌的是:在孔子因爲沒有"撥亂世"的王者(=明天子)出現而悲歎落淚後,時隔四百餘年,終於出現了他所切盼的"後聖"(=明天子),實現了"一統"的天下。

處,又是怎樣獲得了"一統"觀念的？目前,要想了解李斯的思想,只有依據《史記》的《李斯傳》,所以下面的考察均以《李斯傳》爲據。

據説李斯正是與韓非同在荀子門下修得"帝王之術"的人①。《李斯傳》中記載了他曾對秦王嬴政（後來的始皇帝）説過下面一段話：

> 昔者秦穆公之霸,終不東並六國者,何也。諸侯尚衆,周德未衰,故五伯迭興,更尊周室。自秦孝公以來,周室卑微,諸侯相兼,關東爲六國。……夫以秦之彊,大王之賢,由竈上騷除,足以滅諸侯,成帝業,爲天下一統,此萬世之一時也。

李斯在此所説的,已經不是像曾經的五霸那樣匡扶周室,一定要恢復以周王朝爲頂點的華夏秩序,而是論説取周室而代之,實現一統天下的帝王之業的好時機的到來。這令人想起《公羊傳》所期待的也不是由周王朝帶來秩序的回復,而是新的"明天子"使"大一統"的實現。李斯的此種言説,可以確定,至少與《公羊傳》是不相矛盾的。倘若如此,深究兩者之間的關係則是很有意義的②。因爲,李斯之師荀子,據認爲,與《春秋》,尤其是《公羊傳》深相關聯。例如,將《春秋》作爲與《詩》《書》《禮》《樂》同樣的經典進行定位的就始于荀子③。另外有觀點認爲"先秦諸子中,荀子的《大略篇》幾乎是唯一引介《公羊傳》的文獻。"④

劉師培著《羣經大義相通論》的《公羊荀子相通考》中也認爲：

---

① 《史記》同傳中有"乃從荀卿學帝王之術。學已成……"。
② 參照前引手塚的論文,以及前引日原的著作。
③ 《〈公羊傳〉的研究》15頁。
④ 《〈公羊傳〉的研究》29頁。另外,荀子曾於齊稷下學宮三度擔任祭主之職,也暗示了他有可能對《公羊傳》、《管子》中的"大一統"思想的擴展報以深度的關切。

荀子一書多公羊之大義彰彰明矣。公羊佚禮多散見於荀子書中昭然無疑。故邵公多引荀子以釋公羊也。今舉荀子用公羊義者,凡若干條試述之如左①。

並列舉了16條目,同時指出:

王制篇云:四海之内若一家。君子篇云:詩曰普天之下,莫非王土,率土之濱,莫非王臣。聖王在上,分義行乎下,則士大夫無流淫之行,百吏官人無怠慢之事,衆庶百姓無姦怪之俗,無盜賊之罪,莫敢犯太上之禁。案此即公羊傳大一統之義。公羊傳之言大一統也,必推本於正朝廷正百官,尤與荀子義合。

認爲荀子的思想,特別是在"大一統"思想上,與《公羊傳》是一致的。

《荀子》中所見的"大一統"思想,還不止于劉先生所指出的《王制篇》《君子篇》。的確,其中没有發現"一統"的語例,但是,卻屢屢可見"一天下"之語,而且,可以發覺其具有的含義幾乎與"一統"相同。例如,在《非十二子篇》中,堯舜就被視爲完成了"一天下"者的代表;《王制篇》則認爲實現"一天下"乃是王者之事;《儒效篇》論説的是儒者纔能使"一天下"(也稱"調一天下")成爲可能,並使"法天王,統禮義,一制度"成爲可能。此處所謂的"一天下",在統一禮儀、制度的意義上,説到底,與"一統"有着幾乎相同的含義。據《公羊傳》成公十五年的"王者欲一乎天下"一節來看,這應是確定無疑的。再有,《王霸篇》亦言及湯武實現了"一天下";《王霸》《義兵》《正論》等各篇中也都指出,所謂"王者"就是實現"一天下"者。此外,《君道》《彊國》《成相》等各篇中也可見到"一天下"之語。如上

---

① 參照《劉申叔先生遺書(一)》435—437頁(臺灣華世出版社,1975年)。

所述,荀子屢屢明言:使天下爲"一"乃是儒者的終極目標。顯然,荀子所企求的是由"後王"來締造天下的"一統"①。

如此以觀則必須說:"大一統"思想從文獻上來看,在儒家方面,明確地加以論述的,乃是始於《荀子》。這樣一來,就不難想象接受了荀子教導之後赴秦的李斯,是帶着這種"大一統"主義而去的。另外,也只有這樣解釋,纔能找到佐證秦始皇統一天下大業的思想上的根據②。換言之,最初促成《公羊傳》《荀子》中所說的"大一統"思想實現的人,乃是李斯和秦始皇。他們不僅在軍事上,而且在度量衡的統一、文字的統一、道路規劃等政治、經濟、文化等諸方面,推行了一如"大一統"之語所示的一統化,其具體情況現在仍可從《史記》中看到。

不過,在這一過程中,李斯提出了遺臭萬年的"焚書坑儒"建議:

> (1) 今天下已定,法令出一……。(2) 古者天下散亂,莫之能一。是以諸侯並作,語皆道古以害今,飾虛言以亂實。人善其所私學,以非上之所建立。(3) 今皇帝並有天下,別白黑而定一尊……。臣請史官非秦記皆燒之。非博士官所職,天下敢有臧詩書、百家語者,悉詣守、尉雜燒之,有敢偶語詩書者棄市。……(《史記·始皇本紀》)

如(1)、(2)、(3)所見到的,"一"字連續出現。這些"一"所指向的,當然可理解爲"大一統"理念的實現。就是說,甚至"焚書坑儒"也

---

① 不過,如此屢次地論說要使天下爲"一",卻不知何故未曾使用"一統"之語,其理由也只能說至今還不清楚。或許因爲"一統"之語當時尚未十分成熟。
② 雖然在李斯之前,秦國已有呂不韋編撰了《呂氏春秋》,但是,其中並没發現"大一統"思想的存在。因此,《呂氏春秋》是否成爲了始皇帝統一天下的理論依據,就不能不成爲一個疑問。

是以天下的"一統"爲目的的政策的一環。並且，這種限制人們思想的思路，明顯與《荀子》的《非十二子篇》在根基深處是相通的。因爲《非十二子篇》恰恰可以看作是企圖否定百家争鳴，以達到"一統"思想界的文獻。此外《漢書·董仲舒傳》中，在獨尊儒術的建議之處，還是使用了"大一統"之語，即下面的内容，可作參照：

> 春秋大一統者，天地之常經，古今之通誼也。今師異道，人異論，百家殊方，指意不同。是以上亡以持一統，法制數變，下不知所守。臣愚以爲諸不在六藝之科、孔子之術者，皆絕其道，勿使並進，邪辟之説滅息，然後統紀可一而法度可明，民知所從矣。

在這裏可以看到與李斯的焚書理論完全相同的論調。所以，不應將李斯的"焚書坑儒"只看作是他出於法家立場對儒家施行的殘忍的攻擊。

如此，由《公羊傳》和荀子作爲思想理念準備下來，又經過李斯和秦始皇之手被賦予了實體的"大一統"主義，于秦漢之際的混亂之後，通過漢武帝和公羊學者董仲舒，再度得到了思想上的深化。前文曾引用的董仲舒的"春秋大一統者，天地之常經，古今之通誼也"這一表述，就是這種深化的最好體現。如此考察下來，本文開頭所提出的第二問，可以説已經得到了肯定地回答。

結語

經由上述考察，使得戰國後期《公羊傳》所代表的"大一統"思想的發展軌迹在探索中清晰起來，即：《公羊傳》的"大一統"主義，直到作爲漢代公羊學的主要觀念得以確立期間，在《管子》、《荀子》中得到了發展；而後，通過受教于荀子的李斯和秦始皇，被付諸了實踐。

然而,在孔子、孟子那裏卻根本看不到此種意義上的"大一統"主義。孔子終生也沒有放棄爲使周王室的權威回復到文武周公之時而付出的努力,爲此,曾被楚之狂人接輿嘲諷道"鳳兮鳳兮,何德之衰也……已而已而,今之從政者殆而"(《論語·微子篇》),這已是衆所周知的故事。孟子不僅對"一統"之語,就是對"一天下"之語也沒有隻言片語的言及,卻頻頻提到"得天下""保天下""有天下""治天下""平治天下""服天下"和"與天下"(或相反的"失天下")。從這些表述中很難推想孟子曾有過所謂"大一統"主義的思想,不如說,他將天下看成是得失的物件。當然,他也認爲王者並不是通過滿足其對領土的野心來實現的,例如"地方百里而可以王"(《梁惠王上》)、"王不待大,湯以七十里,文王以百里"(《公孫丑上》)、"天子之地方千里"(《告子下》),等都説明了這一點。就是説,孟子即或有其"王者"觀念,也並未由此而直接產生"大一統"主義這一結果。在《梁惠王篇》中,對"天下惡乎定"之問,孟子的回答是"天下定於一"。也有人將此語看作是孟子曾有"大一統"思想的證據,但實際上,孟子不過是論述了天下之人心必然歸附於一位仁者之意,可解作是強調了仁義之德的普遍性,若將其看作是論述"大一統"思想則是存在疑問的。

從齊到楚

——《淮南子·兵略訓》成書的地域考察

序

　　《淮南子》係前漢景帝至武帝時期,即公元前 2 世紀後葉,由當時的淮南王劉安及其門客編撰而成。

　　此處所謂的淮南,正如《史記·淮南衡山列傳》所記載,即劉安因爲謀反事發而被"國除爲九江郡"中的九江郡,後世亦曾沿用此地名。據《史記·貨殖列傳》《史記·楚世家》等記載,楚俗分東、西、南三地,九江郡位於南楚(衡山、九江、豫章、長沙)的偏北地域,這一點是值得注意的。因爲,這一地域與齊雖屬不同的文化圈——齊與東楚的部分地域位於北方,但是九江與東楚疆土毗鄰並都遠離中原①。

---

　　① 如"彭城以東,東海、吳、廣陵,此東楚也。其俗類徐、僮。朐、繒以北,俗則齊"一節所示,"東楚"相當於現在的江蘇省和山東省南部一帶。另外,"朐"在今天的江蘇省北部,"繒"在山東省南部,同屬當時的東海郡。這一地方距齊最近,其習俗與齊地相同。再有,如"衡山、九江、江南、豫章、長沙,是南楚也"所示,"南楚"則相當於現在的湖北省湖南省一帶,可謂楚之核心地帶。另外,所謂"淮北沛、陳、汝南、南郡,此西楚也"中的"西楚",似乎指湖北省北部和河南省南部一帶。參照《中國歷史地圖集》。

另外不能忘記的是，淮南國的都城壽春，係楚考烈王二十二年（前241）時，楚爲秦所迫，遷離西部的舊都郢而建的新都。就是說，壽春雖然原來不屬於楚地的中心且遠離中央，但是自遷都以來，無論是政治上還是文化上，都已經完全處於楚文化圈的中樞了。不僅淮南王劉安本人通曉楚文化的一大産物《楚辭》①，而且《淮南子》中使用了大量的楚語也是其突出特徵②。由此可見《淮南子》是一本反映了濃厚楚文化的文獻。

淮南王劉安不僅在上述的文化環境中親炙楚文化，而且還從各地招攬了衆多食客，這也是衆所周知的。這些食客，後來或被稱爲"山東儒墨"（《鹽鐵論》），或被稱爲"賓客方術之士"（《漢書·淮南王傳》），或被稱爲"天下方術之士"（《淮南子》高誘序）、"道術之士"（《論衡·道虛》）、"方士"（《西京雜記》）等等。不言而喻，從這些稱呼中即可以看出他們未必都是楚人。另據《漢書·景十三王傳》記載，與劉安幾乎處於同時代的河間（位於今河北省中部偏南地區）獻王劉德（景帝之子，武帝之兄），亦招集了衆多門客，而其中多爲"脩禮樂，被服儒術，造次必於儒"的儒者；與之相反，雲集於淮南王劉安門下的食客，則被認爲是"多浮辯"，兩者形成鮮明對照，這一點也是值得注意的。由此我們會聯想到《漢書·鄒陽傳》中的

---

① 《漢書·淮南王傳》中有"（劉）安入朝……（武帝，高誘序爲文帝）使爲《離騷傳》，旦受詔，日食時上。……"一段記載，認爲劉安確實曾在短時間內爲《楚辭》中的《離騷》作注，可作爲本論的參考。另外，《楚辭》中《招隱士》的作者淮南小山，大概是指作爲劉安的食客參與了《淮南子》編纂而被高誘序稱爲"大山小山之徒"中的小山吧。

② 劉文典的《淮南子鴻烈集解》，針對卷一《原道》的開頭部分"婦人不嫡"處高誘注有"寡婦曰嫡"一事，引用了陶方琦所指出的"詩桃夭正義引許注，楚人謂寡婦曰嫡，即此注也。如《俶真》許注：楚人謂水暴溢曰瀇。《覽冥》許注'楚人謂袍曰褧'之例。……知二十一篇內稱楚人者多許注矣。……"一段。此外，對《原道》25b的"蹪"字，許慎注有"蹪，躓也。楚人讀躓爲蹪"，對《俶真》5b的"椴"字，許注曰"椴讀楚人言殺"，對《齊俗》1b的"短褐"，許注曰"楚人謂袍爲短褐大布"等等，後漢許慎很早就曾留意到《淮南子》中多用楚語，確實發人深思。

一節"鄒魯守經學,齊楚多辯知……"。據此可以推斷:雲集於河間獻王劉德門下的食客多爲熱心於保守經學的鄒魯之儒者,而彙聚在淮南王劉安門下的食客皆爲多謀善辯的齊楚學者。

那麽,聚集於劉安門下的食客們所帶來的思想是在怎樣的文化圈内發展起來的? 本文將從這一視點入手,論析《淮南子》的思想特色。在此不妨先交代一下考證結果,正如《漢書·藝文志》將其列入雜家那樣:雖然具有多樣性,但貫穿於《淮南子》全書的則被認爲是道家思想。這正是時至漢代仍然繼承着齊的稷下之學的思想家們,爲尋求新的庇護者而南下,最後在淮南之地作爲門客歸附於劉安的結果。關於這個問題,我將以《兵略》爲例,檢視一下在漢初編撰的《淮南子》中,稷下之學中具有齊地傳統思想的兵法思想是如何被繼承的。

一、關於儒、墨、道、法各家的兵法思想

一般來說,先秦時代的諸子百家思想各具功利性和實踐性,其運用的情況可以直接關涉國家的存亡。事涉兵家的話,恰如《孫子·計》篇第一所言:"兵者,詭道也。"在從先秦至漢代的思想史中,似乎一直受到某種特殊的待遇。以《漢志》爲據,兵家不是被歸類於《諸子略》中,而是單獨另闢爲《兵書略》一類。被歸類於儒、道、法、名等所謂戰國諸子百家中的文獻,極少有言及兵法思想的這一事實,似可爲其佐證。但也並非完全没有,分別梳理的話,還是可以發現不少的。爲推進本項考察,在此有必要對先秦至漢末含有"兵家"一項的諸子文獻進行調查,對其中隱含了哪些具體的兵法思想作一番探討。

首先是儒家。

孔子對於戰爭的態度是極其消極和慎重的。通過《論語》中的

以下內容便可得知：

> 子之所慎，齋、戰、疾。(《述而》)
> 子貢問政。子曰：足食，足兵，民信之矣。子貢曰：必不得已而去，於斯三者何先。曰：去兵……。(《顏淵》)
> 衛靈公問陳於孔子。孔子對曰：俎豆之事，則嘗聞之矣。軍旅之事，未之學也。明日遂行。(《衛靈公》)

孟子也是同樣，從其著作中可以看到，他僅以仁義和王道來論說政治和道德的規範方法，最終也沒有談及軍事。

但是，著有《議兵》的荀子則不同。不過，對於兵家孫子和吳起等崇尚"勢力變詐"，荀子還是持否定和批判態度的。他始終站在儒家的立場上，認爲"兵之要在於善附民"，在王者諸侯的強弱、存亡、安危方面，基本立足於"將帥末事"的立場上。荀子雖然也"議兵"，但還是據"仁義爲本"之理念，以"禁暴除害"爲目的的，而決非爲了"爭奪"①。

他的議論，要而言之，是將軍事作爲政治的一環而止於理念問題的討論。因此，雖然作爲儒家文獻曾言及軍事這一點值得注意，但其議論基本上還是對孔孟見解的延展。

其次，從道家來看，最終決定《老子》與《莊子》思想差異的，就在於他們是否言及軍事問題。因爲在《老子》中見到這一話題的頻度還是頗高的②，而與之相對，《莊子》中卻只字未提。由此可見探

---

① 請參照"孫卿子曰：……故用兵要在乎善附民而已。臨武君曰：不然。兵之所貴者勢利也，所行者變詐也。……孫、吳用之，無敵於天下，豈必待附民哉！孫卿子曰：不然。……"；"陳囂問孫卿子曰：先生議兵，常以仁義爲本。……凡所爲有兵者，爲爭奪也。孫卿子曰：非女所知也。……彼兵者，所以禁暴除害也，非爭奪也。……"；"李斯問孫卿子曰：秦四世有勝……非以仁義爲之也，以便從事而已。孫卿子曰：非女所知也。……故曰：凡在于軍，將率，末事也"；等等。

② 例如第三十、三十一、五十、五十七、六十八、六十九、七十、七十三、七十六、七十八等各章，尤其是集中見於所謂"德經"中這一現象，應該引起關注。

究《老子》與兵法思想,即與兵家的關係這一問題所具有的意義①。

至於墨家,自《墨子》第五十《公輸》篇以下至第七十一《雜守》篇,共計十二篇(其中缺少十篇),都是有關軍事方面的相當完整的議論。但是,正如"墨守"一詞所示,其内容一而貫之的,是作爲軍事技術家墨子所開發的防禦術,而全無戰略戰術上的所謂權謀要素。在《漢志》中,將這種内容的兵書分類爲兵技巧家,與本文所探討的兵法思想性質全然不同。

法家的情況又如何呢?《韓非子》中可以說根本没有兵法成分。在此有必要提及的是屬於法家文獻的《商君書》——儘管在此將其作爲資料或許存在個别問題,因爲在《商君書》的《戰法》《立本》《兵守》這互相連續的三篇中,軍事都被作爲議論的主題,即所謂"凡戰法必本於政勝""政久勝術者,必强至王"(《戰法》),主張首先通過確立内政來引導戰争的勝利;作爲確立其内政的具體方法,則認爲"凡用兵,勝有三等,若兵未起則錯法,錯法而俗成,而用具。此三者必行於境内,而後兵可出也"(《立本》),論述了法治主義的富國强兵之策。另外,《兵守》則如其篇名所示,論述了"守城之道"的方方面面。文中"若其政出廟算者,將賢亦勝,將不如亦勝"(《戰法》)之説,雖然使用了《孫子》中的"廟算"一詞,值得注意,但是,如果考慮到法家思想的本質原本就在於論述政事而非軍事的話,那麽説到底,此處也不過是在與政事相關的事項中言及了軍事而已,很難説它是對軍事思想的正面論述。

除上述之外,作爲曾言及兵法思想的文獻還有《吕氏春秋》。這一文獻在《漢志》裏被歸類爲雜家,其基本立場被認爲是儒家思想,但在《孟秋紀》中的《蕩兵》《振亂》《禁塞》《懷寵》諸篇,以及《仲秋紀》中的《論威》《簡選》《决勝》《愛士》諸篇中,則集中論述了兵法

---

① 請參照武内義雄的《老子原始》第四章《老子五千文的性質》。

思想。因爲中國古代文化中,時令上的秋季是天地之間充滿蕭索蕭殺之氣的時節,正屬於專門施行兵戎、訴訟之事的季節。《蕩兵》篇首先站在積極肯定戰爭在歷史上的意義這一立場上,對所謂偃兵論,即墨家的非戰論進行批判;之後,《振亂》篇中論述了"攻無道而罰不義"之戰是可以積極肯定的;接下來的《禁塞》《懷寵》諸篇也是強調無論軍事抑或政事,都同樣應該以遵守道義爲最重要的事。另外值得注意的是,《懷寵》篇的後半部分與《淮南子·兵略》中的一節旨趣相同①。如上所述,《孟秋紀》中的各篇在以戰爭爲主題的同時,更重視其道義性,這就使我們很難將其視爲以實戰性、權謀性的戰略戰術論爲中心的所謂兵家言論。不過在《仲秋紀》中,雖然極其簡略,卻具體談論了實戰中取勝的精要。例如《論威》以"義者萬世之紀也"爲前提,認爲在用所謂義兵之際,也以"急、疾、

---

① 《兵略》有"故聞敵國之君,有加虐於民者,則舉兵而臨其境,責之以不義,刺之以過行。兵至其郊,乃令軍師曰,毋伐樹木,毋抉墳墓,毋葵五穀,毋焚積聚,毋捕民虜,毋收六畜。乃發號施令曰,其國之君,傲天侮鬼,決獄不辜,殺戮無罪,此天之所以誅也,民之所以讐也。兵之來也,以廢不義,而復有德也。有逆天之道,帥民之賊者,身死族滅。以家聽者,祿以家。以里聽者,賞以里。以鄉聽者,封以鄉。以縣聽者,侯以縣。剋國不及其民,廢其君而易其政,尊其秀士而顯其賢良,振其孤寡,恤其貧窮,出其囹圄,賞其有功。百姓開門而待之,淅米而儲之,唯恐其不來也。此湯武之所以致王,而齊桓之所以成霸也。故兵爲無道,民之思兵也,若旱而望雨,渴而求飲,夫有誰與交兵接刃乎。故義兵之至也,至於不戰而止"。《吕氏春秋·懷寵》篇有"……故兵入于敵之境,則民知所庇矣,黔首知不死矣。至於國邑之郊,不虐五穀,不掘墳墓,不伐樹木,不燒積聚,不焚室屋,不取六畜。得民虜奉而題歸之,以彰好惡,信與民期,以奪敵資。若此而猶有憂恨冒疾遂過不聽者,雖行武焉亦可矣。先發聲出號曰,兵之來也,以救民之死。子之在上無道,侼傲荒怠,貪戾虐衆,恣睢自用也,辟遠聖制,警醜先王,排訾舊典,上不順天,下不惠民,徵斂無期,求索無厭,罪殺不辜,慶賞不當。若此者,天之所誅也,人之所讐也,不當爲君。今兵之來也,將以誅不當爲君者也,以除民之讐而順天之道也。民有逆天之道,衛人之讐者,身死家戮不赦。有能以家聽者,祿之以家,以里聽者,祿之以里,以鄉聽者,祿之以鄉,以邑聽者,祿之以邑,以國聽者,祿之以國。故克其國不及其民,獨誅所誅而已矣。舉其秀士而封侯之,選其賢良而尊顯之,求其孤寡而振恤之,見其長老而敬禮之。皆益其祿,加其級。論其罪人而救出之,分府庫之金,散倉廪之粟,以鎮撫其衆,不私其財。……故義兵至……兵不接刃而民服若化",這兩節顯然都是論述道義之兵而旨趣相近。

捷、先"爲取勝的秘訣。陳奇猷曾指出此觀點與《孫子・九地》的"疾戰則存,不疾戰則亡者,爲死地"旨趣相同①。另外,"夫兵有大要。知謀物之不謀之不也,則得之矣……"②一節,文意雖甚難解,但與《孫子・計》"攻其無備,出其不意"③應是同樣的意思。繼之的《簡選》中又寫道,爲了勝利必須"精士練材,長銚利兵",進而論述了"時變之應也,不可爲而不足專恃",但無疑是"勝之一策"。

陳奇猷認爲此處有兵陰陽家的影響④,但僅據這一例就作出如此判斷的理由不甚明確。《決勝》也在文章之首提出了"夫兵有本干,必義必智必勇"的理念。但是,繼之則論説了戰爭的必勝之道在於采取對應敵情的戰法,即"凡兵貴其因也"。最後的《愛士》則是關於"行德愛人"方能期待戰時軍民勇於犧牲、建立功勳之論。上述的核心在於:《吕氏春秋》雖部分地采用了兵家的兵法理論,但作爲其基本的思想傾向則與《荀子・議兵》篇一樣,可以説是理念上的戰爭之論。

基於上述諸般事實可以發現:本論所探討的《淮南子・兵略》,如其篇名所示,是專論兵略的文獻。而與此有着重要聯繫的《管子》以及《逸周書》的内容中,兵法思想所占比例相對較高。就是説,《管子》儘管被視爲道家(抑或法家)文獻,但其《兵法》《地圖》《參患》《制分》《九變》等諸篇,卻顯然是以軍事思想爲主題的,書中以軍事爲主要内容的達七篇之多⑤。而《逸周書》也是同樣的:《武稱》《允文》《大武》《大明武》《少明武》《柔武》《武順》《武

---

① 請參照陳奇猷所著《吕氏春秋校譯》437頁(學林出版社,1984年)。
② 此處按陳奇猷氏所引許維遹所訓,即:"'謀'下'之'字當釋爲'與'。"
③ 參照陳奇猷《吕氏春秋校譯》439頁。
④ 參照陳奇猷《吕氏春秋校譯》451頁。
⑤ 參照金谷治所著《管子研究》第四章第五節《强兵思想》。

紀》等諸篇①,都將軍事思想作爲了主題。

戰國的亂世已然成爲過去,漢帝國也實現了統一,天下基本歸於和平。但是,爲什麼在這樣的時期,《淮南子》還要整理保存軍事思想呢?——雖説《淮南子》中僅有一篇②。而其兵法思想與兵家,例如孫子等,又有何種程度的聯繫呢? 在此姑且置而不論第一個"爲什麽",先就兩者之間存在着何種程度的聯繫這一問題進行探討。

二、《兵略》與兵家文獻的對應關係

一般説來,《淮南子》中的每一篇,都是分別在不同的主題下進行構思,並且各篇主題密切相關,有着許多相同或類似之處。準確地對此加以梳理和分析,就可以了解各篇在思想傾向上的大致特色③。因此,在探討《兵略》時,首先要着手解明:其與哪部兵家文獻之間有着最多的相同或相似之處。本部分的引用文爲避免繁複,皆采用原文形態,不另附現代譯文。

1.《孫臏兵法》

與《兵略》的對應關係最爲明顯的,是銀雀山漢墓出土竹簡《孫

---

① 參照《〈逸周書〉的思想與成書——對於齊學術一個側面的考察》,《日本學者論中國哲學史》183—197頁(華東師範大學出版社,2010年)。

② 楠山春樹先生認爲:"經道家思想修飾的形而上的思辨居多,又有濃厚的兵家哲學色彩的《兵略》,可以説反映了漢王朝權威確立之後已無必要討論實戰謀略的時代特徵。"[見楠山春樹所著《新釋漢文大系・淮南子》811頁(明治書院,1988年)]在《要略》中,有對其寫作的動機和意義的解説,即:"兵略者,所以明戰勝攻取之數,形機之勢,詐譎之變,體因循之道,操術後之論也。所以知戰陣分争之非道不行也。知攻取堅守之非德不强也。誠明其意,進退左右,無所失擊危,乘勢以爲資,清静以爲常,避實就虚,若驅羣羊。此所以言兵也。"在本文中,將以著作者的來歷爲切入點,對《兵略》的這種寫作背景進行探討。

③ 這當然並非適用於所有篇章,但是,例如一般認爲《原道》近似《老子》,而《俶真》與《莊子》相近,就是其最好的例子。

臏兵法》(以下簡稱《孫臏兵法》),已判明的共達十四處之多。即:

(1) 有血氣之蟲,含牙戴角,前爪後距……喜而相戲,怒而相害,天之性也。(1a)

→夫含齒戴角,前爪後距,喜而合,怒而鬬,天之道也,不可止也。(《勢備》)

(2) 人無筋骨之強,爪牙之利,故割革而爲甲,爍鉄而爲刃。(1a)

→故無天兵者自爲備,聖人之事也。黃帝作劍,以陣象之。羿作弓弩,以勢象之。禹作舟車,以變象之。湯武作長兵,以權象之。凡此四者,兵之用也。(《勢備》)

(3) 凡物有朕,唯道無朕。所以無朕者,以其無常形勢也。輪轉而無窮,象日月之運行,若春秋有代謝,若日月有晝夜,終而復始,明而復晦,莫能得其紀。制刑而無刑,故功可成。物物而不物,故勝而不屈。刑,兵之極也,至於無刑,可謂極之矣。(4a)

→天地之理,至則反,盈則敗,□□是也。代興代廢,四時是也。有勝有不勝,五行是也。有生有死,萬物是也。有所有餘,有所不足,形勢是也。故有形之徒,莫不可名。有名之徒,莫不可勝。故聖人以萬物之勝勝萬物,故其勝不屈。戰者以形相勝者也。(《奇正》)

(4) 地廣人衆,不足以爲強。堅甲利兵,不足以爲勝。高城深池,不足以爲固。嚴令繁刑,不足以爲威。爲存政者,雖小必存。(7a)

→甲堅兵利,不得以爲強,適(士)有勇力,不得以衛其將,則勝有道矣。(《客主人分》)

(5) 夫有形埒者,天下訟見之。有篇籍者,世人傳學之。

此皆以形相勝者也。善形者弗法也。所貴道者,貴其無形也。無形則不可制迫也,不可度量也,不可巧詐也,不可規慮也。智見者人爲之謀,形見者人爲之功,衆見者人爲之伏,器見者人爲之備,動作周還,倨句詘伸,可巧詐者,皆非善者也。善者之動也,神出而鬼行,星耀而玄逐。進退詘伸,不見朕垫。鸞舉麟振,鳳飛龍騰。發如秋風,疾如駭龍,當以生擊死,以盛乘衰,以疾掩遲,以飽制饑,若以水滅火……(9a—10b)

→形莫不可以勝,而莫智其所以勝之形。形勝之變,與天地相敝而不窮。形勝,以楚越之竹書之而不足。形者,皆以其勝勝者也。以一形之勝萬形,不可。所以制形壹也,所以勝不可壹也。故善戰者,見敵之所長,則智其所短。見敵之所不足,則智其所有餘。見勝如見日月,其錯勝也,如以水勝火。(《奇正》)

(6) 故能分人之兵,疑人之心,則錙銖有餘。不能分人之兵,疑人之心,則數倍不足。(11a)

→能分人之兵,能按人之兵,則錙【銖】而有餘。不能分人之兵,不能按人之兵,則數倍而不足。(《客主人分》)

(7) 隱匿其形,出於不意。(12b)

→攻其無備,出其不意。(《威王問》)

(8) 故勝定而後戰……(《威王問》)

→見勝而戰,弗見而諍,此王者之將也。(《八陣》)

(9) 故上將之用兵也,上得天道,下得地利,中得人心……(15a)

→知道者,上知天之道,下知地之理,內得其民之心……(《八陣》)

(10) 故戰日有期,視死若歸。故將必與卒同甘苦,俟饑寒,故其死可得而盡也。(18b)

→務在治兵利氣。臨境近敵,務在勵氣。戰日有期,務在斷氣。(《延氣》)

(11) 同莫足以相治也,故以異爲奇,兩爵相與鬬,未有死者也。鷾鷹至則爲之解,以其異類也。故靜爲躁奇,治爲亂奇,飽爲饑奇,佚爲勞奇。奇正之相應,若水火金木之代爲雌雄也。(20b)

→……同不足以相勝也,故以異爲奇。是以靜爲動奇,佚爲勞奇,飽爲饑奇,治爲亂奇,衆爲寡奇。發而爲正,其未發者奇也。奇發而報,則勝矣。有餘奇者,過勝者也。(《奇正》)

(12) 兵貴謀之不測也,形之隱匿也,出於不意,不可以設備也。(20b)

→……攻其無備,出其不意,必以爲久……(《威王問》)

(13) ……乘之以選卒,擊之以宵夜……(21b)

→敵弱以亂,先其選卒以乘之。(《八陣》)

(14) 晝則多旌,夜則多火,晦冥多鼓,此善爲設施者也。(21b)

→……夜則與鼓,晝則與旗……(《陳忌問壘》)

此處所謂《孫臏兵法》,衆所周知,是指1972年於山東省臨沂縣銀雀山漢墓發掘出土的經整理而成的三十篇一萬餘字的出土文獻。毋庸贅言,它不同於一般的先秦文獻屢經後世修改,而是純以當時的原形態出土。雖然《淮南子·兵略》與這部《孫臏兵法》有着最多的對應關係,但這既不是出於後世的操作,也決不是偶然的巧合。

2.《孫子》

僅次於《孫臏兵法》的就是《孫子》,共有十二處,即:

(1) ……故勝而不屈。刑,兵之極也,至於無刑,可謂極

之矣。(4a)

→故形兵之極,至於無形。(《虛實》)

(2) 同舟而濟於江,卒遇風波,百族之子捷捽招杙船,若左右手,不以相德,其憂同也。(5a)

→夫吳人與越人相惡也,當其同舟而濟,遇風,其相救也,如左右手。(《九地》)

(3) 凡用兵者,必先自廟戰。主孰賢,將孰能,民孰附,國孰治,蓄積孰多,士卒孰精,甲兵孰利,器備孰便。故運籌於廟堂之上,而決勝乎千里之外矣。(9b)

→得,故校之以計,而索其情。曰,主孰有道,將孰有能,天地孰□,法令孰行,兵眾孰強,士卒孰練,賞罰孰明,吾以此知勝負矣。……夫未戰而廟算勝者,得算多也……(《計》)

(4) 靜以合躁,治以持亂……敵不可得勝之道也。(13a)

→……以治待亂,以靜待譁,此治心者也。(《軍爭》)

(5) 放乎九天之上,蟠乎黃盧之下,唯無形者也。(13b)

→善守者,藏於九地之下,善攻者,動於九天之上。故能自保而全勝也。(《形》)

(6) 善用兵者,當擊其亂,不攻其治,是不襲堂堂之寇,不擊填填之旗。(13b)

→無邀正正之旗,無擊堂堂之陣,此治變者也。(《軍爭》)

(7) 是故善用兵者,勢如決積水於千仞之隄,若轉圓石於萬丈之谿……(16b)

→勝者之戰民也,若決積水於千仞之溪者,形也。(《形》)

→故善戰人之勢,如轉圓石於千仞之山者,勢也。(《勢》)

(8) 疾如礦弩,勢如發矢……攻則不可守,守則不可攻。(20a)

→是故善戰者,其勢險,其節短,勢如弓弩,節如發機。

(《勢》)

　　(9) 蓋聞,善用兵者……先爲不可勝而後求勝,修己於人,求勝於敵。(20a)

　　→昔之善戰者,先爲不可勝,以待敵之可勝。不可勝在己,可勝在敵。(《形》)

　　(10) 奇正之相應,若水火金木之代爲雌雄也。(20b)

　　→奇正之變,不可勝窮也。奇正相生,如循環之無端,孰能窮之。(《勢》)

　　(11) ……出於不意,不可以設備也……(20b)

　　→攻其不備,出其不意。此兵家之勝,不可先傳也。(《計》)

　　(12) 晝則多旌,夜則多火,晦冥多鼓,此善爲設施者也。(21b)

　　→故夜戰多火鼓,晝戰多旌旗,所以變人之耳目也。(《軍爭》)

3.《六韜》

《六韜》則位居第三,有七處,即:

　　(1) 故同利相死,同情相成,同欲相助。(5a)

　　→同病相救,同情相成,同惡相助,同好相趨。(《發啓》、《羣書治要》所引《武韜》)

　　(2) 故善用兵者……擊其猶猶,陵其輿輿,疾雷不及塞耳,疾霆不暇掩目。(10b)

　　→巧者一決而不猶豫。是以疾雷不及掩耳,迅電不及瞑目。(《軍勢》)

　　(3) 然而高城深池,矢石若雨,平原廣澤,白刃交接,而卒爭先合者,彼非輕死而樂傷也,爲其賞信而罰明也。(18a)

→高城深池,矢石繁下,士爭先登,白刃始合,士爭先赴。士非好死而樂傷也,爲其將知寒暑饑飽之審,而見勞苦之明也。(《勵軍》)

(4) 故將必與卒同甘苦,俟饑寒,故其死可得而盡也。故古之善將者,必以其身先之,暑不張蓋,寒不被裘,所以程寒暑也。險隘不乘,上陵必下,所以齊勞佚也。軍食熟,然後敢食,軍井通,然後敢飲,所以同饑渴也。合戰必立矢射之所及,以共安危也。(18b—19a)

→將冬不服裘,夏不操扇,雨不張蓋,名曰禮將。將不身服禮,無以知士卒之寒暑。出隘塞,犯泥塗,將必先下步,名曰力將。將不身服力,无以知士卒之勞苦。軍皆定次,將乃就舍。炊者皆熟,將乃就食,軍不舉火,將亦不舉,名曰止欲將。將不身服止欲,欲無以知士卒之饑飽。將與士卒其寒暑勞苦若饑飽,故三軍之衆,聞鼓聲則喜,聞金聲則怒。(《勵軍》)

(5) 兵貴謀之不測也,形之隱匿也,出於不意,不可以設備也。(20b)

→無使敵人知我意。……擊其不意,攻其無備。敵人不知我情,則止不來矣。(《臨境》)

(6) 曳梢肆柴,揚塵起堨,所以營其目者,此善爲詐佯者也。(21a)

→令我老弱,曳柴揚塵,鼓呼而往來……其將必勞,其卒必駭。如此則敵人不敢來。(《臨境》)

(7) 凡國有難,君自宮召將,詔之曰:"社稷之命在將軍,即今國有難,願請子將而應之。"將軍受命,乃令祝史太卜齋宿三日,之太廟,鑽靈龜,卜吉日,以受鼓旗。君入廟門,西面而立;將入廟門,趨至堂下,北面而立。主親操鉞,持頭,授將軍其柄曰:"從此上至天者,將軍制之。"復操斧,持頭,授將軍其柄,曰:"從此下至淵者,將軍制之。"將已受斧鉞,答曰:"國不可從外治也,軍不可從中御也。二心不可以事君,疑志不可以應敵。臣既以受制於前矣,鼓旗斧鉞之威,臣無還請,願君亦以垂一言之命於臣也。君若不許,臣不敢將。君若許之,臣辭而行。"乃爪鬋,設明衣也,鑿凶門而出。乘將軍車,載旌旗斧鉞,累若不勝。其臨敵決戰,不顧必死,無有二心。是故無天於上,無地於下,無敵於前,無主於後,進不求名,退不避罪,唯民是保,利合於主,國之實也,上將之道也。如此,則智者爲之慮,勇者爲之鬬,氣厲青雲,疾如馳鶩,是故兵未交接而敵人恐懼。若戰勝敵奔,畢受功賞,吏遷官,益爵禄,割地而爲調,決於封外,卒論斷于軍中。顧反於國,放旗以入斧鉞,報畢於君曰:"軍無後治。"乃縞素辟舍,請罪於君。君曰:"赦之!"退,齋服。大勝三年反舍,中勝二年,下勝期年。兵之所加者,必無道國也,故能戰勝而不報,取地而不反,民不疾疫,將不夭死,五穀豐昌,風雨時節……(22b—23b)

→武王問太公曰,立將之道奈何。太公曰,凡國有難,君避正殿,召將而詔之曰,社稷安危,一在將軍。今某國不臣,願將軍帥師應之。將既受命。乃命太史鑽靈龜,卜吉日,齋三日,至太廟,以授斧鉞。君入廟門,西面而立。將入廟門,北面而立。君親操鉞,持首,授將其柄曰,從此上至天者,將軍制之。復操斧,持柄,授將其刃曰,從此下至淵者,將軍制之。見其虛則進,見其實則止。勿以三軍爲衆而輕敵,勿以受命爲重而必死,勿以身貴而賤人,勿以獨見而違衆,勿以辯説爲必然。士未坐勿坐,士未食勿食,寒暑必同。如此,士衆必盡死力。將已受命,拜而報君曰,臣聞國不可從外治,軍不可從中御。二心不可以事君,疑志不可以應敵。臣既受命,專斧鉞之威。臣不敢生還,願君亦垂一言之命於臣。君不許臣,臣不敢將。

君許之,乃辭而行。軍中之事,不聞君命,皆由將出。臨敵決戰,無有二心。若此則無天於上,無地於下,無敵於前,無君於後。是故智者爲之謀,勇者爲之鬭,氣厲青雲,疾若馳騖,兵不接刃,而敵降服。戰勝於外,功立於内。吏遷上賞,百姓歡悦,將無咎殃。是故風雨時節,五穀豐登,社稷安寧。(《立將》)

4.《尉繚子》

《尉繚子》中有五處,又次於《六韜》,即:

(1) ……維枹綰而鼓之……(5b)

→……將提枹而鼓之……(《羣書治要》所引《尉繚子·兵令》)

(2) 明於禁舍開塞之道,乘時勢,因民欲而取天下。(8b)

→明於禁舍開塞之道,民流者親之,地不治者任之。(《兵談》)

→今天下諸國……不能濟功名者,不明乎禁舍開塞也。(《羣書治要》所引《尉繚子·兵談》)

→故曰,明于禁舍开塞,其取天下若化。(《制談》)

(3) 故兵不必勝,不苟接刃。攻不必取,不爲苟發。故勝定而後戰,銓縣而後動。(12b)

→兵起,非可以忿也。見勝則興,不見勝則止。(《兵談》)

(4) ……兵如植木,弩如羊角……(13b)

→……兵如總木,弩如羊角……(《兵談》)

(5) 故古之善將者,必以其身先之,暑不張蓋,寒不被裘,所以程寒暑也。險隘不乘,士陵必下,所以齊勞佚也。軍食熟,然後敢食,軍井通,然後敢飲,所以同饑渴也。合戰必立矢射之所及,以共安危也。(18b—19a)

→夫勤勞之事,將必先己,暑不張蓋,寒不重衣,險必下

步,軍井成而後飲,軍食熟而後飯,軍壘成而後舍,勞佚必身同之。如此師雖久,而不老不弊。(《戰威》)

5. 銀雀山漢簡《尉繚子》

也有人言及《兵略》與新出土的漢簡資料《尉繚子》的關聯,是以例舉如下①:

(1) 故得道之兵,車不發韌……甲不離矢……(4b)

→夫治且富之國,車不發□,甲不出橐(櫜)……(《治□》)

(2) 兵靜則固,專一則威,分決則勇,心疑則北,力分則弱。(11a)

→[□□]□固,以專勝。力分者弱,必疑者北。(《兵權》)

(3) 將卒吏民,動靜如身,乃可以應敵合戰。故計定而發,分決而動,將無疑謀,卒無二心,動無墮容,口無虛言,事無嘗試,應敵必敏,發動必亟。(11a)

→……將吏士卒,動靜如身。心疑必北。是故□……無嘗試,發動必亟,畝凌而兵毋與戰矣。(《兵權》)

《尉繚子》和《六韜》歷來都被看作是偽書,其資料價值一直爲人們所懷疑。但在《孫臏兵法》出土的同時,這些文獻的一部分也被發掘出來,這一結果即表明兩部作品未必能判定爲偽書。

除此之外,它與上節中列舉的《荀子・議兵篇》以及《呂氏春秋》中的《蕩兵》《懷寵》兩篇之間也有少許共同之處。在此尤其需要強調的是,在兵家《武經七書》之一的《吳子》中,基本沒能發現與《兵略》的相關之處這一事實。關於其理由將在後文中敍述,下面先就本節所指出的事實在思想史上的意義作一下探討。

---

① 參照八六九五五部隊理論組、上海師範學院古籍整理研究室注《尉繚子注釋》附錄《銀雀山〈尉繚子〉釋文(附校注)》(上海古籍出版社,1978年)。

三、《兵略》與《孫子》及《孫臏兵法》對"勢"的重視

過去,有關孫臏的兵法思想,僅在《呂氏春秋・不二》中有"孫臏貴勢"的記述,其詳細內容則不得而知。今天,在《孫臏兵法》中《篡卒》《勢備》《客主人分》等各篇裏,發現了有關"勢"的論述,據此纔得以了解到它的具體內容①。即:

> 凡兵之道四。曰陣,曰勢,曰變,曰權。察此四者,所以破強敵,取猛將也。(〈勢備〉)
> 夫權者,所以聚衆也。勢者,所以令士必鬭也。謀者,所以令敵無備也。詐者,所以困敵也。可以益勝,非其急者也。(《威王問》)
> 兵之勝在於篡卒,其勇在於制,其巧在於勢,其利在於信,其德在於道,其富在於亟歸,其強在於休民,其傷在於數戰。(《篡卒》)
> 所謂善戰者,便勢利地者也。(《客主人分》)

這些都記述了"勢"的重要。此外,"恒勢"(《威王》)、"兵勢"(《威王》)、"形勢"(《奇正》)、"戰勢"(《奇正》)等詞語也是屢屢被使用的術語。

不言而喻,在《孫子》中,"勢"也是有着重要意義的概念,從下列用例也可明顯看出:

> 勢者,因利而制權也。(《計》)
> 激水之疾,至於漂石者,勢也。鷙鳥之疾,至於毀折者,節也。是故善戰者,其勢險,其節短。勢如弓弩,節如發機。(《勢》)
> 善戰者,求之於勢,不責於人。故能択人而任勢。任勢

---

① 參照陳奇猷著《呂氏春秋校釋》1129頁。

者,其戰人也,如轉木石。……故善戰人之勢,如轉圓石於千仞之山,勢也。(《勢》)

治亂,數也。勇怯,勢也。強弱,形也。(《勢》)

而且,此處尤其值得注意的,是孫臏和孫子對"勢"的評價幾乎完全一致這一事實。例如《勢》"戰勢,不過奇正……"中的"戰勢"一語,在上面已引用的《孫臏兵法・奇正》中也曾出現,可以窺見兩文獻在戰勢概念和奇正概念上都有着密切的關係。另外,同是在《勢》中,"勢"被喻爲弓弩;而在《孫臏兵法・勢備》篇中,也可看到與"羿作弓弩,以勢象之"相似的思路;同樣,《孫子・虛實》篇的"兵無常勢"一節,也與《孫臏兵法・見威王》的"夫兵者,非士恒勢也"相同,說的完全是同一個道理。

然而,"勢"的概念並非在所有兵法思想中都被賦予了重要意義。例如,作爲兵法書與《孫子》並爲雙璧的《吳子》中,卻僅能從其《料敵》中找到兩例:

擊此之道,阻陣而壓之,衆來則拒之,去則追之,以倦其師。此其勢也。(《料敵》)

六國之兵四守,勢甚不便,憂此。奈何。(《料敵》)

而且,即或是這兩例,也很難說與吳子的兵法理論有着深刻的聯繫。因而,其作爲術語亦沒有在《孫子》中那樣的重要性。

另外,在《淮南子・兵略》中,"勢"的概念又是如何被使用的呢?

乘時勢,因民欲,而取天下。

兵有三勢,有二權,有氣勢,有地勢,有因勢……

神莫貴於天,勢莫便於地,動莫急於時,用莫利於人,凡此四者,兵之幹植也。

夫地利勝天時，巧舉勝地利，勢勝人。

……所以決勝者，鈐勢也。

……雖順招搖挾刑德，而弗能破者，以其無勢也。

善用兵者，勢如決積水於千仞之隄，若轉圓石於萬丈之谿。

從以上列舉的數例可以看出，《兵略》同《孫臏兵法》、《孫子》一樣，表現出了對"勢"高度重視的思想。在此，倘若與上節已指出的事實聯繫起來考慮，則必須說：《淮南子・兵略》的確是在《孫臏兵法》、《孫子》的影響下編著而成的。假若如此，應該如何解釋這一事實在思想史上所具有的意義呢？

四、在齊地發展起來的兵法思想

現行《孫子》十三篇的作者孫武，據《漢志》記載，曾著有《吳孫子兵法》八十二篇；從班固的自注"……臣於闔閭"一語可以看出，此人係春秋時代出仕吳王闔閭且大顯身手的戰略家。但是，關於《史記・孫子傳》的記載——孫武原本是齊人，卻並未引起重視。另外，被認爲是《孫臏兵法》作者的另一位孫子，即孫臏，《漢志》同樣有記載，稱其著有《齊孫子》八十九篇。衆所周知，他是孫武去世百餘年後，活躍於戰國時代的戰略家，並且也是齊人。而且，如上一節所考，《孫子》和《孫臏兵法》在重視"勢"這一點上是彼此相通的，兩者的兵法具有基本上一致的傾向[①]。加之，一般認爲原爲趙人，齊宣王時成爲頗有實力的稷下學者之一的慎到[②]，據《韓非

[①] 關於這一點，武內義雄早在其著作《孫子研究》全集第七卷145頁中已經指出。

[②] 參照《史記・田敬仲完世家》中"宣王喜文學游說之士，自如鄒衍、淳于髡、田駢、接予、慎到、環淵之徒七十六人，皆賜列第，爲上大夫，不治而議論。是以齊稷下學士復盛，且數百千人"一節。

子·難勢》所記,也非常重視"勢"——雖不在軍事而是在政事方面①。由此可知:雖然一方爲兵家,另一方爲法家,各自實際應用的領域有所不同,但作爲他們共同的基本思想傾向,"勢"的概念都具有重要的意義②。

特別凸顯了兩人與齊地關係之深的,當屬《史記·孫子傳》中有關"(孫)臏亦爲孫武後世之子孫"的記述。也就是説,可以認爲:孫子的兵法自孫武以來,與其説是在吳地,不如説是在齊地被繼承和發展了下來③。從俞樾對《孫子》中所使用的齊語的考證中,也可明顯地看到這一點④。

至此,孫武及孫臏的兵法與齊的思想文化的密切關係已經很明確了。不僅是孫子,即或一般兵法與齊文化的關係也絶不可小覷。例如,給《漢志》"兵略書兵權謀家"一段内容作注時,班固寫道:"省伊尹、太公、管子、孫卿子、鶡冠子、蘇子、蒯通、陸賈、淮南王二百五十九種……"。此處大概是説:雖然在這些書籍中也可見屬於兵法,尤其是兵權謀的學説,但因在諸子略中已有提及,所以在此從略。不過,這其中,陸賈和淮南王二百五十九種,因爲屬於漢代之故可以除外,若僅限於先秦時期與齊相關的人物來列舉的話,當之者則有太公、管子、孫卿子(=荀子)、蒯通四者,確已超過全體的半數。這究竟能否説是偶然的巧合?倘若結合剛纔的事實來考慮的話,豈不是兵法思想在齊地得以傳統性繼承的佐證嗎?再者,今天以《武經七書》稱之的兵家文獻《孫子》《吴子》《司馬法》

---

① 參照《韓非子·難勢》中"慎子曰:……賢智未足以服衆,而勢位足以詘賢者也"一節。
② 參照金谷治《慎到の思想について》,《金谷治中國思想論集(中卷)》(平川出版社,1977年)。
③ 參照河野收《孫子成立の史的考察》12,《防衛大學校紀要》第28、29集,1974年。
④ 參照武内義雄所著《孫子研究》全集第七卷135頁。

《尉繚子》《李衛公問》《三略》《六韜》中，與齊有着明確關係的即有《孫子》《司馬法》《六韜》三部，由此亦可證上述觀點①。

由上述的考證可以推斷：事實是《淮南子·兵略》的兵法思想與《吳子》等的關係極爲淡薄，而與孫子、孫臏的兵法思想卻最爲接近；並且，孫武、孫臏的兵法思想是在齊地被長期繼承下來的，從這個意義上來説，將其視爲齊文化的一份遺産也不爲過。如果以此爲前提的話，即或《兵略》只是意在繼承當時最具代表性的兵法思想，毫無疑問，這也直接使得在齊地形成並發展起來的兵法思想得到了較多的繼承。也就是説，如果在此允許一點個人推測的話，是否可以認爲：從春秋時代的孫子，即孫武，到戰國時代的孫子，即孫臏，傳承下來的兵法，又經由後來漢代的繼承者之手，得以保留於《淮南子·兵略》之中。爲了證明這一假説並非臆測，而是歷史上的事實，就必須論證《兵略》與同樣被視爲齊文化之集大成的《管子》的兵法思想之間，也有如同《兵略》與孫武、孫臏之間所能見到的那種共同點。所以，下面就對這一問題進行探討。

---

① 《三略》於《漢志》中並無記載，其始見於《隋志》所記的"黄石公三略三卷，下邳神人撰"。然而，正如其所謂"下邳神人撰"所示，其來歷甚是曖昧，恐是後人的僞托之作。不過，《隋志》中冠於《三略》之上的黄石公，在《史記·留侯世家》記載中，作爲傳授給留侯張良"太公兵法"的人物而登場。並且，同一傳記中有"良數以太公兵法説沛公，沛公善之，常用其策"，記載了留侯張良實際上也曾以"太公兵法"爲據，向沛公劉邦傳授"用兵之策"。現行的《三略》或許是以這些記載爲基礎並附會托名於黄石公而寫成的。這樣的話，可以推想《三略》還是因某種機緣與齊太公望的兵法思想相關聯。另外，關於《尉繚子》，在《史記·秦始皇本紀》中，"尉繚"是作爲大梁人登場的，這一人物與《尉繚子》關係不詳。不過，在《四庫全書總目提要》中，作爲一説，記載其爲"齊人，鬼谷子之弟子"，似乎其人曾由鬼谷子傳授過兵法。倘若如蘇秦從鬼谷子那裏得到《太公陰符》（或稱《周書陰符》）的傳授一樣，尉繚也在接受了類似的教誨之後成爲了兵法家的話，那麼緣起於尉繚並題爲《尉繚子》的兵法書則暗示了其與齊太公望的兵法思想的某種聯繫，這樣一來，七種兵法書中可窺見其與齊有着直接或間接關係的，除去《吳子》《李衛公問》，則占了五種。由此也可見齊與兵法思想的密切聯繫。

五、《淮南子·兵略》與《管子》中的兵法思想的比較

金谷治博士在其著作《管子研究》(岩波出版社,1987年)一書中,將《管子》的強兵思想的特色,整理爲以下八條:

(1) 主張"兵不可廢",但應具有"就至善者不戰"的道義立場。
(2) 主張"計必先定",重視戰前的各項準備。
(3) 主張"勝敵治天下之根本在於治民"。
(4) 主張應考慮兵主(將)、野吏、官長、朝政,或主、相、將,或士、將、主等的職責分擔及相互合作。
(5) 重視士兵的選拔和教育訓練。
(6) 特別強調器材的保修、齊備,並論説與此相關的財力彙集、工程工事等。
(7) 重視計數,法度。
(8) 主張"深聽微視",持有重視無形無設之道的道家立場。

上述特色當中,尤其是(3)、(4)、(5)、(6)各項均把重點置於軍政方面,這一點被認爲是與孫子兵法所不同的,並堪稱管子兵法的獨到之處①。

現在,就這些特徵是否也能在《兵略》中找到進行探討。

首先,關於第一條,《兵略》中的下列記述正可與之相對應:

> 自五帝而弗能偃也,又況衰世乎。夫兵者所以禁暴討亂也。(1b)②

> 故義兵之至也,至於不戰而止。(3a)

---

① 金谷著作《慎到の思想について》第四章第五節《強兵思想》211—215頁。
② 本文前面所引《荀子·議兵》中可見幾乎相同的內容。另外,在《管子·參患》中也有"……兵者外以誅暴,內以禁邪。故兵者尊主安國之經也。不可廢也。若夫世主則不然。外不以兵,而欲誅暴,則地必虧矣。內不以刑,而欲禁邪,則國必亂矣"之説,可見是同樣的主張。這或許是自戰國至漢初一直廣爲人們接受的戰爭觀吧。

修政於境内，而遠方慕其德，制勝於未戰，而諸侯服其威，内政治也。……善戰者，無與鬭。(4b)

其次是第二條，亦有一段確能與之相對應：

凡用兵者，必先自廟戰。主孰賢，將孰能，民孰附，國孰治，蓄積孰多，士卒孰精，甲兵孰利，器備孰便。故運籌於廟堂之上，而決勝乎千里之外矣。(9b)

《兵略》中出現的"廟戰"一語，正典型地反映出兩者之相通。《孫子》裏所説的"廟算"在《計》篇中也是同樣的意思。金谷博士亦曾指出《管子》與《孫子》以及《孫臏兵法》在這一點上的關係①。

關於第三條，可見下面的内容與之相對應：

治國家，理境内，行仁義，布德惠，立正法，塞邪隧。羣臣親附，百姓和輯，上下一心，君臣同力，諸侯服其威，而四方懷其德，修政廟堂之上，而折衝千里之外，拱揖指撝，而天下響應。此用兵之上也。(5b)

兵之勝敗，本在於政。政勝其民，下附其上，則兵强矣。……爲存政者，雖小必存；爲亡政者，雖大必亡。(7a)

故善爲政者積其德，善用兵者畜其怒。德積而民可用，怒畜而威可立也。故文之所以加者淺，則勢之所勝者小；德之所施者博，而威之所制者廣，威之所制者廣，則我强而敵弱矣。(8b—9a)

兵之所以强者民也。……君臣乖心則孫子不能以應敵。是故内政修以積其德，外塞其醜以服其威。(18a)

由上述可見，其主旨在於將軍事與政事作爲不可分的一體來

---

① 金谷所著書《慎到の思想について》203頁。

把握。

關於第四條，雖然難以找出與之直接對應的部分，但還是可以列舉出與之有着某種聯繫的內容，例如：認爲吏與卒的職位區別以及官（尉官、司馬官、侯官、司空官、輿官）與將的合作是獲取勝利的條件[1]；將、卒、吏、民需要相互信賴[2]；將與卒、主與民乃是相互依存的關係[3]等。總之，它論述了軍政下的行政組織以及國內秩序的應有形態，而這些是孫子所不曾言及的。

關於第五、六、七各條，雖然找不到與之直接對應的章句，但我認爲，這可能是由於《管子》一貫將重點放在建立強盛的國家和強大的軍事，即富國強兵的軍政上，而《淮南子·兵略》卻同時更強調戰爭的意義、獲取實戰勝利的秘訣之類的主題，以致兩者在這一點上多少有些不一致[4]。

關於第八條，《兵略》中也頻繁使用"道"或"無形"等詞語，以展開其以實戰爲前提的戰術論，現將其最典型之處列舉如下：

> 凡物有朕，唯道無朕。所以無朕者，以其無常形勢也。……刑兵之極也，至於無刑，可謂極之矣。(4a)

> ……所貴道者，貴其無形矣。無形則不可制迫，不可度量也，不可巧詐也，不可規慮也。……(9b)

> 無形而制有形，無爲而應變……是以聖人藏形於無，而遊

---

[1] 參照《兵略》6a—7a："……尉之官（……司馬之官）……侯之官……司空之官……輿之官，凡此五官之於將也，猶身之有股肱手足也。……然皆佐勝之具也，非所以必勝也。"

[2] 參照《兵略》"將卒吏民，動靜如身，乃可以應敵合戰。……故體以民爲體，而民以將爲心，心誠則支體親刃……"(11a)。

[3] 參照《兵略》"良將之用兵也，常以積德擊積怨，以積愛擊積憎，何故而不勝？主之所求於民者二：求民爲之勞也，欲民爲之死也。民之所望於主者三：飢者能食之，勞者能息之，有功者能德之。民以償其二積，而上失其三望"(19a)。

[4] 不過，《兵略》中也屢見有關"數"的議論。

心於虛。(13a—13b)

　　唯無形者,無可奈也,是故聖人藏於無原。故其情不可得而觀,運於無形。(15a)

　　具有這樣強烈的道家思想傾向的兵法思想,在《孫子》《孫臏兵法》中也可見到,而在與《孫子》同爲兵法思想之雙璧的《吳子》中卻找不到。由此可推論:這正是在齊地發展並在齊地被繼承下來的兵法思想的共同特徵。

　　如上所述,《淮南子・兵略》與《管子》的兵法思想有着非常明顯的部分對應關係,而在此尤其重要的,是《兵略》與《管子》中的兵法思想以及《孫子》《孫臏兵法》這四者之間相互關聯的這一事實。那麼致使這種關聯產生或者說成爲可能的思想史背景又是怎樣的呢？

六、《淮南子》中的齊文化

　　不僅在《兵略》中,而且在整個《淮南子》中,都能找到與齊地思想文化的聯繫。本節將對此予以論析。

　　衆所周知,《淮南子》是以道家思想爲基礎,同時各篇又在一定的主題之下表現出了豐富多彩的思想。例如《氾論》和《人間》中的現實主義以及功利主義思想,與那些縱橫家的思想絕不可能沒有關係,而這些縱橫家的思想則是在齊地發展起來的。關於這一點將在下文中討論[1]。

　　另外,根據向井哲夫先生的分析:《齊俗》中可以看到齊地稷

---

　　[1]　請參照《權と應變思想—淮南子氾論訓の思想をめぐって—》(《早稻田大學大學院文學研究科紀要(別册)》第五集 21—40 頁,1979 年),以及《〈淮南子・人間〉の思想傾向について》(《早稻田大學高等學院研究年誌》第 25 號 1—17 頁,1981 年)。關於在齊地發展起來的縱橫家思想,請參照《漢代縱橫家考——齊地方の思想的特色として》(《東洋の思想と宗教》第 5 號 20—38 頁,1988 年)

下學者田駢的齊物思想的影響①；而《覽冥》《本經》兩訓則反映出齊地稷下人士之一鄒衍的所謂陰陽思想②。雖然向井先生對於田駢和鄒衍同屬齊之稷下學者這一點，並未特別關注，但筆者認爲，這一事實正應該引起足够的重視。此言何據呢？因爲倘若結合前文所考，這個事實自然成爲其絕佳證據，即：在《淮南子》中，不僅是《兵略》，從其他各篇中仍然可以看到齊文化的廣泛影響。

還有一個可以指出的事實，足以使我們推斷《淮南子》與齊地思想文化之聯繫，這就是《要略》篇所記述的，自周初至戰國末期的堪稱爲思想通史的一段，即：(1) 以助文王武王之王道，並因其功勛而成爲齊的開國之祖的"太公之謀"爲始；(2) 忠實地祖述了周公旦之教誨的孔子的"儒者之學"繼之；(3) 批判地繼承了孔子"儒者之學"的墨子的"節財薄葬閑服"之説；(4) 引導齊桓公完成霸業的"管子之書"；(5) 同樣很好地輔佐了齊景公的"晏嬰之諫"；(6) 進入戰國時代之後的"縱橫修短之術"③；(7) 申不害的"刑名之書"；(8) 秦的"商鞅之法"。此處的八種思想，是以周初至戰國末期的時代順序來列舉的社會的歷史產物，但值得注意的重要一點是：(1)太公、(4)管子、(5)晏嬰，都是通過實際的作爲對齊國的發展有過功績的人物。換言之，他們一直都是在齊國爲人們所格外尊敬的人物，也正因爲如此，緣起於他們的書籍纔得以流傳後世。如果再加上(6)"縱橫修短之術"的話，在剛纔所列舉的八大思想當中，就有一半與齊有着深刻的關係。這難道也是出於偶然嗎？應該説，從這裏面也能够看到《淮南子》與齊地思想文化的深層聯繫。

與上述諸端相關，在此我想闡明的是：有事實可以推定，在參

---

① 參照向井哲夫《田駢の思想について》(《東方學》第 74 輯，1987 年)。
② 參照向井哲夫《〈淮南子〉と陰陽五行家思想——覽冥訓と本經訓を中心に》(《日本中國學會報》第 34 集，1982 年)。
③ 可以認爲這一思想也是以齊地爲中心發展而來的。

與《兵略》編撰的人物中，實際上也有齊人的身影。從下面引用的《兵略》的一節中，就可以看到齊語的用例：

夫梧淇衛箘簵，載以銀錫……(15b)

此文中的"衛"字就是齊語。值得注意的是，它不是作爲思想上的用語，而是作爲與當地物產相關的詞語而出現的。對於這一節，高誘作注爲"淇衛、箘簵，箭之所出也"，將"衛"作地名解釋。但《太平御覽》卷347所引的同一句子的注卻寫道"箘簵，箭竹也。出於淇地。衛，箭羽也"，出示了與高誘不同的解釋。注意到此現象的莊逵吉，在程文學(不詳)的"釋名，箭羽齊人曰衛，所以導衛矢也"一說的前提下，"疑是許慎注"，推論此說或許出自許慎注。雖然《太平御覽》所引用的注釋有助於發現遺失的許慎之注，這一點已引起了人們的關注，但是，此處要強調的是它明確了一個事實，即：通過《釋名》佐證了《兵略》中的"衛"字是齊語"箭羽"的意思①。等於說，許慎將這一節解釋爲"把原本是淇地特產的箭羽和箭竹綁在一起，加以銀錫裝飾……"的意思。通過此處與特產名稱相關的一節，無意間佐證了本篇是出於齊人或通齊語的人之手這一事實。

結語

綜上所述，《淮南子・兵略》與無疑是在齊地思想文化中發展起來的孫武、孫臏之兵法，有着最爲密切的聯繫。本篇在這一事實的基礎上，進而又以《管子》乃思想史上集齊地思想文化之大成的文獻這一觀點爲前提，闡明了《淮南子・兵略》與之同樣有着極爲密切的聯繫。除了與這些文獻中的兵法思想的密切聯繫之外，本

---

① 參照《釋名》卷七《釋兵》第二十三。

稿還指出了《淮南子・兵略》，與保留了自太公望吕尚以來的齊地兵法傳統、被稱爲"太公六韜"的《六韜》等，也有不少的聯繫[1]。通過追溯、耙梳這些多方面的聯繫，可以得出以下的結論，即：《淮南子・兵略》本身，説到底，幾乎是原封不動地蹈襲了齊地的思想文化——尤其是根植於齊國始祖太公望吕尚以來的現實主義傳統並得到卓越發展的兵法思想，同時加入了一些新的要素而寫作成書的。

在此列舉的一系列兵家文獻，都是於 1972 年從齊之故地，即現在的山東省東南的臨沂縣銀雀山漢墓中，與西漢武帝時的《元光元年（前 134）曆譜》同時大量出土的這一事實，也爲上述結論做出了旁證[2]。

雖然説是由齊地思想文化中産生、發展而來的思想，但是卻隨着擁有這些思想的許多人在各地諸侯間遊歷而被傳播於天下了。從這個意義上來看，此處的所謂齊地思想文化，亦並非局限於齊地的封閉性排他性地發展起來的思想文化，這一點應毋庸贅述。當然，在中國思想史上，齊地所發揮的巨大作用是不容忘記的。

※本稿所使用的《淮南子》的文本是《國學基本叢書・淮南子鴻烈集解》，引用頁數也以此爲據。

---

[1] 雖與《尉繚子》的關聯不小，但是，因爲《尉繚子》的兵法思想，是否繼承了齊地兵法思想的傳統，尚有未明了之處，故對此意見暫作保留。另外，湯淺邦弘的《〈尉繚子〉の富國強兵思想》（《東方學》第 69 輯，1984 年），將現行本《尉繚子》的内容整理分類爲"軍事思想部分"和"富國強兵思想部分"，並列舉 11 項之多，指出前者與《孫子》《孫臏兵法》的共通之處。

[2] 關於這一點，請參照吴九龍的《銀雀山漢墓釋文》（文物出版社，1985 年）。

齊楚之間

——竹簡中的齊楚文化交流

序

　　所謂文明（Civilization），當其形成之日，即或原本產生於某特定時代、特定地區，或特定社會集團，亦將因其普遍性之故，不久便由創始之地而遠播他方。就是説，我們可以認爲文明具有這樣的特性：它不受限於其本來的地域性（Locality），只要具備一定的條件，任何人都可以其絲毫不變的本原狀態接納並享受之，而且其享受者亦不關涉人種、國籍。近代在歐洲發展起來的科技文明即基本具有此種特性；當今的 IT 技術乃是與這種近代科技文明相關的現代典型例證；全球化（Globalization）現象似乎也是這種科技帶來的人類文明之一狀態。

　　與之相對，文化又如何呢？文化（Culture）也與文明同樣，在特定時代、特定地域以及特定團體中產生並傳播開去。然而，儘管其一部分隨時間播散至周邊地域，但與"文明"仍有不同的是：文化具有根植於一定的歷史、風土中而產生，並於其中發展且漸次擴大的性質。因此，在其他地域也有不被接納的情況，即或被接受，某些性狀也多被改變，而且，這一過程往往需要花費相當長的時間。

　　下面，試以古代中國爲例，對此進行探析。所謂黃河文明圈，即發生於黃河中流地域，而後以同心圓狀擴展、傳播至周邊地域而形成。與之幾乎同步發展起來的長江文明，同樣是以同心圓狀向周邊諸地域傳播、擴展，方形成所謂長江文明圈的。通常認爲，不久，這兩大文明圈即彙合爲一體，從而在東亞形成了一個廣大的中華文明圈。

　　從文化這一方面來看，古代中華文明圈自新石器時代以來，已在各地形成了多樣的文化。就目前的考古學研究的成果而言，可以説：今天所説的"中國"，在上古時期可劃分爲若干個文化圈，它們分別形成、發展出了各自獨特的文化。故此，導入了這種文化圈概念的多元文化論，在中國的上古研究中正在成爲優勢。以此觀點爲據，"中國"可分爲七大塊，即：起源於黄河文明的以黄河中游地域爲中心發展起來的中原文化，和以其下游地域爲中心發展起來的齊魯文化；以長江文明爲起源，以其中游地域爲中心發展起來的荆楚文化，和以其下游地域爲中心的吳越文化；加之，以長江上游的四川盆地爲中心發展起來的巴蜀文化；另有發展於黃河以北的燕文化，共爲七大文化圈①。

　　及至春秋戰國時代，各地域在保持着各自所獨具的文化特色的同時，經過相互的交流，亦擁有了共同的歷史②。不過，儘管這些地域之間有着相互的交流，卻一直保有獨自的文化特色，因而，同樣是"中國"或"中國文化"一詞，若以上古，即先秦時代爲限，則

---

　　①　參見李學勤著、五井直弘譯《春秋戰國時代の歷史と文物》第一章導論（研文出版社，1991年。原題《東周與中國文明》），及蘇秉琦著、張明聲譯《新探中國文明の起源》第一章（言叢社，2004年。原題《中國文明起源新探》）。
　　②　參見拙著《齊地の思想文化の展開と古代中國の形成・序章》（汲古書院，2008年）。

像《公羊傳》中所見到的那樣,"中國"之概念只是出於當時齊地儒家的世界觀乃至歷史觀而形成的一種時代觀念。倘若如此,即便作爲這種觀念的產物的"中國"既已存在,也必須説:作爲在政治上、文化上具有同一性的集合體,進而可以一元化把握和理解的"中國",尚未存在。因爲"中國"還未結成具有上述意義的"中國"實體。就是説,今天所説的"中國",正處於在地理和歷史上趨於形成的途中[①]。也正因此,各地域在保持其文化上各自獨具的豐富特性的同時,加上歷時悠久的彼此交往、融合,方纔形成了所謂中華文明圈。

經由以上極粗略的考察,也可認識文化所具有的根植於特定地域、時代之性質。換言之,"文明"因其通常具有欲跨越空間,即地域性而傳播的特性,故而從原理上使成千萬的人對其的享受成爲可能。與之相對,文化則很難做到一元化,乃至普遍化,就是説:文化具有欲以其多種多樣的内涵的原狀,維持共存狀態的性質。

即,所謂文化,是深深扎根於時代、地域——時間軸和空間軸之交彙處,孕育而成的。現在,我們權且稱之爲"文化的地域性",在進入主題之前,先就此略談筆者之一二淺見。

一、文化及其地域性

1. 語言及其地域性

語言是文化形成、傳播之不可或缺的手段。没有語言,文化則不能產生,亦無法普及。然而,在人類生存、生活的這個地球上,各

[①] "China"這一稱呼來自於"秦"也證明了這一點,所以,將"中國"與"China"互換亦是同理。

個地域的語言種類千差萬別，大到語族之異，小至方言之差，語言既因使用者的行動範圍而受到很大限制，故有時也可作爲區分民族的參考標準。

在此，試以日本的方言爲例。在被稱爲封建時代地方分權社會的江户時代，因地域間的交流受到限制，各地域的方言留存繁盛。不料，明治維新之後，隨着政治、經濟、學術等所有領域的中央集權體制的完備，方言的地位和作用不斷被弱化。加之，科技文明使交通、通信的手段得到飛躍式的發展，方言更顯出其局限性，遂逐漸爲通用的"標準語"所取代。可以説，强大的科技文明、强固的中央集權政治干净徹底地淘汰了方言的存在。其結果是，在日常生活中能够説方言的唯有老人而已。若將此種現狀推及世界範圍而觀之，則與英語得力於現代的國際化而使多數的小語種被不斷淘汰、日漸消亡的結果相重合。即或是幅員遼闊、人口衆多的中國，由於中央集權式的政治體制、媒體的發展，以及學校中的普通話普及教育，普通話正在取代方言，迅速成爲全國的共同用語。

原本，語言應該是最具地域性特徵的，但是，由於自然界的或人爲的種種外力的作用，强勢的語言便從地域的局限中解放出來，脱離了一直以來被使用的地域而向外擴張。在這個意義上，語言地圖不僅是因自然條件，而且由政治的、經濟的，有時甚至是軍事的要因等各種人爲條件，其描畫方法亦多有不同。

例如，古代歐洲的羅馬帝國，因爲其廣大的帝國地域内擁有諸多民族，所以被認爲曾有多種語言共存。此時的羅馬市民以羅馬拉丁地方所使用的拉丁語爲共同語言，乃是周知的事實。羅馬軍隊的士兵們據説都是羅馬市民，但是，他們的出身却分散於羅馬帝國的各地。據説他們是身着出身地的民族服装，手執民族傳統的武器參加戰鬥的。但在軍隊組織中，從將軍以至底層士兵，指揮號令皆使用拉丁語。就是説，羅馬軍隊的士兵在操用各自母語的同時，必須能夠使用作爲共同語的拉丁語①。拉丁語之所以在古代歐洲廣泛普及，正是這種歷史背景使然。可以説，古代羅馬帝國的形成和拉丁語文化圈的擴大實乃相輔相成之關係。

　　果然，秦漢統一帝國的形成，亦可按照與古代羅馬帝國的形成乃至現代國際化相同的脈絡來把握。秦漢統一帝國的形成，可以推斷是其依靠政治上的強權，在迫使衆多地域文化衰退的同時，以秦漢文化取而代之的。不過，實際上，就秦國而言，似乎其自身培育起來的文化並不十分成熟，尚不足以無視齊地、楚地的文化。有觀點認爲：在舊楚國，即或是在秦置郡縣進行統治之後，楚文化仍然做到了一直保持其命脈不斷②。秦國雖以武力成就了統一天下之業，卻没能夠壓倒在各地發展起來且根深蒂固的豐富的地域文化。

　　或許在秦漢統一帝國形成之後，各地仍舊使用着多樣的語言（方言）。當然，這對於推進統一的政策大爲不便，故此，當時的統治者，没有放過推進統一政策時的語言（方言）問題。衆所周知，首先實行的就是統一文字這一文書行政之關鍵，以穩固其郡縣制。不過，欲將口語如同書面語言一樣加以統一，恐怕是完全不可能的。於是，繼秦之後，漢有天下，立即開始了對各地方言的搜集，因此，揚雄所著《方言》（據《四部叢刊》本，正確應爲《輶軒使者絶代語釋別國方言》），與其説是出於個人興趣，毋寧説是以上述情況爲背景而著述的。筆者以爲妥當的觀點是：此舉甚至是當時帝國統治大業所不可或缺的一項工作。

---

　　① 據塩野七生著《ローマ人の物語》（新潮社，1992—2005年）。
　　② 參照工藤元男著《睡虎地秦簡よりみた秦代の國家と社會》（創文社，1998年）。

2. 文字及其地域性

文字是因爲其對自身特有的文化能够進行超越時空式的記録和傳達而發展起來的，在此意義上，它具有比繪畫、雕刻更强的傳達能力。因此，它產生於世界各地的古代文明中。擁有文字，不僅能賦予自身的文明史以權威性，而且無論在空間抑或是時間上，亦獲得了將自身文明具體且大範圍地進行傳播的手段，這正是使其自身築造的文明獲得普遍性，並成爲不可動摇的存在的一個過程。即：文字乃文明之果。

而另一方面，文化則未必一開始就要求有文字，亦不以文字爲必不可缺。無論文化的形態如何，有人生活之處，必然產生文化，文藝、技藝、祭祀等皆屬產生於其日常生活之文化的不同形態。即或是有將其流傳後世的强烈願望，也未必能成爲創生出文字的能量，因爲能在經營其日常生活的地域内口耳傳承已經足够。然而，與文字有着很强親和性的亦是文化。因爲文化乃是其享有者的存在證明——區别於他者的個性所在，而文字則使其文化牢牢地留存。假設一個没有文字的地域創造了其特有的文化，哪怕是外來的文字，也可以被巧妙地加以活用，力圖用以記録、傳播這一地方獨特的文化。古代的日本就是這樣的典型例子——在嘗試巧用外來的漢字以表現日本固有文化之過程中，產生了日本獨有的假名文字。

倘若將此比照於古代中國，情況又會如何呢？在秦始皇統一文字之前，據説在先秦時代已形成了各自獨特文化的各個地域方國的人們，以古遠的殷商"字"爲基礎，使各種字體相異的文字可以通而用之[①]。通過近年的考古發現，人們之所以能够具體且多方

[①] 參照許慎《説文·叙》中的"……分爲七國，田疇異晦，車涂異軌，律令異灋，衣冠異制，言語異聲，文字異形。秦始皇帝初兼天下，丞相李斯乃秦同之，罷其不與秦文合者……"。此處所列舉的"田疇""車涂""律令""衣冠""言語""文字"等，均屬地域性很强的文化產物。

面地了解先秦時代的文字，正是藉由曾在楚地使用的所謂楚文字。這些楚文字，恰如此前楚地出土的文字資料所昭示的那樣：既有依據《說文》可以解讀的文字，也有不少《說文》無法解釋的文字①。

總之，如《孟子·滕文公上》記有"南蠻鴃舌之人"（南方夷狄說話如百舌鳥般怪異之意），齊魯等北方與楚地等南方之間，大概在口語的層面上，語義的溝通確實不易。

3. 宗教及其地域性

宗教也是一種文化現象，因而，若追溯其淵源則可見其具有極強的地域特徵。被稱爲世界三大宗教的基督教、伊斯蘭教、佛教都是創始於某些地域並深深扎根於其中的宗教，其得以獲得世界性、普遍性是經過一段時間之後的事情。

再以廣泛見諸東亞的祖先崇拜以及隨之而產生的鬼神信仰這一宗教現象而言，其淵源極其古遠，甚至可上溯至先史時代。可以推測，這種宗教現象在先秦時代就已經在相當大的範圍内普及，並固定於各地了②。

但是，與之深相融合的對上天的崇拜，乃是興起於西部的周王朝，在滅掉信奉上帝的殷商後帶入中原，並不久即覆蓋了全中國的③。不過，即或在北方的黃河流域早已成爲強勢，但在南方流域卻顯得未盡成熟：因爲在郭店楚簡《老子》、《大一生水》、上博楚簡《恒先》等，據認爲是先秦道家的文獻羣中，並未將天作爲終極的存在加以認識，亦未將其作爲至高的存在加以神格化。《老子》以

---

① 參見張光裕主編《郭店楚簡研究》第一卷《文字篇·緒言》（藝文印書館，2000年）、李守奎編著《楚文字編》（華東師範大學出版社，2003年）。

② 池澤優所著的《孝的宗全教學的研究》（東京大學出版會，2002年），亦如其副題《古代中國祖先崇拜在思想上的發展》所示，是對祖先崇拜這一宗教現象加以史學式的、構造學式的論析，多有啓發。

③ 如金谷治的《中國古代的神觀念としての天》（《金谷治中國思想論集（上卷）》，平河出版社，1997年）等。

"道"、《大一生水》以"大一"、《恒先》以"恒",分別作爲各自的終極存在而樹立之,"天"不過是由上述這些終極的存在演繹出萬物的過程中,作爲被提及的實體之一加以定位的①。

再則,雖然只有秦漢統一之後的記錄,此前的情況不明,但如《史記·封禪書》中的"燕齊海上之方士"所示,以相當於燕的東部、齊的北部爲主,在以渤海沿岸爲中心的沿海地域,自古就有由方士所倡導的神仙術——與後來的道教密切相關②。

與之相對,在楚地,如下文所述,以鬼神信仰爲核心的宗教文化,被認爲是尤其富於特徵性的③。

由此可知:宗教文化亦是在各個不同地域中,以其各自不同的特色成長起來的。這就是宗教文化的地域性。

4. 思想及其地域性

思想也是伴隨着時代和地域的制約而產生並發展起來的文化現象,在這個意義上,可以說思想也是具有地域性的。但是,當我們從文化的地域性這一視點考察思想時,就會留意到它藴含着最爲複雜的多層面的問題。

現代的我們在研究先秦時代產生並發展起來的思想時,不得已,只能以傳世文獻作依據。但是,傳世文獻中多已喪失了其思想的地域背景,有時甚或喪失了其時代背景,並以替换的方式獲得了作爲中國思想的一般性乃至普遍性特徵的情況居多。當然,若不

---

① 對此,在同爲道家代表作的《莊子》中,"天"的概念占有重要的位置,以"天機""天鈞""天倪""天根""天殺""天籟""天鬻""天一""遁天之刑""遁天倍情""與天爲徒""天之戮民"等等,展開其可謂獨特的思路。由此亦可見其與《老子》的巨大差異。

② 參照顧頡剛著、小倉芳彥等譯《中國古代の學術と政治》(大修館書店,1978年。原題《漢代學術史略》,後改題爲《漢代方士與儒生》)。

③ 在《吕氏春秋·異寶》中有"楚人信鬼";《漢書·地理志》有"楚人信巫鬼,重淫祀";王逸《楚辭章句》有"昔楚國南郢之邑,沅湘之間,其俗信鬼而好祠,其祠必作歌樂鼓舞以樂諸神"。

依靠文獻,所謂思想就只能是人在頭腦中操作觀念的產物。作爲文化非常難以訴諸具體形態,無法成爲一般性乃至普遍性的思想,早早就會被遺忘以至消失,欲傳承至今天,更是件困難的事情。

下面將從思想的地域性這一視點,試對《論語》進行分析。毋庸贅言,《論語》是研究中國先秦思想史時不可或缺的文獻。況且,恰如在《詩》《書》中所見到的,儒學不斷地被經學化一樣,《論語》亦是在其傳承的過程中,更多地脫離了地域性,而獲得了一般性乃至普遍性。加之,如經學一語所示,其具有了超越時空的、普遍準當的真理之書的意味,所以,這種書籍是在被認定原本即不可能具有其自身的時代性和地域性的前提下被使用的,這亦是歷史上的真實情況①。

然而,即或《論語》確實是傳達了春秋末期孔子的思想,但其是否超越了齊魯或周這一地域的限制,跨越了其所處時代的局限,而成爲廣大"中國"的普遍思想了呢? 這仍是須要愼重考慮的問題。何以如此説? 因爲孔子所生存的時代,周王朝在價值觀方面自不待言,其實際的統治亦早已無法遍及全國。即或已經設想了作爲文化圈的華夏世界,但要形成一個統一的政治圈,還是不得不等到秦始皇統一天下之日,就是説,當時尚未形成今天所説的意義上的"中國"這個統一的政治、文化圈。

果然如此的話,我們則必須從傳世文獻《論語》中抽取出孔子思想的地域性和時代性,不過,這卻是操作起來極端困難的工作。因爲,姑且不論傳世文獻的時代性,即便要找出明確顯示其地域性的指標都是非常困難的。當然,如果遵照思想是在一定的歷史和地理條件之下發展起來的這個一般規律來看,作爲最終占據了中

---

① 津田左右吉著有《論語と孔子の思想》,並尤其着力於闡明其時代性,是人所共知的。

國思想代表地位的孔子思想,最初也一定是產生於某一具體地域,並且,其所及範圍亦曾是有限的。

思想原本也是含有其產生地域的大量特徵的,首先在其地域內被接受,然後纔如同波紋擴散般向周邊地域傳播。因此,思想具有很强的地域性乃是不容置疑的。然而,隨着被廣泛接納的過程,思想逐漸獲得某種超越時代和地域的普遍性而在各地傳揚,其地域性和時代性也就變得淡薄了。

這種情況在代表中國思想,而且一般被認爲是與儒家處於對立關係的道家《老子》中亦是同樣的。老子被看作是道家之始祖,《老子》則被定位於道家思想的源頭:似乎無論何種道家思想,歷來都被理解爲是在《老子》的影響之下形成的。即"最初,人們有了《老子》"。

然而,翻閱《史記·老子韓非傳》即可得知,將老子的思想與其出身的楚地聯繫起來考察,意義非同小可。不過,若期待僅以閱讀傳世本《老子》來讀出其地域性,僅以對其思想的分析確切地抽取出其地域性,則必須說是相當困難的。問題還不止於此,甚至要論證傳世本《老子》是否原本就是老子所著,至今也是完全不可能的。

由此亦可見,歷來有關中國先秦思想史的研究,想要將中國劃分爲若干的地域,分別與各地域性聯繫起來構建思想史,都是極其困難的。因爲,儘管思想是具有很强的地域性的文化現象,但更多的時候,即或是先秦時代,也只是在甚爲模糊的"中國"這一概念所涵括的範圍内被論述的。當然,若在中國完成了統一,思想也已淡去了其地域性之後的時代,或許可行。儘管如此,要構建在此之前的思想史,地域性仍是不可缺少的環節。

那麼,如何纔能使兼有對地域性的考量的思想史研究成爲可能呢?似乎只有依據近年考古發現的出土文獻資料,因爲這些資料很有可能記錄了地域性很强的語言、文字,甚至思想。

不過，問題倒也並非如此單純。試以近年從楚地陸續出土的思想文獻爲例。這些文獻中所使用的語言自然是漢語，其文字雖具有獨特的形態，但仍舊是漢字，因此，僅就已被隸定的部分而言，可與傳世文獻同樣閱讀而無太大不適之感。另外，文獻中所使用的楚文字，在相當的程度上可以解讀，所記載的思想具有與傳世文獻可相比較的親近性。簡言之，雖說是出土文字資料所記載的思想，但與傳世文獻相差不大。

使用出土文獻資料，並非是說出土地域的文化傳統、思想等特徵即刻便會大白於眼前，而是說因此使我們更明確了：要進一步深化既有的思想研究，必須留意其地域性，探索其與出土地的關聯性。在此之前，考量傳世文獻之所以形成的原委時，要加入地域性是比較困難的，也正是因此，其重要性一直以來都沒有受到重視。從這兩點來看，必須說：近年新發現的出土文獻，對於思想史的研究乃是巨大收穫，並將爲之帶來長足的進展。

以上闡述了筆者對於文化及其地域性的些許思考，下面將以此爲前提，從近年出土的，作爲上博楚簡而聲名鵲起的一系列竹簡羣中，抽取《鮑叔牙與隰朋之諫》爲例，對思想史研究中加進地域性的意義，以及筆者將此付諸實踐時得到的淺見之一端，予以論述。

二、《鮑叔牙與隰朋之諫》考釋

1. 對《原釋》的質疑——關於《競建内之》和《鮑叔牙與隰朋之諫》

本篇收載於《上海博物館藏戰國楚竹書（五）》（上海古籍出版社，2005年）。據馬承源主編《上海博物館藏戰國楚竹書（一）·前言》（上海古籍出版社，2001年）的觀點，上博楚簡應是因盜墓而被發現的竹簡羣，並非由考古學者正規發掘出來的。因此，具體的出土地也只是傳說爲湖北，無法爲之做更具體的定位，從同時出土的陪葬品中亦找不到推定其埋葬年代的綫索。另外，經由對竹簡本體的科學測定，測出的年代也只是"戰國晚期"，僅僅止於極其粗略的推定範圍。在此基礎上，再由這些竹簡上所刻文字的特徵辨析，也只能推定它們大概屬於秦始皇統一文字之前，即戰國時代楚地的文獻羣。

這一情況，與 1992 年在湖北省荆州市郭店村戰國楚墓中發現的郭店楚簡大致相同。雖然可通過與上博楚簡同時出土的陪葬品對其年代做出了一定程度的推測，但是，還没發現能做出決定性判斷的綫索——例如，記録其具體年代的所謂年代簡等。一來，竹簡發掘於楚舊都郢附近，這裏也曾發現了許多的貴族墓葬；二來，竹簡上的文字又是楚文字；加之，與可以推定下葬年代的包山楚簡的書體酷似，由此三種"性狀旁證"推論：它們不過是公元前 278 年秦將白起攻陷楚都郢（即"白起拔郢"）以前之物。即便如此，對此已出現了不同的意見①。最終，人們認爲，作爲議題的上博竹簡與郭店竹簡的出土地址以及下葬年代是接近的，就是説，它們都書寫於戰國中期至晚期之間。

即或竹簡的書寫年代真是這樣，而其文獻的著述年代是何時，則自然又屬於另外的問題，而對此進行判斷的綫索亦只能存在於竹簡本身。不過，也只能通過與完成經過比較清晰的傳世文獻加以對照，在某種程度上，推斷出其年代而已②。

---

① 參見王葆玹《試論郭店楚簡各篇的撰作年代及其背景——兼論郭店及包山楚墓的時代問題》(《中國哲學》第二〇輯，1999 年)、池田知久《郭店楚簡〈窮達以時〉の研究》[池田知久編《郭店楚簡儒教研究》(汲古書院，2003 年)]、李承律《郭店一號墓より見た中國考古學の方法論と白起拔郢の問題》[李承律著《郭店楚簡儒教の研究——儒系三篇を中心にして》(汲古書院，2007 年)]。

② 銀雀山漢簡等的抄寫年代、下葬年代都可確定爲西漢前期，而被抄寫的這些文獻的成書年代可上溯至戰國時代，亦應是準確無誤的。參見吳九龍《銀雀山漢簡釋文·敍論》(文物出版社，1985 年)。

下面就《鮑叔牙與隰朋之諫》略談一二。陳佩芬釋文(以下稱《原釋》)將由 10 枚組成的竹簡羣,以其第 1 號簡背面記有"競建內之"爲依據,命名爲《競建內之》;又根據由 9 枚組成的竹簡羣的第 9 號簡表面寫有"鮑叔牙與隰朋之諫",將這組簡命名爲《鮑叔牙與隰朋之諫》。《原釋》認爲,這些竹簡雖然登場人物相同,卻記載了有着各自首尾的故事,基於此種見解,故將它們分別作爲不同的文獻對待。但是,此種處理方法一經公開,便即刻招致了不斷的反對。其結果是:如今,將兩個竹簡羣看作是一體的意見基本已成爲定論,被一併稱爲《鮑叔牙與隰朋之諫》。

那麼,《原釋》當初何故將它們作爲不同的文獻來對待呢? 筆者以爲其理由或許是因筆跡的不同。原釋者或許是很難想象篇幅不長的一篇文獻竟由兩人分擔書寫吧[1]。進而言之,最初被命名爲《競建內之》的部分和被命名爲《鮑叔牙與隰朋之諫》的部分,作爲一個整體不甚和諧是很明顯的,這也是不能否認的。例如各枚竹簡的平均字數呈現出的差異等:前者的文字數最多爲 36 字,最少爲 33 字,大體平均;後者最多爲 51 字,而最少爲 38 字(末簡除外),不僅總數多,而且各簡的字數亦差異很大,或許這一點也影響到了命名。

2.《鮑叔牙與隰朋之諫》的構成

本篇乃以兩部文獻相合,共計 19 枚,具有比較完整的分量(後文皆略稱爲"本篇"——筆者注)。如題目所示,以鮑叔牙和隰朋兩人進諫其君主齊桓公,迫其反省爲內容。就是説,本故事的舞臺在齊國。這種文獻在楚國被閱讀,並於其所有者死後隨葬,可見對於所有者來説,乃是其生前私愛的文獻之一。

---

[1] 李學勤在《試釋楚簡〈鮑叔牙與隰朋之諫〉》(《文物》2006 年第 9 期)中,就這一點論述道:"抄寫的人不是一個,這在已見到的竹簡中,乃是獨特的現象"。

這一事實不妨作如下的解釋，即：在口語的世界中，交流未必容易的南北兩地間，卻曾以書籍的形式，使以北方的大國齊國爲舞臺的故事，得以在南方的大國楚國流傳。由此，我們可以生動地想見齊楚間的交流，尤其是曾有過的這種自齊向楚的文化影響。

然而，現在一旦要對其内容進行詳細的玩味，就會發覺：本篇實在不能說對齊地的情形予以了正確的敘述。非但不正確，其内容甚至足以給人這樣強烈的印象：此乃與齊之實際情況全無關係的虛構故事。換言之，甚至使人覺得：倘若有些許關於齊的歷史和人物的正確知識，絕不會創作出這樣的故事。此文獻的内容與我們根據古文獻所了解的齊地的歷史是大相徑庭的。如此觀之，則不能否定本篇文獻是對於齊地不甚了解的楚人，以齊地爲素材而創作的故事的可能性。然而，這樣的話，我們就必須追問下去：什麼緣故使人以至於非在楚地創作以齊地爲舞臺的故事不可呢？也就是說，創作於楚地的故事中，何故要齊地的著名人物登場呢？這裏所說的著名人物，即：齊桓公、鮑叔牙、隰朋。讓我們樸實地考慮一下：是否他們不僅在齊地，而且在遥遠的南方也是名聲大震，衆所周知呢？

再則，在本篇的内容中——稍後將作詳細分析，災異之事尤其是被強調的，舉辦祭祀的重要性自然也有論及。一言以蔽之，本篇可謂是以災異思想爲主題的訓誡。如此，其結局也就必然歸於作爲當權者的齊桓公，接受了這種災異思想，反省了之前自己的惡政而致力於善政，國家因此達到大治。雖然，要克服災異首先必須使重祭祀的思想成爲其要點，但是，更值得注意的，是故事情節的展開中反映出的非常理性主義的、合理主義的立場，即：在加強祭祀的同時，還必須施行正確的政治纔能解決問題。

在本篇中，日食作爲災異現象被提出來，並將這種自然界的異變解釋爲不久將在人世間發生災難的前兆，主張應被除之於未然。

如下文所述，作爲應對方法，首先被提出的就是祭祀；而繼之的方法，乍看似乎與前者相矛盾，乃是主張正確的政治。對於後者，我們必須看到：其與同樣收錄於《上博楚簡（二）》的《魯邦大旱》有一些共通之處①。

3. 災異觀

本篇是以下面一段文字開始的：

> 日既。公問士大夫："日之食也，曷爲？"鮑叔牙答曰："星變子。"曰："爲齊……（缺簡）……□□言日多。"鮑叔牙答曰："害將來，將有兵，有憂於公身。"公曰："然則可奪歟？"隰朋答曰："公身爲亡道。不遷於善而奪之，可乎哉？"公曰："尚（甚）哉，吾不賴。二三子不責怒，寡人至於使日食。"

> 大意：日全食發生了。桓公對諸士大夫問道："日食發生了，作何解釋？"鮑叔牙答道："星宿移動，轉到了齊之分野的北方。"桓公又道："爲齊……（此處缺簡──筆者注）……很多。"鮑叔牙答道："災難將要襲來，戰争即將要爆發。（不久這些都）將成爲煩惱降臨到您身上。"桓公道："這樣的話，怎樣祭神纔能除去災厄？"隰朋答道："因爲您自行無道，若不改過惡行，致力於善行，雖欲祭神除厄，又豈能如願！"桓公道："竟然如此嚴重！本人實在愚蠢。可是作爲臣下的你們没有及早批評我，致使我引發了現在的日食。"

這段文字，首先指出日食的發生乃是給星辰的運行帶來異變的原因，然後談到這種自然界的異變，就是人世間的惡政引起的現象。其立足的觀點是：自然界的異變實乃人世間的統治者自身引發的

---

① 關於《魯邦大旱》，參照筆者〈上海博楚簡〈魯邦大旱〉譯注〉（上博楚簡研究會編《出土文獻與秦楚文化》創刊號，2004年）。

惡果。反過來說，其思路就是：統治者得當的行爲會消除自然界的災異，將其引導回正常的運行狀態。在此所反映出的這種欲賦予自然現象以人文意義，並力圖在其與統治行爲之間找到因果關係的思想，可以看作是一種天人相關的思想。

進而還可以看出一種觀點，即：這種異常的天象恰是對統治者的某種警告。這是與漢代流行的天譴論顯然有着同樣思路的天人相關思想。當然，漢代的天譴論是以天子和天的關係爲前提的，而本篇所構想的不是天子，僅僅是齊的統治者桓公。另外，針對桓公的詢問，鮑叔牙的回答中也沒有引據"天"的概念，只是答道"害將來，將有兵，有憂於公身"。所以，本篇所說的天變，只是不祥之事發生的前兆，並未言及"天意"，即"天對於天子的譴責"。因此，雖然可以說這其中存在着天譴論的原理上的萌芽，但不能說與漢代的天譴論是同樣的思想。作爲天人合一理論的一種推演，天譴論的確立，不得不有待漢代公羊學者董仲舒的出現了。

所謂公羊學，衆所周知：它是以一般認爲屬於"齊學"的《公羊傳》爲依據的。在《公羊傳》中，《春秋經》對於諸多的自然災害和人爲災害（火災等）的記述，僅止於解說這些現象爲"災"、爲"異"，並未言及因此緣故統治者采取了怎樣的對策，或者應該如何對應等。更多的只是說：因其"災"而記錄之，因其"異"而記錄之。更何況，對於日食這樣頻發的自然現象的記錄，亦僅止於以下諸例的程度，如：隱公三年的"己巳。日有食之"，加之"何以書。記異也。日食則曷爲或日，或不日，或言朔，或不言朔。曰：某月某日朔，日有食之者，食正朔也。其或日，或不日，或失之前，或失之後。失之前者，朔在前也。失之後者，朔在後也"。而此後所發生的日食，甚至沒留下傳文。日全食的情況大致相同，例如桓公三年經文，即"秋，七月，壬辰朔。日有食之。既"的傳文，也僅附有"既者何。盡也"而已。此後的襄公二十四年和宣公八年，雖然都有日全食的記錄，卻沒有任何相關傳文。就是說,《公羊傳》雖說對於災異作了嚴肅認真的記錄,但是,如在關於"日全食"的記錄中所見,它沒有做任何與本篇思想相關聯的解釋。由此可知,本篇中的災異觀,並不具備可與《公羊傳》的災異思想聯繫起來考慮的性質。

據認為同是齊地的晏子學派所編集的《晏子春秋》中,有如下兩篇可以讀取天人相關的思想,即:

(1) ……公西面望睹彗星,召伯常騫,使禳去之。晏子曰:不可。此天教也。日月之氣,風雨不時,彗星之出,天為民之亂見之。故詔之妖祥,以戒不敬。今君若設文而受諫,謁聖賢人,雖不去,彗星將自亡。今君嗜酒而並於樂,政不飾而寬於小人,近讒好優,惡文而疏聖賢人,何暇在彗。茀又將見矣。……(《內篇・諫上》第十八)

在此,彗星的出現被解釋為"天教",日月之氣的運行不順、違背季節的風雨肆虐、彗星的出現等"妖象",都被當作是對黑暗、混亂的政治的"天"之懲戒。故而晏子主張:見到彗星的統治者,只要能將其貪圖安逸、自甘墮落的生活態度改正,積極地依靠聖賢之士施行政治,彗星也將自然退去。在開頭部分,景公命伯常騫祭神驅彗,而晏子卻加以阻止,曰"不可",就是主張以彗星為不祥而欲以宗教活動祓除之的行為毫無意義,這是應當引起我們注意的。

再者:

(2) 景公之時,熒惑守於虛,期年不去。公異之,召晏子而問曰:吾聞之,人行善者天賞之,行不善者天殃之。熒惑,天罰也,今留虛。其孰當之?晏子曰:齊當之。公不說,曰:天下大國十二,皆曰諸侯。齊獨何以當之?晏子曰:虛齊野也。且天之下殃,固於富彊。為善不用,出政不行,賢人使遠,讒人反昌,百姓疾怨,自為祈祥,錄錄彊食,進死何傷。是以列舍無次,變星有芒,熒惑回逆,孼星在旁。有賢不用,安得不亡? 公曰:可去乎? 對曰:可致者可去,不可致者不可去。公曰:寡人爲之若何。對曰:盍去冤聚之獄,使反田矣。散百官之財,施之民矣。振孤寡而敬老人矣。夫若是者,百惡可去。何獨是孼乎。公曰:善。行之三月,而熒惑遷。(《內篇・諫上》第二十一)

此處,由將熒惑(火星)連續止於二十八星宿之虛宿一年以上看作是不祥前兆的景公,與對此卻給予合理性解釋的晏子的對話組成。晏子先以聞自他人的言論的方式闡述道:"人行善者天賞之,行不善者天殃之";而後又以此爲據,斷言"熒惑"的如此狀態,即"列舍無次,變星有芒,熒惑回逆,孼星在旁",一定是天罰,而不會是其他。這是典型的天人相關思想。齊國的統治者景公接受了這種天意,只能迅速廣施"去冤聚之獄,使反田矣。散百官之財,施之民矣。振孤寡而敬老人矣"之類的善政,如此,所有的惡事、厄運也就得以擺脫了,即所謂"百惡可去。何獨是孼乎"。可見,這一段所重視的仍然是政治行爲,而並非宗教行爲。

本篇中的日食,不過是分別被(1)的彗星、(2)的火星所取代,並且,都主張解決的方法不在於宗教行爲,而在於政治行爲。應該留意到,在這一點上,《晏子春秋》與本篇的主旨是有相通之處的。

衆所周知,對所謂天人相關思想從正面加以批判的,乃是主張天人之分的荀子。荀子認爲:天變地異等只是單純的"天地之變,陰陽之化",欲猜測其中的天意乃是毫無根據的,所以,統治者應該一心專注於"強本節用""養備動時""修道不貳"。其具體言論見於下面《荀子・天論》中的一節:

天行有常,不爲堯存,不爲桀亡。應之以治則吉,應之以亂則凶。彊本而節用,則天不能貧。養備而動時,則天不能病。修道而不貳,則天不能禍。故水旱不能使之飢渴,寒暑不能使之疾,祆怪不能使之凶。本荒而用侈,則天不能使之富。養略而動罕,則天不能使之全。倍道而妄行,則天不能使之吉。故水旱未至而飢,寒暑未薄而疾,祆怪未至而凶。受時與治世同,而殃禍與治世異,不可以怨天,其道然也。故明於天人之分,則可謂至人矣。……星墜木鳴,國人皆恐。曰:是何也?曰:無何也,是天地之變,陰陽之化,物之罕至者也。怪之可也,而畏之非也。夫日月之有蝕,風雨之不時,怪星之黨見,是無世而不常有之。上明而政平,則是雖並世起,無傷也。上暗而政險,則是雖無一至者,無益也。

在荀子生存的戰國末期,天人相關思想正廣泛蔓延,此節當爲批判這種思潮而立論的。《史記·孟子荀卿列傳》中有:

> 荀卿嫉濁世之政,亡國亂君相屬,不遂大道而營於巫祝,信機祥……序列著數萬言而卒。

説的就是這件事。不過,對於天人相關思想,雖然《晏子春秋》所給予的肯定與《荀子》的否定,其見解相異,但是,在主張統治者當爲之事不在於虔敬的宗教行爲,而在於誠實的政治這一點上,兩者是完全相同的。

另外,在以"日食"爲據來論説天人思想的文獻中,還可見到《禮記·昏義》,其中對日食發生的理由,作出了以下的議論:

> ……是故男教不脩,陽事不得,適見於天,日爲之食。婦順不脩,陰事不得,適見於天,月爲之食。是故日食則天子素服,而脩六官之職,蕩天下之陽事。月食則后素服,而脩六官之職,蕩天下之陰事。故天子之與后,猶日之與月,陰之與陽,相須而後成者也。

這一段認爲：之所以發生日食，是因爲陽事不修，故天子必須身着素服，矯正六官之職，整修天下之陽事。至於"蕩天下之陽事"具體爲何種形式，雖然難以解明，不過從《昏義》這一篇名來看，大概是指男女之事。倘若如此，則可以說與本篇對日食的解釋不同。金谷治曾援引此節，論道："與其說這是對禮的解説，毋寧説是天人相關思想的極端表露——令人聯想起董仲舒；恐怕亦是當時最新的語言表述吧。"如果這一觀點是以《昏義》篇爲秦漢之際儒者所著之説爲依據的話，那麼本篇並未作如此明白的議論，因此可見其著述時期亦應早於《昏義》篇（參照金谷治著《秦漢思想史研究》344 頁）。

本篇中，桓公接納了鮑叔牙等的諫言而大大地反省，並真誠地施行了正確的國政，於是得到了下面的結果：

> 雺塝地至耗（杞）復。日作亦入不爲災，公蠱（昆）亦不爲害①。

大意：如此一來，日食也就没能帶來災難，公蠱（昆）亦未遭受災厄而平安。

即：天因感應到了桓公的反省而没有降下災害。這一結果與前引(2)的結尾"公曰：善。行之三月，而熒惑遷"的結果完全相同。

考證至此，自然必須與本篇作比對的，則還有同出於上博竹簡的《魯邦大旱》。其理由在於兩者在一點上是完全相同的，即：兩篇都以具體出現的災異（旱災）爲核心議題，又都將災異解釋爲是人的惡行導致的惡果，因而，可以把它們作爲基於天人相關思想的災異思想的故事，歸總爲一類。

不過，還應注意的是，本篇雖認爲統治者的政治行爲纔是解決

---

① 文中"雺塝地至耗復"之句語義未詳。

問題的關鍵,但另一方面,對祭祀所起到的作用也給予了一定的評價。下面將就本篇中作爲宗教行爲的祭祀,在與天人相關思想之關係中是如何被定位的問題,作進一步的探討。

4. 祭祀觀

本篇在主張應以非宗教性的行爲袪除災異的同時,也論及了作爲宗教行爲的祭祀,可見以下引文:

> 鮑叔牙與隰朋曰:羣臣之辠也。昔高宗祭,有雉雛於彝前。詔祖己而問焉曰:是何也?祖己答曰:昔,先君格王,天不見禹,地不生龍,則祈諸鬼神曰:天地罔棄我矣。近臣不諫,遠者不謗,則修諸鄉里。今,此祭之得福者也。請量之以疏趾。既祭之後焉,修先王之法。高宗命傅說量之以祭。既祭,焉命行先王之法,發古慮,行古作。發作者死,弗行者死。不出逖三年,牅人之附者七百邦。此能從善而去禍者。

> 大意:鮑叔牙和隰朋對桓公說道:"這是我們臣下的責任。昔日,(殷)高宗執行祭祀之際,有雉鷄鳴叫着飛落於祭器之前,於是,高宗召祖己前來,問道:這究竟是何故?祖己答道:昔日,先代聖王之御世,雖上天不降災殃,大地不見厄難,仍祈求鬼神說:'不要抛棄我';雖近臣不諫言,遠方諸侯亦不善,但他卻在自己的土地上精修政事。現在,如果您希望得到幸運以作爲祭祀的回報,就應占卜雉鷄鳴叫之意,在祭祀日食之後,認真學習先王留下的治國之法。於是,高宗立刻命令傅說,認真占卜雉鷄的叫聲,執行日食的祭祀,施行先王遺留之法,復活傳統,效仿古代的制度、儀式、習俗等,由傅說全權負責施行;並且欲標新立異者被治死罪,不遵從古法者亦治死罪。於是,在不到三年期間,來自遠方而欲歸附者竟達七百國。高宗纔是巧施善政,袪除災厄的人。"

在這裏，沒有對祭祀的絲毫否定，相反，如上節"既祭之後，焉修先王之法"云云所見，其主張是：首先要通過宗教行爲"祭祀"，即祭奠鬼神以求得庇護；而後，則必須實行統治者所必要且具體的對策，即"先王之法"。就是説，其立論由宗教行爲和政治行爲這兩部分構成。

另外，在《尚書·高宗肜日》中，也有與本篇此處相類似的一節①，其原文如下：

> 序　高宗祭成湯。有飛雉升鼎耳而雊。祖己訓諸王。作高宗肜日，高宗之訓。
>
> 高宗肜日，越有雊雉。祖己曰：惟先格王正厥事。乃訓于王曰：惟天監下民，典厥義。降年有永有不永。非天夭民中絶命。民有不若德不聽罪，天既孚命，正厥德，乃曰：其如臺。嗚呼，王司敬民，罔非天胤。典祀無豐于昵。

從這節來看，到高宗祭祀成湯時，有雉雞飛來並停於祭器之鼎，且鳴叫不已，大感疑惑的高宗，於是召來祖己，請教其緣故爲止，兩者是相同的。但是，在《尚書》(《史記·殷本紀》亦同)中，祖己告誡武丁(高宗)的是：要謹守天命以治民，纔不會招致天災等等，可是，在本篇中，祖己所教誨高宗(武丁)的，則是不能懈怠對天地、鬼神的祭祀活動，即：

> 昔，先君格王，天不見禹，地不生龍，則祈諸鬼神曰：天地罔棄我矣。

---

① 對於此篇，顧頡剛、張西堂等認爲是東周時期之作，池田末利也認同此説，謂"或許如已"(參見池田末利《全釋漢文大系·尚書》216—217頁)。此外，《史記·殷本紀》中，亦有幾乎相同的内容："帝武丁祭成湯，明日，有飛雉登鼎耳而呴。武丁懼，祖己曰：王勿憂，先修政事。祖己乃訓王曰：唯天監下，典厥義。降年有永有不永，非天夭民，中絶命。民有不若德，不聽罪，天既附命正厥德。乃曰：其奈何。嗚呼。王嗣敬民，罔非天繼，常祀毋禮于棄道。武丁修政行德，天下咸驩，殷道復興。"

其結果,是高宗命傅説"量之以祭。既祭,焉命行先王之法,發古慮,行古作"。就是説,在本篇所引用的《尚書·高宗肜日》裏,宗教行爲和政治行爲之間的界綫是極其曖昧的,這一點與《魯邦大旱》等差異巨大。

如此分析下來,似可推定:本篇是一部既強調政治行爲的重要性,同時又關注重視宗教行爲的故事。不過,如前所述,這種對宗教行爲予以一定價值定位的特徵,卻是《晏子春秋》等著作中所未見的。此外,在本篇中,祖己説:"祈諸鬼神曰:天地罔棄我矣。"這種對祭祀鬼神的強調也應引起我們的注意①。

或許,將災異解釋爲是具有超越性的神秘力量的某種存在,即鬼神或天神地祇之類的意志的體現,認爲人可通過宗教行爲作用於這類非凡的神力以逃避災難,是一種極其古老的思想,但是,至少在以《老子》所代表的先秦道家中還没有看到這種思維。論其原因,恰如《老子》中所説的那樣:

>　　天地不仁,以萬物爲芻狗。聖人不仁,以百姓爲芻狗。("芻狗"即用於祭祀的,以草編織的狗,祭畢則棄之。)(第五章)

>　　天道無親,常與善人。(第七十九章)

---

①　論説鬼神的重要性的文獻,還有上博楚簡《柬大王泊旱》,元勇準就此所作的解説如下:

>　　本篇乃是楚簡王與臣下關於楚地所發生的旱魃的對話。特別是對于旱魃的原因和對策,太宰進諫,認爲旱魃的原因在于楚王没有很好地施行政治,天帝降下了刑罰,其對策就在于實行正確的政治……不過,本篇所強調的政治,歸根結底,還是祭祀。……在體現正確的政治上,誠心誠意地舉行祭祀活動占了很大的比重,恰是本篇作爲重要問題來對待的。(《上海博物館藏戰國楚竹書(四)〈柬大王泊旱〉譯注(下)·補論》,2006 年)

此外,亦可參照島田翔太的解釋,即:"《柬大王泊旱》顯然是有巫俗爲背景的,凸顯了戰國時期楚地的王權與巫俗的結合。"(《上博楚簡〈柬大王泊旱〉における"修項"と、中國古代における"ケガレ"の觀念》,2007 年)

顯然,這裏的觀點認爲:天和地都是任憑無爲自然之"道"的作用在運行,等於說,人是不能介入天地自然之法則的。由此可以推論,先秦道家懂得:對於自然災害,人的任何宗教行爲都是毫無意義的。果然如此的話,可知:即或是出土於楚地的古佚書,本篇中所見的天人相關思想,至少與先秦道家的思想(《老子》《恒先》《大一生水》等)相異,屬於根本不同的系統。

於是,當我們再次圍繞楚地的宗教文化風土展開思緒的時候,進入視野的正是楚地特有的鬼神信仰。例如,趙輝在《楚辭文化背景研究》[《楚學文庫》(湖北教育出版社,1995年)]中認爲"在古代的歷史典籍中,有關楚人信鬼崇巫的記載可謂絡繹不絕",並援引了以下諸例:

楚人鬼而越人禨。(《列子·説符》)
荆人畏鬼而越人信禨。(《呂氏春秋·異寶》)
楚地……信巫鬼,重淫祀。(《漢書·地理志》)
昔楚南郢之邑,沅湘之間,其俗信鬼而好祀。(《楚辭·九歌》王逸序)

進而論述道:"楚人信巫信鬼的荒唐可謂到了無以復加的地步。他們不光是一般的生活上的事情交給神靈去安排,而且連國家政治、軍事這樣的大事也要聽從神的旨意。……《呂氏春秋·侈樂》説,楚之衰也,作爲巫音。楚國之衰敗雖然不一定是由淫祀作祟,但這樣治理國家,最終不衰敗就少見了。"他將楚地的鬼神信仰和巫祝的存在作爲楚文化的特徵[①]。(54—56頁)

在《晏子春秋·内篇·諫上第十四》的"景公欲使楚巫致五

---

① 張正明《楚文化史》112—120頁(上海人民出版社,1987年)中,亦可見同樣的解釋。

帝以明德晏子諫"中,有一段故事講到:來自楚地的巫祝,欲使鬼魅附於景公之身,被晏子驅除。這可以說是上述觀點的一個傍證。

若進而言之,例如本篇所引用的與《尚書・高宗肜日》篇類似的故事,兩者的相異之處,就在於此處所表現出的對於天的信仰,爲天地、鬼神的信仰所取代了。這一點恰好可以看作是楚地傳統文化的體現。

如此分析下來,當可以認爲:本篇中所表現出的,亦並非純粹的天人相關思想;其創作構想或許也考慮到了與楚地的傳統信仰即鬼神信仰的調和、共存。

5. 齊桓公觀

緣起於齊桓公的故事,自先秦以至漢代的文獻中多有所見。筆者將對這些文獻中所描寫的齊桓公與本篇中的齊桓公加以比較,探討其間的不同之處。筆者認爲:經過這樣的比較,將會明確本篇中的齊桓公所具有的特色,亦將藉此使本篇成立的背景得以凸顯。

在本篇中,齊桓公的行狀由隰朋和鮑叔牙之口作出了以下的描繪:

> 隰朋與鮑叔牙皆拜,起而言曰:公身爲亡道,擁孟華子,以馳於邞市;驅逐畋弋,無期度。或以豎刁與易牙爲相。二人也朋黨,羣獸要朋,取與厭公,覺而僇之。不以邦家爲事。縱公之所欲。□民獵樂,篤歡附貪,疲弊齊邦,日盛於縱,弗顧前後。百姓皆怨悁,然將亡,公弗詰□。臣雖欲諫,或不得見。公固弗察。人之性三:食、色、息。今豎刁匹夫而欲知萬乘之邦而遺君。其爲災也深矣。易牙刁之與者而食人,其爲不仁厚矣。公弗圖,必害公身。

大意：隰朋和鮑叔牙一起下拜，然後起身說道："您自己一直所行無道，懷抱寵姬孟華子乘馬車橫衝直撞於鄆町之市；驅馳狩獵，竟不顧時節且無限度。任豎刁、易牙以要職，致使二人結朋黨，聚烏合之衆如羣獸，肆意輿奪。"桓公聞言醒悟，且感到了羞恥。……作爲君主，不以國家大事爲己任，隨心所欲地沉迷於享樂。隰朋和鮑叔牙又說道："主君，唯荒淫貪婪之輩是親，致使齊國疲弊；每日任性胡爲，且事前事後都毫不反省。百姓爲此民怨沸騰，國家將亡，主君卻不肯放逐佞臣。臣等雖欲進諫，卻不得您一見。您自然不懂，人之本性有三：食欲、性欲和休息。如今，豎刁以匹夫之卑微卻無視君主，妄圖統領萬乘之齊國，其帶來的災難是深重的。易牙與豎刁狼狽爲奸，竟然讓主君喫人肉！其暴虐的行爲實屬滅絕人性。如果主君不深謀以圖盡早除之，他們不久必將危及到您。"

此處旨在責難桓公所行"亡道"，而且所謂"亡道"，其指向又非常具體，例如：

(1) 擁孟華子，以馳於鄆市。
(2) 驅逐畋弋，無期度。
(3) 以豎刁與易牙爲相。

而這些行爲意味着：

(1) 不以邦家爲事。縱公之所欲。（作爲君主，不以國家大事爲己任，隨心所欲地沉迷於享樂）；
(2) □民獵樂，篤歡附貪，疲弊齊邦，日盛於縱，弗顧前後。（貪圖一己之快樂而驅馳狩獵無度，對過去和未來都無所顧及，致使國家疲弊）；

(3)二人也朋黨,羣獸要朋,取與厭公,覺而儕之。(兩人結黨,無視桓公,聚烏合之衆如羣獸,肆意掠奪和給予)。

並警告桓公:其結果是人們對桓公懷有怨恨,此乃亡國之徵兆,而桓公獨不知覺(百姓皆怨悁,然將亡,公弗詰□)。爲此,兩人欲面諫桓公,然而"臣雖欲諫,或不得見",竟一面亦不得見,並且没有明確"不得相見"的理由。眼下終於有了進諫的機會,於是,他們首先指出:"公固弗察。人之性三:食、色、息。今豎刁匹夫而欲知萬乘之邦而遺君。其爲災也深矣。易牙刁之與者而食人,其爲不仁厚矣。公弗圖,必害公身",從列舉人的本性"食""色""息"開始:"食"即對美食的欲望;"色"即對美人的欲望;"息"即對安逸的欲望,此乃世人皆有之欲望。因此,豎刁和易牙所帶來的災難也是最深重的。上述這種內容構成,難免給人以前後文脈整合有失自然之印象。只是,開始有"亡道"之議,而此處又有"公弗圖,必害公身"之謂,由此可見,所謂"亡道"並非單指"齊國滅亡"的亡國之道,更在於強調危及桓公自身的"亡身之道"。

具體而言,即:

(1)爲寵愛的女子而不顧禮制,失去了君主之威嚴。
(2)醉心於貴族最高的享樂"游獵",失去了君主之風範。
(3)聽憑私情而任用毫無資格之人,失去了君主之睿智。

上述的任何一條都是不當爲之事,而桓公竟然三條俱犯。自然,齊國之滅亡、桓公之身亡,亦是不可避免的了。這是本篇對桓公的極其嚴厲的批判。在本篇中,詳細地描寫了齊桓公的行狀,及其已然招致的後果,乃至其未來的下場。應該説,這恰是本篇,即《鮑叔牙與隰朋之諫》中可見的齊桓公觀。

下面,筆者還將在此基礎上,將本篇中的齊桓公觀與其他先秦文獻進行比較,解析其間存在着怎樣的異同。在《論語》中,對桓公

得宰相管仲而成爲天下一霸之事,給予了極高的評價:

> 子曰:晉文公譎而不正,齊桓公正而不譎。(《憲問》)

> 子路曰:桓公殺公子糾。召忽死之,管仲不死。曰:未仁乎?子曰:桓公九合諸侯,不以兵車,管仲之力也。如其仁,如其仁。(《憲問》)

而在《孟子》中,只是具體地記錄了其作爲霸者的功績,並未言及其私生活,如下:

> 五霸,桓公爲盛。葵丘之會,諸侯束牲載書而不歃血。初命曰:誅不孝,無易樹子,無以妾爲妻。再命曰:尊賢育才,以彰有德。三命曰:敬老慈幼,無忘賓旅。四命曰:士無世官,官事無攝,取士必得,無專殺大夫。五命曰:無曲防,無遏糴,無有封而不告。曰:凡我同盟之人,既盟之後,言歸于好。今之諸侯,皆犯此五禁。……(《告子下》)

時代更迭,至於《荀子》,則從公私兩方面對桓公作出了評價:

> 齊桓,五伯之盛者。前事則殺兄而爭國,內行則姑姊妹之不嫁者七人,閨門之內,般樂奢汰,以齊之分奉之而不足;外事則詐邾襲莒,并國三十五,其事行若是,其險汙淫汰也。彼固曷足稱大君子之門哉。若是而不亡,乃霸,何也?曰:於乎!夫齊桓公有天下之大節焉,夫孰能亡之?倓然見管仲之能足以託國也,是天下之大知也。安忘其怒,出忘其讎,遂立以爲仲父,是天下之大決也。立以爲仲父,而貴戚莫之敢妬也;與之高、國之位,而本朝之臣莫之敢惡也;與之書社三百,而富人莫之敢距也。貴賤長少,秩秩焉莫不從桓公而貴敬之,是天下之大節也。……(《仲尼》)

> 卑者五伯,齊桓公閨門之內,縣樂奢泰,游抏之修,於天下

不見謂修。然九合諸侯,一匡天下,爲五伯長,是亦無他故焉。知一政於管仲也。是君人者之要守也。知者易爲之興力,而功名綦大。……(《王霸》)

就是說,《荀子》在稱贊桓公稱霸君臨之功業的同時,也從反面揭示出其私生活的淫亂之態,如"內行則姑姊妹之不嫁者七人,閨門之內,般樂奢汰,以齊之分奉之而不足"、"齊桓公閨門之內,縣樂奢泰,游抏之修,於天下不見謂修"等。這一點可與本篇所列舉的桓公"亡道"之(1)(2)部分相比照,但是,《王霸》篇卻沒有將此斷言爲桓公的致命缺點,則是與本篇的不同之處。

以下是與齊地文獻的比較。首先,在《管子》中,幾乎全篇都是桓公與管仲的對話場面,大致記錄了桓公因接納了管仲的主意、諫言而登上霸者之位,並保持了其地位的故事——在此不一一引用,但並沒有細緻地描寫如本篇中所見的那些私生活的糜爛之象。

再則,就是《晏子春秋》。在此文中,晏嬰於進諫景公之際,時有"先君桓公……"等言及桓公之處,其中也有説到桓公私生活如何荒淫無度的一則:

> 景公問於晏子曰:昔吾先君桓公,善飲酒窮樂,食味方丈,好色無別。辟若此,何以能率諸侯以朝天子乎?晏子對曰:昔吾先君桓公,變俗以政,下賢以身。管仲,君之賊者也,知其能足以安國濟功。故迎之於魯郊,自御,禮之於廟。……先君見賢不留,使能不怠。是以内政則民懷之,征伐則諸侯畏之。今君聞先君之過,而不能明其大節。桓公之霸也,君奚疑焉?(《內篇·問下》第四)

此處的場面實乃景公問難晏嬰:桓公在私生活上窮奢極欲,卻爲何能夠作爲霸者而君臨大國?對此,晏嬰卻以反問責之:何以只見桓公之過錯，而不能見其長處？由此亦可知，不僅桓公作爲霸者的一面得以流傳，同時，其荒淫無道的一面也被記錄了下來。晏子或許是責難景公只關心後一項。

另外，還有一段言及豎刁，即：

> 昔吾先君桓公，用管仲而霸，嬖乎豎刁而滅。……（《內篇‧諫下》第二十一）

在此，已明言桓公是因寵幸豎刁而亡。據《史記‧齊太公世家》所記，桓公違背管仲的遺言而任用易牙、開方、豎刁，乃是桓公四十一年（相當於管仲、隰朋之卒年）以後之事，從這時開始，三人專權，幽禁了桓公，甚至不提供正常的飲食，終於使其在桓公四十三年死去。恰如本篇所說，桓公最終還是自己招致了自身的滅亡。據說其死後亦不得及時入葬，被放置兩個月而無人處理，以致蛆蟲由尸體爬到了屋外（《正義》所引顏師古注）。晏嬰此處所說的"滅"或許就是指此事。不過，此處的結局是桓公因放任三人專權而滅亡，也就全無可能如本篇中所說的在距滅亡一步之時，接納了鮑叔牙、隰朋的勸諫而深刻反省了。

這樣考察下來，自然使人感到本篇對桓公好色的描述，明顯依據了別樣的《桓公傳》之類文獻。但是，在傳世文獻中，既沒有如此詳細地記述桓公之無道的例子，另外，也未見不講述其作爲霸者一面的例子。傳世文獻中所沒有的內容，還包括桓公接納了鮑叔牙和隰朋兩人的諫言並進行了深刻反省的情節。

由上述情況可以推定：本篇中的桓公觀相當特殊，且整個故事應是由若干人員參與創作的。尤其是，若以《史記》所記，任用豎刁和易牙是管仲、隰朋死後之事，那麼，本篇的設定本身從根本上就是不能成立的，甚至可以懷疑這是對於齊的歷史沒有充分了解的人所創作的。

結語

　本篇雖然與《晏子春秋》沒有直接的關係,但是,在以齊地爲舞臺、對君主進諫、君主接納了諫言等故事的構想上,卻與之酷似。

　進而統觀上博楚簡的全部文獻,有人已經指出了與《晏子春秋》相類似的篇章的存在,《魯邦大旱》《昭王毀室》《競公瘧》《柬大王泊旱》就是如此。而或許《魯邦大旱》是由《晏子春秋·內篇·諫上》"景公欲祠靈山河伯以禱雨晏子諫"第十五,《昭王毀室》是由《晏子春秋·內篇·諫下》"景公路寢臺成逢於何願合葬晏子諫"第二十和《外篇》"景公臺成盆成適願合葬其母晏子諫而許"第十一,《競公瘧》是由《晏子春秋·內篇·諫上》"景公病久不愈欲誅祝史以謝晏子諫"第十二和《外篇》"景公有疾梁丘據裔款請誅祝史晏子諫"第七等內容分別脫胎而來,是經過了重新加工而寫成的故事。因此可以說,之所以能如此集中地於上博楚簡中發現與《晏子春秋》的關聯,決非偶然之事。同時還可以說,這些文獻的著述之地,據本文所考,幾乎可以確定並非在齊地,實應爲楚地。而且,其著述年代大概是戰國中期以降,恐怕已近戰國末期。

　由上述這些事實得以明確的是:楚地與齊地的交流是相當密切的。前引《晏子春秋》中已看到的曾有巫女從楚地來而引發了轟動之事,在楚地或許曾有傳世本《晏子春秋》之祖本的故事集,被作爲創作本篇的素材而備受珍重之事等,都透露了這一事實。

消失的墨家

——墨家极盛而衰探秘

在先秦時期的百家爭鳴中，並不是所有流派都引人關注。無論是"世之顯學，儒墨也"，還是"楊朱、墨翟之言盈天下"，都訴說了墨家曾經的輝煌。只是，不待秦始皇的焚書坑儒、漢武帝的罷黜百家，墨家已經急劇衰落，而往後更是消逝於歷史的塵埃。

墨家的崛起，其興也勃焉，墨家的衰落，其亡也忽焉。而墨子、墨家、墨教，孰是孰非，却難以說得清楚。谷中先生以墨家的宗教性、現實性、思想性出發，探究墨家極盛而衰的真相。

最早的宗教？

——墨家宗教與宗教結社傾向的考察

序

墨家思想有否宗教性思想傾向？墨家學派有否宗教結社的傾向？要準確地回答這些問題絕非易事，因爲在墨家思想中，對這些問題既有肯定的成分，也有否定的成分。僅舉一例爲證，淺野裕一曾作過這樣的論述：

> 墨子的明鬼論究竟是宗教論？抑或是權宜之論？這已成爲長期以來爭論的焦點。而這個問題是不能以單純的二者擇一的方法加以解決的。可以說墨子教授於其弟子的鬼神信仰，其形態本身無疑是宗教的。但是，從墨子向弟子灌輸鬼神論的意圖來看，則可以說完全是權宜之策。（講談社學術文庫《墨子》264頁）①

淺野認爲：墨子自身將其學術的手段和目的融爲一體，並不產生任何矛盾，但是對其弟子則不然，因此他不得不利用鬼神信仰

---

① 馮友蘭在《中國哲學史新編》第七章第八節《主張"天志"、"明鬼"的宗教思想》中寫道："墨子認爲，對於'天志'和鬼神的信仰於人有利，所以宣傳這種信仰……"同樣認爲墨家的宗教要素是爲了宣傳其主張所使用的一種方便手段。

作爲實現其目的的手段。淺野還認爲：

> 在墨子的意識當中,首先有其思想,而後纔產生了作爲思想教育手段的鬼神信仰。兩者的先後關係非常明顯。(講談社學術文庫《墨子》264頁)

> 墨子不僅有着富於激情的性格,同時還有不惜以謊言爲權宜之計的狡猾的一面。所以,其鬼神信仰還是應該作爲這種傾向之一端來考慮。(講談社學術文庫《墨子》264頁)

鑑於上述情況,我們勢必會得出這樣的結論：墨子堪稱爲一位思想家,而決非宗教家。但是,事實果然如此嗎？對於這一點,我本人還是有些許疑問的。

首先,先秦時代的宗教究竟是怎樣一種狀態呢？我們不能以後來的道教或佛教這類具備完整的教義經典的宗教來推想那個時代。另外,似乎也不應該僅僅以《墨子》中特異的鬼神論爲依據,來論述墨家的宗教性。

故此,本論述首先將從祖先祭祀的視點來概觀先秦時代的宗教狀態,然後,以墨家領袖被稱爲"巨子"這一現象爲着眼點,通過闡明這一稱謂的內涵,對前面提到的疑問嘗試提出一點淺見。

一、先秦時代的宗教——以祖先祭祀爲中心

作爲先秦時代的宗教,首先可以以儒教爲例。例如,加地伸行在其《沉默的宗教——儒教》(築摩書房,1994年)、《什麼是儒教》(中央公論新社,2001年)等論著中寫道,孔子以前的原儒家就是一種由巫術信仰爲支撐的宗教。但是,總體說來,包括儒家在內,先秦思想史所探討的內容是政治思想(儒家、名家、法家、陰陽家、縱橫家)和倫理觀念。各家學說都采取與宗教拉開距離的合理主

義、理性的思維成爲其時代特色。因此,即便是儒教,將其作爲宗教思想的研究對象的也幾乎沒有。另外,在中國古代思想史這一研究領域,將宗教思想本身作爲重要研究課題的也極少見。

在中國思想史上,宗教思想開始占有較大比重是在魏晉以後,是隨着佛教的普及,以及隨之而來的道教的新發展而呈現的新時期特色。這一時期被稱爲儒、佛、道三教交融時代的理由正在於此。

但這並不意味着在先秦時代完全沒有宗教思想,只是説先秦時代沒有像佛教或後來的道教那樣具有體系化教義的宗教思想。

池澤優在其所著《關於"孝"思想的宗教學研究》(東京大學出版社,2002年)中指出:在先秦時代一直存在着一種祖先崇拜的宗教現象。那麽,這種祖先崇拜究竟是怎樣一種宗教現象呢? 池澤首先將其定義爲:

> 祖先崇拜是指相信具有明確血緣關係的親族(主要包括長輩親屬以及擬似親屬關係)在死後仍具有控制子孫後代能力的信仰,和基於這種信仰所形成的觀念及禮法體系。(10頁)

作爲第二定義,池澤認爲:

> 祖先崇拜是指具有支配某一個人(或團體)的能力的靈魂,因由某種血緣關係與此人(或團體)相關聯的信仰,以及基於這種信仰所形成的觀念和禮法體系。(10頁)

當然,這種祖先崇拜並不是由於某個特定的人物乃至某個學派的倡導纔開始的,而是由樸素的宗教感情自然演繹出來的一種宗教現象。

衆所周知,儒家是最重視"孝"這一思想的學派,這一點也恰恰證明了儒家是以祖先崇拜這種宗教現象爲其淵源的一個學派。這樣的"祖先"(池澤稱之爲"靈魂")自然在死後被作爲祭祀對象而接受祭奠,其主要原因是人們對於這個"靈魂"所具有的力量的恐懼。關於這種祖先崇拜在中國是以怎樣的方式進行的這一問題,池澤指出:

> 從甲骨文中可以看到,在殷朝那些爵高位重的貴族的宗教禮儀中,祖先祭祀的重要性比較突出……(46頁)

池澤因而認爲:這也就是所謂"孝"。不過,"孝"的内涵還不止於此。他指出:

> "孝"與其説是單純的親子關係的倫理規範,不如説是範圍更廣的親屬羣體(宗族)身份秩序的倫理性體現……由於從西周時期開始,宗族的身份秩序也是政治秩序,所以"孝"也就是支撑王朝統治的政治倫理。(49頁)

也就是说祖先崇拜這一宗教現象,同時也是一種政治現象。進而,池澤認爲,"祖先"與"天"的關係,是"作爲'力量'源泉的天和作爲這種'力量'與現實世界之間的媒介體的祖先"(60頁)之間的關係。池澤具體論述道:"(那個時期)災禍取决於上天,而福佑則有賴於祖先的普遍意識傾向是存在的。"(61頁)這就明確了禍福皆由"天"以及"祖先"決定的這一古代思想。由此可知,池澤闡明了祖先崇拜和對"天"的信仰是相互補足的一種宗教政治現象,恰似車的兩個輪子一樣。

就是這個"祖先",在《墨子》《論語》等書中,作爲祭祀對象被稱爲"鬼(鬼神)"。所以,孔子所説的"鬼神,敬而遠之"中的"鬼神",無疑也是指原來作爲祭祀對象的,令人敬畏的祖先神。但是,站在合理主義理性思維立場上的孔子,是不相信"鬼神"具有掌管禍福降否的靈異力量的。

持有這一鬼神觀的孔子,使殷代以來傳統倫理之一的"孝"的觀念,從對宗族祖先靈魂的祭祀禮儀質變爲親子關係中具有倫理意義的行爲,就是再自然不過的事情了。換言之,孔子使傳統的鬼神觀發生質變的同時,對新的"孝"的觀念,主要從與"仁"的相關性上加以論說。這可以說是儒家從春秋末期到戰國期間的脫離宗教化的傾向。

與此相對,墨家又是如何呢？的確,墨家並沒有倡導"孝道",但是,取而代之的卻是一直在論説對作爲"孝道"前提的祖先祭祀的對象,即"鬼(鬼神)"的信仰①。

二、墨家的"鬼(鬼神)"

墨家一派是如何闡釋"鬼(鬼神)"的呢？在這裏僅擇要介紹一下。

首先,《墨子·非攻中》提到"鬼神之喪其主後"。此句語義稍顯難懂,參考注釋的話,似乎可以理解爲"鬼神原本應該由其子孫祭祀"②。這就證明了其鬼神信仰是與祖先祭祀直接相關聯的。

另外,在《非攻下》裏曾提到:以人(指人民)爲"鬼神之主"。這裏的"主"字也只能是主持祭祀的主體的意思。那麽可以說這也是以人民祭祀自己祖先爲前提的一句話。

而且,在《明鬼下》裏,有"今吾爲祭祀也,非直注之污壑而棄之也。上以交鬼之福,下以合驩聚,取親乎鄉里……"之論。也就是説,

---

① 正如《墨子·節葬下》篇中的"侔乎祭祀,以致孝於親"所説,墨家的"孝"首先是池澤所指出的祖先祭祀意義上的"孝"。

② 文中的"主後"是指掌管鬼神祭祀的子孫。

祭祀鬼神不僅能帶來福佑，還有益於強化鄉親之間，即血緣羣體宗族内部的親和力。由此我們對傳統的祖先祭祀習俗也可略見一斑。

如上所述，墨家中的"鬼（鬼神）"毫無疑問就是祖先神。這一點在堪稱《墨子》中諸概念的定義集的《大取》《小取》兩篇對"鬼"的論述中也可以得到印證。

"鬼，非人也。兄之鬼，兄也。"（《大取》）

"人之鬼，非人也。兄之鬼，兄也。祭人之鬼，非祭人也。祭兄之鬼，乃祭兄也。"（《小取》）

從中可以看出，墨家所說的鬼（鬼神）即是池澤提到的祖先靈魂，這是不容置疑的。並且，《大取》篇中的"治人有爲鬼焉"這句話雖然有些晦澀，據《墨子閒詁》解釋，其意爲"言治人之事，兼有事鬼，若祭祀之類"。如果是這樣的話，很明顯，此處的祖先祭祀是與政治活動直接相聯繫的。即：墨家的政治學說與鬼神信仰顯然是密不可分的，從這個意義上來看，墨家是原原本本地繼承了殷代以來的祭政一致的傳統政治宗教思想的。

總之，墨家所講的"鬼（鬼神）"信仰的意義與儒家所講的"孝"的意義，可以說其淵源都在於祖先崇拜。墨家也是把"孝"的對象，即祖先，作爲"鬼（鬼神）"來祭祀的。所以祖先信仰可以換言爲"鬼（鬼神）信仰"①。

那麽，《墨子》中的"鬼"有着怎樣的内涵呢？我們看到，在那裏"鬼"是與"天"、"人"組合起來使用的。"天、鬼、百姓"（《非攻下》

---

① 《墨子》中有"鬼"和"鬼神"兩語，例如，"鬼"與"天""民"爲一組，而"鬼神"多與"上帝""百姓"爲一組。另外，還有"天鬼"（見《尚同》中）一語，似乎由"天""鬼"兩語結合而成的概念，並非有"天鬼"之鬼。因爲，《墨子》中屢屢可見"尊天事鬼神"（《天志上》）"天賞鬼富"（《非攻下》）"尊天事鬼"（《非命上》《公孟》）"詬天侮鬼"（《天志上》《明鬼下》）等語。還可見"上帝、山川、鬼神"（《非攻下》《天志下》《非命上》）之語，此處似乎與前幾例由來不同，待後考。

《非攻上》《貴義》),"天、鬼、萬民"(《非樂上》),"天、鬼、人"(《天志中》《天志下》)等語例屢次出現,可以看出"鬼"是被置於"天"和"人"之間的。根據上述考察,我們可以了解到:墨家的"鬼(鬼神)"信仰和"天"的信仰互爲表裏,是被作爲一個整體來論述的(《天志》和《明鬼》應該這樣對照研究)。這種作爲先秦時期的宗教思想,則是極爲普遍的觀念,並非墨家所獨有的思想。

換句話説,墨家的"天"信仰是與"鬼(鬼神)信仰"不可分離的,所以墨家同時主張"鬼(鬼神)"信仰和"天"的信仰,在先秦宗教思想史上也是必然的事情。

由此可見,儒家和墨家都是起源於祖先崇拜的宗教思想。然而,兩者的不同之處在於儒家對於鬼神至少不像墨家那樣懷有恐懼之念,而是顯示出一種極其客觀理智的態度。《論語》中"……敬鬼神而遠之,可謂知矣"(《雍也》),"子不語怪、力、亂、神"(《述而》)都是説的這一層意思。而且對"天"的敬畏之情,與其説是緣於"天"的人格化,毋寧説是對於"天"的超自然的法則或命運主宰者這類性質的敬畏所致。"死生有命,富貴在天"(顏淵)等所講的就是這個道理。總之,儒家不像墨家那樣,它不認爲"天"和"鬼(鬼神)"是融爲一體,將"人"置於其監視之下並加以賞罰的超自然的存在,也並沒有出於這種傳統意識而懼怕它。與之相對的墨家,則認爲"天""鬼(鬼神)"擁有明確的意志,具有對人加以賞罰的現實力量,因此對它們懷有無限的畏懼之心。

從這個意義上説,儒墨間激烈爭論的背景是:墨家一面濃厚地保持着自古以來的祖先崇拜和鬼神信仰;另一方面,不是依據祭祀禮儀而是根據個人行爲善惡來侍奉天和鬼神。而儒家則是一面強力推進從原始的宗教意識中脱離乃至革新,另一方面又只是對祭祀禮儀加以嚴格管理。即:兩者間存在着宗教意識上的抵牾。以下是《墨子·公孟》中的一段:

> 子墨子曰：執無鬼而學祭禮。是猶無客而學客禮也。是猶無魚而爲魚罟也。

其真意盡於此語。

通過以上內容，可以明確墨家宗教思想上的傾向。接下來將探討關於墨家團體的宗教結社傾向問題。因爲兩者可以說是硬幣的正反兩面。

三、墨家集團的宗教結社傾向
—— 以"巨子"的含義爲中心

渡邊卓曾在《中國古代思想の研究》（創文社，1973年）中指出墨家團體的特點爲：

> ……是一個很牢固的集團。（533頁）
>
> 通過《公孟》篇可以推想……其在勸導周圍的人加入其團體的時候，以招福避禍爲誘餌致力於宣傳的那種景象。（554頁）
>
> 《耕柱》篇裏……可以看到他們將無故脫離集團比喻爲臨陣脫逃之罪……對脫離其集團的弟子……一定施以了某種制裁。（554頁）
>
> ……內外留下記錄的墨者就不止十名，而其言論和行爲明顯缺乏個性……這是墨家集團泯滅個性的一個例證。（554頁）
>
> ……是管理相當嚴格的團體。（554頁）
>
> ……如果關涉到團體內部的事情，允許一定限度的治外法權……（561頁）
>
> ……因爲有背委託國防禦大事，最終集團全體成員壯烈地引咎自殺……（566頁）

這些與儒家的孔學集團相比較，其不同便一目了然了。孔子作爲私塾的鼻祖也擁有很多弟子,除了被稱爲"孔門十賢"的高徒之外,還有三千弟子。但是孔子既沒有爲招募弟子去作宣傳,也沒有嚴格的管理,而是以師徒這個比較寬鬆的紐帶結合而成的集團。因此,爲了更有利於了解墨家團體的特點,可以先與稍後時代的太平道、五斗米道教團體的組織進行一下對比。福永光司對此有過詳細的論述。

福永指出:

> 可以推測:墨家集團又以"巨子"爲首領分別形成數個教團組織。並且,各教團組織都根據"殺人者死,傷人者刑(殺人者償命,傷人者受刑)"(《呂氏春秋・去私》)這一"墨者之法",或者"生而不歌,死而不服,桐棺三寸而無椁(生時不事歌舞,死後不事服喪,只用三寸厚的桐木棺,外不加椁)"的"(墨家的)法式"(《莊子・天下》),以及"有力者疾以助人,有財者勉以分人,有道者勸以教人(有力氣的就去幫助別人,有錢財的就去與別人分享,懂得道理就去教導別人)"(《墨子・尚賢下》)的"墨者之義"(同前)來進行管理統治。可以看出:其教團組織結構和內部秩序定位,成爲後世——太平道張角"衆徒數十萬……遂置三十六方。……大方萬餘人,小方六七千,各立渠師(將十萬信徒劃分爲三十六方,大方有上萬人,小方有六七千人,各自都立渠師)"(《後漢書・皇甫嵩傳》)的軍隊組織,或者五斗米道張脩以"奸令""祭酒""鬼吏主"爲信徒統帥的組織形式,以及將這一教團組織又作了改進的張魯的"以鬼道教民,自號師君,其來學道者,初皆名鬼卒;受本道已信,號祭酒。各領部者爲治頭、大祭酒,皆教以誠信不欺詐。(用鬼道來教導民衆,自稱爲師君,新加入的信徒稱爲鬼卒;由祭酒來領導各自的'教團',規模大的教團首領稱爲治頭、大祭酒。教

導所有人誠實信用不欺詐)"(《魏志・張魯傳》)——的教團組織結構、秩序定位的雛形。(《道教思想史研究》196—197頁)

福永着力將墨家團體的組織形態與後世的道教教團組織相對比,來闡明其宗教結社的性質。實際上,由此已經可以明顯地看出墨家是具有宗教結社性質的。

基於這樣的前提,我們來看一下,墨家的"巨子"①處於怎樣的地位,又發揮着怎樣的作用。衆所周知,"巨子"在墨家集團内是繼承墨子思想,具有超凡能力的領導者,其權限是巨大的。關於"巨子",渡邊卓指出:

(1)不僅集團内的職責規定嚴明,而且一切秩序由巨子掌握。

(2)巨子不僅親自統領一個守備集團,而且可以號令數個支隊組成的大集團,並擁有掌管其秩序的最高權力。

(3)巨子制度恐怕是與墨子集團結成的同時定下的。

(4)巨子地位的繼承,從孟勝和田襄子的情況來看很顯然,不是一般成員的推薦或選舉,而是由前一任者的指名或委托來決定的。(《中國古代思想の研究》588—589頁)

渡邊認爲這樣的領導者之所以被稱爲"巨子",因爲:

(1)"巨"字是工人領袖持"鉅"的形象。

(2)作爲工匠的墨子幾乎是將當時的工人組織原封不動地轉化爲集團的。(《中國古代思想の研究》589頁)"巨子"原本是工人集團的領袖之意,在墨家集團中也就直接被作爲領導者的稱呼而使用了。這一點與渡邊推定墨子出身於工匠階層不無關係,可以從其"作爲工匠的墨子將當時的工人組織幾乎是原封不動地轉化

---

① "巨""鉅"兩者皆可,不影響本論的宗旨。

爲集團"一句推論。然而,渡邊卻又論述道:

>所謂墨家學風,理論與實踐是密切結合的……要求抛卻以自我爲中心的私人感情,立足他共有的集團立場上,來達到思考、言語、教育、勞動的綜合性的完成……墨家的知識分子與其他學派不盡相同。他們不拘其出身是工匠、商賈、巫醫、亡命徒、士人、游俠等哪類,當進入集團以後,隨其不斷地學習和經驗的積累而對集團的事業日益精通,成爲在集團的體制和發展方向的問題上提出卓越的見解的人物。(《中國古代思想の研究》585頁)

如此説來,所謂墨家集團起源於工人集團之見就令人費解了。不如説這一點反映了墨家的結社性質。而且,如果視墨家爲工人集團,那麼其與儒家何以如此尖鋭對立的問題將無法解釋。渡邊之説姑且不論,讓我們以墨家具有結社性質而且與儒家尖鋭對立爲前提,對"巨子"的含義再作探討。

如上所述,墨家是具有强烈宗教性的集團。如果是這樣的話,巨子之所以具有如此的凝聚力,只能是因爲其作爲非凡的領導者得到了全體成員的認可。巨子不僅在政治、經濟甚或軍事等方面統領着墨家集團,而且,還作爲他們精神上的領袖,换言之,即宗教領袖君臨其上。

這樣的領袖,在當時,其存在超乎那些在政治上統治支配民衆的國君。正如國君被稱爲"民之父母"那樣,對於民衆來說,他們必須是庇護者,是精神上的依托。如果追究一下國君的原點,則會歸結到統領宗族的領導者,即家長的存在。因爲是他通過掌管祭祀來加强宗族組織的向心力,同時高居所有族人之上。當然,其祭祀的是"天",是祖先神,於是家長也就成爲整個宗族精神(宗教)上的領袖。因而,對於家長而言,自己權威以及權力的根源在於自己是最接近"天"和祖先神的。也就是説,無論是精神上還是政治上,家長是能够以"天"和鬼神爲背景,將族人置於自己的掌控之下的①。

那麽,墨家集團究竟能否稱爲宗族集團呢?既然宗族集團的前提是以血緣爲紐帶的話,那麽墨家集團則不能就此稱之爲宗族集團。不過,通過上述簡略的考察可知,墨家集團是一個與宗族集團極其相近的組織,形成一個堪稱擬似宗族集團的團體。就是説,作爲自己結成團體的原理,墨家是采用了古代宗族集團内部的組織原理及其統治原理的。否則,若要以巨子爲頂點保持其如此強大的凝聚力和統治力應是很困難的。這樣考慮的話,"巨子"之語果然是渡邊卓所説"工人集團的領袖"的意思嗎?這就成爲一個疑問。"巨子"或者可能就是原來宗族組織中的家長之意。《説文》中有以下的記載爲此推測提供了有力的根據。

父,巨也。家長率教者。從又舉杖。(卷三下)

由此處極簡單的記載可以看出:"父"即是"巨",也就是作爲家長,處於統領教育宗族成員之領導地位的人物。池澤就此展開論述道:

在西周春秋的父系親族集團的構造中,父親不僅意味是某孩子的父親,還指代親族集團中的長老,或作爲領袖擁有權威者,因此纔能够成爲對人的一種尊稱。(《道教思想史研究》95頁)

墨家集團中的所謂巨子,難道不是因爲其具有與曾經統帥宗族的"父親"(家長)相匹敵的地位和作用而加之的稱號嗎?的確,

---

① 《漢志·六藝略》中,班固所述"墨家者流,蓋出於清廟之守。……宗祀嚴父,是以右鬼。……"也可同樣理解。此處所謂"嚴父"可以理解爲既是家長,同時也是與之相連帶的祖先神之意。

墨家集團是非血緣集團，但是，其集團原理卻是繼承了宗族集團的原理的。這樣分析下來，我們只能認爲，"巨子"之謂，作爲賦予擬似宗族集團領導者的稱號是恰如其分的。

如果將這個擬似宗族集團的外延無限地推而廣之的話，勢必將遍及天下。"天"自不待言，此時"鬼神"也將超越一宗一族的祖先神的界限，擴大成爲天下萬民所敬畏的對象。所謂兼愛、非攻不能不說是這種自然而且必然的思想的表露。這裏有墨家對於傳統宗教——祖先祭祀的革新，其亦可稱之爲宗教改革。當然，儒家對宗教也有所革新，但是，那是一種將祖先崇拜的"孝"的倫理作爲家族內倫理而內向化的革新，"天"與其說是主宰神，不如說如"天命"一語所示，是儒家對其加以理性思維的合理主義的改變，使其成爲超自然法則的體現。這個方向上的改革就是前已述及的指向擺脫宗教化的改革。正是儒墨間逐漸增大的這種宗教意識上的差距，引發了有關"天""鬼（鬼神）"的尖銳爭論。

《莊子·天下》中一段論述爲此提供了旁證："以巨子爲聖人，皆願爲之尸，冀得爲其後世……。"這裏的"尸"字有幾種解釋：其一是尸體的意思，其二是"主"的意思。作前種解釋的是金谷治，其理解爲："尸"即尸體，"爲之尸"即"爲巨子捨身，代之赴死"之意（金谷將此句譯爲"被稱爲巨子的首領被作爲聖人，誰都願意爲之去死"）。另有福永認爲："尸"乃"主"也。他將此句譯爲"以巨子爲聖人，大家都熱切地希望尊之爲自己的盟主，而自己被接納爲墨子的正統的後裔"。

這個問題如下面所述，似乎應以福永說爲是。

"尸"之所以解釋爲"主"，因爲其原意是祖先祭祀時，從親族中挑選出的少年被看作祖先神，作爲祭祀的對象，即所謂"替身"。在《說文》卷八上"尸"字下的解釋是"尸，陳也。象臥之形"。對此，段

玉裁加注,曰:

> 陳當作敶也。……小雅祈父傳曰:尸,陳也。按凡祭祀之尸訓主。郊特牲曰:尸,陳也。注曰,此尸神像,當從主訓之。言陳非也。玉裁謂祭祀之尸,本像神而陳之。而祭者因主之。二義相因而生也。……

以段說爲是的話,"尸"是不能解釋爲"尸體"的,"主"應該理解爲被作爲祖先神的替代而立的神像。"巨"即作爲"父"的"巨子",不僅作爲聖人被敬仰,而且,作爲"主"如同真正的祖先神一樣受到崇拜。

由此看來,墨家集團將自己的領導者尊稱爲"巨子",不僅是將其作爲聖人來敬仰,而且可以理解爲欲將其作爲自己的祖先神奉爲至高無上的信仰對象。即:可以推論"巨子"在承擔起原來擬似宗族集團家長的角色的同時,還被成員們當成膜拜的對象,仿佛就是自己真正的祖先神。很明顯,"巨子"是有着濃厚宗教結社性質的墨家集團的非凡的領導者。正因爲如此,纔能夠發生前已提到過的那樣的事態:一百八十人的墨者爲忠實於巨子之命,與巨子一起集團自殺(《呂氏春秋·離俗覽·上德》)。而且,《淮南子·泰族》有記錄曰:"墨子服役者百八十人,皆可使赴火蹈刃,死不還踵。化之所至也。"這一事件凸顯了墨子(即巨子)的感召力如何巨大。福永稱之爲"激烈的殉教者式行爲"(《道教思想史研究》196頁)。

結語

通過以上考察,我們明確了墨家宗教性思想極其濃厚,而且墨家集團是一種宗族式的社團,換言之,是一個擬似血緣共同體式的結社。因此,墨家說"明鬼"、言"天志",必須說正是其宗教思想傾向的率真的反映,決不是爲讓人們接受自身思想的正當性而使出的權宜之計。從這個意義上來説,把墨家稱爲"墨教"是毫無不妥之處的①。另外,有關"墨教"此後如何與後漢末期的太平道、五斗米道相關聯的問題,福永光司《道教思想史研究》中所收論文《墨子的思想與道教——中國古代思想中有神論的系譜》(岩波書店,1987年。原載於《吉岡博士還歷記念道教研究論集》,1977年)有詳細論述,請參考。

---

① 胡適在《中國哲學史大綱》(1919年)第四章《墨子的宗教》中,於文章開頭提到"墨子,一個創教的教主",論述了墨家的宗教性。

理想主義的現實窘境

——墨家非攻思想在大一統中的式微

序

　　先秦時期，以《孫子》一書爲代表的軍事思想已經十分發達的這個史實是廣爲人知的，然而，與此思想並存的非戰思想卻並不爲衆人所關注，墨家思想中的"兼愛非攻"思想就是一個典型。除此之外，還有公孫龍的兼愛偃兵論等①。公孫龍雖爲名家論客，但有觀點認爲他受到了墨家思想，特别是墨辯的影響。也就是説，公孫龍不僅受墨家邏輯學，而且接受其根本思想的影響。他作爲名家雖名聲顯赫，但實際上可能只是墨家流派中的一位末流人士②。

　　另外，與公孫龍的兼愛偃兵論相似的思想還有宋鈃、尹文的

---

①　參照《吕氏春秋・審應覽》"趙惠王謂公孫龍曰：寡人事偃兵十餘年矣，而不成。兵不可偃乎？公孫龍對曰：偃兵之意，兼愛天下之心也。兼愛天下，不可以虚名爲也。必有其實。……所非兼愛之心也。此偃兵之所以不成也。……"一文和《審應覽・應言》篇"公孫龍説燕昭王以偃兵。昭王曰：甚善。……"的記述。

②　參照譚戒甫氏著《公孫龍子形名發微》一書中，"戰國時兼愛、非攻之説，實爲各家所同具，特墨家較爲强調，然若以此而即認龍亦屬墨徒"（5 頁）以及"龍又出墨而入于名者也"（149 頁）兩文。

禁攻寢兵論①。在《荀子·非十二子》裏宋銒與墨翟一起受到了批判，可見他屬於墨家或與之相近的思想家。而尹文，據《漢志》記載，也是一位名家的思想家，在書中其與公孫龍的關係有如下記載：

　　説齊宣王，先公孫龍。師固曰："劉向云：與宋銒俱游稷下。"

根據此文可以看出，尹文作爲名家的論客是先行於公孫龍的，可以推想其在相當程度上影響了公孫龍，並與墨家有着間接關係。

此外，名家的另一位論客，《莊子》一書中頻繁登場的惠施也不應被忘記。關於惠施，在《韓非子·七術》篇中記載，當張儀計謀合併秦、韓、魏三者勢力討伐齊、荆（楚）之時，時任魏國宰相惠施企圖説服齊、荆兩國②以息戰火。此時惠施以其雄辯之才力圖阻止戰爭，因而也可以把他歸爲偃兵論的提倡者之列③。

以上這些始於戰國前期的墨家非攻論，以及戰國中期之後的宋銒、尹文、公孫龍、惠施等名家們的偃兵論，即非戰思想，都不主張動用軍事。與此對立的即爲義兵論。據戰國末期的文獻《呂氏春秋》記載，當時圍繞偃兵論與義兵論曾發生了相當激烈的争論。

本篇將圍繞偃兵與義兵的争論在思想史上的意義，聯繫墨家非攻論進行研究。

---

　　①　參照《莊子·天下》中，"宋銒尹文……見侮不辱，救民之鬭，禁攻寢兵，救世之戰。以此周行天下。……以禁攻寢兵爲外，以情欲寡淺爲内"一文。
　　②　《戰國策·魏策》中有與此相同的故事，而文字表達略有變更。此文中"偃兵"與"案兵"之意相同。這裏"案"釋爲"安"，也可認爲與"偃兵"一詞同義。
　　③　參照淺野裕一氏著《惠施像的再構成》(《日本中國學會報》第 28 集，1976 年)。淺野裕一指出：惠施因追求以愛民理念爲基礎的理想主義政治，在很長時間内與"大術之愚"(出自《呂氏春秋·審應覽·不屈》)這一否定評價相關連。

一、偃兵論的思想系譜

"偃兵"一詞原本有着怎樣的涵義呢？據《說文解字》記載，"偃"字有"僵"、"仆"、"仰"等意。《國語·吳語》中有其最早的用例。公元前482年，吳王夫差率三軍與晉軍在宋國黃池對峙，不久因爲晉的提議兩國簽訂盟約，這就是有名的黃池之會。當時晉在提議中有"兩君偃兵接好，日中爲期"之語，依韋昭的注釋爲"偃，匿也。接，合也"，即可解釋爲兩國收兵罷戰，致力交好。朱駿聲在《說文通訓定聲》一書中，詳引了"偃"字的其他多種字義，如"臥""隱""安""息"等。也就是說"偃兵"一詞，參照例句的用法，並非一般意義上否定戰爭的和平主義思想，而是對待敵國不采取武力攻擊的意思。

更需指出的是，在上文提到的《莊子·天下》及《管子·立政》中，不用"偃兵"而用"寢兵"一詞。在這裏"寢"字也有"臥""息""止"等意，大體上與"偃"字相同①。

《管子·小匡》中有以下例：

> 是故天下之於桓公，遠國之民望如父母，近國之民從如流水。故行地滋遠，得人彌衆，是何也？懷其文而畏其武。故殺無道定周室，天下莫之能圉，武事立也。定三革，偃五兵，朝服以濟河而無怵惕焉，文事勝也。

此處旨在説明桓公的霸業始於"武"，之後卻是靠否定"武力"（更准確地說，意爲"不用"武）的"文治"完成的。所謂"定三革，偃五兵"就是指桓公在完成其霸業之後，已沒有了動用武力的需要。換言

---

① 《莊子·天下》中，兩次重復使用"禁攻寢兵"一詞。另外《管子·立政》中，有"寢兵之說勝，則險阻不守。兼愛之說勝，則士卒不戰"一文。在這裏應注意"寢兵"與"兼愛"的並列使用。

之,桓公不是以"偃兵"作爲其本身的目的來推行其霸業的,實際上,不過是已經爲霸者的桓公已沒有動用武力的必要了。因此可見"偃兵"一詞並不是志在和平主義的一種概念。

再以《逸周書》一書中的用例來分析一下。《逸周書·武稱》中以層層推進式記載着動用武力的十一要項,其最後階段的"武之定也"一節中,有"百姓咸服,偃兵興德,夷厥險阻,以毁其武,四方畏服,奄有天下"之句。另外,在此句之前的"既勝人"開頭的"武之撫也……"一段中,也有"舉旗以號,命吏禁掠,無取侵暴,爵位不謙,田宅不亏,各寧其親,民服如化"一語。從內容上看,此兩句都主張去除武力,從霸道式的安定向王道式的和平轉變,亦即由"武"向文的自然轉換,乃是武的終極目的(正如"武"的字義源於"止戈"一樣)。(《逸周書》一書著於戰國中期至後期)這樣看來,此處與《管子》一書中的"偃兵"一詞意義相同。

再如時代稍後的漢初的《淮南子·天文》有以下一例:

> 太白(金星)……當出而不出,未當入而入,天下偃兵。當入而不入,當出而不出,天下興兵。

此文是以占星術的觀點預言戰爭已經終結。可以發現,此文的"偃兵"一詞,也可以說是"和平"一詞的另一種表述,不過是客觀地陳述了天下形勢,並不一定源於反對戰爭的思想主張。

在《漢書·高帝紀下》中有以下記述:

> 詔曰:前日天下大亂,兵革並起,萬民苦殃,朕親被堅執銳,自帥士卒,犯危難,平暴亂,立諸侯,偃兵息民,天下大安。

"偃兵息民,天下大安"一文亦只是用來頌揚戰爭終結,恢復和平之世態而已。

"偃兵興德"這種道義氣氛極其濃厚的概念,以"兵"字代替了

"武"字,來增强與"文"字的相對性,更多見於漢代以後。

例如《尚書》僞古文的《武成》篇中,提到武王打敗殷紂王後聲稱對外不再采取武力而使用了"偃武修文"一詞①。《後漢書·袁術傳》中也有"偃武興文"之語。另外,同樣概念的"偃武興文"還見於《漢書·循吏傳》,在《史記·留侯世家》和《漢書·匡衡傳》中有"偃武行文",《後漢書·杜詩傳》中則爲"偃兵修文",這些都是漢代以後用來表現理想政治形態的詞語。

另一方面,在兵家文獻中卻没有發現以上這些詞的用例。《孫子》一書中有"凡用兵之法,全國爲上……不戰而屈人之兵,善之善者也"(《謀攻》),這裏所强調的極致的"武"字,並不否定武這一行爲自身。《六韜·農器》中針對"天下安定,國家無争,戰攻之具,可無修乎"之問,以"戰攻守禦之具,竟在於人事"作答,即指出在和平時期的人事中亦不可怠慢軍事備戰,而在解除軍備之後應將武器用作農耕用具之論略顯微妙,歸根結底,在這裏並没有明確地提出"偃兵"之論。

不過在下面的例文中,則與以上所示例文相異,把"不主動使用武力"作爲目標,從自己的思想出發,明確且經常地在文中使用。《莊子·徐無鬼》中:

> 武侯曰:欲見先生久矣!吾欲愛民而爲義偃兵,其可乎?
> 徐無鬼曰:不可。愛民,害民之始也。爲義偃兵,造兵之本也。……

武侯乃是當時魏國的武侯(公元前395—公元前370年在位),徐無鬼則是當時魏的一名隱士。據《史記·魏世家》記載,武侯在位

---

① 與《武成》篇中幾乎相似的内容,在《禮記·樂記》以及《荀子·儒效》中都有記載。而這些書中卻不以成語"偃武修文"的形式出現。也許此詞爲漢代儒家爲修辭而作。

時,第一年與趙公子朔一起攻擊趙國都城邯鄲而敗北,第七年討伐齊,第九年命吳起爲將再次討伐齊,第十一年與韓、趙共分晉土然後滅晉公室,第十五年滅趙,第十六年討伐楚,真可謂是一名好戰的君王。前面引文是這位好戰的君王武侯,從"愛民"和"義"出發想要實現偃兵,而徵求徐無鬼的意見。應該注意到此處"偃兵"一詞與"愛民"一詞有着密切的關聯。也就是說,"愛民"與"偃兵"並不是指國家通過實行某種政策而自然達到的結果,而是最初就被作爲國家的既定目標提出的。因而"偃兵"一詞在這裏,應該理解爲是將沒有戰爭的和平狀態作爲價值定位的所在,力圖加以實現的目的①。

在序言中也已談到,以白馬論而著名的公孫龍等戰國時代名家亦提倡偃兵論,《呂氏春秋·慎應》中,其與趙惠王的對話具體地陳述了其偃兵論:

趙惠王謂公孫龍曰:寡人事偃兵十餘年而不成。兵不可偃也乎?公孫龍對曰:偃兵之意,兼愛天下之心也。兼愛天下,不可以虛名爲也。必有其實。……所非兼愛之心也。此偃兵之所以不成也。……

公孫龍指出單以"偃兵"之心來實行"偃兵"是極其困難的,應以"兼愛之心"作爲根本。這與上述《莊子·徐無鬼》中出現的"偃兵"、"愛民"兩詞作爲互相聯繫的一對概念,先被提出然後又被否定,如出一轍。此處可見,"偃兵"一詞作爲對外不采取武力政策,一心希求和平的外交思想,是由公孫龍提出的,並與兼愛、愛民等政治思想有着密切地關係。

---

① 惠施任魏國宰相之期,同與繼武侯之位的惠王(在位之時:前369—前335年)。惠施早已把"偃兵""愛民"作爲一國的目標。也就是說,徐無鬼與魏侯的對話是與之後的惠施與魏王的對話相聯繫的,兩組對話之間存在一定的聯繫。

除此之外，從《聽言》篇"公孫龍之說燕昭王以偃兵……"，《應言》篇"公孫龍説燕昭王以偃兵……"等文中也可以看出公孫龍一心主張"偃兵"之態度。它被與墨家兼愛思想相提並論這一點也值得關注。如譚戒甫已指出的那樣，其與墨家非攻論的關係，當是問題的焦點所在。

然而，作爲名家的公孫龍爲什麽主張希求和平的外交思想，即偃兵論，並標舉兼愛這一墨家式的思想呢？是否"兼愛"與"愛民"原本就是同義詞？這是應當考慮的問題。

譚戒甫認爲，公孫龍的邏輯學源於墨辯，他的思想也深受墨家思想影響。其理由是公孫龍的"偃兵論"與墨家"非攻論"並無二致，兼愛論就是照搬了墨家思想。如果是這樣，那麽爲什麽公孫龍不用"兼愛"而用"愛民"，不用"非攻"而用"偃兵"呢？這又是一個疑問。

經由上述考察可以發現，認爲偃兵不過是墨家非攻論的另種説法的觀點尚有些許疑點。因爲"偃兵"一詞包含了因和平的到來而無需動用武力的狀態，和積極維持和平而放棄武力行使的外交思想兩層意思。然而其本意應該是前者。如同"愛民"這一概念未必是某個特定學派的主張一樣，當時的名家們不過在其外交活動中積極地使用了戰國時代比較普遍的"偃兵"、"愛民"等一些詞而已。但是要指出的是，從戰國末期到漢代，由"大一統"思想出發的義兵論轉占優勢，偃兵和非攻論無奈衰退，在此之後，"偃兵"一詞義也就單指天下的客觀趨勢了。

就是説，雖然不能將公孫龍的"偃兵"一詞看作是墨家的"非攻"思想的單純換言，但兩者之意極爲相近，都包含非攻之意，這一點是可以確認的。如《墨子・非攻》明確指出，"非攻"是指動用武力爲不義不道，從"興利除害"的角度看攻伐也是不利的。墨家出於以上兩點，對攻伐即動用武力，一開始就加以強烈的否定，可以推論"非攻"作爲外交思想曾具有的意義是毋庸置疑的。倘若如此,非攻論和偃兵論作爲外交思想,均是曾經發揮過作用的理念。

但是到了漢代,"非攻論"可以説已經銷聲匿迹,"偃兵"已失去了其作爲積極外交思想的意義,而其作爲和平狀態的理念意義卻得到強調。於是,"偃兵"一詞被"偃武"所代替,甚至與"文"的概念相結合,成爲表述形容和平國家及社會的新詞語。由此可見,"偃兵"的概念與非攻的概念極其相近,然而兩者卻有着完全不同的定義過程。

二、"偃兵""義兵"之爭
—— 以《吕氏春秋》爲中心

《吕氏春秋》的《聽言》《應言》兩篇,在介紹公孫龍的兼愛偃兵論時,對它也給予了批判。那麽這種批判是源於何種立場呢?針對這一問題,本文以繼《孟秋紀》之後的《蕩兵》《振亂》《禁塞》《懷寵》四篇爲分析對象,在此加以考察。此四篇集中解説軍事思想,主要強調了義兵論,即指出在必要、正當之時應積極地行使武力,同時批判了主張以外交交涉來避免武力行使的偃兵論。

如前所述,主張"偃兵"的公孫龍,其出衆而另類的詭辯之才爲世人關注的焦點。他是以什麽立場,按什麽邏輯提出"兼愛偃兵"的,這一點卻被忽視了。值得慶幸的是,通過《吕氏春秋》中批判偃兵論的四篇文章,可以間接了解公孫龍等名家們所持的偃兵論在戰國時代所具有的意義,以下就探討一下這個問題,同時試闡明其與墨家非攻論的異同。

1.《蕩兵》篇中的"義兵"論

該篇大意如下所示:

(1) 爭鬭是人類的天性,無法禁。

(2) 古之聖王,以"偃兵"爲非,而以"義兵"爲是。

(3) 與家族中不可無體罰,國家不可無刑罰一樣,國際社會(國家與國家之間)也不可無誅伐。誅伐也就是"義兵"之目的。

(4) 善於用兵可招福,一事當前而不能用兵則是禍之本。因此可說偃兵論是禍之根本,不會帶來福佑。

(5) 常言"苦口良藥可治病",義兵乍見似慘烈不堪,卻是治天下之病的良藥。

(6) 否定戰爭,主張和平的偃兵論者,內心卻存有"兵"(＝爭鬭之心),他們的主張其實可謂自欺欺人。

(7) 以義兵誅暴君,救苦民,正是民衆所喜,而不會使民衆痛苦。據此可推論,義兵論並沒有違反愛民、兼愛的理念。

如上所述,對於以愛民爲論據的偃兵論者,他們的論據被義兵論者巧爲利用,並逆轉爲自家觀點的論據,再對偃兵論者加以批判。如同繳對方武器以殺對方,真可謂絕妙論辯。從中我們可以看出當時已相當成熟且發達的辯論術。下面分析一下此論爭的内容①。

在這裏,應提及一下宋鈃的思想。在《莊子・天下》中:

> 見侮不辱,救民之鬭,禁攻寢兵,救世之戰。以此周行天下。……以禁攻寢兵爲外,以情欲寡淺爲内。

---

① 墨家也把非攻論的依據建立在"愛民"即"兼愛"思想之上。而義兵論的觀點也貫穿了"愛民"思想。渡邊卓氏的"義兵論其實正是秦墨也就是後期墨家思想所要主張的論調"這一推測也許可以成立。也就是説《非攻上》《非攻中》篇中雖然堅決否定戰爭,但在下篇中卻一改前篇語氣,導入"誅"的概念以附加條件爲理由轉爲肯定戰爭。另一方面,湯淺邦弘氏批評渡邊氏一説,指出墨家軍事思想其實與《呂氏春秋》中的軍事思想有很大差異。

依此文可得知,宋鈃把其寢兵論的根本與人的本性相結合,在《荀子·正論》中則對其進行了批判:

> 子宋子曰:明見侮之不辱,使人不鬥,人皆以見侮爲辱,故鬥也。知見侮之爲不辱,則不鬥矣。應之曰:然則亦以人之情爲不惡侮乎?曰:惡而不辱也。曰:若是則必不得所求焉。……然則鬥與不鬥邪,亡於辱之與不辱也。乃在於惡之與不惡也。夫今子宋子不能解人之惡侮而務說人以勿辱也。豈不過甚矣哉!

此處對於宋鈃的"被辱卻不以爲恥辱則不會起爭鬥"之說,荀子提出反論,指出爭鬥是由人的愛惡情感所引起的,而這種情感乃是人的一種本性。也就是說荀子認爲爭鬥源於人的本性。

因此,可把本篇理解爲針對宋鈃之流偃兵論者的駁斥。

2.《振亂》篇中的義兵論

本篇從攻伐與救守的關係來明確"義兵"的意義,大意如下:

(1)當今世道,可謂"人民辛苦""天子不在"的無秩序世界。

(2)助"有道有義"、懲"無道無義",是爲天下人民之舉。

(3)當今學者以"攻伐"爲非、"救守"爲是,是對天下的"無道無義"袖手旁觀,"有道有義"不會實現。

(4)"長有道而息無道""賞有義而罰不義"本是終極目的,"攻伐""救守"不過是達到目的的方法手段。

(5)如果是針對"無道不義"的"攻伐",應給予肯定,維護"無道不義"的"救守",應給予否定。換言之,有助於"有道有義"的"攻伐"應予肯定,無助於"有道有義"的"救守"應予否定。

(6)爲"有道有義"而"攻伐"乃是"義兵"。

(7) 救守論者對於動用武力持有消極態度,因而"有道有義"不可能實現。

在此,"有道有義"雖是一種抽象概念,但應是"慮天下之利,除人民之苦",與墨家"興利除害"之說相通,這是顯而易見的。也可以說本篇吸取了墨家"興利除害"之大命題,並以此爲根據在對偃兵論加以批判的同時,也批判了救守論。

在這點上,可以說,本篇借用墨家思想對墨家非攻論展開批判,與前篇相同,堪稱巧論。我們可以聯想起在墨家思想中,"救守"和"非攻"原本就屬互爲表裹的兩個概念。

也就是說,本篇的主旨是只要達到"興利除害"的目的,"攻伐"或"救守"只不過是其方法。而在"攻伐"與"救守"之間不存在兩者取一的問題,對一味主張"攻伐"爲非、"救守"爲是的墨家進行了批判,指出墨家其實已經失去了"興利除害"這一根本目的。墨家的反論已成爲不可能。

3.《禁塞》篇中的"救守"論批判

本篇內容概括如下:

(1) 救守論者往往守無道,救不義。災難無過於此者,致使人民飽受苦難。

(2) 救守論者以動情曉理的論說力圖回避戰爭(＝以外交談判來打破僵局),一旦明白此術無效時,也會採取軍事行動。所以,他們也有爭鬭之情,也肯定殺人的行爲。

(3) 救守論只會將無罪的人民逼入死地,實際上助長了"無道不義",這不僅無益於"有道有義",反而是"助天下之害,阻天下之利",更加劇了"無道不義"。

(4) 救守論者往往不顧事態的義與不義,有道與無道,一味地盲目地談救守,這纔是真正的不義。其實問題不在於是攻伐或救守,而在於義或不義。只要是"義兵",攻伐或救守都是可取的。

(5) 救守論者沒有造成無道之世的責任,但是竭力主張以救守來維持無道之世,則是其錯誤所在。

(6) 天下大亂,卻不顧事情的義與不義而一味主張救守的救守論者,必須清除。

以上是對救守論者的無情批判。顯而易見,義兵論者是將偃兵論者的論據,即愛民和道義變爲自家的論據,而封殺了對方一切反駁的可能。

特別是第(2)條,批判了救守論者(即偃兵論者)一面否定殺人,而在極端情況時也可能動手殺人的自相矛盾。這種軍事行動中的殺人行爲,可以說是墨家非攻論的依據。本篇主要論述了辯明世態的有道和無道應爲首要問題,認爲過於強調救守論而忽視不義無道,單純地以殺人爲非一味主張非攻,都是錯誤的。

當然,不會有對不義無道持肯定意見者,那麼也就是確保了義兵論者倫理的正當性。相反,指出那些對不義無道漫不經心的偃兵論者,不正視現實一味羅列理想,正是不會通融的愚人。這裏還對墨家的僵死理論加以了批判。

4.《懷寵》篇中的義兵論

該篇主要意旨如下:

(1) 義理之道不容許暴虐、姦詐、侵奪。

(2) 義兵即天誅。誅無君主資格者,可謂爲民除害,順從天道。

(3) 義兵只針對應予誅除的君主,不針對他者。

(4) 義兵的目的不在於殺人,而在於救人。

(5) 義兵並非對他國發動全面戰爭,而在於除去使人民受苦的君主。

再將《墨子·非攻》各篇的內容整理如下：

(1) 挑起戰爭(=進攻別國),也就是掠奪他人生命和財產,即"不義"。

(2) 君主因攻擊別國而獲利,人民卻因此深受百倍之害,以興利除害的觀點來説也應該否定攻戰。

(3) 攻伐,違背天之利、鬼神之利、人之利,故不能稱爲義。

(4) 天下的攻伐,都是君主們爲了自身利益,卻浪費了人民的財富,帶給人民災難,真可謂"天下之大害"。

(5) 禹征服有苗,湯討伐桀,武王攻伐紂王,此皆可稱作"誅"。不可把這些聖王們的正義之戰與當今君主們的攻戰相提並論。

(6) 遵循聖王之道,爲國家百姓之利,必須主張非攻。

把以上(1)—(6)點與前文《吕氏春秋》義兵論相對比可以清楚地知道,《吕氏春秋》的義兵論强調攻戰既然合於"義",只可能給人民帶來利而不可能有害,此種"攻伐"應稱爲"誅"。這些思想無一不是《墨子》非攻論的反論。《吕氏春秋》的義兵論即是反偃兵論,實質上亦是反墨家非攻論的①。

本篇甚至意欲使戰爭的是或非爭論無意義化。主張"義兵"的目的就是對當今亂世元凶、惡君主予以"天誅",尋求和平世界。因此"義兵"不過是遵循"天意"而已。

---

① 如把"偃兵"論與"非攻"論看作同義,那麽主張"兼愛偃兵"的公孫龍其實出於墨家的譚戒甫氏之説可被認可。

致此,偃兵論者已經啞口無言。他們一直主張戰爭必然相互殘殺應爲惡,把無罪的人民捲入戰爭使其深受其苦,並導致大量財富浪費,由此可說戰爭爲不義不利,應予回避,主張國家間的紛爭應以外交手段來解決。然而引人關注的是,本篇中的義兵論者將偃兵論者或非攻論者們的論據化爲己方的論據,強調義兵乃是"義和利"的實踐者,致使與偃兵非攻論者間的論爭本身幾乎失去意義,從根本上摧毀了偃兵非攻論者的立足點,真可謂巧妙的偃兵非攻論之批判。

那麽《吕氏春秋》一書,爲何如此徹底地批判名家所主張的偃兵論和墨家非攻論,而主張義兵呢?①

---

① 就偃兵論和非攻論,金谷治氏根據墨家非攻論與宋鈃的偃兵論兩者論據的不同,對把宋鈃作爲墨派一員的舊説(胡適著《中國哲學史大綱》、馮友蘭著《中國哲學史》、武内義雄著《中國思想史》等)持反對意見。也就是説對於把根據建立在兼愛這一社會立場上的墨家非攻論,宋鈃則是把其偃兵論的根據建立在"見侮不辱""情欲寡淺"的理論之上,着眼於人内部(心理)應有的狀態。而《荀子·非十二子》則把宋鈃與墨子同視,"不知壹天下建國家之權稱,上功用,大儉約,而僈(=輕)差等。曾不足以容辨異縣君臣。……"一律加以批判。《正論》篇在批判墨家薄葬論之後,又對宋鈃的"見侮不辱"及"情欲寡淺"加以批判,卻不言及偃兵論。《天論》篇繼慎子、老子,順次對墨子、宋子的學説也給予批判。《解蔽》篇則以墨子、宋子、慎子、申子、惠子的順序依次進行批判。篇中墨子在先,宋子在後。

另外,《韓非子·顯學》開頭介紹儒、墨兩家對立,把漆雕之議和宋榮子之議作爲相對學説對其特色進行對比。此處也没有出現宋鈃的"偃兵"一説,可以推斷其與墨家近似。

再説《莊子·天下》把宋鈃與尹文列爲同組,而《吕氏春秋·正》中,尹文與齊王的對話中出現了"見辱而不辱"。

《孟子·告子下篇》中記載了宋鈃與孟子偶遇時的對話,即:宋鈃以秦楚的武力對立"於國不利"爲理由,意欲阻止戰事於未然,將要出發以遊説兩國接受"禁攻寢兵"(《莊子·天下篇》)時,偶遇了孟子,並有了一番對話的場面。這種希望以雄辯之才達到目的的做法,使人聯想起《吕氏春秋·禁塞篇》對偃兵論者的批判。

可見宋鈃與墨家一樣,也是通過向諸國進行遊説以期阻止戰爭(=禁攻寢兵),這是與墨家的"非攻論"共通的思想和行動。另外,其否定戰爭的根據之一與墨家的"興利除害"思想緊密相關。由此可知,《荀子》等將墨子與宋鈃並稱並非偶然。以此觀之,胡適等的舊説似乎亦不能一概加以排除。

三、戰國時代後期天下統一大勢的高漲與偃兵論的去向[1]

在前引書中,湯淺氏已陳述了義兵與偃兵之爭在思想史上的意義,就在於其反映了力圖依靠戰爭來形成國際新秩序的新勢力,和以維持舊國際秩序而否定戰爭的舊勢力之間的對立。也就是說,《呂氏春秋》是一部秦以天下統一爲目標,建立新的世界秩序所需的價値框架的闡述。這個見解應該是可以被認同的。

的確,對於戰國後期所形成的天下統一大勢下,欲以"大一統"思想爲指導,終結羣雄割據狀態,將天下一統的人們來說,《呂氏春秋》則使其武力的行使得以合法化。也可說,書中的義兵論使以天下統一爲目標的秦的軍事行動完全合法化。

相反,對於處身抵抗天下統一之大勢,力圖以外交來極力維持當時既有的國際秩序,進而保全自身的論者們來說,否定動用武力或盡可能避免武力的非攻論、偃兵論是其有力的思想依據。

以圖式可表示爲:

維持舊國際秩序＝和平主義＝偃兵論、救守論＝墨家、名家

形成新國際秩序＝肯定戰爭＝義兵論、攻伐論＝法家、儒家

渡邊卓氏指出,墨家到了戰國後期,舍棄非攻論而傾向義兵容忍論。這是因爲渡邊着眼於墨家在《非攻上》《非攻中》篇中主張非攻,而下篇卻引入了"誅"的概念,有條件地認可了武力的行使,進而推論《呂氏春秋》中"義兵"論的展開是由於進入秦代後依照活躍

---

[1] 參照拙論《戰國時代後期"大一統"思想的展開》(《日本中國學會創立五十年紀念論文集》,1998 年)。

的所謂秦墨思想的影響而形成的。然而如前節中探討所見，《呂氏春秋》四篇的主旨就在於徹底地批判墨家非攻論，因而渡邊氏此說較難得到認可①。

墨家到了後期，主張"天志""尚同"論，恐怕與戰國後期的"大一統"思想的流行不無關係。他們既然以順"天志"、實現"尚同"爲目標，對將"義"作爲旗幟的攻伐，也不得不容忍了。《非攻下》篇中，稱爲"誅"的不得已的軍事行動，實際上與《呂氏春秋》中的"義兵"相同。但是，《墨子》在堅持非攻的同時容忍了"誅"，相反《呂氏春秋》則徹底批判非攻而提出義兵，可以說是本質完全不同的兩者。

戰國後期，在"大一統"思想流行的背景下，墨家推出"天志""尚同"之說，其本身也有天下一統之志。但作爲其手段，卻決未認可積極主動的武力行使。從這個意義上說，對於向着天下統一而不斷積累實際成果的秦來說，以天下一統爲目標，以"禮法"統治社會爲重的荀子思想，或以荀子爲師且更具法家色彩，以其巨大的政治力量來實現天下統一之李斯的法家思想，更具魅力且有實效②。

其後，在戰國末期至漢初事關天下走向的戰亂中，"義兵"論作爲恰好的藉口被普遍利用。《淮南子·人間訓》中："於是陳勝起於大澤，奮臂大呼，天下席捲而於戲，劉項興義兵，隨而定。"一文，將劉邦、項羽稱爲"義兵"，同樣《漢書·高帝紀上》中記載："漢王數羽曰：'……吾以義兵從諸侯誅殘賊……。'"這些有關"義兵"的用例，

---

① 湯淺氏也在前揭論文中，對渡邊氏的論點進行了批判。
② 儒家文獻《荀子》一書中，僅有一篇論述"兵"的《議兵》篇。篇中有以下敘述："先生議兵常以仁義爲本。……堯……舜……禹……湯……文王……武王……此四帝兩王，皆以仁義之兵行於天下也。故近者親其善，遠者慕其德，兵不血刃，遠邇來服。……湯之放桀也，非其逐之鳴條之時也。武王之誅紂也，非以甲子之朝而後勝之也。皆前行素修也。此所謂仁義之兵也。"此處的"仁義之兵"是指最理想的軍事狀態，其內涵顯然與《呂氏春秋》中的"義兵"之意相同。

並没有包含以上分析中所涉及的理念，不過是爲了使自身的軍事行動獲得正當性的説辭罷了。

結語

根據上述分析，似可得出以下的結論：

墨家非攻論與名家偃兵論及其目的，以及兩者的本質，在思想上可以説是基本一致的。最主要的理由是，非攻論在墨家中與兼愛論成對；而偃兵論則與名家論客所倡導的愛民論成雙。其次，墨家的兼愛論是主要着眼於内政的，非攻論則是對外關係的有關保全本國的學説；而名家論客們的愛民亦是有關内政的，偃兵論是外交上的强調所在。

無論非攻論或偃兵論，都主張不以軍事行動，而以外交來恢復國家秩序、解決國際矛盾。相反，義兵論者卻爲企圖以武力來征服天下做好了思想上的鋪墊。另外，"非攻""偃兵"這些詞語，雖然是與兼愛、愛民等充滿人道主義色彩的詞語並提的理念，但是單純地將這些作爲出於人道主義的反對戰争的和平主義思想來評價是不恰當的，還應該考慮當時的國際形勢正是在這些詞語中反映出來的。

天下統一的時機迫近之時，荀子體系的儒家及其學生李斯、韓非等的法家，都卓有成效地構建着新的價值思想體系。而墨家、名家們尤其是名家，卻埋頭於維持現存的國際秩序。更要强調的是墨家順應"大一統"思潮，正面推出"天志""尚同"論，又在非攻論中導入"誅"的概念。然而如《吕氏春秋》中所見，這些思想已被當時處於强勢的義兵論者們批駁得體無完膚。

消失的墨家
——墨家盛極而衰探秘

序

《孟子·滕文公》中有"楊朱墨翟之言盈天下,天下之言不歸楊則歸墨";《韓非子·顯學》裏有"世之顯學,儒墨也。儒之所至,孔丘也。墨之所至,墨翟也"。由此可以看出,墨家思想在戰國中期至末期的思想界曾形成了一股大勢力。可是,爲什麼到了秦漢時期卻突然衰微,而終於銷聲匿迹了呢?

關於其理由有以下幾種看法,而這些看法都着眼於外部因素[①]:

(1)受秦始皇的焚書坑儒的影響,墨家思想也被鎮壓而衰退了。

(2)原本是以巨子爲頂峰,靠堅固的凝聚力支撐的墨家集團,分裂成三派,正像被稱爲"三墨"(《韓非子·顯學》)一樣,其結果是其影響力的急速消失。

(3)因爲漢武帝時的"獨尊儒術"政策,墨子思想被排斥。

---

① 渡邊卓《中國古代思想研究》575頁(創文社,1973年)。

但是，就(1)來看，焚書坑儒並非只發生在墨家，而漢初黃老思想的流行，儒家思想的復興，使我們很難認爲這是決定性的因素。

關於第(2)點，另一個"顯學"儒家也分裂成了八派，卻在漢初，第一個重新展開了活動，這說明分裂也不是決定性因素①。

那麽第(3)點呢？武帝說"具以春秋對，毋以蘇秦縱橫"（《漢書・嚴助傳》），另外，在丞相衛綰上奏武帝的話語中，有"所擧賢良，或治申、商、韓非、蘇秦、張儀之言，亂國政。請皆罷"（《漢書・武帝紀》）。就這樣，在獨尊儒術之際，並沒有特別言及墨家，因而認爲墨家首當其犧牲的觀點是難以認同的。

雖然(1)—(3)點看上去確實與墨家思想的衰退有關聯，但哪一點都不能説是決定因素，因爲其他諸子百家也不同程度地遭受到同樣的事情。

再者，《莊子・天下》、《荀子》中的《解蔽》、《富國》、《天論》各篇、《淮南子》中的《氾論》、《俶真》、《齊俗》各篇、《史記・太史公自序》等，都曾探究其内在原因，認爲墨家思想中本來就有其實行困難之處，而且這加速了其衰退。然而，如果要說在現實中實踐是困難的，那麽從一開始不就是困難的嗎？爲何偏偏在其衰退的時期成爲原因了呢？而且，没有證據能斷言墨家思想是在中途變質到了難以實行的地步的。那麽，受到這種批判的墨家思想，在戰國時代爲何卻發揮了如此巨大的影響力呢？這反倒是個疑問。

就此，我們作個極概括的宏觀推測，即墨家所處的時代環境巨變，而由於墨家無法完全對應這種變化，其結果，便消亡了。那麽，墨家思想是否是這種只能在特定時代背景中纔能被接受的，即所謂有特殊性的思想呢？也就是說，"墨家是否只是戰國時代這一特殊環境中產生的一個特殊思想集團呢？進而也就必然地隨戰國時

---

① 渡邊卓《中國古代思想研究》734 頁。

代的終焉而消亡呢?"

我並不這樣考慮,相反,我以爲墨家不僅没有獻媚於時代,反而作爲超時代的思想,力圖擁有一種普遍性。但是這也許反倒成了不能回應時代和人們的要求的原因。

不過,在追求思想的普遍性這一點上,其他諸子百家也或多或少各有其成。例如:儒家的"仁義"思想,老子的"道"的思想,莊子的"齊物"思想,法家的"刑名參同"思想等等,未必都能説是應合時代要求纔産生的,而是都有超時代的某種真理性。這應是無異議的。兵家、縱横家思想暫作别論。

因此,本文將就墨家思想的普遍性作一考察。

一、墨家思想追求的普遍性是什麽?

墨家思想,如衆所周知,由十大口號表現了其特徵。爲行文方便,本文就每個口號順次加以考證。

1. 兼愛

又叫作無差别愛或博愛主義。它與下面的"非攻"並列,最好地代表了墨家的思想。而且,它作爲與儒家所謂"别愛"(差别愛)對立的觀念,爲人們所熟知。"别愛"的内容,是將自己置於同心圓的中心點,越向外圈擴及,與自己的關係也就由親密漸趨疏遠,愛的程度也就隨之漸趨淡薄。這從人類的自然情感來看,是無法避免的。從情感這一側面看人類的話,不管你喜歡與否,這都是無可奈何的。對儒家來説,人世間是由"己→家→國→天下"這種結構形成的。由這一觀點來考慮的話,上述"别愛"則不言而喻。

然而,人不僅有情,還有知和意。"兼愛"的理想是將情靠了理性和意志的力量,推及萬人。實在是出色極了! 追求這個人世間的理想的結果,得到這種"兼愛"思想。這種"兼愛"不是單單地要求自我犧牲的博愛主義,而且會給人們帶來利處。"兼愛"的實踐同時也可以實現自身利益的主張,無疑是劃時代的!①

這樣的想法即便是在現代,不是也完全可以通用嗎？這是超越了時間、空間的有效思想。從這個意義上,可以說兼愛思想是具有其普遍性的。但實際上,正像孟子批判它"是無父也"(《滕文公》)那樣,"別愛"思想比"兼愛"思想更容易為人們所接受。與將漠然不可捉摸的天下放在腦中相比,以"己""家"或"國"為單位去愛、去行動,更易獲得眼前的利益又合於人情。這一點與下一節"非攻"思想也有關聯。

2. 非攻

這個題目與戰國時代同樣流行的偃兵論並列,是代表當時的和平主義的思想②。所謂戰爭就是國與國之間圍繞利益而相互殺戮。因而,作為結果,當然是不管勝敗,都要伴隨巨大的犧牲。而且,戰爭肯定會製造出得利者和失利者。只是,誰來承擔這一部分,則因階層(階級)不同而不同。對於只認為戰爭勝則得利的人來說,是不會把戰爭看作不利、不義而否定它的,反而會積極地制定戰略,訓練戰術,為提高勝利的可能性而戰。但從被驅趕到戰場的人的角度來說,正像"苛政猛於虎也"這句話所表達的那樣,沒有比這更殘酷的事,即不義、不利的事了。在這個意義上,非但不義、不利之事中,最大的就是戰爭了。這是古今中外都一樣的。因而,對於至今仍然戰爭不絕的人類社會來說,"非攻"依然是有效的口號。也就是說,這也是超越了時空的有效的口號。在這個意義上,

---

① 武内義雄《中國思想史》39—41 頁(岩波書店,1936 年)。
② 關於"偃兵論",我曾在拙著《〈逸周書〉研究(四)——關於其兵法思想》中加以考察。

可以説它具有普遍性①。但是,像剛纔提及的那樣,實際上,兵家的例如孫子等的理論更爲人們欣賞吧?因爲獨占利處,將不利推給他人,更合於原本是排他性的謀取利益的人的本性。所以,總是强者得利而弱者蒙害這種承受格局。

3. 節用、節葬、非樂、非命、明鬼

節用論是説節約費用。但是,正如《荀子》所批判的那樣:這有可能使社會全體的生産活動萎縮,不能達到興利富國(參照《富國》)。不過,當時統治階級的奢侈程度令人不忍目睹,這些在《晏子春秋》中有詳細記載。

節葬論,其中特別强調應該節約用於葬禮的費用。或許因當時貴族們的"厚葬久喪"靠儒家提供的理論而被正當化且變本加厲了。

非樂論,是强調應節約用於舞樂的費用。因爲貴族們的舞樂漸趨華美而過度。孔子曾批判季氏令人跳八佾舞是僭越,便是典型例子(參照《論語·八佾》)。但是,重視禮樂的不是別人正是儒家自己。所以,對於貴族們這種更趨奢侈的傾向,儒家無疑是没有有效的阻止方法的。不過,也可以説這種非樂論也否定了自古傳下的傳統藝術活動,自然會有異議。

非命論是對宿命論的批判。確實,在《論語·顔回》中有"生死有命,富貴在天"。作爲當時的一種普遍認識,像這樣的肯定命運存在的傾向是有的。但是,孔子並没有因此而否定人的努力的意義。不過,在孔子的後學中,濫用此語,墮入無力的宿命論的人總不見絕迹。墨家的這種非命論雖然是對這種傾向的有效批判,但同時也牽連到否定傳統命運觀的問題。

---

① 固然,有被稱爲"義戰"的正義戰爭,也有戰爭無法根除的討論,熱烈地爭論持續不斷。參照拙著《〈逸周書〉研究(四)——關於其兵法思想》。

"敬鬼神而遠之,可謂知矣"(《論語·雍也》),又"子不語怪、力、亂、心"(《論語·述而》)。孔子的後學中,有據此而放肆地大談否定鬼神言論的。明鬼論就是針對他們的批判。

的確,親密的人死亡,爲表悲哀,人們希望行以厚葬、服以久喪。更何況這種行爲作爲"孝"的實踐而能得到社會的好評,那麼人們自然更大張旗鼓地進行了。

歌舞和樂器的演奏,是人們爲了表達喜怒哀樂的感情而不可缺少的。如果這些被視爲"樂"而有了一定樣式,則舞樂的鋪張就會愈演愈烈。

另外,人有個弱點,就是把自己的命運視爲不可改變的,因而也就成了不可回避的宿命,動輒甘心忍受。

加之,如果又不信鬼神的話,即使大胆作下不道德的行爲,也可以不必感到心虛而畏懼鬼神的懲罰。

無論是直接還是間接,這些都可看作是針對儒家的批判,但重點並不在此。重要的是,墨家對待這些問題能不沉溺於一時的感情,認爲不可缺少的是常常保持冷静的判斷力和行動能力,以前面講到的強韌的知性和意志力超越它們。被超越的對象中也包含傳統的觀念。這是因爲哪怕是古來的傳統,在只能感覺性的、情緒性地捕捉到的事物中,沒有普遍存在。因爲它們是無常態而易變的。墨家認爲,只有在理智的力量、意志的力量能够制禦的事物中纔有普遍存在。

在墨家思想中,追求得利的重要性,以及進而使萬民享受其利的正義性。相反,凡涉及對這些加以否定的行爲,都被作爲惡而加以排斥。這對於他們來說,是最自然不過的道理。儒家把利與義作爲對立相克的兩方,提倡應更重視義,而在墨家看來,它們決不是相互矛盾的,義直接地也就是利,能將利與義結合的正是理。哪怕違背一時之情,如果是合於理的話,就要果敢地實踐之。所謂

"墨辯"就是這樣闡明"理"而形成的理論吧。在這裏,墨家所追求的,還是由不可動搖的"理"作爲背景的思想的普遍性。換言之,"理"是支撐着其十論(十大口號)的普遍性的關鍵。習慣和傳統,不僅不能成爲支撐思想普遍性的充分根據,而且有礙普遍性的實現。

4. 尚賢

主張尚賢論的並不只限於墨家。雖然有重視"親親尊尊",未必以尚賢爲善的守舊主義的儒家,也有揚言"不尚賢,使民爲盜",未必贊成尚賢的老子,但其中也有主張尚賢,提倡"尊賢使能"的法家①。

而提拔賢者,委以政治的想法,決不是什麼特殊的想法,在今天看來,不如説是理所當然的。儘管還留下一個以什麼爲"賢"的問題。然而,可以説即便是在今天,它仍然有充分的意義。在這個意義上來説,也是普遍性的政治原理。

5. 尚同、天志②

尚同論的本質是崇尚"同",而不是崇尚"和"。正像孔子説"君子和而不同,小人同而不和"(《論語·子路》),而《晏子春秋》中亦有同樣議論一樣,墨家也充分意識到了這種區別。這一點應放入考慮中,然後再作墨家尚同論的考察。

將墨家尚同論用一語概括的話,就是萬人,從君主到庶民,要由一個"義"約束在一起。的確,如果人們有萬民共通的一個理想,而以萬民共通的唯一正義爲依據的話,就會天下安定,秩序得到保

---

① 在齊地,自太公望吕尚以來,至管仲、晏嬰,尚賢的傳統一貫而下。或許墨家的尚賢論與這種齊地的文化傳統有關係。《晏子春秋》中包含很多墨家思想,也間接地證明了這一點。

② 從墨家的宗教思想這一觀點,將天志論和明鬼論一起加以考察,是很有意義的。小論並非反對由這種觀點考察。

證。至少在"理"上是這樣。但是,這樣的事情原本有否實現的可能?確實,爭端由對立引起,要消除對立,大家都有同一的思想最好。但《論語・子罕》說得好,"三軍可奪帥也,匹夫不可奪志也",強行的同化,不久就會產生叛逆。

這種尚同論中的全體主義的思想,與天志論是結合爲一體的,即在人們明了天意之後,以此爲根據,使萬民同心。天志纔是唯一的正義,而"尚同"是實現此正義的唯一的方法。

但是,究竟有誰能斷定什麼是天志呢?如果某人宣布說"這就是天志"的話,在此也就設定了"天志"的義,那麼萬民,即從天子到庶人,其立場和思想的差異等,都被統合,而歸着於唯一的"義"之中。這是要相當的强權纔能做到的。秦始皇曾作過此嘗試,但隨皇帝之死,秦便土崩瓦解,這種嘗試終究歸於失敗,已是廣爲人知的。

這種理論因墨家過度追求普遍性,反使自己落於陷阱不能自拔。實際上,提倡"尚和"應比"尚同"更現實。但墨家或許認爲那樣不够徹底。也許是不能忍受表面上相"和"而實際上各守異志的狀況。的確,"和"不過是在危險的平衡之上的狀態而已。所以,這種平衡一旦崩潰,天下將即刻陷於混亂之勢。墨家也許是厭惡這種不穩固,以至於哪怕是强制,也要實行"同"。認爲一旦實現了"同",就會格外地增强以後的穩定性。

在此,我們也能感到墨家靠人的知性和意志力來實現普遍性的信念。

結語

綜上所述,墨家不論在何種場合都力求一種普遍性,作爲"理"所當然的結論。因墨家認爲人應爲追求普遍性而生存。理想必須是普遍性本身。因而,人的知、情、意就應全部爲其理想的實現而傾注,爲實現理想而獻身,所以,有礙理想實現的,比如人的感情部分,就必須靠意志的力量來削除。

　　從不同的觀點來看,這種可以説是獨善式的思想,即使開始廣被接受,但不久就被厭棄,應是無可奈何的。

　　因爲人未必是永遠向着理想前進的。另外,也不可能實現所謂"萬民之利"。現實是人們總是圍繞蠅頭小利而争奪不已。

　　歸根到底,對於墨家來説,其決定性的缺陷是對人類本性的深刻洞察。這本應該是在議論"天下興利除害"之前,作爲前提的人論。然而,可以説,墨家由於缺乏了這一點,所以,雖然它追求普遍性,並半獲其成,卻終究不能與時代的齒輪相吻合,反而成爲偏激的特殊思想,被人們厭膩,最終被塞進思想史的角落裏。

　　就是説,墨家之所以迅速地衰退,不在於其思想的特殊性,而在於其普遍性。普遍性的追求,直接導致作爲一種思想的現實性的喪失。令人深思的是,追求天下公理的思想,由墨家而被特殊化,反而被天下作爲異類而排斥。

　　通過這樣的分析,可以看出,本文最初所引用的《莊子》《荀子》《淮南子》《史記》等文獻中對墨家的批判,還是中的之言。

　　那麼,這些墨家們,即便是到了秦漢以降,作爲技術者的團體,還是應該能够生存下來的。墨家值得自豪的種種技術,後來怎樣了呢?

後　記

　　本書記録了筆者自 1990 年至 2010 年歷時二十餘年，與中國學者進行學術交流的軌跡。

　　20 世紀 70 年代後半葉，筆者作爲友好訪問團的一員到中國各地進行了爲期兩周的訪問；80 年代中期，又在陝西師範大學經歷了短短一個月的留學生活。僅憑如此短暫的經歷，筆者當時既不能用中文進行很好的會話交流，更何談用中文寫作論文。所以，對於我來說，到中國，與當地的學者進行學術交流，誇張一點說，就是一種人生冒險。

　　然而，作爲從年輕時代就對中國深感興趣，並從事中國古代思想研究的筆者來說，不能没有與中國學者的直接交流，而永遠只滿足於鉛字上的對話。出於這種考慮，筆者就果斷地報名參加了中國的學術會議（即通常所謂的"國際研討會"）。

　　在人生地不熟、兩眼一抹黑的情況下來到了中國會場的我，卻受到了舉辦方的學者們十分熱情的歡迎。儘管僅僅是數日的停留，又有着相當大的語言障礙，然而，卻實實在在地與他們做到了溝通和交流，並結下了友誼。真可謂是望外之喜。

　　就這樣，始於"一心一意"，結果"好事成雙"：在中國本土的學術交流一步步地進入了軌道，研討會的邀請函每年都如期而至。

於是，我在定下題目後先用日文寫作，再經中國友人翻譯，最後在會議上，由本人以不甚流暢的中文宣讀。之後不久，我的論文就和中國學者的文章一起載入論文集並刊行出版。

本書主要就是由這些論文彙集而成的，故基本屬於已發表的文章。不過，一旦要結集成書作爲個人專著出版，也就必須對既有的譯文進行全盤的重新審視和必要的增改。

承擔此項翻譯工作的是大連外國語大學日本語學院教授孫佩霞博士。孫佩霞是通過中日古典文學的比較研究，在我所任職的日本女子大學取得文學博士學位的，是日語造詣極高的學者。經由她的翻譯，我本人的日語論文纔得以成爲精準、流暢的中文作品。沒有她的全力協作，本論文集將不知何日方能付梓。在此深表謝意。

力薦本書刊行的是清華大學教授曹峰博士。曹峰是在東京大學以中國古代哲學的研究而獲得博士學位的俊秀之才，也是筆者多年的研究夥伴，還是筆者在中國進行學術交流上不可或缺的搭檔。爲促成此次的出版，曹先生是鼎力相助。沒有他的幫助，也就不可能有本書的問世。借此機會，深致謝忱。

本書所收錄的論文，共二十四篇，其中，《新出土資料之發現與疑古主義的走向》一篇，原本由畏友胡平生先生翻譯。承蒙胡先生的慨允，得以在中國文物研究所編《出土文獻研究》第六輯刊載。在此，也致以由衷的感謝。

還有，對於提供給我在中國作學術報告的珍貴機會的，時任山東省淄博市社會科學聯合會主席陳書儀先生，以及衆多的中國知己、友人們，在此也一併致謝。沒有他們，也就沒有本書所收入的每篇論文的發表機會。

一衣帶水的日本和中國，過去曾是，將來也還要在各個方面不斷地將友好交流進行下去。年逾花甲的我，雖然沒有了以前那樣的體力和精力,但是,我還是希望今後仍然能夠爲中日間的學術交流盡綿薄之力。

此外,本書或根據我本人的研究進展,或隨學界研究的深化而寫成,其中定有不少可修改之處,亦是必然。除重大的事實誤認外,皆以發表當初之原貌收入,此一點還請諒察。

現將本書所收載論文的初刊一覽,和本書未收入的論文一覽,一併附誌如下:

初刊一覽

1. 未發表。

2. 原題《〈晏子春秋〉中的晏子及其政治思想》,楊培玉主編《第6屆齊文化國際學術研討會論文集》,中國文史出版社,2006年。

3. 報告《淺談墨家的人性論》,墨家學現代化國際學術研討會,臺灣東吳大學、雲林科技大學,2005年。

4. 原題《孟子人性觀的現代意義——闡揚"人的尊嚴"的思想家》,王中江、李存山主編《中國儒學》第七輯,中國社會科學出版社,2012年。報告《〈孟子〉人性觀的現代意義——闡揚"人的尊嚴"的思想家》,儒學與現代化問題國際學術討論會,曲阜師範大學,2006年。

5. 前文已述。

6. 原題《從〈郭店老子〉看今本〈老子〉的完成》,武漢大學《人文論集(特輯)——郭店楚簡國際學術研討會論文集》,湖北人民出版社,2000年。

7. 原題《〈大一生水〉考釋》,中國社會科學院簡帛研究中心編《簡帛研究二〇〇二、二〇〇三》,廣西師範大學出版社,2005年。

8. 原題《〈恒先〉宇宙論析義》,《楚地簡帛思想研究(三)》,湖北教育出版社,2007年。

9. 報告《"執一"思想在〈老子〉經典化過程中的作用》，中國鹿邑國際老子文化論壇，2012年8月26日。

10. 原題《從戰國楚簡看先秦道家——以上博簡（七）〈凡物流形〉爲中心》，中國社會科學院歷史研究所、日本東方學會、大東文化大學編《第一屆中日學者中國古代史論壇文集》，汲古書院，2010年。

11. 報告《從〈莊子·天下〉篇看〈老子〉經典化的過程》，第三屆東方人文思想國際學術研討會，玄奘大學中國語文學系暨東方人文思想研究中心，2011年。

12. 報告《〈老子〉經典化過程（二）——以黄帝言論爲中心》，第二屆簡牘學國際學術研討會，中國甘肅省蘭州市，2011年。

13. 原題《楚地出土文獻所見"執一"思想——以上博簡（七）〈凡物流形〉爲中心》，汪中文主編《經典與簡帛論叢》，新文京開發出版有限公司，2011年。

14. 未發表。

15. 原題《〈管子〉中的秩序與和諧觀——稷下道家的考察》，《道家文化研究》第十五輯，生活·讀書·新知三聯書店，1999年。

16. 報告《上博館〈魯邦大旱〉的思想及其形成——以"刑德"説爲中心》Confucianism Resurrected: The Third International Conference on Excavated Chinese Manuscripts, Mount Holyoke College 2004.4.23-25。

17. 報告《關於銀雀山漢墓竹簡〈晏子〉資料價值的探討——從出土文獻看傳世文獻》，出土簡帛文獻與中國古代學術國際學術研討會，臺灣政治大學，2005年。

18. 原題《齊人思想略考——關於戰國時代魯仲連與漢代劉敬兩人共通的思想特徵》，劉敦愿、逄振鎬主編《東夷古國史研究》第二輯，三秦出版社，1990年。

19. 原題《〈春秋公羊傳〉中的"大一統"主義的思想特徵和思想史的意義》,《管子學刊》,1998年增刊號,1998年。

20. 原題《從〈兵略訓〉看齊文化對〈淮南子〉成書的影響》,《管子學刊》總第25期,1993年。《〈淮南子·兵略訓〉論略》,《孫子學刊》總第7期,1993年。《〈淮南子·兵略訓〉的文化淵源》,《齊文化叢書12·資料彙編(外國論文卷)》,齊魯書社,1997年。

21. 講演《簡帛所見齊楚文化之交流》,復旦大學文物與博物館學系召開的講演會,2008年。

22. 原題《關於墨家思想的宗教傾向以及墨家學派的宗教結社傾向——墨家的宗教性究竟是其本質還是策略?》,任守景主編《墨子研究論叢(八)》,齊魯書社,2009年。

23. 原題《先秦時代的偃兵義兵争論以及墨家非攻論》,王裕安、李廣星主編《墨子研究論叢(六)》,北京圖書館出版社,2004年。

24. 原題《墨家思想的普遍性和特殊性——墨家爲何如此急激地一盛而衰》,《墨子研究論叢(五)》,齊魯書社,2001年。

未收録論文一覽

1.《〈逸周書〉與〈管子〉的思想比較》,《管子學刊》1989年第2期。

2.《〈老子〉與〈管子〉》,《管子學刊》1994年第2期。

3.《〈管子·形勢解〉考》,《管子學刊》編輯部編《齊文化縱論》,1994年。

4.《儒教在日本近現代教育中發揮的作用》,中華孔子學會編《儒學與現代化》,人民教育出版社,1994年。

5.《從〈經言〉諸篇看〈管子〉的法思想》,《管子學刊》1995年第3期。

6.《〈逸周書〉的思想及其成書》,徐樹梓主編《姜太公與齊國軍事文化》,齊魯書社刊,1997年。《〈逸周書〉的思想與成書——對於齊學術一個側面的考察》,《日本學者論中國哲學史》,華東師範大學出版社,2010年。

7.《關於〈郭店楚簡·五行篇〉第36號簡背面所寫的"＝"字》,《國際簡帛研究通訊》2003年第3期。

8.《〈逸周書〉中的周公旦》,《西北大學史學叢刊4·周秦漢唐國際學術研討會文集》,2001年。

9.《現代日本對〈老子〉的受容——以加島祥造的著作爲中心》,《老子思想與人類生存之道——2010洛陽老子文化國際論壇文集》,社會科學文獻出版社,2011年。

譯 後 記

　　在當今凡事都講求"名人效應"的時代，作爲一介無名譯者，受本書作者谷中先生的囑托，寫此譯者後記，實感惶恐。本想婉拒，又想到：一、有責任向尊敬的讀者説明一下一個熱愛中國的中國古代思想史專家的學術精神；二、作爲翻譯者，我也應對讀者交代一下自己的翻譯方針和翻譯過程中的真實感受，故有此記。

　　大約二十年前，譯者考入谷中先生所在的日本女子大學日本文學專業，在從碩士到博士課程的五年期間，谷中先生的中國思想史課程一直是我的必修課——因爲我專攻的日本平安時期的文學，其與中國古代文化思想有着密不可分的聯繫。在課堂上，當我看到谷中先生一字一句地注釋《晏子春秋》，一字一句地講解《墨子》時，他嚴謹的治學態度和純粹的學術熱情深深地震動了我。而且，儘管谷中先生不能作更多的日常口語方面的中文表述，但是，他對中文的閲讀和理解卻是非常的精準，對中國古代經典文獻也是同樣。這也使我學會了參考日本學者的注釋來閲讀祖國的經典。後來，從我留任日本女子大學開始，直到歸國之後，多年來，時常幫助谷中先生做些力所能及的翻譯工作。這個過程對我來説，始終是緊張而又興奮的——現在仍然如此。因爲，雖然作爲門外漢,我對谷中先生的學術業績没有資格妄加評論,但是,首先作爲普通讀者(通常是第一讀者),論文中的觀點令我感到是如此的新鮮。這些觀點讓我不得不思考:爲什麽説中國文化思想多是感性的?其中哪些是非常理性的?也讓我不禁捫心自問:是否深刻理解了祖國古代文化的偉大所在?也使我發現自己對祖國文化思想認識的浮泛空洞——缺乏對其具體依據的了解;更讓我感到作爲學者對既有的權威敢於懷疑,執着地追求真理的勇氣——這本應該是學者必備的高貴品質。所以,每當谷中先生發來新論時總使我内心感到興奮,也成爲一種純粹的學術享受。

感到緊張則是因爲責任的重大。因爲谷中先生所要表述的思想,往往必須使用修飾成分很多的、主謂關係複雜的長句子。學習日語的人都知道,日語的主語和謂語之間經常隔着很多成分,以至於有時一個句子就是一個自然段落,有六七行之多。本譯者認爲準確地理解原文,是學術型文章的翻譯者首先必須做的工作,然後還要盡量忠實地將原文的文字風格在譯文中體現出來,並做到通達。基於上述理念,譯者始終是帶着對學術研究本身的敬畏,力圖追求這個意義上的"信"和"達",所以説,整個翻譯過程是"緊張"的。至於"雅",譯者認爲探索真理,無需過度的潤色——何況當今被過度潤色的東西太多了,至少學術應保持其應有的"本色"。

作爲譯者,我認爲本書的特色就在於其所有觀點都是來自"山外人"的視點。我們習慣了"身在此山中"的視點,但是不應該忘記"山外"有許多人,從他們的視角關注着、思考着、讀解着我們。我們不僅要將自己的文化介紹給全世界,還應藉助外來的視點更客觀地檢視我們的文化——這亦是一個偉大民族應有的自信和胸襟。我們有必要了解別人是如何理解我們的。這才是開放的文化。來自"山外"的視角,則無論從何種意義上説,都無疑有助於我們更加全方位地了解我們自己。

　　在此，還需説明的是，本書中的一些内容曾有其他學者譯過。雖然本譯者對每篇文章都進行了獨自的重新翻譯，但是，亦有受先行翻譯啓發之處，在此謹致謝意。

　　當然，最要感謝的是給予我極大信任、委托我進行全書翻譯的谷中先生。因爲這個機會，使我有了作爲讀者和譯者兩方面的收穫。

2013 年 2 月 20 日

孙佩霞

早期中國研究叢書

（精裝版）

- 中國古代訴訟制度研究　　　　　　　　　［日］籾山明 著
- 睡虎地秦簡所見秦代國家與社會　　　　　［日］工藤元男 著
- 中國古代宇宙觀與政治文化　　　　　　　王愛和 著
- 郭店楚簡先秦儒書宏微觀　　　　　　　　［美］顧史考 著
- 顏色與祭祀——中國古代文化中顏色涵義探幽　［英］汪濤 著
- 展望永恒帝國——戰國時代的中國政治思想　［以］尤銳 著
- 秦始皇石刻：早期中國的文本與儀式　　　［美］柯馬丁 著
- 《竹書紀年》解謎　　　　　　　　　　　　［美］倪德衛 著
- **先秦秦漢思想史研究**　　　　　　　　　［日］谷中信一 著

圖書在版編目(CIP)數據

先秦秦漢思想史研究 /（日）谷中信一著；孫佩霞譯. —上海：上海古籍出版社，2018.9
（早期中國研究叢書）
ISBN 978-7-5325-8964-7

Ⅰ. ①先… Ⅱ. ①谷… ②孫… Ⅲ. ①思想史－研究－中國－先秦時代②思想史－研究－中國－秦漢時代 Ⅳ. ①B220.5②B232.5

中國版本圖書館 CIP 數據核字(2018)第 187209 號

早期中國研究叢書
先秦秦漢思想史研究
［日］谷中信一　著
孫佩霞　譯
上海古籍出版社出版發行
（上海瑞金二路 272 號　郵政編碼 200020）
（1）網址：www.guji.com.cn
（2）E-mail：guji1@guji.com.cn
（3）易文網網址：www.ewen.co
蘇州市越洋印刷有限公司印刷
開本 890×1240　1/32　印張 14.75　插頁 5　字數 357,000
2018 年 9 月第 1 版　2018 年 9 月第 1 次印刷
印數：1—3,100
ISBN 978-7-5325-8964-7
B・1071　定價：88.00 元
如有質量問題，請與承印公司聯繫